描写形态句法

——田野语言学指南

〔美〕托马斯·佩恩 著

吴福祥 张定 等译

商务印书馆 The Commercial Press

DESCRIBING MORPHOSYNTAX

A guide for field linguists

Thomas E. Payne

CAMBRIDGE UNIVERSITY PRESS

First published 1997

Printed in the United Kingdom at the University Press, Cambridge

ISBN 0 521 58224 5 hardback

ISBN 0 521 58805 7 paperdback

本书根据剑桥大学出版社《描写形态句法——田野语言学指南》1997 年英文版译出

献给斯蒂芬妮、克莱尔、多丽丝

据最新估计，目前正在使用的6000种语言中大约3000种将在下个世纪灭绝。现存语言中大约4000种从未被描写或描写不够充分。对于希望描写那些缺少记录的语言的形态和句法的田野语言学工作者来说，本书是一个指南。书中用例采自众多语言，其中有些语言为人熟知，有些并不为人熟知；读完本书的读者，本书为其提供了语法描写的一个可能的概要，并且设计了一些问题来帮助他们引出关键的话题。附录为读者提供语篇、引出的材料以及读者可能想查阅的样本参考语法等方面的指导。本书是14年教学和研究成果的结晶，它将为有志于田野语言学工作的学者提供宝贵的资源。

目录

致谢

本书最初是俄勒冈大学句法语义学课程上的笔记和讲义。多年来，许多学生和同事参与讨论，提供材料，并提出深刻的见解，没有这些，本书恐难成册。尽管在本书相关的地方我已对一些贡献材料的学者表达了谢意，但确有些重要的致谢未能言表，对此深表歉意。

众多语言学家已出版的原创研究成果确为本书得以成册的基石，但我首先要感谢为语篇中所引语言样本做出贡献的说话人。提供这些帮助的人实在太多，无法一一致谢，而且我个人只熟悉其中的少数人。不过，我最大的愿望是，本书能为这些个人和社团提供些许帮助。

很多学者对本书早期的部分草稿提供指导和建议，在此感谢 Tod Allman，Joan Bybee，Bob Carlson，Wally Chafe，Bernard Comrie，Scott DeLancey，R. M. W. Dixon，Matt Dryer，Jack Du Bois，T. Givón，Colette Grinevald（Craig），John Haiman，Bernd Heine，Paul Hopper，Christian Lehman，Marianne Mithun，Johanna Nichols，David Payne，Doris Payne，Keren Rice，Sandy Thompson，Russ Tomlin 和 David Weber。尽管在成书过程中，所有这些个人对我的思考和写作都帮助甚多，但特别感谢 Doris Payne，Keren Rice 和 Sandy Thompson，他们费力更多，大大超出我的预期。

还有很多人为文献筹备提供帮助。特别感谢 Kay Beckford 辛劳制作缩略表和参考文献。还要感谢 Tod Allman 和 Doris Payne 帮助理顺思路，精炼文字，疏通全文。

缩略表

本书的语言例证有各种来源，有的已出版，有的未出版，还有的是原创的田野调查。不同的作者采用的转写和注解系统差异甚巨。我使用了与下表一致的注解，将缩略表维持在一个最小范围。拼写特定的缩略术语需要的是规则化，而非分析。例如，“主语”这个注解在文献中有很多不同的缩略方式。我将所有这些都缩减为 SUB，但来源文献中作者未称之为“主语”的，我并没有称之为“主语”。

同一个注解有时出现两个缩略形式，例如，INTRNS 和 INTR 都表“不及物”。反过来，一个缩略形式有时代表两个不同的概念，例如 S 代表“一个单论元小句的唯一论元”和“句子”。我认为这些缩略形式特别常见，意义又如此不同，这样任何可能出现的歧义就微不足道了。

缩略形式	全名	汉译名 / 汉译名缩略形式
1	first person	第一人称 /1
1INC	first person inclusive	第一人称包括式 /1 包括
1PL	first person plural	第一人称复数 /1 复
1SG	first person singular	第一人称单数 /1 单
2	second person	第二人称 /2
2DL	second person dual	第二人称双数 /2 双
2PL	second person, plural	第二人称复数 /2 复
2SG, 2S	second person, singular	第二人称单数 /2 单
3	third person	第三人称
3DL	third person, dual	第三人称双数 /3 双
3FSG	third person, feminine singular	第三人称阴性单数 /3 阴单
3MSG	third person, masculine singular	第三人称阳性单数 /3 阳单
3PL	third person, plural	第三人称复数 /3 复
3POS	third person, possessor	第三人称领有者 /3 领有
3SG, 3S	third person, singular	第三人称单数 /3 单
A	most agent-like argument of a multi-argument clause	多论元小句中最像施事的论元 /A
ABS	absolutive case	通格

续表

缩略形式	全名	汉译名 / 汉译名缩略形式
AC	anticausative	反使成式 / 反使成
ACC	accusative case	宾格
ACT	actor	施动者
ADJ	adjective	形容词 / 形
ADV	adverb	副词 / 副
AGR	agreement	一致关系 / 一致
AN	animate	有生命的 / 有生
ANT	anterior	完成体 / 完成
AP	antipassive	逆被动式 / 逆被动
APL	applicative	升宾式 / 升宾
ART	article	冠词
ASP	aspect	体
ASSOC	associative	伴随格 / 伴随
ATR	advanced tongue root	舌根前伸 / 舌根前
AUG	augmentative	大称
AUX	auxiliary	助动词 / 助动
BEN	benefactive	受益格 / 受益
CAUS	causative	使成式 / 使成
CENT	centric	向心
CL, CLS	classifier	分类词 / 分类，类附
CM	case marker	格标记
CN	connective（‘and then...’）	连接词（“然后……”）/ 连接
COMP	complementizer	标补语，标补词 / 标补
COMPL	completive	完结体 / 完结
COND	conditional	条件句 / 条件
CONT	continuative	延续体 / 延续
CONTR	contrast	对比
COP	copula	系词
COR	coreference	同指
DAT, D	dative	与格
DC	deictic center	指示中心 /DC
DECL	declarative	陈述式 / 陈述
DEF	definite	定指，有定
DEM	demonstrative	指示词 / 指示

续表

缩略形式	全名	汉译名 / 汉译名缩略形式
DEP	dependent	依附
DERIV	derivational	派生
DET	determiner	限定词
DETRANS	detransitive	去及物
DIM	diminutive	小称
DIR	directional	方向
DISJUNCT	disjunction	析取式 / 析取
DIST	distributive	分配
DO	direct object	直接宾语 / 直宾
DR	downriver	在下游
DS	different subject	不同主语
DUR	durative	持续体 / 持续
E	epenthetic morph	增音语素 / 增音
ERG	ergative	作格
EVID	evidential	示证
EXIST	existential	存在
EXO	exocentric	离心
FEM, F	feminine	阴性 / 阴
FOC	focus	焦点
FRUST	frustrative	沮丧语气 / 沮丧
FUT	future	将来时 / 将来
GEN, G	genitive	属格
GF	goal-focus	目标 – 焦点
GNO	gnomic	格言
HAB	habitual	惯常体 / 惯常
HSY	hearsay	传闻
IMPER, IMP	imperative	祈使式 / 祈使
IMPERF	imperfective aspect	未完整体 / 未完整
INAN	inanimate	无生命的 / 无生
INC	inclusive	包括式 / 包括
INCHO	inchoative	始动
INCOMPL	incompletive	非完结体 / 非完结
INCORP	incorporation	并入
IND	indicative	直陈式 / 直陈

续表

缩略形式	全名	汉译名 / 汉译名缩略形式
INDEF	indefinite	不定指，无定
INDIC	indicative	直陈式 / 直陈
INF	infinitive	不定式
INFER	inferential mode	推断语气[1] / 推断
INFL	inflectional	屈折
INST	instrumental	工具格 / 工具
INTER	interrogative	疑问式 / 疑问
INTR, INTRNS	intransitive	不及物
INV	inverse	倒置
INVIS	invisible	看不见
IRR	irrealis	非现实
ITER	iterative	反复体 / 反复
LD	left-dislocation	左向偏置 / 左偏置
LNK	linker	连接成分 / 连接
LOC	locative	处所格 / 处所
MASC, M	masculine	阳性 / 阳
MID	middle voice	中动态 / 中动
MIR	mirative	意外
MKR	marker	标记
MOD	modifier	修饰语 / 修饰
MSG	masculine singular	阳性单数 / 阳单
MVMT	movement	位移
N	noun	名词
NEG	negative	否定
NEU	neuter	中性
NF	non-finite	非定式，非限定
NOM	nominative case, nominalizer	主格，名词化标记 / 名词化
NONFUT	non-future tense	非将来时 / 非将来

[1] 根据本书原文，“情态（mode）描述说话人对某种情状的态度，包括说话人对其真实性或可能性的相信度。它有时也描述说话人对该情状与他 / 她本人之相关性的评价。”作者还提到，“mode、mood 和 modality 这几个术语经常是交替着使用的，尽管有些语言学家也对这些术语做出区分。”（244 页）不过，mode 这个词有时用作 mood（“语气”）和 modality（“情态”）的上位词，因此其实际所指有时是 mood，有时是 modality。为了照顾汉语学界的表达习惯，译文未将 mode 译作“语式”，而是根据情况，有时将 mode 译作“语气”，有时译作“情态”。——译者注

续表

缩略形式	全名	汉译名 / 汉译名缩略形式
NONPERF	non-perfective aspect	非完整体 / 非完整
NONSPEC:I	non-specific aspect,intransitive verb	非特指体，不及物动词 / 非特指：不及物
NP	noun phrase	名词短语 /NP
NP_{rel}	relativized noun phrase	关系化的名词短语 / 关系化 NP
NS	non-subject	非主语
OBJ	object	宾语
OBL	oblique	旁语，旁格
OBV	obviative	另指
OPT	optative mode	祈愿语气 / 祈愿
P	least agent-like argument of a multi-argument clause	多论元小句中最不像施事的论元 /P
PART	participle	分词
PASS	passive	被动式 / 被动
PAST	past tense	过去时 / 过去
PAST1	first past tense（immediate past）	第一过去时（近过去时）/ 过去 1
PAST3	third past tense（distant past）	第三过去时（远过去时）/ 过去 3
PAT	patient	受事
PERF	perfective aspect	完整体 / 完整
PL	plural	复数 / 复
PN, PRN	pronoun	代名词 / 代词
POSS	possessive	领属，领有
POT	potential	可能
PP	prepositional phrase	前置词短语
PPERF	past-perfective aspect	过去完整体 / 过去完整
PR	participant reference	参与者指称 / 参指
PRED	predicate	述谓，谓词，谓语
PREF	prefix	前缀
PRES	present tense	现在时 / 现在
PROG	progressive aspect	进行体 / 进行
PROX	proximate	近指
PURP	purpose	目的
QM	question marker	疑问标记
QP	question particle	疑问小词
QUAL	quality	属性

续表

缩略形式	全名	汉译名 / 汉译名缩略形式
RECIP	reciprocal	交互
REDUP	reduplication	重叠
REF	referential	指称的
REFL	reflexive	反身式 / 反身
REL	relativizer	关系化标记
REP	repetitive	重复体 / 重复
S	only argument of a single-argument clause, Sentence	单论元小句的唯一论元 /S，句子
SEQ	sequence, sequential	序列，顺序
SG	singular	单数 / 单
SIM	simultaneous	同时发生的 / 同时
SM	subject marker	主语标记
SPEC	specifier	特指标记 / 特指
SS	same subject	相同主语
STAT	stative	状态，静态
STD	standard	比较基准 / 基准
SUB	subject	主语
SUBJ	subjunctive mode	虚拟语气 / 虚拟
SW	soundword	声音词
TAM	tense, aspect, mode	时、体、情态 / 时体态
THM	theme	主题
TNS	tense	时
TOP	topic	话题
TRANS, TRNS	transitive	及物
TVF	truth-value focus	真值焦点
UNDGOER	undergoer	经历者 / 经历
UR	upriver	在上游
V	verb	动词
VBLZR	verbalizer	动词化标记
VER	veridical mode	真实性情态 / 真实

例子前面的星号（*）表明该例在该语言里是语法上不可接受的表达形式。例子前面的问号（？）表明该例处在可接受和不可接受之间。

导言

鹿说，“那我要怎么过去呢？”他到处寻找木桥。最后他遇到了松鼠。“你可以 1
从我的木桥上过去，我的木桥就在那边。”松鼠没有从桥头附近起跳，而是从与桥头距离合适的一个位置，“唰”地一下跳了过去。他对鹿说，“就从那儿起跳吧！我总是从那儿起跳的。”可是，鹿却没有勇气尝试。终于，他好像找到了摆脱困境的办法。走近桥的尽头时，他纵身一跳，却掉进了大水蟒的肚子里。真糟糕！

（选自《独眼勇士，一个亚加族的民间故事》，罗瑞安珞·莫宗拜特（Laureano Mzozombite）著，[Powlison 1987]）

0.1 写作目的

本书是一个向导，也是一座桥梁。我希望它做向导比松鼠称职，做桥梁比大水蟒要好。世界上还有许多缺少记录的语言，对于那些希望对其中某种语言的形态和句法进行描写的语言田野调查者来说，本书就是他们的向导。本书也是一座桥梁，它致力于将见诸文献中的有关语言结构的大量知识运用到描写一门语言的实际任务中来，而这样的任务总是纷繁复杂、扑朔迷离。

就在写作本绪论时，有报道说地球上现存大约 6000 种语言（Grimes 1992）。其中，约有 2000 种已经受到语言研究者的密切关注。另外大约 4000 种，只是零星地被语言学家描写过，而且其中有许多种语言甚至都未能用书面形式为后代记录下来。Krauss（1992）估计，在现存6000种语言中，大约有3000种语言在下个世纪将会消失。Krauss 和 Hale（1992）以及其他一些研究成果已将语言灭绝这一人类和智慧的悲剧阐述得十分清晰。3000 种濒临灭绝的语言，绝大多数都来自上述未被可靠描写的 4000 种左右的语言，这也就不足为奇了。

尽管仅靠描写语言学并不能解决语言和文化灭绝的问题，但它是解决方案中的一个重要组成部分。只要有一部好的词典和描写语法，就能赋予以往被鄙视为“没有语
法”或“只是一种方言”甚至“原始简单”的语言以某种地位。另外，描写性的语言 2
研究的成果也是发掘当地教育资料和书面文献所必需的参考资料。好的语言研究会向少数民族语言使用者和其周围的言语社团传递出这样的信息，即语言是有生命力的，

是值得尊敬的。退一步说，即使一种语言真的灭绝了，这在许多情况下是不可避免的，那么该语言的描写成果及其他材料也会作为该语言使用者后代和全人类文化遗产的一个重要部分被保存下来。倘若没有这种记录，该语言就会与其所承载的文化传统和智慧一起永远消失，无法挽回。

正因为如此，全世界至少有成百上千的人正在从事基本的语言描写工作。虽然这些人并非都受过描写语言学理论和方法的训练，但是，人人都心甘情愿地为此献身，以保存每一种人类语言和文化的生命力及其内在价值。越来越多来自缺乏描写的语言的母语者也投入其中。至于究竟该如何着手描写一种语言，这些语言田野调查者却常常不知所措。本书正是为这些语言田野调查者而写的，而且是在他们的指导下逐渐完成的。

体验一门新的语言就好比你到达一座陌生的城市，没有导游或地图帮助你找到自己的路。描写该语言的语法就好比你在尝试画出一幅自己的地图，你所依据的是自己徒步穿行该城市的主要街道和街后窄巷的经历。对于那些发现自己身处如此境况的旅行者来说，本书意在成为“米其林城市指南”（Michelin Guide to Cities）那类书。它不是任何一座特定“城市”的地图，但它根据已知城市的设计方案，描述了许多原则和程序。它还提出了一套系统的方法，由里到外地对任何一座城市进行描绘。

这本“米其林指南”的目录本身就为一种语言的语法描写提供了可能的框架[1]。从第二章起，每节的标题和小标题都提出了一个用来对语法结构进行解释、分类和描写的可能的系统（第一章讨论重要的民族语言学（ethnolinguistics）和其他背景知识）。
3 含有“0”字符的小节标题，比如“4.1.01”小节，不在我们所提议的语法描写的架构之中。相反，它们是对与之相邻的上一层次架构性标题（outline heading）的延伸性评注（比如，4.1.01 小节是对 4.1 节的延伸性评注）。在每个主要小节的结尾部分都有一些问题，旨在激发读者对形态句法描写的主要论题的思考。对这些问题的回答可以构成一部语法概要或者一部详尽的参考语法的实体部分。有时，一个小节全部由问题组成（比如 1.6.1 小节）。这些小节是语法描写中不可删略的重要部分，而这个论题被认为是完全自明的，无需做出进一步解释。这些情况下，我们都给出参考书目，为那些可能想要深究该论题的读者提供另外的阅读材料。

这样说来，本书的向导性概览，就像一架直升机，在错综复杂的城市上空俯瞰。各章是可以逐个去探访的街区，而各小节则犹如特定街区内能被找到的街道。然而，如同不能只从空中直升机的有利角度来绘制地图那样，也不能仅仅基于一个框架来描写语法。语言田野调查者必须亲身走过那座城市的所有街道，了解它的建筑、地标及特有风格。尽管城市之间有相似之处，但也有许多不同。语言之间也是如此。一个框架不会精确地适合每一种语言。撰写一部与某种语言自身特点相合的描写语法，需要有对语言的敏感、创造力和经验，而非完全依赖于预先设定的框架。本书的一个基本假设是，理解人类语言或某一特定的语言，最好的方式是与语言材料密切互动。为此，本书提供了文本和大量的例子来展示其他城市的相似街区是如何布局的。然而，你所研究的语言有可能显现出某种新的模式或者新的复杂性，而本书的文本和例子均未予说明。这些情况下，重要的是，尽可能清楚地记录这种异于寻常的模式，并参照已知的各种语言变异情况来对它进行描写。

尽管我们不应该将已知的语言变异情况看成一件紧身衣，强迫每种语言都必须穿上它；但它仍不失为一种颇有价值的工具，用来组织人们对语言的想法并向他人传达这些想法。毕竟，对于语言为何物的问题，我们已经知道了许多。事实上，可用的文 4
献资料太多了，你不可能全部了解。再者，语言田野调查者通常在孤立的环境中工作，可接触到的图书资源是非常有限的。从这个意义上来说，本书不仅旨在成为一个向导，还是一座桥梁。这座桥梁会让你——语言田野调查者——接触并获得与你所面临的特定的描写问题相关的特定的文献资料，同时帮助你将文献中可得的有用的知识应用到描写特定语言的技术任务中去。

在可能的范围内，我尝试提出一套与20世纪晚期语言科学的普遍原则相符合的组织系统。也就是说，本书中出现的范畴、术语和概念对于来自不同理论取向的语言学家来说，都应该是可以理解的，即便他们自己并不使用这套术语。我已尽可能地注意到这些术语的不同用法，但毫无疑问，这不可能穷尽所有可能的情况。当你运用本书的框架作为指南来描写一种语言的语法时，毫无疑问，你会对本书中的某些定义和解释是否适合你所描写的这种语言产生疑问。这是件好事。只有通过与语言材料老老实实的互动，语言学家才能认识到我们的理论概念哪些方面需要修正。也可以这样说，本书的目的之一就是鼓励田野语言学家去发现当前有关语言结构的理论见解中存在的漏洞。倘若本书能使人易于理解这些见解，那它就达到写作目的了。

本章接下来的部分，我会介绍本书中出现的一些核心的概念、隐喻和术语。

0.2 术语和常用隐喻

0.2.1 语言是一个符号系统

田野语言学家应该非常重视**意义**（meaning）和**形式**（form）之间的差异以及相互依存关系，这一点很重要。语言学中一些最尖锐的分歧和误解，说到底可归结为两类学者之间的争论：一类学者相信语言形式或结构直接源于意义，而另一类学者则认为形式完全独立于意义或语言运用。在下面的几个要点中，形式和意义的区分会得到阐明和重申。粗略地讲，意义指的是语言使用的目的，而形式则是语言表达式本身。 5

从事语法描写的语言学家一般认为语言由形式成分构成，人们运用这些形式成分来“意指”“表达”“编码”“表征”或“指称”其他事物[2]。尽管语言学家（甚至是优秀的描写语言学家）都常常暗示语言形式本身表达概念，可这必须被看作是以下观点的简略表达方法，即言语者运用语言形式（和其他事物）来完成表达、指称、表征等行为（Brown 和 Yule 1983：27 页以下）。举例来说，词就是语言形式，它本身只不过是由人的发音器官发出来的声音。使之成为词而不仅仅是任意声音的原因在于人们有意识地说出它来表达某种思想或概念。当被熟练的言说者运用时，词可以与其他语言形式单位（比如说前缀、后缀或更大的结构）组合在一起表达非常复杂的思想。虽然语言形式有助于系统而确切地表述思想，或者可能对所能持有的概念加以限制，但语言本身逻辑上与它所表达的思想是截然不同的。

在索绪尔（Saussure 1915）的基础上，兰艾克（Langacker 1987）将语言单位描述为形式－意义复合体。这个特征如图 0.1 所示。

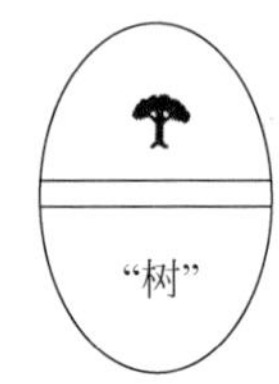

图 0.1　形式－功能复合体

图 0.1 的上半部分中的图形代表语言所表达的意义、概念
6 或思想，而下半部分代表语言单位本身。居中的双线条代表上下两部分间的关系或**联接**（bond）。不同的术语可以并且已经用来指称该复合体中的成分。与上半部分相联系的术语包括“所指”“意义”“语义学”“语用学”“功能”“概念域”和“内容”。与下半部分相联系的术语包括“能指”“符号”“结构”“形式”“形式域”和“语法”。其他一些术语表述了上（T）、下（B）两部分之间的关系。这些术语包括 B“意指”T，B“表达”T，B“体现”T，B“实现”T，B“编码”T，B“表征”T，B“象征”T，T“是 B 的功能”，等等。

作为描写语言学家，我们假定符号与所指之间的联系是**有意向的**（intentional）。也就是说，语言使用者有意在形式和意义之间建立起表征联系。由此推论，用来表征概念的形式将被组织起来，以使这种联系在认知和记忆等制约下变得更加显著。这样说并不是要否认如下的可能性，即语言的某些方面也许实际上与概念域无关，甚至会将概念隐藏起来。然而，我们的工作假设是，语言使用者通常期望和需要语言形式能够表征他们想要表达的概念。

在任何符号系统中，形式和意义的联系都不可能是任意的。换句话说，假如符号跟其所表达的范畴或维度之间的关系没有任何一致性，那么，一个系统根本就不可能成为符号系统。理想的符号系统（比如计算机“语言”），通过在每个形式及其每个意义或多个意义之间建立起直接的、不变的编码关系而将这一原则最大化。然而，真实的人类语言并不是这种意义上的理想的符号系统。在其所存在的环境中，变异和变化都是常规而不是例外。语言的新功能每天都会以言语者希望讨论的新情况和新概念的形式出现。发声和听觉的限制造成了发音的不精确以及信息理解的不完整。这些因素及许多其他因素一起导致语言形式产生变异，甚至也导致单个言语者话语的变异。因此，真实语言中形式和意义的联系既非严格的，也非任意的。它足够直接明了，以便于信息交流；但它又足够灵活变通，从而为创新、变异和变化留有余地。

0.2.2 原型与“模糊范畴” 7

语言学中**原型**（prototype）这个概念源自心理语言学家 Eleanor Rosch（Rosch 1977，Rosch 和 Lloyd 1978，Mervis 和 Rosch 1981）和其他学者的著作，这些著作讨论了人类对世界进行范畴化的倾向性。原型是一个范畴中最好的实例。比如，对于绝大多数英语使用者来说，原型的“鸟”可能是麻雀之类的鸟，它具有我们认为适合称之为“鸟”范畴的所有特征。鸡就不是原型的鸟，因为它并不怎么能飞，而且其功能只限于特定的谷仓前的场地。同样，几维鸟（kiwi）因为无翼而离鸟的原型更远。

在语言学中，原型概念一直都是非常有用的，因为语言是人类行为的一个方面，通过它范畴化是最为显著的。当我们说话时，我们必须将概念世界（形式－功能复合体的上半部分）范畴化。比如说，世上有大量的东西可以用“树”这个词来命名。实际上，要是我们算上假想世界和合理的隐喻扩展，那么“树”这个词所指对象的数量可以说是无穷大。一个词指称这样一个成员多样而且数目如此庞大的范畴，确实是令人惊奇的。当然，存在不同种类的树，可以加上修饰语来明确想要指称的对象。然而，在说话过程中，说话人仍然必须确定一个已知的概念是否有资格成为“树”范畴的成员。上面提到的研究（Rosch 等人）表明，人们依据代表整个范畴的意象，即“心智图景”，来确定一个概念的范畴。然后，倘若人们认为其他概念与这个意象或原型相似，那么这些概念就会被确认属于该范畴。在本书的不同章节中，都会举出原型原则在语言运用中的例子。

0.2.3 形态句法操作和操作符

操作（operation）和**操作符**（operator）这两个术语在下面对语言形式的讨论中会经常出现。形态句法操作是指一个语言形式同另一个与约定俗成的意义区别相关联的语言形式之间的关系[③]。这种关系通常按照由相对简单的形式到比较复杂的形式的顺序排列。最简单的形式称之为**词根**（root）。在大多数情况下，一种形态句法操作的出现是由形式操作符来明示的，这些形式操作符可以是前缀、后缀、重音移位，或者两个 8
或多个形式操作符的结合（关于语言中用来表示操作的形态手段的详细说明，请参见 2.3 节）。不过，有些操作没有任何显性的表达形式。指明没有显性表达形式的形态句法操作的方法之一就是假定存在一个零形语素。

0.2.4 话语就像一场戏：布景、脚本和话语舞台

在本书中，讨论语言交际的概念部分时，我们会一直使用**信息世界**（message world）和**话语舞台**（discourse stage）这样的术语。我们可以将这些术语理解为对语言所表达的概念域的隐喻。如上所述，将概念域同语言结构的形式域区分开来是十分重要的。即使语言中没有任何形式来表达概念，这些概念依然存在。语言结构当然受到

其所表达概念的影响，这就好比钉子的结构会受到其钉木块这种任务性质的影响一样。可是，钉子不是任务，钉子独自也不能完成这一任务。所以说，语言表达式，无论是词、小句还是话语，其本身并不是被讨论的概念，它只是人们用来表达概念的工具。

从这个视角出发，话语可以被隐喻地描写为一个正在上演着戏剧的舞台。许多话语理解和话语生成方面的研究都运用类似这样的隐喻，阐述了大量有关人们如何交际的假说和主张。例如，Minsky（1975）用**框架**（frame）这个术语来指称将知识分类和存储于记忆中的固定不变的（stereotyped）情景。比如，“酒店”框架的组成部分有桌子、椅子、男服务生/女服务生、食物、账单，等等。在 Schank（1972）的基础上，Schank 和 Abelson（1977）引入了**脚本**（script）概念。如果说框架是特定布局中的一套静态的实体，比如酒馆，那么脚本则是一套潜在的动态的事件和情状，比如在酒店坐下来、点菜和用餐的过程。Fillmore（1976，1977）提出，动词连同其独有的格框架激活语言使用者心中的**场景**（scene）。Lakoff（1987）提出的**认知模型**（cognitive model）概念是对场景概念的拓展和细化。框架、脚本、场景和认知模型的共同之处在于它们都是理想化的心智结构（如果你愿意，用“心理图画”一词也行），人类心
9 智运用它们来对经验与知识进行归类和储存。这些研究路子抓住了这样一个事实：所有知识都是在语境中获得并储存的。思考这样的语境的一个方法就是参照**话语舞台**（discourse stage）这个隐喻。

0.2.5 构建信息就像建造房屋

在本书的几个章节中，我们将描述用语言来完成交际任务的三种方法。这三种方法是**词汇法**（lexical）、**形态法**（morphological）和**分析法/迂说法**（analytic/periphrastic）。在描述这些方法是如何运用的过程中，将信息构建过程想象成类似于房屋建造过程是很有帮助的。在本节剩余的部分，我们将简要地探讨一下这个比喻。

每幢建筑都有其独特的功能。某一特定建筑的拟定功能，在最初的设计阶段乃至整个建造过程中都会影响着该建筑的形状。如果我打算建造一座房屋，我需要有可供支配的某些原材料，还要有想将房屋建造成什么样子的一个构想（或者一个设计图）。现在，我们首先假定那些原材料是形状不规则的石头。建造过程包括从原料堆中选出石头，然后恰当地将它们放到所砌房墙的合适位置上，在整个建造过程中，心里要时常想着设计图（即不是随意将石头堆在一起）。由于我已在砌墙上摆放了一些石头，所以砌合处就形成了一定的形状；而且我的原料堆中的石头也有各种不同的形状。我的任务就是找到与砌合处形状相匹配的石头，将它们砌上去，从而按照设想的目的把房子建好。

然而很多情况下，一块特定的石头与当前的砌合处形状并不吻合，那么，我们又该怎么办呢？大概有这样三个主要的方法：

1 另外找块石头。
2 改变眼前这块石头或者砌合处的形状。
3 把两块或多块石头合起来。

我教过的不同班级的同学想出来的其他可能的方法是：

4 从不同的石头堆中拿块石头。
5 多用些灰泥。
6 更改设计图。
7 放弃。

或许还有其他方法。如果对构建一则信息来说这是一个好的比喻，那么所有（或 10
至少有很多）这些程序在信息构建中都应该有类似物。

假如言语行为都有意向性，那么所有信息就都有功能。人们通常不会随意地使用语言（尽管我想我知道有人这样做）。信息的形式受到信息功能的影响。信息构建者可使用的原材料是有关交际内容的想法和存储在脑中的约定俗成的结构，比如词项、句子结构和形态操作符。构建信息的任务势必要求审慎地将现存的结构以独特的方式组合在一起，从而建构出所需要的特定信息。在此过程中的任何特定的阶段，都存在某种程度上完整的信息和一系列可能的结构，可供人们按照自己的意图来构建信息。如果某个特定的语言单位，比如说某个词项，不适合该信息语境，那么交际者用什么办法来处理呢？主要有：

1 另外找一个词项。（词汇法）
2 改变最初的那个词，或者改变语境。（形态法）
3 将多个词项组合在一起。（迂说法）

例如，如果我的信息需要**致使**（x，**死**（y））这样一个概念，也就是说，某物造成他物死亡（关于谓词演算符号的说明，请参见 8.1 节），英语为我们提供了两种策略来实现这一功能。我可以使用动词 *kill*（“杀死”）或者使用“cause to die”（“导致死亡”）这个表达式。用 *kill* 是解决该问题的词汇方式，因为 *kill* 这个词的规约化语义结构中包含了所需要的全部信息。而用“cause to die”则是用一种迂说策略来实现本质上一样的目标（关于词汇型使成式和迂说型使成式之间常见的功能差异，可参看在 8.1.1 节的讨论）。某些语言，比如土耳其语，采用特定的语素来表达致使概念，将该语素加在表示“死亡”意义的词根上，就形成一个表示“杀死”意义的新词根。这就是形态型使成式（morphological causative）。

词汇法、形态法和迂说法这三种策略在语言中与许多不同的功能任务相关。在一

11 种语言中某些任务一般通过一种方法来实现，而同样的任务在另一种语言中却常常用另外的方法来实现。例如在英语中，过去时是通过动词后缀这种形态手段来表示的，而在其他语言中，一个情状发生的时间可能是通过“两天前”这类时间状语来表达，即通过迂说法来表达。此外，语言总是允许通过多种策略来实现某些功能。英语中的 *kill* 和 *cause to die* 就属于这种情况。然而，通常情况下，当存在这样的选择时，各种可能的表达式之间常常有些细微的功能差别。

建造房子时其他可能的策略又如何呢？由学生提议的那些建造石头房子的策略在信息构建中可以做相应的类比吗？这个比喻究竟有多好？

1 前往不同的石堆。前往某种其他语言的词库如何？有时候就是想不起来那个恰当的英语单词，可有个最恰当的西班牙语单词在心里备用。如果我判断我的对话者很可能懂那个词，那么我就可以使用那个西班牙语单词，这种情况被称为**语码混合**（code mixing）。由于许多社团都是多语社团，语码混合在世界上是很常见的。

2 多用些灰泥。啊，呃，嗯，我不知道，也许吧……我的意思是这就好像你只是以某种方式将你的信息整合在一起，你知道吗？

3 改变设计图纸。可以想象得出，如果我表达某个特定的信息可能有很大困难时，那么我就会决定说点儿不同的东西来取而代之。

4 放弃。此策略在信息建构过程中有直接的类似物。

0.3 小结

总之，语言既是人们用来交际的工具，也是一种形式符号系统。任何描写语言的方法都必须认识到这两种特征。将语言概念化并对其进行描写的技术手段包括分析其形式系统的特征并依据语言本质上的人文性和交际性这两大特性对其进行解释。作为一个语言研究者，理解了语言所服务的目的以及语言存在的人文环境，必然会有助于
12 我理解语言的形式系统特征。同样地，理解了一种语言的形式系统中某些特定形态句法形式之间相互关联的方式，也必然会有助于我理解这些特定形态句法形式在交际中的功能。当我专注于理解其中之一时，我对两个方面的理解都丰富了许多。

这就像松鼠非常聪明地说：“只管跳吧，我总是从那儿起跳的。”

第一章 13
人口统计学和民族学信息

语法或语法概要的首要任务是识别所要描写的语言，并提供有关该语言的民族语言学语境的详细信息。引导读者参阅以前的文献资料和有关该语言的其他研究成果，这也很重要。

1.1 语言名称

自指（self-referent）或**自我命名**（auto-denomination）是人类学术语，指一群人用某个名字来指称他们自己。该名字通常只能译作“人们”或“人类”。它也可能有一些层级不同但互相关联的意义。例如，在帕纳雷语中（Panare，委内瑞拉境内的一种加勒比语），*e'ñapa* 这个词在与义为“野兽”或“邪恶的灵魂”的词语 *në'na* 相对时，它的意思是“人”。同样是这个词，在与义为“外来人”或“白人”的词语 *tato* 相对时，它则表示“当地人”的意思。最后，当这个词与指称邻近的当地族群的词语相对时，它可以严格用来指称帕纳雷人。只有语境才能够消除歧义。

某些语言族群往往通过一些术语而被外来人知晓，而这些术语通常源自外部人的语言，且多带贬义。例如在秘鲁，现在称为乌拉里纳（Urarina）的族群过去被叫作 *Chimaco*，一个盖丘亚语（Quechua）的术语，意思是“不可靠的”。不过，这类术语通常不被当地人自己认可，而且就像乌拉里纳的情形一样，他们经常用表示自指意义的术语来替代外来人的术语。另一方面，上面提到的 *Panare* 这个术语是图皮语（Tupí）的一个词，意思是“朋友”。所以，外来人的指称形式并不总是贬义的。如果文献中使用外来人的术语已成为固定下来的传统，语言研究者就不应该试图去改变它，除非当 14
地人自己反感这类泛指的术语，并明确表示喜欢自指的术语。

思考题

外来人如何称谓这种语言？

人们用什么术语将他们自己与说其他语言的人区别开来？

这些术语的来源是什么（如果知道）？

1.2 民族学

语言研究者可能想要花大量时间来描述所描写语言的那个民族的物质文化和世界观。在整个语言田野调查工作中，需要做有关民族学方面的详细笔记。因为要了解一种语言，本质上就是要了解说这种语言的民族。不过，在语法描写中，探讨该话题的篇幅不应太大。详细的民族志学（ethnography）讨论是一个值得做专题研究的课题。有些语法描写含有很好的民族学资料的介绍，这类介绍信息量大且颇具文化敏感性，比如 Dixon（1972）、Craig（1977）和 Austin（1981）。不过，描写性语法著作通常并不包含这类民族学信息，或者只用附注的方式来表达这类信息。

思考题

人们最主要的经济活动是什么？

简要描述生态系统、物质文化和世界观（这些是紧密相关的）。

1.3 人口统计学

在语法描写中，所描写语言的分布区域图通常是很有用处的。不过，请确认该图中也标示出其他语言族群的位置。

思考题

什么地方说这种语言，说这种语言的人在这个区域的分布情形怎样？

同一区域内是否还居住着其他语言族群？

与这些语言族群互动的性质是什么？经济性的抑或社会性的？友好的还是好战的？

在与其他语言族群的社会/经济互动过程中，哪些语言族群占主导地位，哪些被边缘化了？为何如此？

15 1.4 发生学关系

确认语言在其发生学关系（genetic relative）中的位置是非常重要的。在本节中，请描述以前为了建立语系内部的发生学关系及外部联系而进行的研究。

思考题

这种语言属于哪个语系?

它最亲近的亲属语言是哪些?

1.5 以往的研究

了解对某种语言或语系所做的全部研究工作非常重要。若有可能，你应该去结识该领域的知名学者。真正的学者总是非常希望跟那些对他们的研究工作真正感兴趣的人进行交流。你应该十分熟悉对该语言及其所属语系所做的全部历史 / 比较的研究。几乎没有什么语系先前未被研究过。历时及比较研究所取得的观察结果将会全方位地为语法描写提供信息，同时你也会清楚地认识到自己的研究在该语言的整体研究框架中应居于什么位置。然而，在你假定语言研究工作“完成”之前，必须对以前的研究进行仔细的考察评估。

Voegelin 和 Voegelin（1997）以及 B. Grimes（1992）为世界语言和语系研究提供了非常好的概述。可以将它们作为起点，全面细致地调查与所研究语言相关的特定文献。

思考题

对于所研究的语言及与之关系紧密的亲属语，已出版和未出版的语言学著作有哪些?

1.6 社会语言学状况

1.6.1 多语制和语言态度

思考题

单语者的比例是多少?（将男人和女人分开考察。）

多语者都说哪些语言，熟练程度怎样? 16

据你所知，与他们可能熟悉的其他语言相比，说该语言的人对其语言的态度是什么? 如果可能的话，为你的断言提供证据，即便它听起来可能只是些奇闻轶事。

参考文献：Sankoff（1980），Baugh 和 Sherzer（1984），Fasold（1992a，第 1、6 章）。

1.6.2 使用环境和语言选择

思考题

在什么环境中多语者可能使用这里描写的语言？什么情况下使用其他语言？

参考文献：Sherzer（1977），Bauman 和 Sherzer（1974），Besnier（1986），Baugh 和 Sherzer（1984），Fasold（1992a，第 7 章）。

1.6.3 生存能力

这里我提出一些经验法则来评估可能濒临消亡的某种语言的生存能力（viability）。但无论如何，这些法则都不能被视为确定性的，因为语言的生存能力可能受到语言之外的各种因素的影响。导致语言消亡的因素有许多，包括另一种文化和语言的同化作用、移民、疾病、种族屠杀、麻木不仁的政府政策。导致语言保持（maintenance）和保存（preservation）的因素也很多，包括扫盲运动、语言族群内部的民族运动以及人道主义的政府政策。综合考虑上述条件后，我们提出下面一些经验法则：

1 如果没有或只有极少数 10 岁以下的儿童将这种语言作为其唯一的语言来学习，那么这种语言将会在它最年轻的母语者的有生之年内消亡（即 60 至 70 年内）。
2 如果有那么一些 10 岁的儿童是这种语言的单语者，并且他们常常互相接触（也就是说，他们生活在同一社团内），那么该语言将会被教给下一代。这就意味着在某些社团中，60 年之内该语言将还会用作日常会话的常用手段。该语言的生存能力将会进一步增强或者衰退，这取决于社会因素和其他因素。
3 如果很多儿童将该语言作为唯一语言来学习，并且基本的经济活动（比如买卖和/或基本货物的配销）也用这种语言进行，那么该语言的消亡不会马上发生。也就是说，该语言可以无限期地生存下去。

17 有关语言的死亡和生存能力的话题，跟某人是否可能是某一语言“不完全胜任”的母语者这样的问题相关。对某种语言系统的一部分有母语般的知识，而对该语言系统的另一部分却知之甚少，这是完全可能的。例如，一个人可能有母语般的音系和句法知识，但缺乏较大的词汇量，对性和格的形态表现了解也不完全；或者他有令人满意的音系和形态知识，但句法和词汇方面却存在差距。似乎也有这样的情形：儿童时代早期听过的词项可能会保持在长时记忆中，只有在几十年后才可能在意识中重现（Wayles Browne，个人交流）。此外，还有这样的情形：有些人说任何一种语言似乎都不是很流畅。这类人有时被称为**半语者**（semilinguals）。不过有些人认为这个术语带有侮辱性，因此应当尽可能避免使用它。例如，秘鲁东北部的亚瓜族（Yagua）中，有些年轻的女人在某种程度上已经受到国家文化的同化，但又显然不能熟练地讲西班牙语或亚瓜语（Yagua）。与下面三种人比较起来，这些年轻女人引人注目：（a）那些文化上已被同化、能说流利的亚瓜语和少许西班牙语的年长的妇女；（b）未被同化、只流利地说亚瓜语的所有年龄段的妇女；（c）所有男人，他们都能说流利的亚瓜语，但说西班牙语的流利程度各不相同。在我能观察到的所有情景（包括在与她们丈夫的谈话）中，这些已被同化的年轻女人根本不说亚瓜语。即便在她们的丈夫或其他人用亚瓜语跟她们说话，她们也只说自己尚未完全掌握的西班牙语。很难想象这些女人是流畅但只是“潜在的”亚瓜语使用者。

由于这些人可能是只具备部分语言能力的母语者，因而常常很难评判他们的小孩是否真能成为一种语言的母语者，他们可能正在成为只有“部分”语言能力的母语者，这样，该语言作为日常的交际工具能够保存多久这一问题就变得复杂起来。

思考题

儿童是否将这种语言作为母语来学习？如果是，他们的单语状态能保持多久？

什么压力迫使年轻人（a）学习另外一种语言，并且（b）抛弃自己的母语？这些压力有多大？

是否存在能力不完全的母语者？

参考文献：Dorian（1981），Fasold（1992a，第8章）。

1.6.4　借词 18

一种语言会在不同的境况下向其他语言“借”词。本节所列的参考文献讨论了有关语言借用的社会环境。当然，如果多语者的母语中某个概念没有现成的词语，他们会暂时从另一种语言中借入一些词语和整个构式。这种做法被称为**语码混合**（code mixing）或者**语码转换**（code switching），这在多语社团中极其常见。不过，来自另一种语言的一个词，只有在适当的母语语境中同样能被单语者认可，才可以被视为借词。换句话说，只有当一个词成为某种语言词汇系统的一部分，并且能够被单语者承认时，它才算被真正借到该语言之中。例如，*canoe*（“独木舟”）这个词，尽管源自加勒比语，但可视为一个英语词，因为完全不懂加勒比语的英语母语者会自由地使用这个词语，并不觉得它是个“外来”词。不过，倘若我在说英语的话语中，用一个亚瓜语的词语，比如义为“行，可以”的 *sámirya*，那它就不是一个借词。由于这个亚瓜语的词语只能在对亚瓜语有些了解的人中间使用，所以把它归为语码转换应该更恰当一些。

思考题

这种语言是否包含大量来自其他语言的词语？如果是，这些词语一般出现在哪些语义域？请举例说明。

参考文献：Fasold（1992b，第 2 卷，第 2 章），Hill 和 Hill（1980）。

1.7 方言

语言（language）和**方言**（dialect）之间通常的社会语言学区别是：如果两个言语变体（speech variety）的使用者能够直接理解对方，也就是说，任何一方都不需要有一段熟悉彼此的过程，那么这两个言语变体就是同一种语言的不同方言。反之，如果两个言语变体的使用者直到为适应变异而调整其说话方式和理解策略之后才能互相理解（即交流受到严重阻碍），那么，这两个言语变体就是两种不同的语言。对于方言，目前还没有比这个更为清晰明了的标准定义。

每种语言都存在变异。变异可能是带有个体性质的，如单词 *economics*（“经济
19 学”）或 *either*（“或”）在英语使用者中具有不同的发音；但变异也可能是社会学意义上的：例如，在一些正式的语境中，我可能发出单词 *often*（“经常”）中的 /t/ 音，回避使用某些词语或句子结构，等等。有时，变异可能是地理学意义上的，比如在英式英语中，*pants*（“内裤”）通常与美式英语的 *underpants*（“内裤”）意义相同；然而，同样是 *pants* 一词，它在美式英语中最常见的意义与英式英语的 *trousers*（“裤子”）意义相当。

通常人们想当然地认为“方言”就是用于某一地理区域内的言语形式。然而，地理上的分离只是引起语言变异的诸多因素之一。为了写出一部语法概述，将一些已知的由地理因素决定的方言的简要信息纳入其中是有帮助的。不过，大多数变异并不主要是由地理因素决定的。这就是说，某一特定语言变体形式通常并不总是限于特定的地理区域或者只是该区域的特征，尽管许多情况下是这样的。为了证明这个断言，我们只需思考一下变异的来源。一般而言，人们的言语（和行为）通常会跟他们认同和互动的那些人的言语（和行为）日渐相似。即使在同一个地理区域内，通常也存在几种社会学意义上不同的（由年龄、职业、文化、兴趣等因素界定的）语团。每个语团的成员在不知不觉中（偶尔是有意识地）模仿他们所在的特定语团的规范，并且忽视其他语团的规范。这在传统社会以及更为复杂的社会中都是如此。如果这样的一个“认同语团”（identification group）占据一个地理区域的中心位置并将其他语团排除在外，那么体现该语团特征的这种言语就可以说是一种地域方言。因此，语言的地域变异只不过是社会变异的一种形式。

语言变异可以出现在传统语言分析的任一层面上，即语音、音系、形态、句法和话语层面。如果在语法概要中涉及方言，那么指出所观察到的主要差别处在哪一层面并举例说明，这样做将会大有好处。不过无论如何，人们都不应该在一部描写语法中详述该部分。此外，语言变异这一领域通常十分复杂，其本身足以成为一项专题研究。

思考题

这种语言是否存在重要的方言变异？这些方言之间具有什么样的差别？请举例说明。

你所做的语法概要中描述的是哪种方言？

参考文献： Chambers 和 Trudgill（1980），Nelson（1983），Simons（1983），Trudgill（1986），Fasold（1992b，第 8 章）。

20 # 第二章 形态类型

2.0 历史背景和定义

形态学（morphology）是对形状（shape）的研究。比方说，我们可以谈论骆驼的形态——不同种类的骆驼有不同的形态，即它们具有不同的身体形状。语言学中的形态学主要跟词的形状有关。某某语言是如何构词的？决定词形何时变化及如何变化的系统性规则是什么？传统上，形态学还关涉由词形变化而非词汇或分析过程表达的“范畴”（也称“操作”或“功能”）（参见导言，0.2.3 节）。

下文首先简要界定讨论形态学时使用的一些术语，然后简要地提出形态类型学的理论框架。

语素（morpheme）是最小的形态单位（shape），其经典定义是表达意义的最小形式单位或片段。比如英语的 *dogs*（“狗 . 复数”）包含两个语素：*dog* 负载主要的词汇内容；*-s* 表达复数的意义。其中，*dog* 这个形式本身不能进一步切分出有意义的成分，所以它是一个语素，即最小的形态成分。大多数情况下这个定义都没有问题，但越来越多的最新研究表明，特定的意义并不一定直接与特定的形式片段相关联。比如马赛语（Maasai，肯尼亚和坦桑尼亚境内的一种东尼罗河语言）的许多语素并不是某种形式片段，而是声调模式（tone patterns）。比如下例（1a）是主动态，（1b）是与之对立
21 的“中动态”（例句由 Jonathan Ololoso 提供）。两个小句的区别仅在于标示动词态和名词格的调型有所不同：

（1） a.	έyέtá	εmυtí
	remove.meat	pot.ACC
	移走 . 肉	锅 . 宾格
	“She removed meat from the pot.”	
	“她把肉从锅里移出来。”	
b.	εyέta	εmύti
	remove.meat.MID	pot.NOM
	移走 . 肉 . 中动	锅 . 主格

"The pot is 'de-meated'."
"锅里'移走了肉'。"

此外，语素表达的意义有可能受其直接环境中其他语素的影响而产生变化。整个语句信息表达的意义可能多于、少于甚至完全不同于其中所有语素的"意义"总和。因此在本书中我们把形态学定义为一种词形变化的系统，在这种词形变化系统中，词以言者希望其言语被识解的方式发生形式变化。这是导言 0.2.3 节介绍的"操作符 / 操作"这对术语的理论基础。

言语信息中词形的构成方式十分多样，包括添加形式片段，但词形变化的方式不限于此。听者所推导的准确意义来源于三者之间的互动：语言语境、超语言语境以及使用形态操作符表达的约定俗成的意义。它不仅仅存在于形态操作符中。这种观点同 Anderson（1982）提出的形态研究的"词与词形变化"（Word and Paradigm）研究路子是一致的。Anderson 和另外一些走"词与词形变化"路子的语言学家把语素看作涉及语言语境的规则，而非孤立的语言材料的"组块"（chunks）。在理想状态下，描写语言学家也应该有能力超越语言环境，指明一个语素如何与非语言的语境进行互动（有关这方面的提示，可参看 Sperber 和 Wilson 1986）。不幸的是，绝大多数参考语法都缺少这项如此有价值的工作。要编写一部参考语法，必须集中考虑每个语素在最通常的语境中所具有的约定俗成的作用。

黏着语素（bound morpheme）必须附着于其他语素才能够自然地进入话语。其具体形式可能是**词缀**（affix）、**词根**（root）或者**附着词**（clitic）。*dogs* 里的后缀 *-s* 就是
一个黏着语素，因为它本身绝不能单用。而词根 *dog* 则不然，它不必附着于其他形式 22
上，所以是**自由语素**（free morpheme）。然而许多语言的词根却属于黏着语素，因为不附加一些其他形式，这类词根就不能进入话语。比如西班牙语的词根 *habl-*"说"必须进行屈折变化才能进入话语。

附着词（clitic）是一种黏着语素，它在短语或小句层面起作用，但在音系上依附于被称为**宿主**（host）的其他词之上。小句层面的附着词通常附着于小句的第一个成分或最末一个成分，无论那个成分是名词、动词、副词、助动词还是别的词类。如果附着词出现在第一个成分之上，它既可以附着于该成分之前，也可以附着于该成分之后；附着于该成分之后时，这类附着词被称为"第二位"（second-position）附着词。而出现在句末成分之上的附着词总是附着在句末成分之后（Klavans 1985）。

英语的冠词 *a* 和 *the* 属于附着词，这是因为：（a）如果不附着于其他形式，它们就不能进入正常话语；（b）它们作用于短语层面。因此它们的宿主可以是名词短语的任何一个成分：

（2） the dog（“那条狗”） 附着于核心语
the big dog（“那条大狗”） 附着于修饰语
the two big dogs（“那两条大狗”） 附着于数词

这些形式附着于紧随其后的成分的证据是：在大多数的口语变体里，形态音位规则对边界（boundary）产生影响；出现在元音开头的成分之前，*the* 的元音不弱化，而出现在辅音开头的成分之前时，the 的元音发生弱化：[1]

（3） [ði æpl] “the apple”（“那个苹果”）
[ðə dɔg] “the dog”（“那条狗”）

冠词 *a* 在元音之前添加尾鼻音，在辅音之前不添加尾鼻音，而是弱化为 [ə]：

（4） [æn æpl] “an apple”（“一个苹果”）
[ə dɔg] “a dog”（“一条狗”）

很可能所有以前被称为“语法小词”（grammatical particle）的构形成分（formatives），
23 其实都是附着词（Zwicky 1973）。不过，我们通常会把具有参与者指称功能（复指附着词）或小句层面情态功能（认识或“话语”附着词）的语素归为附着词，而附置词、格标记、时 / 体小词、助动词、语义角色或语用身份标记之类的成分，一般不视为附着词。

语素变体（allomorph）是一个语素的不同发音。例如英语里通常写作 *-s* 的复数语素最少有三个语素变体：[hæts] “hats”（“帽子 . 复数”）中的 [-s]、[dɔgz] “dogs”（“狗 . 复数”）中的 [-z] 以及 [báksïz] “boxes”（“盒子 . 复数”）中的 [-ïz]。有时语素被看作相关语素变体的集合。确定某个语素的“底层”形式或“基本”形式对于构建书写系统或对文本进行标注都十分重要，不过它还算不上可以在语法概要或参考语法中占据很大篇幅的重要理论问题。下文所引的参考文献包含了许多关于确定底层形式以及派生表层形式规则的建议。假若不能确定某些特定的形态形式是独立的语素还是其他语素的语素变体，或者这种区分无关紧要的话，那么文献中有时会使用“语子”（morph）或“构形成分”（formative）这样的术语来指称这些形态形式。

形态音位规则（morphophonemic rule）在形式上是音系规则，但这类规则受制于特定的形态环境。某个语素的所有语素变体可据相关的音系规则和形态音位规则派生出来。例如，英语中复数语素 /-z/ 派生出语素变体 [-s] 是由一个普遍音系规则决定的，其生成标记符号可表征如下（对这种标记的解释，可参看 Burquest 和 Payne 1994）：

C → [− 浊音] / [− 浊音] ____
[-son]

因为这条规则不仅适用于复数标记，而且适用于所有非响音音段（non-sonorant segment），所以是一条音系规则。另一方面，英语否定前缀 /in-/ 的两个语素变体 [il] 和 [ir] 是受形态音位规则支配的，其证据是，并非所有的 /n/ 在 /l/ 或 /r/ 之前就会变成 [l] 或 [r]，而是只限于前缀 /in-/ 中的 /n/：

（5） irrational　　/in+ræšənəl/
irrespective　　/in+rɪspέktɪv/
irresponsible　　/in+rɪspánsɪbl/
illegal　　/in+ligl/ 24
illogical　　/in+lajǐkl/
illiterate　　/in+lɪtərət/
等等

诸如前缀 /un-/ 和 /non-/ 就没有这种变化模式：

（6） unresponsive（*urresponsive）
unreliable（*urreliable）
unreached（*urreached）
unlimited（*ullimited）
unleash（*ulleash）
non-lethal（*nol-lethal）
等等

可见 n → l/__l 和 n → r/__r 不是音系规则，因此，必须说明这两种规则只适用前缀 /in-/。凡需要有这类形态信息来指明某个音位变体规则（allophonic rule）出现的环境时，那么这种规则就可视为形态音位规则。

形态音位规则可以在讨论特定形态操作的章节里来介绍。表征这类规则的标记符号通常跟音系规则相同。“词与词形变化”框架提供的一套标记符号系统特别适用于拥有大量形态音位变异的语言和高度溶合的（fusional）语言（见 2.1.2 节）。

词根（root）是表达词的基本词汇意义的一个不可分析的形式，但其本身并非必然是一个能够完全可理解的词，有可能需要添加前缀或后缀这类屈折操作才能构成一个词。例如西班牙语 *habl-* 就是这类词根。

词干（stem）最少包含一个词根，但也可能分析为一个词根加派生词缀（见下文）。像词根一样，词干也未必是一个能完全可理解的词。例如，帕纳雷语中的

tyajtépe 是一个由词根 *tyaj-*（“听 / 听见”）加上派生后缀 -tépe（“想要”）组成的词干。然而这个词干如果没有额外的进一步屈折操作，它就无法进入自然话语。英语中，*construct* 和 *destruct* 是词干，因为它们可以像其他动词一样产生屈折变化，但又可以被分析为词根 *-struct* 加一个派生前缀。

25 **派生**（derivational）操作可定义为由一个词根或中介词干（intermediate stem）派生出一个可屈折变化词干（inflectable stem）的过程。不过，仅仅一个词根加一个派生操作未必就能产生一个完整的词（关于“词”的定义，参看 Anderson 1985a）。下面的例子来自帕纳雷语（委内瑞拉境内的一种加勒比语），动词词根为 *aamë*“举起”。这个词根有两个派生语素，*s-*“去及物”和 *o-*“不及物”。由于两者都不是必需的（yaamëñe 本身就可以表示“他举起它”），而且它们添加在词根上并不能保证动词形式可以自然地进入话语（**saamë* 和 **osaamë*），所以它们无疑是派生语素：

（7）

Tée	y-o-s-aamë-n	e'ñapa	tyityasa'
s.w. appear	3-INTR-DETRANS-raise-NONSPEC:I	person	one
某处[1]出现	3－不及物－去及物－举起－非特指：不及物	人	一

“There someone stood up.”(i.e., raised himself)
“那儿有人站起来了。”(即，举起了他自己)

实际上，这两个前缀将义为“举起”的词根转变为义为“站起”的另一个动词。这种操作可以称为**反身化**（reflexivization），是屈折形态的一种常见的功能（见 3.2.2 节和 8.2.1 节）。

另一方面，例 7 中的“*y-...-n*”这种前缀—后缀组合式则不同，它是由屈折操作符构成的。首先，它们（或者同一**词形变化聚合系统**中的其他成员）是动词恰当地进入话语的必要条件；其次，它们是动词进入话语的充分条件，不需再添加其他词缀。

据 Bybee（1985），派生操作与词根所述情状的**相关程度**通常要高于屈折操作。派生操作主要包括：

1 改变词根语法范畴的操作，例如去名词化（将名词变成其他词类）和名词化（将其他语法范畴的词变成名词，见 5.2 节和 9.1 节）
2 改变动词词根配价（及物性）的操作，例如去及物化、使成化、意愿式（见3.2.2 节和第八章）。
3 以其他方式明显改变词根所表达的基本概念的操作，比如分配和小称（见 9.7 节）。

---

[1] 本书“缩略表”中，sw 代表“记音词”(soundword)。此处 s 和 w 隔开，不大可能是“记音词”。根据语境，我们推测这是 somewhere 的缩写形式。——译者注

派生操作的特征如下：

1 它们是“非强制性的”，因为它们的使用旨在改变词根的基本词义，而非决定于句法结构中的某些其他操作或成分。
2 通常具有特异性和非能产性。 26
3 通常不出现在界限明确的词形变化聚合系统（well-defined paradigms）中。

屈折（inflectional）操作是词根出现的句法环境所要求的一种形态操作，一般不改变所表达概念的基本意义，而是为词根所表达的概念提供诸如方所、时间、参与者指称等方面的背景信息。换言之，它们具体说明事件或情状何时发生，参与者或领有者是谁或什么，有时还表明一个事件或情状在何处发生、如何发生以及是否确实发生。据 Bybee（1985），屈折操作通常跟词根表达的概念不大**相关**。典型的屈折操作包括：

1 人称、数、性等（见 9.5 节）。
2 时、体、情态（见 9.3 节）。

屈折操作的特征如下：

1 属于特定句法环境的语法要求，比如英语句子中的主要动词必须根据主语和时态进行屈折变化。
2 通常具有规律性和能产性（至少相对于派生操作是这样）。
3 通常出现在词形变化聚合系统（即必须根据特定语言环境选择其一的形式系统）中。例如，英语中存在两种形态上的时范畴，对于语句中所有的独立动词，两者必选其一。

总之，屈折操作产生出可以直接进入话语的构成完整的词，而派生操作产生的词干本身可能并不完整，还需要进一步的屈折操作才能进入话语。

如同所有其他的功能对立一样，屈折与派生的所谓对立更像是一个连续统。某些操作处于典型的两极之间；而且历时地看，某些操作往往从一种类型转变为另一种类型。另外，某个特定的形式可能有时实现屈折变化，有时则实现派生变化。尽管如此，这个连续体的典型两极还是可以在许多语言中找到实证的，所以典型的屈折与派生经常在语法概要和参考语法著作中占有一席之地。

2.1 传统的形态类型 27

要分析某种语言的语法体系，首要任务之一就是根据该语言的形态特征来确定它的语言类型。本节为认识语言的形态类型提供大致的分析框架和一些建议。

简言之，**类型学**（typology）就是对现象进行分类。给某种现象“分类”（typologize）就是把该现象分成不同的类型。比如机动车的类型可能就是一个包括卡车、轿车、公共汽车等的清单。对于研究语言之类自然现象的学者而言，类型学的价值取决于所提出的分类在多大程度上能对不同类型中个体的重要特征做出**预测**（predictions）。比如依据颜色给机动车分类是没有多少意义的，因为就机动车而言，没有什么重要属性是与其外表的颜色相关联（并能由颜色预测）的；而真正使公共汽车区别于轿车、拖拉机等其他车辆的是一组形式和功能上的特性。也就是说，相对于“棕红色机动车”等其他概念，“公共汽车”这个概念更具有类型意义上的一致性和实质性。

语言学史上曾提出过几种不同的语言类型，其中最早引起学界持久关注的就是**形态类型**（morphological typology）。这种语言类型主要是指在一种语言中词在多大程度上可切分为明确的个体语素。早期的形态类型理论把世界语言分为三种主要类型：（1）孤立型，（2）黏着型，（3）屈折型或溶合型。本节简要介绍 Comrie（1989）提出的这一类型的扩展版。

2.1.1 综合

综合（synthesis）指数（Comrie 1989）与每个词通常包含的语素数量有关，这个指数确立了以**孤立语**（isolating languages）和高度的**多式综合语**（polysynthetic languages）为两极的连续体。严格的孤立语中每个词只包含一个语素，汉语比较接近这一极。高度的多式综合语中一个词通常包含多个语素，例如盖丘亚语（Quechua）和因纽特语（Inuit，爱斯基摩语）就比较典型。下面的例子是尤比克（Yup’ik）爱斯基摩语的一个多式综合结构（感谢 Eliza Orr 提供语料）：

28 （8） tuntussuqatarniksaitengqiggtuq
tuntu-ssur-qatar-ni-ksaite-ngqiggte-uq
reindeer-hunt-FUT-say-NEG-again-3SG:IND
驯鹿－捕猎－将来－说－否定－再－3 单：直陈
“He had not yet said again that he was going to hunt reindeer.”
“他没再说他将去捕猎驯鹿。”

格林伯格（Greenberg 1954）提出了衡量语言形态类型的一种定量分析的方法，但描写语言学家们很少有人认为格林伯格的这种方法有用。原因大概如上所述，形态类型学不能有效地预测出语言的其他特征，因此对于语法概要的学习者而言缺乏价值。另一种非量化的判断标准可能更实用，即如果一种语言仅用一个动词就能表达完整的句子，该语言就属于多式综合语，如不能则属于孤立语。此外，根据研究者直觉的不同，还可以加上一些限定语，比如“有点”或“高度”。例如英语是“有点孤立的”语言，汉语是“高度孤立的”语言，朝鲜语是“有点多式综合的”语言，而因纽特语是

“高度多式综合的”语言。由于形态类型对语言结构的其他方面的预测能力十分有限，所以没有必要再进一步细化这些类型了。

2.1.2　溶合

溶合（fusion）指数（Comrie 1989）与多个意义单位“溶合”进单个形态形式（morphological shape）的程度有关。高度**溶合的**（fusional）语言（有时也称“屈折的”语言，但这个词有别的含义，所以我们采用“溶合”这一术语）中，一个形式同时表达几个意义，例如西班牙语 *habló* 中 *-ó* 表示直陈语气（indicative mode）、第三人称、单数、过去时和完整体。如果其中任何一个意义成分发生变化，那么这个动词后缀的形式也必定发生变化。土耳其语属于每一个意义成分都由单独的语素来表达的语言，所以属于高度**黏着的**（agglutinative）语言。同样，没有任何定量分析方法可以精确确定某种语言的溶合指数，而且溶合指数也不适用于那些高度孤立的语言。如果说英语里存在什么语言现象可以看作黏着性而非溶合性的例证，那么单词 *anti-dis-establish-ment-ari-an-ism*（“反对废除国教制度者主义”）就是一例，这个形式的每个语素都表达一个明确且直观的意义。但也应注意这些词都来源于拉丁语。英语中具有溶合迹象的是某些“强式”动词（“strong” verb）形式，比如 *sang*、*thought*、*brought* 等，其中表示过去时的语素无法从词根中严格地分离出来。

尼罗河语言（Nilotic languages）通过舌根前伸（advanced tongue root）(+ATR）元 29
音和正常（-ATR）元音的对立来表达某些形态操作。例如在瑟伯特语（Sabaot，肯尼亚和乌干达境内的一种南尼罗河语言）中，下面两个词包含相同的形态成分“组块”，两者唯一的区别在于（9a）中包含以整个词的元音音质和音调变化来体现的超音段语素（ATR）：

（9）a. kɔ̀ɔmnyɔɔnɔɔté
ka-a-mnyaan-aa-tɛ-ATR
PAST-1SG-be.sick-STAT-DIR-IMPERF
过去 – 1 单 – 是 . 病 – 状态 – 方向 – 未完整
“I went being sick（but I am not sick now）.”
“我生着病离开了（但我现在没病着）。”

b. káámnyáánáátɛ́
ka-a-mnyaan-aa-tɛ
PAST-1SG-be.sick-STAT-DIR
过去 – 1 单 – 是 . 病 – 状态 – 方向
“I became sick while going away（and I'm still sick）.”
“我离开时生病了（我仍然病着）。”

英语的强式动词和瑟伯特语的体表达式都是溶合的实例，其原因不是多个意义成分关联一个形式，而是某些特定的形态组块（chunks of morphology）不可拆分。

思考题

这种语言是孤立占支配地位的语言还是多式综合占支配地位的语言？

如果这种语言完全属于多式综合语，那么它应该是黏着占支配地位的语言还是溶合占支配地位的语言？举例说明它的主要模式，如果有次要模式，也请举例。

参考文献：Comrie（1989，第 2.3 章）；Anderson（1982，1985a，1985b）；Bybee（1985）；P. Matthews（1991）；Doris Payne（1985b）；Pike（1947）。

2.2 形态过程

基本的形态过程有六种，词干通过它们改变形式从而调整意义，以适应其句法或交流语境的需要。这六种形态过程是：（1）**添加前缀**（prefixation）；（2）**添加后缀**（suffixation）；（3）**添加中缀**（infixation）；（4）**词干改变**（stem modification）；（5）**重叠**（reduplication）；（6）**添加超缀**（suprafixation），也称**超音段改变**（suprasegmental modification）。**异干交替**（suppletion）作为第七种过程，可能不适合归为形态过程，因为它涉及词干间的相互替代，但因为通常由上述六种过程编码的任何形态操作也都可以由异干交替来实现，所以在这里有必要对其做个简单介绍。

前缀（prefix）是加在词干开头的黏着语素，例如 *unselfish* 的 *un-*。**后缀**（suffix）是加在词干结尾的黏着语素，例如英语的过去时标记 *-ed*。**中缀**（infix）是添加在词干内部的黏着语素，英语没有中缀，但在南岛语系的语言里中缀很常见，例如班多克语（Bontok，菲律宾群岛语言）*fumikas*（“变强”）里的 *um*（对比 *fikas*“强”）。**词干改变**（stem modification）就是英语词形变化聚合系统中 sing、sang 和 sung 的变化。**重叠**（reduplication）是指词根一部分（也可能是全部）重复，例如伊洛卡诺语（Ilokano，菲律宾群岛语言）*pingan*（“盘子”）的复数形式为 *pingpingan*，*talon*（“场地”）的复数形式为 *taltalon*。**超音段改变**（suprasegmental modification）则是以一个词的声调模式或重音模式标示某种特定的形态操作。英语采用重音模式来区分某些名词及相应的动词，例如 pérmit（名词）与 permít（动词）、cónvert（名词）与 convért（动词）等。有些语言，特别是非洲和中美洲地区的语言，使用声调变化表示像时和体这类非常常见的形态操作。如上所述，**异干交替**（suppletion）是一个词干代替另一个词干的变化，英语的动词 *be* 就是异干交替的著名例子。从历史上看，*is*、*am* 和 *are* 来自同一个词根，*were* 和 *was* 来自另一个词根，*be* 与以上几种形式的来源又不同。

大多数彻底的黏着语使用后缀，其中有些也用前缀或中缀，但只用前缀的语言非常少见，而只用中缀或任何一种上述其他形态过程的语言则未曾见到。Bybee（1985）以随机抽取的 50 种语言为研究对象，详尽描述了多种形态操作的表达模式，指出形态过程如同句法过程一样，至少在一定程度上受到普遍认知原则的促动。由此可见，语义、语用以及认知在促使形态结构产生方面的作用是一个非常值得关注的理论领域。

思考题

如果某种语言是彻底的黏着语，那么加前缀法与加后缀法哪种占主导地位，抑或两者皆非？

举例说明主要形态模式和次要形态模式（包括添加中缀、词干改变、重叠、超音段改变和异干交替）。

参考文献：Greenberg（1978，第三卷）；Anderson（1985a）；P. Matthews（1991）；Bybee（1985）。

2.3　核心标注与从属标注 31

依照大多数定义，**核心语**（head）是决定整个短语句法功能的成分。所以，名词短语的核心语是与整个短语指向同一个实体的那个名词，例如 *the Queen of England's crown*（“英国女王的皇冠”）的 *crown*（“皇冠”）是核心语。附置词短语的核心语是附置词，其原因在于附置词的存在赋予附置词短语特定的句法性质。如果没有附置词，该短语就仅仅是一个名词性的短语。短语中核心语之外的其他成分有时被称作**从属语**（dependents）。

有些语言倾向于把核心语加上标记来表示核心语和从属语之间的关系，另一些则倾向于给从属语加标记。例如，英语是从属标注（dependent-marking）占主导地位的语言。其领属性名词短语就是例证之一，核心语名词没有表示其被领有地位的标记，而领有性从属语则有标记，如“John's book”（“约翰的书”）。而另外一些语言，比如波斯语（Farsi，伊朗境内的一种印度－伊朗语族语言），通常在核心语上加标记：

（10）Zhon　kitab-é
John　book-POSS
约翰　书－领属
“John's book”
“约翰的书”

语言倾向于将上述两种标注模式中的一种应用于各种短语类型，即名词短语、动词短语、附置词短语等。核心标注的语言广泛见于美洲、非洲、亚洲、西伯利亚地区和中东地区。从属标注的语言比较少见，主要分布在欧洲，另外一些美洲印第安语言也属于从属标注的语言。

思考题

如果这种语言是彻底的多式综合语，那么是核心标注占优势，还是从属标注占优势？抑或两者兼有？

举例说明该语言表现出的两种标注类型。

参考文献： Nichols（1986）。

第三章 32
语法范畴

传统语法里，**语法范畴**（grammatical categories）叫“词性”。每种语言至少有两种主要的语法范畴——名词和动词。另外两种主要范畴，形容词和副词，在某一特定语言里尽管常常有例可据，但它们不一定会出现。大多数语言还有一些次要的语法范畴，比如**连词**（conjunctions）、**小词**（particles）和**附置词**（adpositions）。有意思的是，像描写语言学的大多数分类方案一样，语法范畴的边界常常不是那么整齐划一。但核心的概念或**原型**（protypes），通常是能够确定的。语法分类的另一个有意思的特征是，任何给定形式的范畴成员，其类别常常因其在话语中的使用方式而不同（参看 Hopper 和 Thompson 1984 及本书 5.2 节和 9.1 节的讨论）。范畴成员的这种变化可能会、也可能不会在表层的形态句法中直接反映出来。因此，有时需要细微的形态句法测试来确定形式上的范畴成员，有时某一给定形式的范畴成员只能从话语语境中推断。

语法范畴不同于主语、宾语和谓语这些形式上的关系范畴或者施事、话题、有定名词短语这些功能范畴。它们是语言结构的建筑材料。由于许多形式可以在**词库**（lexicon）里指明其语法范畴，它们有时又被称作“词汇范畴”。不过，我们这里不用“词汇范畴”这个术语，原因是（1）“语法范畴”这个术语更广为人知，（2）一个词的类别既取决于其规约化的（词汇）意义，也取决于该词在话语中如何使用。

重要的是，要为语法描写中提出的每一个语法范畴提供经验证据。3.1 节和 3.2 节 33
列举并描写通常用来区分名词和动词的那些形式特征。不过，对于其他范畴而言，可能出现的特定语言的特征非常之多，这里无法一一概述所有的可能性。

3.1 名词

对于主要的语法范畴名词和动词来说，原型可以根据语义来确定。任何语言里，**名词**（noun）这个类都包括表达**时间上最稳定**（time-stable）的概念的那些词，如“岩石”“树”“山”“房屋”等（Givón 1984：51）。这些概念在时间进程中通常不会有明显的变化。因此，原型的名词是表达时间上高度稳定的概念的那些词。一个像“拳头”这样的概念通常不会保持很长一段时期不变的，因此，人们一般不会用“拳头”这个词的形态句法特征来界定名词。有些语言也许不用一个单独的名词来表达这个概念。确定任何给定的词是不是名词，首先必须确定原型名词的形态句法特征（参看下面的例子）。这样，一个未定的词的语法类通常就可以根据该词与原型名词的形态句法模式的接近程度来确定。不过，总会有一些确为两可的例子；还有些词基于语境的不同有时充当动词，有时充当名词。下面将介绍处理这种模棱两可情况的一些方法。

名词的形态句法特征分为两组：分布（或构型）特征和结构特征。分布特征与词在短语、小句和语篇中如何分布有关。例如，名词可以充当名词短语的核心（见下）、小句的主语和宾语（见 7.1 节）以及语篇的话题（见 12.1.1 节）。结构特征与名词本身的内部结构有关。例如，有些语言里，名词具有格标记、数标记、性标记等，而其他语法范畴通常没有这些特征。

名词短语的**核心**（head）就是该短语内与整个短语所指的实体相同的那个词。例
34 如，英语中 *that computer man*（“那个电脑人”）这个短语指的是一个时间稳定的概念，因此我们推测它是一个名词短语。但是，它包含的两个词都指时间稳定的概念：*computer* 和 *man*。这就出现了一个问题：这两个名词中哪个是该名词短语的核心？这里的答案很简单：整个短语指某个人（man）而非某台电脑（computer），因此名词 *man* 是该名词短语的核心。对于那些没有形容词这一语法范畴或者形容词和名词形式上相似的语言来说，确定名词短语的核心会更为困难。在这样的语言里，表达式 *the red hen*（“那只红母鸡”）中的词 *red* 和 *hen* 都能同样地表达整个短语所指的实体。就是说，颜色词和其他描写性词语具有与名词相同的功能。对这些语言来说，像 *the red hen* 这样的名词短语通常被看成是同位语（apposition）：即 *the red one*, *the hen*。Doris Payne（1990）提出一种方法来确定这类语言里的核心语身份（headship）。在她的系统中，任何给定语境中名词短语的核心都是在其后的话语中**持续存在**（persists）的那个成分。因此，当某个故事中的参与者在 *the red hen* 这样的短语中被提及，如果该参与者随后可以被当作 *the red one* 而提及，那么 *red* 就是核心。而如果该参与者随后可以被当作 *the hen* 而提及，那么 *hen* 就是核心。Doris Payne（1990）认为，亚瓜语（Yagua）中，名词短语中成分的排列对“核心语身份”这个概念比较敏感。

可能每一种语言都具有语法化的方式来调节某个语言形式的语法类或次类，以便使其更像名词或更不像名词。这些手段可以视为**派生过程**（derivational process）（参看 2.0 节）。例如，某些形式在语法功能上像名词，但它们却是由语义上更像动词的词根派生而来。对于这些形式来说，时间稳定性标准难以运用。因此，唯一可用的标准就是该形式的分布特征和结构特征。

英语中带 *-ing* 后缀的词可以用来说明如何确定某个派生形式的范畴地位。很难想象，像 *walking* 这样的词语表达了时间稳定的概念——这个概念本质上涉及位移和变化，因此，这个形式不是原型的名词。不过，现在来看这个形式的分布和结构特征，以便确定它怎么像名词。首先，它能像名词一样地分布吗？原型的名词能充当小句的

主语和宾语。*walking* 能够充当小句的主语或宾语吗？下例表明，*walking* 通过了名词资 35
格的分布测试：

（1）a. 主语：*Walking*　is　good　for　you.
　　　　　　走路　是　好　对　你
　　　　　　"走路对你有好处。"
　　b. 宾语：I　like　*walking*.
　　　　　　我　喜欢　走路
　　　　　　"我喜欢走路。"

原型名词的结构特征包括：（1）带描写性修饰语的可能性（*the* ***red*** *car*）；（2）属格代词的使用（***my*** *car*）。*walking* 这个形式通过了这两项测试：

（2）a. 描写性修饰语：slow walking（"慢走"）
　　b. 属格代词：　his walking（*he walking）（"他的走 / * 他走"）

虽然 *walking* 通过了前面名词资格的两个主要测试，但其他测试显示，它并不是名词的最佳例证。例如，英语里原型名词的特征还有：能复数化、带限定词以及带大量描写性修饰语。很少见到带 *-ing* 后缀的动词展示出这些特征，这听起来也很古怪。

（3）a. 复数化：　　　? many walkings（"? 许多走"）
　　b. 限定词：　　　? the walking to school（"? 向学校的走"）
　　c. 描写性修饰语：? red/little/pretty/fine walking（"? 红的 / 小的 / 漂亮的 / 好的走"）

此外，带 *-ing* 后缀的动词有时可以带副词性修饰语，而名词不能：

（4）a. ? I like slowly walking.（"? 我喜欢慢地走。"）
　　b. I like walking slowly.（"我喜欢慢走。"）
　　c. *I like slowly cars.（"* 我喜欢慢地车。"）
　　d. *I like cars slowly.（"* 我喜欢慢地车。"）

这些形态句法特征使得 *walking* 这个形式看起来更像动词。

有各种不同的方法来解决 *walking* 的语法范畴归属问题。这些方法包括：

1　以某些名词性特征作为标准。例如，我们可以简单地将英语的名词界定为带上属格代词后能表示其唯一论元的形式。这样 *walking* 是一个名词。但是，如果我们把复数化或带大量描写

36 性修饰语的能力定为名词性的标准，那么 *walking* 就不是一个名词。我们可能就不得不做出有点武断的决定并一贯地坚持下去。

2 给该语言里某个或某些形式所体现的每个名词性特征复合体设立一个不同的语法范畴。这样，只有那些具备所有名词性特征的词项才被看成是名词。像 *walking* 这样的形式将被看成其他类别，比如现在分词（参看下文对“分词”这个术语的界定）。

3 承认名词和动词之间的差异是一个连续统，带有后缀 *-ing* 的动词处在两端中间的某个位置。

第一种办法是有问题的，因为：（a）它不能普遍运用，（b）它忽略了语法范畴明显的语义基础，尽管这种语义基础并不精确。为假定的普遍范畴确立标准定义具有内在的问题，因为总有一些语言可能不会显示某个特定的标准。我们不想说这些语言缺乏普遍的范畴（如果这样，该范畴就不是普遍的，那么，无论如何我们普遍的界定都难以成立）。标准的界定（甚至潜藏于本书中的那些）总是偏向世界上那些广为人知的语言。较之那些研究充分的语言，有些语言中某些重要的语法范畴展现出不同的形态句法特征，这已经成为语言学中的一些最有趣的讨论。

其次，选取一个任意的形态句法特征作为标准，无论该特征与人们对该范畴应包含的成员的直觉印象之间的关联看起来如何紧密，首先就忽略了为什么存在该范畴这个问题。例如，将名词定义为所有带属格代词后表一个论元的形式，就像将人类定义为所有“无羽两足”物。虽然这个“定义”很大程度上可以成功地将人类跟所有其他动物区别开来，但是它集中关注的是偶然的而不是定义性的（必要的）属性。换言之，它回避了一个问题：为什么会把无羽两足物看成自然界里所有其他潜在任意的类别（如红袜子、破枝条）中独立出来的一个类别？诚然，如果我们拿来一个有羽两足物，
37 拔掉它身上所有的羽毛，它不会成为人。另一方面，如果我们将一双白袜子染成红色，它确实就进入红袜子的范畴。而且，虽然我们能够想象在某个世界里人类不是无羽两足物，但我们却难以想象在某个世界里红袜子实际上是绿色的。这表明，“人”这个范畴并非只是“无羽”和“两足”这两项属性的结合。另一种表述方式是，“无羽两足”是对“人类”这个范畴的一种充分而非必要的界定。

最标准的定义应同时包括充分条件和必要条件。遗憾的是，这样的定义在语言学中极为罕见。如果为名词范畴提出一个标准的定义（如带属格代词的能力），那么有人还会问：对于那些带上属格代词的词来说，是什么使得它们合成一类？为什么它们应该具备那个特征而不是其他特征（如第一个音节高调）？

第二种办法是描写语言学采用的传统方法。它的优点是为分析者提供了粗略的分类架（pigeon holes）将语言里各种词类安放进去。这种办法的根本问题是，像第一种方法一样，它不能普遍运用。从各种形态句法特征的丛集中得出的类别（a）未必以任何系统的方式彼此关联，（b）不能进行跨语言比较。这种情形会导致特定的语法描写对那些此前对该语言一无所知的人来说可读性较差。例如，**分词**（participle）这个术语在许多语法描写中都能找到。但是，语言 A 中的分词包括哪些成分未必会与语言 B 中的

所谓分词有任何共同之处。因此，懂得语言 B 的人读到语言 A 的语法描写时可能会被误导。

第三种办法最精确地反映出语言范畴化的本质。这句话本身就是赞成这种方法。但是，对于试图在语法概要中将一种语言的信息清楚精确地描述出来的田野语言学家来说，它也有不足之处。包括：

1 没有明确的方式来确定某个特定的范畴处在名词和动词连续统中的哪个位置。有人可能想合计所有的名词特征和动词特征，然后将具有更多动词特征的词项归入靠近动词的一端，反过
来名词也是如此。但是，这种方法假定，所有这些特征对该形式的范畴归属具有同等的影响。 38
接受这种假设并没有任何先验的（a priori）理由。事实上，上述第一种办法正与这种假设相反，即：有且仅有一个特征在区分该范畴时起重要作用，所有其他特征都是次要的。任何情况下，试图根据重要性来给形态句法特征分出等级都是徒劳的。

2 田野工作者常常并不清楚某个特定形式的所有相关特征有哪些。例如，有些含 *-ing* 的动词可能比其他含 *-ing* 的动词更容易带复数标记：*his many failings*（"他的许多失败"）和 ? *his many eatings*（"? 他的许多吃"）。这一事实使 *failing* 比 *eating* 更靠近连续统上名词那一端。各种形式在语法行为上表现出来的这种细微差别很有可能不为田野调查者所觉察，因为田野调查所面对的是成千上万的形式，而每一个形式都可能显示 0 到 10 个不等的名词性特征。

3 语法概要的意图是帮助读者理解特定的结构在某一种语言语法系统中是如何运作的。显然，根据相对的名词资格详细列出各种结构的等级对完成田野调查任务意义甚微。鉴于上述观察，即这一任务也可能具有无限复杂性，许多田野语言学家不大可能去尝试这种等级排列。

我们建议将第二、三两种办法按下面的方式结合起来：语法范畴归属不明的形式（如英语动词带 *-ing* 后缀）可以给出严格的形式标签（例如"*-ing* 分词"），并对其代表性的功能和主要形态句法特征做出解释。大多数情况下，努力寻找比这个更明确的方法并不值得。就描写的明晰性而言，这种方法的回报太少。**分词**（participle）相对普遍地被看成是减少了动词特征的动词形式，但还没有完全名词化。由分词形式的动词构成的小句通常被称为**分词短语**（participial phrases）。但是，语言通常不只有这一种形式，如上所述，分词这个术语并没有更为具体的普遍定义。因此，重要的是要澄清，这个标签只是便捷地将这个形式类看成一个整体，这并不意味着该形式可以与其他语言中的所谓分词进行直接比较。

3.1.1　名词的类型 39

每种语言都有一些语法界定的名词的次类。下面几节将描写专有名词、可领属名词和不可领属名词的区别以及可数名词和物质名词的区别。这些区别可能都是普遍的。许多语言还有一个**名词分类系统**（noun class system），其中包含许多细微差别。如果一种语言具有名词分类系统，那么这一部分就要单独描写（参看 5.7 节）。

3.1.1.1 专有名词

专有名词（proper names）是用来称呼和识别特定的人或历史人物、名胜古迹的名词。由于专有名词通常都用来指具体的、言谈双方都能识别的实体，它们一般不与冠词、修饰语、领属语、关系小句或其他使名词更易识别的手段共现。例如，英语的专有名词是可以识别的，因为它们都不（容易）带上冠词、量化词或其他修饰语：

（5）

专有名词	普通名词
Mt. Rushmore（“拉什莫尔山”）	car（“汽车”）
? the Mt. Rushmore（“这个拉什莫尔山”）	the car（“这个汽车”）
? several Mt. Rushmores（“几个拉什莫尔山”）	several cars（“几辆汽车”）
? an outlandish Mt. Rushmore（“一个古怪的拉什莫尔山”）	an outlandish car（“一辆古怪的汽车”）
? a Mt. Rushmore that has four presidents' faces carved in it（“里面刻有四个总统的面相的拉什莫尔山”）	a car that has four presidents' faces carved in it（“里面刻有四个总统的面相的汽车”）

上面带上“？”的所有表达式在英语里都能使用，但语境必须是：所指对象被视为不可自动识别的。这并不是专有名词使用的正常环境。

专有名词与普通名词常常在语法上的其他方面也有所不同。例如，在许多南岛语里，专有名词使用一些特殊的格标记。下例来自菲律宾南部的主要语言——宿务语（Cebuano）。这种语言名词前的格标记 *ni*“动作者”和 *si*“受事”（或“通格”或“话题”）只用于专有名词。普通名词的标记分别用 *na* 和 *ang*：

（6）a.

Gibalhin	na	tawo	ang	kaabaw.
moved	ACT	man	PAT	water.buffalo
带走.过去	施动者	男人	受事	水.野牛

“The man moved the water buffalo.”
“那个男人带走了那头水牛。”

40 b.

Gibalhin	ni	Doro	ang	kaabaw.
	ACT.PN		PAT	
	施动者.代词		事	

“Doro moved the water buffalo.”
“多罗带走了那头水牛。”

c.

ibalhin	na	tawo	si	Doro.
	ACT		PAT.PN	
	施动者		受事.代词	

“The man moved Doro.”
“那个男人带走了多罗。”

这只是专有名词与普通名词在语法上的区别之一。

3.1.1.2 可领属性

许多语言具有下列区分之一：

类型 1：可领属名词和不可领属名词
类型 2：内在领属名词和非强制领属名词
类型 3：可让渡领属名词和不可让渡领属名词

马赛语（Maasai，东部尼罗河语）使用类型 1 系统。在马赛语里，许多名词通常不能在语法上被领属。可以被领属的词项包括奶牛、房子、亲属、山羊、工具、井和钱。不容易被领属的词项包括肉、水、河、山、陆地、岩石、野生动物、星星等。例如：

（7） 不可领属	可领属
ɛnkɔ́p（“土地”/“灰尘”）	ɛnkɛ́rái（“孩子”）
?? ɛnkɔ́p áy（“我的土地”）	ɛnkɛ́ráy áy（“我的孩子”）

很多西非语、南岛语和美洲印第安语有内在领属名词和非内在领属名词的区分。在这些语言里，所有名词都可被领属，但有些绝对要被领属。内在领属名词通常包括身体部位词和亲属关系词。下例来自塞科巴当语（Seko Padang），南苏拉维希的一种西部南岛语（下例蒙 Tom Laskowske 惠告）：

（8） 非强制领属	强制领属
kaya-ku（“我的衬衫”）	baki-ku（“我的满篮”）
kaya-na（“他/她的衬衫”）	baki-na（“他/她的满篮”或“满篮”）
kaya（“衬衫”）	*baki（无意义）

最后，有些语言用两种截然不同的语法策略表达领属。所有的名词都能被领 41
属，但每一个名词只能使用其中的一种策略。这两种领属关系通常被称作**可让渡**（alienable）领属和**不可让渡**（inalienable）领属。不可让渡领属大致用于相当于类型 1 语言（如马赛语）的可领属名词以及类型 2 语言（如塞科巴当语）的内在领属名词。可让渡、不可让渡及内在领属将在 5.6 节详细描述。一种语言有可能将这些类型的系统结合起来使用。

3.1.1.3 可数名词和物质名词

语言经常对那些表示可数事物的名词（**可数**名词）和那些表示水、沙子、空气、木头等物质的名词（**物质**名词）做出语法区分。英语里，物质名词不能复数化（除非用于特殊的、可数的意义）。此外，物质名词和可数名词带有截然不同而又部分重合的冠词和量化词：

（9）

物质名词	可数名词
sand（“沙子”）	car（“汽车”）
?many sands（“许多沙子”）	many cars（“许多汽车”）
much sand（“许多沙子”）	?much car（“许多汽车”）
some sand（“一些沙子”）	?some car（“一些汽车”）
?a sand（“一粒沙子”）	a car（“一辆汽车”）
?some sands（“一些沙子”）	some cars（“一些汽车”）

注意，这种区别是基于语义的，但其存在的证据则是形式特征。基于语义特征的“名词次类”可能有无数个，但只有这些次类具有某些显性的后果时，它们才具有语法上的重要性。有意思的是语法化的形式特征如何能用来产生特定的效果。例如上述带问号的表达形式中有些可以用来完成特定的交际任务：

（10） a. We'll have *three waters* please.（“请给我们三种水。”）
（物质名词用作可数名词，表示物质概念的一种有界的量。）
b. That's *a lot of car* you've got.（“那就是你已得到的许多种车。”）
（可数名词用作物质名词，表示可数概念的一种质。）

42 3.1.2 名词的结构

如果该语言根本上是多式综合语（参看第二章），对名词的结构做一概述会很有用。英语的情况如下：

（11） **词干** – 复数

换言之，一个名词包含一个词干外加非强制性的复数标记。对于那些多式综合程度更高的语言来说，这个结构图会更加复杂。例如，在瓜伊米语（Guaymí，哥斯达黎加及巴拿马的一种奇布查语）中，名词的结构图类似于下面这样：

（12） 领属 – **词干** – 小称 / 大称 – 分类词 – 复数

就是说，一个名词包含一个非强制性的领属前缀、强制性的词干、非强制性的小称或大称后缀、非强制性的分类词以及非强制性的复数后缀。这些结构图都只是说明的手段，旨在帮助该语法的读者理解名词的一般结构，未必代表理论主张。

3.1.3　代词和/或复指附着语素

许多语言都难以区分**代词**（pronouns）和**一致/协调**（agreement/concord）词缀。虽然一种语言里特定手段所表达的功能与另一种语言里形式相似的手段未必有什么关联（尽管可以找到许多普遍性，参看 12.1.1 节），但这里我们还是要给出严格的形式界定。例如，英语的自由代词和西班牙语的人称标记的功能大体相当。英语的标准变体里，动词的一致关系不能构成对参与者的唯一指称，例如 *walks* 并不是一个完整的小句，尽管 *-s* 后缀在某种意义上"指"第三人称单数的主语。而在西班牙语里，动词的第三人称单数形式足以代表一个完整的句子，如 *anda*"他/她散步"。因此我们想说，西班牙语动词上的人称标记是一种**复指手段**（anaphoric device），就是说，它算得上是对动词主语的唯一指称。而英语动词上的人称标记只不过与动词的独立表达的主语"相一致"。

现在我们来比较一下代词。西班牙语自由代词很少在话语里使用，通常被看成是 43
"强调的"或"对比的"，而英语代词的使用频率非常高。如果我们更仔细地审视英语的人称代词，我们会发现它实际上有两类——重读和非重读。英语话语里，大多数人称代词是非重读的。如果重读，它们与西班牙语的代词有类似的功能，即表示某种对比性（参看 10.1 节）。因此，西班牙语里一个含有代词的小句，如 *ellos vinieron*，功能上大致相当于英语里一个含有重读代词的小句 *THEY came*（"他们来了"，与别人形成对比）。西班牙语不带代词的小句 *vinieron*，大约对应于英语带非重读代词的小句 *they came*（"他们来了"）。由此可见，英语和西班牙语各自都有两种复指手段在参与者指称领域起作用。西班牙语人称标记功能上相当于英语非重读代词，而西班牙语代词相当于英语重读代词（大体如此）。这表明，形式相似的手段（如英语和西班牙语的代词）在话语中可以具有很不同的功能。一旦在形式上识别了复指手段，调查者就要努力体会各种不同的手段在参与者指称系统内是如何起作用的。

代词是自由形式（与词缀相比），它们在小句中单独用来填充名词短语的位置。它们通常具有名词短语的所有分布特征。

复指附着语素形态上不自由——它们必须黏附（附着）于另一个词（参看 2.0 节对附着语素的论述）。但跟代词一样，它们与完全名词短语呈互补分布。就是说，一个名词短语或一个附着形式，两者通常可以各自（但不能同时都）指称给定小句中的某个实体。例如亚瓜语（Yagua）里，主语的指称形式可以是一个完全名词短语（例 13），也可以是一个前附形式（例 14），但两者不能同时指称主语（15）：

（13） Manungo　murrą́ą́y.
M.　sing
M　唱歌
"Manungo sings."
"Manungo 唱歌。"

（14） sa-murrą́ą́y.
3SG-sing
3 单 – 唱歌
"He sings."
"他唱歌。"

（15） *Manungo sa-murrą́ą́y.

44 *sa-* 不能单用，这表明它不是一个代词。例如，不能只用 *sa* 来回答 *Who's singing*?（"谁在唱歌？"）这样的问题；有一个截然不同的第三人称单数代词 *níí* 用在这样的语境里。另外，*sa-* 只能紧连在动词词干前，而代词（如 *níí*）则与完全名词短语享有同样的分布特权（即它们几乎能出现在小句的任何位置）。此外，有很好的形态证据表明 *sa-* 是一个附着语素。用于某些动词类时，它受到不跨词界的形态音位规则的影响。例如，如果动词开头的音节是 *ha*，*h* 就会消失，并出现一个鼻化的长元音：

（16） sa "3 单" + hatu "喝" = sąątu "他喝"

例（17）显示，这个操作过程并没有跨越词的边界。注意，第一个词末尾的 *a* 和第二个词开头的 *ha* 没有合并为 *ąą*：

（17） Estela hatu　　　*Esteląątu
Estela drink
Estela 喝
"Estela drinks."
"Estela 喝。"

总之，亚瓜语的 *sa-* 形态上是黏着的，因此是个复指性附着语素，但它与名词短语呈互补分布。

罗曼语中宾格和与格"代词"满足复指附着语素的这个定义，因为（a）它们在音系上必须是黏着的，（b）它们的分布与完全名词短语不同——大多数情况下，这些附着语素出现在屈折动词之前、非屈折动词之后，而完全名词短语则没有这些分布限制。西班牙语里，不能只用 *la* "她"这个形式来回答 *Whom did you see?*（"你看你见谁了？"）这样的问题，要用的是一个完全代词。

下面的区别可能与代词 / 复指附着语素的词形变化相关。并非所有这些区分都适合所有语言；另一方面，可能还有一些区别这里未能提到。其中大部分将在以下各段深入讨论。

1 人称。“第一人称”指说话人。“第二人称”指听话人。第一、第二人称有时合称为**言语行为参与者**（speech act participants）。第三人称常指任何非言语行为参与者。[①]

许多语言的第一人称有**包括式 / 排除式**（inclusive/exclusive）之分。第一人称包括 45
式包括说话人和听话人，但不一定包括非言语行为参与者。有些语言具有“包括式双数”形式，尽管双数在该语法的任何其他部分里并没有明确说明。这个形式只指说话人和听话人，排除了非言语行为参与者。第一人称排除式包括说话人和非言语行为参与者，但排除听话人。

2 数。像名词一样，代词和复指附着语素可以有数的变化。最常见的数的区分是单数和复数；比较少见的是单数、双数和复数。比上面这些更多的数的区分系统很罕见，但确实存在。例如，有些南岛语（尤其瓦努阿图）区分单数、双数、三数和复数。不过，这些语言里，全部区分只适用于有生的所指对象。

表 3.1 显示的是萨摩亚语（多式综合语）的自由代词系统（来自 Mosel 和 Hovdhaugen 1992）。除了包括式 / 排除式以及单数 / 双数 / 复数之分，萨摩亚语还有一个“情感的”（emotional）第一人称单数代词。这个代词主要用来表明“说话人在情感上涉入该情况”（Mosel 和 Hovdhaugen 1992：121）。

表 3.1 萨摩亚语的代词系统

	单数	双数	复数
第一人称：“我”	a’u		
“情感的”	’ita		
“包括式”		’ita’ua（“仅你和我”）	’itatou（“你、我和他 / 她 / 他们）
“排除式”		’ima’ua（“我和他 / 她”）	’matou（“我和他们”）
第二人称：“你”	’oe	’oulua（“你们俩”）	’outou（“你们仨或更多”）
第三人称	ia	’ila’ua（“他们俩”）	’ilatou（“他们仨或更多”）

3 性，名词类。典型的性范畴包括阳性、阴性和中性（或无生命）。许多语言为
名词的分类提供一个丰富的系统。这个系统常常在代词、复指附着语素上表达出来。46
（参看 5.7 节）

4 语法关系。主语、宾语、作格、通格（参看第 7 章）。

5 语义角色。施事、受事等（参看 3.2.0 节）。

6 定指性 / 特指性。许多语言里，不同的代词用于非特指和 / 或不定的指称对象。例如，英语将 *whoever*（“无论谁”）、*whatever*（“无论什么”）、*wherever*（“无论哪儿”）

等形式用作非特指代词。第三人称复数形式常用来表示非特指或不定的所指对象（参看 8.2.2 节的无人称被动式）。

7 敬语（honorifics）。不同的代词或复指附着语素的运用，常常取决于言语行为参与者相对的社会地位。英语里，某些不寻常的场合使用特殊的形式来代替标准的第二人称代词 *you*。例如，在法庭的情景里对法官说话时，使用 *your honor* 仍然是惯例。另有很多语言日常生活中使用敬语。例如，说话方式随便时，标准的西班牙语将 *tu* 和 *te* 用作第二人称主语和宾语代词。而在很正式的场合，*Usted* 和 *le* 更为得体。

思考题

名词的分布特征有哪些？

名词的结构特征有哪些？

名词主要有哪些形式上有区别的次类？

（多式综合语中的）名词和 / 或（孤立语中的）名词短语的基本结构是什么？

该语言有自由代词和 / 或复指附着语素吗？（这些跟语法的一致标记不同。一致标记后面将予讨论。此外，代词和附着语素的功能也将于后文讨论。）

将自由代词和 / 或复指附着形式列一个图表。

参考文献：Givón（1983a，1984），Craig（1986），Mühlhäusler 和 Harré（1990），Weisemann（1986），Hopper 和 Thompson（1984），Schachter（1985）。

47 3.2　动词

动词（verbs）这个语法范畴在任何语言中都包括表达时间进程中最不稳定的概念（如“死”“跑”“断”这类事件）的那些词项。（Givón 1984：51，55）跟名词一样，时间稳定性连续统仅仅界定了原型。判定一个不确定的形式是不是动词，必须确定它在多大程度上与原型动词的形态句法模式相符。

动词的形态句法特征分为两组：分布（或构型）特征和结构特征。分布特征与词在短语、小句和语篇中如何起作用有关。例如，动词可以充当动词短语、小句谓语的核心，它们在语篇中对事件进行编码。结构特征与动词本身的内部结构有关。例如，有些语言里，动词显示出主语一致、时 / 体 / 情态标记等，而属于其他语法范畴的形式则不然。

一些主要动词或动词短语上的操作（如时 / 体 / 情态）所具有的功能将在后面章节深入讨论。这里应该描写的是动词或动词短语的基本结构。

3.2.0 语义角色

在讨论语言中可能存在的各种类型的动词之前（参看 3.2.1 节），有必要对语义角色这一概念进行比较全面的讨论。**语义角色**（semantic roles）是“信息世界”里的概念关系（参看 0.2.3 节）。虽然它们深刻影响形态句法，但它们主要还不是形态句法范畴。它们是语言信息的“内容”部分，不是语言形式的范畴。理想的是，语义角色就是参与者在信息世界的情境里所扮演的角色，远非这些情景的语言编码。因此，假如在某种真实的或想象的情境里，某个叫约翰的人故意打了某个叫比尔的人，那么在打的事件中，约翰是*施事*，比尔是*受事*，不管有没有任何观察者说出“约翰打了比尔”这样的句子来描述该事件。

通常，**论元**（argument）这个术语用来指称与某个动词具有常规关联的参与者及其充当的语义角色。例如，英语动词 *eat*（“吃”）所描绘的典型场景必须有两个参与者——“吃者”和“所吃”之物。因此可以说，动词 *eat* 有两个论元，至少概念上（语义上）如此。② 但是，形式上，说话人可能通过明显提及两个以上或以下的参与者来 48
调整信息的内容。例如：

（18） a. *Bonny* ate *beans* with her *knife*.（三个参与者在舞台上）
“Bonny 用她的刀子吃豆子。”
b. *George* already ate.（一个参与者在舞台上）
“George 已经吃了。”

即便在（18b）中，我们仍然理解 *George* 吃了某个东西；就这一特定的交际行为的目的来说，他所吃的是什么东西并不重要。但是，（18a）中的 *knife*（“刀子”）没有这样的地位；如果省略了 *knife*，我们未必知道 *Bonny* 还使用了一个工具。工具并不像被吃的东西那样是界定“吃”的概念的核心因素，因此 *knife* 不是论元。我们将用**旁语**（oblique）来指（18a）中 *knife* 这样的非强制性参与者。一个动词的论元及其充当的语义角色必须在每个动词的词条中具体说明。这种信息有时被称作动词的**论元结构**（argument structure）或**格框架**（case frame）。③

近些年来最深刻地影响了语言学家对语义角色思考的是**格语法**（Case Grammar）框架内的一些研究（尤其是 Fillmore 1968，1977；Anderson 1971，1977）。大量的研究都建立在这些主要文章中的深刻见解之上。本节将阐述“经典”格语法中的一些概念。热诚鼓励那些对探索语义角色和语法关系之间关系有兴趣的田野工作者去参看所提供的参考文献。

在格语法的传统里，语义角色被称作“格”或**深层格**（deep cases）。我们将避免使用这个术语，因为我们将格视为名词的形态句法范畴而非语义范畴（7.1 节），因此两者有抵触。在生成语法的传统里，它们开始被称作**题元角色**（thematic role）或简称**θ 角色**（theta role）。遗憾的是，这个术语与“题元结构”（thematic structure）相抵触，我们在讨论话语的结构时以一种很不相同的意义来使用“题元结构”这个术语（12.1.2节）。“语义角色”这个术语是最没有歧义的，是可以运用的广为理解的术语。不过，所有田野工作者都应该知道这些交替使用的术语。

3.2.0.1　一些常见的语义角色

49 这里，我们将描述一些语义角色，这些语义角色在自然语言中经常用主语、宾语和间接宾语等语法关系来表达。这些语义角色是：施事（agent）、作用力（force）、工具（instrument）、经历者（experiencer）、接受者（recipient）和受事（patient）（Comrie 1989：52—53）。其他如处所（location）、方向（direction）、背景（setting）、目的（purpose）、时间（time）、方式（manner）等很可能用旁语短语或状语表达，尽管这些角色有时也用主语或宾语表达，例如 *He swam the channel*（“他游过海峡”，*channel* = 游的处所），*We did Norway last summer*（“去年夏天我们游览了挪威”，*Norway* = 背景），*This bed was slept in by Che Guevara*（“这张床被切 · 格瓦拉睡了”，*bed* = 处所）。

施事是“通常有生命的、可察觉的动作行为的发起者”（Fillmore 1968）。[4] 在可以由下面的句子描述的场景里，*Percival*（珀西瓦尔）都可能是施事：

（19） a. Percival ate beans. “珀西瓦尔吃了豆子。”
b. Percival ran around the block. “珀西瓦尔绕着那个街区跑。”
c. That vase was broken by Percival. “那个花瓶被珀西瓦尔打破了。”
d. Whom did Percival kiss? “珀西瓦尔吻了谁？”
e. It was Percival who deceived the President. “欺骗那个总统的是珀西瓦尔。”

原型的施事是有意识的，所实施的行为是有**意志**（volition）的（有目的的）且具有物理的、看得见的结果。它是事件的强有力的控制者。根据这种描述特征，（19a）和（19c）中的“珀西瓦尔”接近原型的施事。在（19b）中，尽管珀西瓦尔是有意识的，而且他的行为是有意志的，但珀西瓦尔的行为并没有导致世界产生看得见的变化。（19d）和（19e）也可以做同样的考察。因此，珀西瓦尔在（19b，d，e）中是不太典型的施事。

作用力是无意识或无意志地发起某个动作行为的实体。例如，下面句子里的 *the wind*（“风”）是作用力：

（20） a. The wind opened the door. “风吹开了门。”
b. The wind blew in through the open window. “风透过那扇开着的窗户吹进来了。”
c. The vase was broken by the wind. “那个花瓶被风刮破了。”
d. What did the wind knock over? “风刮倒了什么？”
e. It was the wind that formed those rocks. “形成那些岩石的是风。”

工具是间接引起某一行为的实体。通常，施事作用于工具，工具影响该行为。例如，下面句子里 *a hammer*（"一个锤子"）是工具：

（21） a. Prescott broke the window with a hammer. "普雷斯科特用一个锤子打破那扇窗户。"
b. A hammer broke the window. "一个锤子打破了那扇窗户。"
c. That window was broken by a hammer. "那扇窗户被一个锤子打破了。" 50
d. What did Prescott break with a hammer? "普雷斯科特用一个锤子打破了什么？"
e. It was a hammer that Prescott broke the window with.
"普雷斯科特用来打破那扇窗户的是一个锤子。"

经历者既不控制行为，也不受到行为看得见的影响。通常，经历者是接受感官印象的实体，或者以其他方式成为既无意志的、亦无状态变化的某些事件或活动的场所（locus）。例如，下面的英语句子里，柳克丽霞是经历者：

（22） a. Lucretia saw the bicycle. "柳克丽霞看见了那辆自行车。"
b. Lucretia broke out in a cold sweat. "柳克丽霞惊出一身冷汗。"
c. The explosion was heard by Lucretia. "那个爆炸声被柳克丽霞听到了。"
d. What did Lucretia feel? "柳克丽霞感觉到什么？"
e. It was Lucretia who smelled smoke first. "首先闻到烟的是柳克丽霞。"

尽管作用力、工具和经历者跟施事具有明显的语义区别，但为了语法的表达，语言经常将其与施事同等对待。例如英语里，所有这些角色都非常普遍地表达为主语。但未必所有语言都是如此。后文（3.2.0.2 节）所引瓜伊米语和古吉拉特语（Gujarati）的例子显示，有时经历者具有一个不同于施事的形态格。语言如何表达语义角色并允许对语义角色和语法关系之间的关系进行调整，这些问题对语言理论和语言描写来说非常重要。这些问题将在第七、八两章详细讨论。

接受者是典型的有生命的、移动物体的目标。接受者和目标（destination）的区别类似施事和作用力的区别，但前者较后者更细微。结果，在许多语言里，用来表示目标的形式常常与表示接受者的形式相同。例如，英语用前置词 *to* 来标记这两种角色：

（23） a. I sent the book to Mary. （Mary = 接受者）
"我送那本书给玛丽。"
b. I sent the book to France. （France = 目标）
"我送那本书到法国。"

受事是无标记的语义角色。如果某个实体不是有意志地实施某种行为、不引发某个事件、不接受某物、也不经历某种感官印象，这个实体多半是个受事。下面小句里，

Joaquin（华金）是受事：

51 （24） a. Montezuma stabbed Joaquin.
“蒙特苏马刺了华金。”
b. Joaquin fell from the third floor.
“华金从三楼跌下来了。”
c. Joaquin was amazed by the mosquito.
“那只蚊子让华金吃惊。”
d. Who wanted Joaquin?
“谁想要华金？”
e. It was Joaquin that the republicans believed.
“那些共和党人士相信的是华金。”

原型的受事经历一种物理的、看得见的状态变化。在（24a）和（24b）中，“华金”是非常典型的受事。（24c—e）中，“华金”没有经历物理状态的变化。不过，英语将它们与更为典型的受事“同等”对待。

3.2.0.2 语义角色的语言编码

格语法的主要贡献是发现语义角色跟语法关系并不直接对应。例如，在下面的小句里，主语这个形式范畴（在英语里表现为动词前位置、代名词的形式以及潜在的动词一致关系）实现为三个不同的语义角色：

（25） a. I opened the door with the key.（主语 = 施事）
“我用那把钥匙打开那扇门。”
b. The key opened the door.（主语 = 工具）
“那把钥匙打开了那扇门。”
c. The door opened.（主语 = 受事）
“那扇门开了。”

此外，尽管 *the key*（“那把钥匙”）在两个小句里都履行相同的语义角色，但它在第一个例子里是旁格短语，在第二个例子里是主语。同样，尽管 *the door*（“那扇门”）在这三个小句里都是语义上的受事，但它在（25a）（25b）中是直接宾语，而在（25c）中是主语。因此，确定哪个参与者成为主语是**视点化**（perspectivization）的问题（Fillmore 1976）。例如，小句（25a，b，c）都是描写同样的情景，但视点不同。

作为田野语言学家，我们不应该对语义角色跟语法关系不直接对应感到惊讶。这是因为，语义角色是概念上的东西，而语法关系是形态句法上的。本书反复提及的一个原则是，形态句法将概念空间“离散化”（discretize），即形态句法将一些离散的范畴加到概念空间上。这是因为，人类心智的运作不能跟无穷的变异性相提并论（进一步讨论参看所引参考文献）。从这个角度看，施事这类语义角色不是一个离散的范畴；相反，它只是确定了连续统的一端。任何给定情景中的任一给定参与者都会或多或少地 52
像施事。这个连续统如下图所示（引自 Givón 1984）：

概念空间与形态句法表达式之间的关系

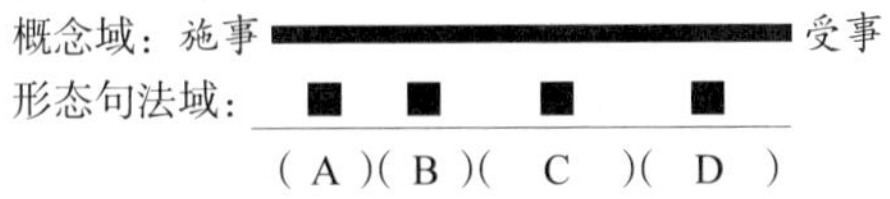

概念域：施事 ▬▬▬▬▬▬▬▬▬▬ 受事

形态句法域：■ ■ ■ ■

（A）（B）（ C ）（ D ）

在这个图上，黑方块表示施事-受事连续统上运作的四个假定的形态句法手段中的“编码焦点”（focal coding point）。括号表示不确切的边界。焦点上出现的概念都很“容易”编码。随着概念偏离焦点（或原型），选用哪种编码手段就变得不大清楚。

在格语法的广泛传统里，许多人试图系统地罗列语言在形态句法上关注的普遍语义角色的清单，如下面所引的参考文献，以及 Chafe（1970）、Longacre（1976）等。这样的罗列不断被证实为不准确的——只要某个清单一发表，就有人认为某种语言中语法化出一种新的语义角色。问题是，语义角色是概念的，因此变化无穷。语言以许多（如果不是数量有限的）不同的方式反映了这种变异性。这样，确定普遍语义角色的清单问题就变成了何种层次的分析才合适的问题。最终，每个信息世界情景中每个参与者所扮演的各个语义角色就与其他语义角色略为不同。不过，一个无限长的语义角色清单跟没有任何清单一样无用。对描写语言学家来说，重要的问题是，该语言的形态句法如何对语义角色敏感。换言之，什么语法关系在什么语境中表达什么语义角色？

有些语言大致根据核心名词性成分所充当的语义角色，允许各种不同的格标记模式。例如，瓜伊米语（哥斯达黎加和巴拿马的一种奇布查语）中，经历者以与格形式出现：

（26）Davi-e　　Dori　　gare. 53
David-DAT　　Doris　　know:PRES
戴维-与格　　多丽丝　　认识：现在
“David knows Doris.”
“戴维认识多丽丝。”

（27）Toma-e　　Dori　　tïrï.
Tom-DAT　　Doris　　remember:PRES
汤姆-与格　　多丽丝　　记得：现在
“Tom remembers Doris.”
“汤姆记得多丽丝。”

（28）

Ti-e	ru	hatu-aba.
1SG-DAT	airplane	see-PAST
1 单－与格	飞机	看见－过去

"I saw the airplane."
"我看见了飞机。"

（29）

Ti-e	tïmëna	nib-i.
1SG-DAT	thirst	feel-PRES
1 单－与格	渴	感到－现在

"I feel thirst."（"I'm thirsty"）
"我觉得渴。"（"我渴。"）

其他某些描写非自主行为的动词，其中一个主要参与者用处所格：

（30）a.

José-*biti*	Maria	köinigwit-ani-nggö.
José-LOC	Maria	forget-PAST1-ASP
何塞－处所	玛丽亚	忘记－过去 1－体

"José forgot Maria."
"何塞忘记了玛丽亚。"

b.

köinigwit-ani-nggö	ti-*biti*.
forget-PAST1-ASP	I-LOC
忘记－过去 1－体	我－处所

"I forgot it."（or "It was forgotten upon me."）
"我忘记了它"（或 "它让我给忘了。"）

（31）

Davi-*bötö*	Dori	hurö	rïb-aba.
David-LOC	Doris	fear	feel-PAST2
戴维－处所	多丽丝	害怕	感到－过去 2

"David was afraid of Doris."
"戴维怕多丽丝。"

（32）

Ti-*bötö*	kö	nib-i	tibo.
I-LOC	place	feel-PRES	cold
我－处所	地方	感到－现在	冷

"I'm cold."
"我冷。"

在古吉拉特语（Gujarati，印度的一种印度－雅利安语）中，施事性参与者在过去时（例 33a）中的处理不同于现在时（33b）（下例蒙 Mridula Adenwala 惠告）：

（33） a.

raju-e	kam	kar-y-uN.
Raju-ERG	work	do-PAST-SG
拉朱－作格	工作	做－过去－单

"Raju did work."
"拉朱干活。"

b.

raju	kam	kar-e	ch-e
Raju	work	do-SG	AUX-SG
拉朱	工作	做－单	助动－单

"Raju does/is doing work."
"拉朱（在）干活。"

注意，（33a）中*施事*拉朱带上"作格"标记 *-e*，但（33b）中没有格标记。[5]（33a）中 54
的拉朱比（33b）中的更具有*施事性*，因为一个业已完成的行为描写了世界上某个完成了的状态变化，而（33b）中所出现的正在进行的活动，其结果尚未可知。原型的*施事*在世界里引起某种具体的、看得见的变化，因此，较之（33b）中的*施事*，（33a）中的*施事*是个"更好的"（或更典型的）*施事*。

其他语言通过动词上的标记来表达关于小句论元的语义角色的信息。许多西部南岛语就是以此著称的。例如，他加禄语（菲律宾的一种主要语言）里，根据其中一个名词性论元的语义角色可以有好几个动词形式：

（34） a.

Humiram ang	babae ng	pera	sa	bangko.
A:borrow	woman	money	OBL	bank
A：借进	女人	钱	旁格	银行

"The woman borrowed money from a bank."
"那个女人从一家银行借了钱。"

b.

Hiniram ng	babae ang	pera	sa	bangko.
P:borrow	woman	money	OBL	bank
P：借进	女人	钱	旁格	银行

"The woman borrowed the money from a bank."
"那个女人从一家银行借了那些钱。"

c.

Hiniraman ng	babae	sa	pera ang	bangko.
L:borrow	woman	OBL	money	银行
L：借进	女人	旁格	钱	银行

"The woman borrowed money from the bank."
"那个女人从那家银行借了钱。"

注意每个小句里不同的动词形式以及名词短语上的前置格标记。前置格标记 *ang* 出现在"话题性"名词性成分之前，动词随该名词性成分语义角色的不同而屈折变化。（34a）中，动词形式 *humiram* 实际上表明“前面带 *ang* 的名词性成分是施事”。*hiniram* 这个形式表明“前面带 *ang* 的名词性成分是受事”，而 *hiniraman* 这个形式则表明“前面带 *ang* 的名词性成分是处所”。他加禄语中的有些动词据说有多达 7 个不同的形式来表示 7 个不同的语义角色。很多这种结构有可能被颇有见地地分析为**升宾式**（applicatives）（8.1.2 节）。

3.2.1 动词的类别

下面列举一些语义界定的、可能触发不同形态句法处理的动词类别。并非每一种
55 语法都需要一个章节来处理每一种类型。关键是描写所有这些类别的不同形态句法特
征，例如出乎预料的格标记模式，时、体或情态标记的限制，等等（参看第 9 章）。其
他有用的、更为细致的动词语义分类系统可参看 Chafe（1970）、Dowty（1987）、Foley
和 Van Valin（1984）等。

大多数语言都运用各种派生操作来调整动词的论元结构。这些重要复杂的过程尤其值得关注，如第八、九两章的描写。要是将如何调整范畴的所有信息都包括进去，那么语法范畴的那一章可能就会太长。

3.2.1.1 天气动词

to rain（“下雨”），（*be*）*wind*（*y*）（“刮风”），（*be*）*cold*（“冷”），（*be*）*hot*（“热”），*to thunder*（“打雷”），*to flash*（*as lightning*）（“打闪”），（*get*）*cloudy*（“多云”），（*be*）*dark*（“天黑”），（*be*）*light*（“变亮”），*to dawn*（“破晓”）。

3.2.1.2 状态

状态可以由述谓形容词或述谓名词性成分很好地涵盖（6.1 和 6.2 节）。本节只讨论具有**状态动词**（stative verb）这个类的语言，状态动词如（*be*）*hot/cold*（“冷 / 热”，非天气），*broken*（“打破的”），*rotten*（“腐烂的”），*melted*（“融化的”），*skinned*（“脱皮的”），*dead*（“死的”），*alive*（“活的”），*born*（“出生的”），*unborn*（“未出生的”）。

3.2.1.3 非自主变化过程

这些动词都是带一个论元的动词，该论元：

（a）经历了状态变化；
（b）不是自主地发出行为；
（c）不一定在空间运动；
（d）不是运动物体的来源。

例如，不及物义的 *grow*（“生长”），*die*（“死亡”），*melt*（“融化”），*wilt*（“枯萎”），*dry up*（“干枯”），*explode*（“爆炸”），*rot*（“腐烂”），*tighten*（“绷紧”）和 *break*（“破碎”）都属此类。这些动词用来回答“What happened to X?”（“X 发生了什

么？”），不大容易来回答“What did X do?”（“X做了什么？”）：

What happened to Sylvan?	He died.
“西尔万怎么了？”	“他死了。”
What did Sylvan do?	??He died.
“西尔万做了什么？”	“他死了。”
What happened to the mustard?	It dried up.
“那棵芥菜怎么了？”	“它干枯了。”
What did the mustard do?	??It dried up.
“那棵芥菜做了什么？”	“它干枯了。”

3.2.1.4　身体机能 56

除了不涉及状态变化，这些动词都像非自主变化过程动词。有些语言在形态句法上会对这些动词做特殊处理，通常都处理为拟声的表达形式（onomatopoeic expressions）。例如 *cough*（“咳嗽”），*sneeze*（“喷嚏”），*hiccup*（“打嗝”），*burp*（“打嗝”），*bleed*（“流血”），*sweat*（“流汗”），*vomit*（“呕吐”），*expectorate*（“吐痰”），*urinate*（“小便”），*defecate*（“大便”），*sleep/awaken*（“睡觉 / 醒来”），*cry*（“哭”）。

3.2.1.5　运动

基本的、无标记的运动动词 *come/go*（“来 / 去”）与 *swim*（“游泳”）、*run*（“跑步”）、*walk*（“行走”）、*crawl*（“爬”）、*fly*（“飞”）、*jump*（“跳”）等表达特定方式的运动动词具有不同的形态句法特征。此外，所有运动动词都有一个受影响的参与者（运动的人或物），但有些运动动词赋予“受影响者”更多的控制。这种语言可能会对此做出形态句法区分。迄今所列这些运动动词都描写自主的活动。而下面则可能是非自主的活动：*fall*（“倒下”），*drop*（“落下”），*flow*（“流动”），*spew*（“呕吐”），*squirt*（“喷出”）等。

最后，许多语言区分**位移运动**（locomotion，即位置改变）和简单运动（simple motion），后者如在原位旋转、跳跃，在某个区域内跑，前者如从一个地方跑到另一个地方。奇怪的是，对于这些语言来说，位移运动动词往往比描述简单运动的动词表现得更像状态动词。例如，瓦波语（加利福尼亚北部）中，位移运动动词归属状态动词。例（35a）和（35b）显示，简单状态动词（simple stative verb）的特点是带上后缀 *-khi?*：

（35） a. mey-i　　　　söy’iya-*khi?*
　　　water-NOM　　hot-STAT
　　　水－主格　　　热－状态
　　　“The water is hot.”
　　　“这水热。”

b. lel-i　　ceta　　wil-*khiʔ*
rock-NOM　　there　　sit-STAT
岩石－主格　　那儿　　坐－状态
"The rock is over there."
"那个岩石在那儿。"

对于变化过程动词来说，*seʔ* 与 *-khiʔ* 形成对比：

（36） a. cephi　　hincatk:-seʔ
3SG:NOM　　wake:up-DUR
3 单：主格　　醒：上－持续
"She's waking up."（process）
"她正在醒来。"（变化过程）
b. cephi　　hincatk:-*khiʔ*
3SG:NOM　　wake:up-STAT
3 单 : 主格　　醒：上－状态
"She's awake."
"她是醒的。"（状态）

57 但 khiʔ 还可以与位移运动动词同现，即使这些动词表达过去的瞬时行为：

（37） a. ah　　pawataʔ　　te-hew'i-*khiʔ*
1SG:NOM　　once　　DIR-jump-STAT
1 单：主格　　一次　　方向－跳－状态
"I jumped down once."
"我跳下来一次。"
b. met'e-t-i　　meʔa　　i-thu　　nat'oʔah-*khiʔ*
woman-PL-NOM　　many　　1SG-DAT　　come-STAT
女人－复－主格　　许多　　1 单－与格　　来－状态
"Many women came to me（i.e. to my house）."
"许多女人来到我这儿（即来到我家）。"
c. cephi　　te-piyola-*khiʔ*
3SG:NOM　　DIR-sneak-STAT
3 单：主格　　方向－潜行－状态
"She sneaked in."
"她鬼鬼祟祟地进来了。"

重要的是，所有这些带上状态后缀的运动动词都描写的是**位移运动**，而非简单运动。就是说，每个动词都涉及从一个**场景**（scene）移到另一个场景。像 *He ran into the kitchen*（“他跑进厨房”）这样的小句描写的是位移运动，而 *He ran by*（“他跑过去了”）则不是。语言往往将位移运动谓词处理为状态的（stative），即便其他运动谓词是动态的（active）。这是因为，位置的变化跟状态的变化隐喻地相似。甚至在英语里，我们有时能用状态助动词 *be*（“是”）来表完成体，概念上其中的主语改变了位置或状态：

（38） a. He is/has grown.（状态改变）
　　“他长大了。”
b. He is/has escaped/risen.（位置改变）
　　“他逃跑 / 起身了。”
c. He *is/has spoken.（无位置或状态的改变）
　　“他说话了。”

还有一些语言甚至将位移运动谓词处理为名词性述谓成分（参看 6.3 节）。

有些语言运用动词上的操作符将动词从一个类变成另一个类。例如，美洲的许多语言运用动词上的标记将非位移运动动词转化为位移运动动词。在亚瓜语中，*-nuvïï*，*-nuvaa* 以及其他少数几个后缀表明，它们依附的动词所表达的行为描述了达至特定处所场景的运动轨迹（T. Payne 1990a）：

（39） a. Naani-ipeni-yąą
　　3DL-dance-DIST
　　3 双 – 跳舞 – 远指
　　“They dance all over the place.”（non-locomotion）
　　“他们在那儿到处跳舞。”（非位移运动）
b. Naani-ipeni-yąą-*nuvïï* 58
　　3DL-dance-DIST-on:arrival1
　　3 双 – 跳舞 – 分配 – 上：到达 1
　　“They dance all over on arrival.”（locomotion to current scene）
　　“他们一到，就四处跳舞。”（位移运动到当前场景）
c. Naani-núú-ñuvee
　　3DL-look-on:arrival2
　　3 双 – 看 – 上：到达 2
　　“They look on arrival.”（locomotion to a new scene）
　　“他们一到，就开始看。”（位移运动到新场景）

-nuvïï 和 *-nuvaa* 都表明，该动词所表达的行为发生在到达某个场景之时。两者的对立

取决于该场景是当前激活的场景，还是表示某一新场景的激活。于是，由动词词根加后缀组成的复杂动词词干，其模式正如一个位移运动动词。例如，它具有其他运动动词才可能具有的屈折变化。亚瓜语中其他类似的后缀还有：*-rïï*“经过”，*-ja*“越过水流或陆地做水平移动”，*-jasúmiy*“向上移动”，*-siy*“离开”。

有些运动动词只是指明部分而不是整个运动轨迹。这些动词包括“depart”（“离开”，指明位移的起点），“arrive”（“到达”，指明位移的终点），等等。这些动词不一定与其他运动动词同等对待。

3.2.1.6 位置

描述物体静态位置的动词常常与运动动词具有相似的形态句法特征，前者如 *stand*（“站”），*sit*（“坐”），*crouch*（“蹲伏”），*kneel*（“跪”），*lie*（“躺”），*hang*（“挂”）。例如，英语里位置动词和位移运动动词都能出现在呈现式（presentative construction）（参看 6.4 节）。其他类型的动词不那么容易出现在这种结构：

（40）	运动	位置	其他
	Here comes my bus.	There sits my bus.	?There burns my bus.
	“我的公共汽车来了。”	“我的公共汽车在那儿。”	“我的公共汽车在那儿着火了。”
	Under the bed scurried the cat.	Under the bed crouched the cat.	?Under the bed died the cat.
	“那只猫从那张床下蹿出来。”	“那只猫蹲伏在那张床下。”	“那只猫死在那张床下。”

3.2.1.7 行为

这些动词描述的是自主的行为，但不涉及显性的受到影响的受事，例如 *dance*（“跳舞”），*sing*（“唱歌”），*speak*（“说话”），*sleep/rest*（“睡觉 / 休息”），*look (at)*（“看”），*read*（“读”），*deceive*（“欺骗”），*care for*（“照顾”），*carry*（“携带”）都可以说是表达了行为。注意，行为动词可以是**动态的**（dynamic），即涉及
59 变化（*dance*，*sing*，*speak*），也可以是非动态的（*rest*，*look at*），还可以处在两者之间。这些动词可以回答“What did X do?”（“X 做了什么？”），但不大容易回答“What happened to X?”（“X 发生了什么？”），除非表达一种轻微的讽刺、挖苦或引申的意义：

What did Lucretia do?	She danced the tango.
“柳克丽霞做了什么？”	“她跳了探戈舞。”
What happened to Lucretia?	??She danced the tango.
“柳克丽霞发生了什么？”	“她跳了探戈舞。”
What happened to the tango?	?? Lucretia danced it.
“那支探戈舞发生了什么？”	“柳克丽霞跳了它。”

What did Wimple do?	She read *War and Peace*.
“温帕尔做了什么？”	“她读了《战争与和平》。”
What happened to Wimple?	??She read *War and Peace*.
“温帕尔发生了什么？”	“她读了《战争与和平》。”
What happened to the book?	?? Wimple read it.
“那本书发生了什么？”	“温帕尔读了它。”
What did Ashley do?	She cared for her mother.
“阿什利做了什么？”	“她照顾她妈妈。”
What happened to Ashley?	??She cared for her mother.
“阿什利发生了什么？”	“她照顾她妈妈。”
What happened to Ashley?	??Her mother cared for her.
“阿什利发生了什么？”	“她妈妈照顾她。”

3.2.1.8 行为－过程

行为－过程所指的情状既涉及一个自主的主动者、又涉及一个明显受影响的受事，例如 *kill*（“杀死”），*hit*（“打击”），*stab*（“刺”），*shoot*（“射击”），*spear*（“戳”）（以及其他暴力事件），以及及物意义上的 *break*（“打破”），*melt*（“融化”），*smash*（“打碎”），*change*（“改变”）等。表达行为变化过程的动词可以回答“What did X do?”（“X 做了什么？”），也可以回答“What happened to X?”（“X 发生了什么？”）：

What did Michael do?	He melted the ice.
“迈克尔做了什么？”	“他融化了那块冰。”
What happened to the ice?	Michael melted it.
“那块冰发生了什么？”	“迈克尔融化了它。”
What did Aileron do?	She broke Trevor’s nose.
“艾勒朗做了什么？”	“她打破了特雷弗的鼻子。”
What happened to Trevor’s nose?	Aileron broke it.
“特雷弗的鼻子发生了什么？”	“艾勒朗打破了它。”

3.2.1.9 述实

述实（factive）动词是指描述某种实体产生的动词，如 *build*（“建造”），*ignite*（“点燃”），*form*（“形成”），*create*（“创造”），*make*（“制造”），“a crowd gathered”（“人群聚集”）中的 *gather*（“聚集”）等。[⑥] Hopper（1986）认为，述实动词从不会跟一般行为动词做不同对待。

3.2.1.10 认知

认知动词表达 *know*（“知道”），*think*（“想”），*understand*（“理解”），*learn*（“获知”），*remember*（“记起”）和 *forget*（“忘记”）这些概念。许多语言里，所有或许多这些动词都基于相同的词根，通常是身体内部器官的名称，如“心”“肝”“胃”（参看下面 3.2.1.12 节的情感动词以及 3.2.0.2 节带经历者主语的动词）。

60 3.2.1.11 感知

感知（sensation）或“感知印象”（sensory impression）动词表达的概念含有 *see*（“看见”）、*hear*（“听见”）、*feel*（“感觉”）、*taste*（“尝”）、*sense*（“感到”）、*observe*（“觉察”）、*smell*（“闻”），*perceive*（“察觉”）等感官意义。这些动词的主语可能是经历者。

3.2.1.12 情感

这些动词表达 *fear*（“害怕”）、*like/love*（“喜欢 / 爱”）、*be angry/sad/mournful*（“生气 / 悲伤 / 悲恸”）、*be happy/joyful/pleased*（“高兴 / 愉快 / 满足”）、*grieve/mourn*（“悲痛 / 悲哀”）等概念，这类动词也常常基于“心脏”等表身体内部器官的名词性词根，但另成一类。例如，许多巴布亚语里，思考和感觉的中心是肝。因此，情感和认知的表达形式是基于“肝”义词根的复合词。下例来自伊利安查亚的奥利亚语（Orya，蒙 Phil Fields 惠告）：

（41）	Ano	en-lala-na	beya-na.
	1SG:GEN	liver-liquid-TOP	much-be
	1 单：属格	肝 – 液体 – 话题	许多 – 是

“I am worried.”（lit.: “My bile is much,” or “I have much bile.”）
“我担心。”（字面：“我的胆汁很多”，或“我有很多胆汁”。）

在科姆语（Kom，喀麦隆的一种草原班图语，Grassfields Bantu language）里，担心的来源是胃（下例蒙 Peter Yuh 惠告）：

（42）	ïlvɨ́à	wom	luun	kï	tèyn	na	Sâm	nïn	grï	wì
	stomach	my	hot	like	this	COMP	Sam	1SG	come	not
	胃	我的	热	像	这个	标补	萨姆	1 单	来	不

“I am worried that Sam may not come.”
“我担心萨姆不会来。”

在亚瓜语里，有两个表达认知过程的动词：一个是 *dáátya*，表示心理过程，类似知道或理解；另一个是 *jaachipiy*，表示更带“情感的”或沉思的（reflective）过程，就像“思考”或“沉思”。第二个跟义为“心脏”的名词词根 *jaachiy* 明显有关。下面这个例子显示该词根的名词性用法及其派生的动词性用法：

（43）	Naanajaachipíyąąnúúyanú	jíjeechitya.
	Naana-jaachiy-píy-yââ-núúy-janu	jíy-jaachiy-tà

3DL-heart-VBLZR-DIST-IMPERF-PAST3 COR-heart-INST
3 双 – 心脏 – 动词化 – 远指 – 未完整 – 过去 3 同指 – 心脏 – 工具
"She pondered in her heart."
"她在心里沉思。"⑦

3.2.1.13 言说

言说（utterance）动词，如 *speak*（"说"），*talk*（"谈"），*say*（"说"），*tell*（"告诉"），*ask*（"问"），*answer*（"回答"），*shout*（"喊"），*yell*（"呼喊"），*whisper*（"耳语"），*call*（"呼叫"），*assert*（"声称"），*imply*（"暗示"），*state*（"陈述"），*affirm*
（"坚称"），*declare*（"宣布"），*murmur*（"咕哝"），*babble*（"唠叨"），*converse*（"交 61
谈"），*chat*（"闲谈"），*discuss*（"讨论"）和 *sing*（"歌颂"）等，常常是拟声的表达形式（12.3.2 节）。因此，它们表现出一些不规则的音位和 / 或形态句法特征。

3.2.1.14 操控

操控（manipulation）动词表达的概念是，运用物理的或言辞的力量使得他人做某事。例如 *force*（"强迫"），*oblige*（"强制"），*compel*（"迫使"），*urge*（"催促"），*make*（"使得"），*cause*（"致使"），*let*（"使让"），*allow*（"允许"）和 *permit*（"容许"）。*forbid*（"禁止"）和 *prevent*（"阻止"）等也是操控动词，尽管它们的意思是运用力量使得某人不做某事（参看 8.1.1 节的使成式）。

3.2.2 动词的结构

在多式综合语里，最复杂的词通常是动词。在这种语言的语法概要中，为动词的结构提供一般性的概述是非常有用的。跟前面处理名词的结构一样（3.1.2 节），这里用一个简单的结构图有助于理解。例如英语动词的结构可以展示如下：

（44）**词根** – 时 / 一致标记

换言之，一个动词包含一个词根加上一个非强制性的时标记（*-ed*）或一致标记（*-s*）。

在多式综合程度更高的语言里，这个结构图可能更复杂。例如帕纳雷语的动词结构图如下：

（45）
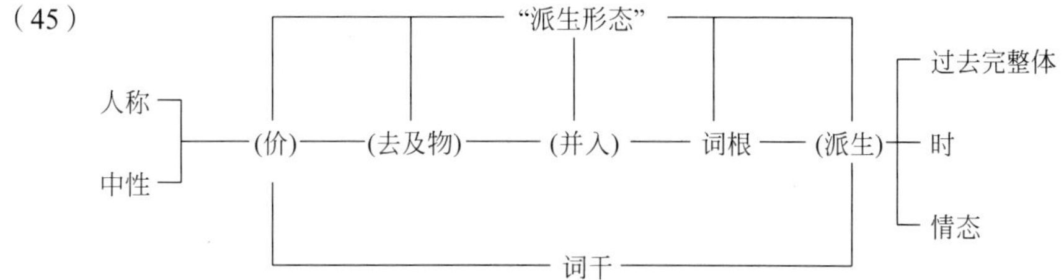

甚至这个结构图也没有表现出帕纳雷语动词的所有复杂性。这个特定的结构图的细节并不重要。重要的是显示某一种语法或语法要略的一个特征，这会帮助读者开始为该语言的动词如何组配在一起构建一幅心理图画。

62 下面列举出多式综合语中动词内可能表达的一些操作。在较高程度的孤立语里，这些操作可能不少是由小词或副词等分析型手段来表达的。下面的清单中，这些操作的详细讨论参看所引的各个章节。

动词一致 / 协调（7.1 节，9.5 节）
语义角色标记（升宾式）（8.1.2 节）
增价手段（8.1 节）
减价操作（8.2 节）
时 / 体 / 情态（TAM）（9.3 节）
示证（9.6 节）
处所和方向（9.4 节）
言语行为标记（10.3 节）
动词（－短语）否定（10.2 节）
主从式 / 名词化（第 11 章，9.1 节）
换指（11.4 节）

思考题

动词的分布特征有哪些？
动词的结构特征有哪些？
动词有哪些主要的次类？
描写动词或动词短语内各种动词性操作符的顺序。
列出各种词形变化表，例如人称标记、时 / 体 / 情态等。指出主要的语素变体。
方向和 / 或处所概念也在动词或动词短语中表达吗？
所有动词性操作所要回答的问题：

（a）这种操作是强制性的吗？即词形变化聚合系统中的一个成员必须出现在每个定式动词或动词短语之上吗？

（b）它能产吗？即该操作可用于所有动词词干吗？它们彼此之间具有相同的意义吗？（没有任何操作是完全能产的，但有些操作能产性强，有些弱。）

（c）该操作主要是由形态手段，还是由分析型或词汇手段来编码？一般情况有例外吗？

（d）该操作可能出现于动词短语或动词的什么位置？它可以出现在一个以上的位置吗？

参考文献：Bybee（1985），Fillmore（1968，1977），J. Anderson（1977），Dowty（1987），Vendler（1967），Schachter（1977，1985），Foley 和 Van Valin（1984）。

3.3　修饰词 63

3.3.1　描写性形容词

形容词（adjective）能用在名词短语中指明短语里核心名词的某种属性。形容词几乎在每种语言里都是使人困惑的难题。跟名词和动词不同，形容词不能按照原型来描述其特征。这是因为，没有一个语义上可界定的概念类型可以普遍纳入一个我们想称之为形容词的范畴；相反，形容词处在动词和名词“之间”，其所词汇化的属性或特征在时间稳定性上不确定或容易变化。有些语言没有形式上区分的形容词范畴。在这些语言里，属性概念由名词或动词来表达。另有一些语言可以将属性概念表达为名词，也可以表达为动词，这取决于它们在话语中如何使用（Thompson 1988）。

如果一种语言具有形态句法上区分的形容词类，那么，这些形容词至少会表达以下的属性：

年龄（年轻、年老等）
维度（大、小、高、短、长等）
评价（好、坏）
颜色（黑、白、红等）

可能由形容词表达的其他特征还包括：

物理特征（硬、重、平滑等）
形状（圆、方等）
人类习性（嫉妒、高兴、聪明、机警等）
速度（快、慢、迅速等）

Thompson（1988）的经验研究表明，表达属性概念的词最常见的功能是（1）陈述话语舞台上某个所指对象的属性，（2）将一个新的参与者引入话语。各种功能在英语中的例子如下（大多数来自 Thompson 1988）：

（46）功能 1：述谓（参看 6.2 节）

a. And her parents weren’t even that *wealthy*.
“而她的父母并不是那么富有。”

b. That got me so *mad*.
“那使我如此疯狂。”

c. She’s getting *good*.
“她正在变好。”

64 （47） 功能 2：引入新的所指对象

a. He had *black and white striped* sheets in his bedroom.
“他的寝室里有黑白条纹的床单。”

b. That’s a *great* car you’ve got.
“那是你得到的一辆大汽车。”

c. We’re made for *Danish modern* apartments.
“我们适合丹麦现代公寓。”

功能 1 逻辑上类似充当述谓成分的动词的典型功能，而功能 2 逻辑上类似表示实体的名词的典型功能。这样就可以理解为什么语言常常将形容词归入名词或动词。

亚齐语（Acehnese）中，属性概念词汇化为动词。例如，当它们用于述谓时，可以带上动词的形态成分，如表“经历者”的后缀（例48a）。这跟（48b）的状态动词类似：

（48） a.

gopnyan	saket-*geuh*.
3	sick-UNDGOER
3	病－经历

“She’s sick.”
“她病了。”

b.

gopnyan	takot-*geuh*	keurimueng.	
3	fear-UNDGOER	DAT	tiger
3	怕－经历	与格	老虎

“She fears the tiger.”
“她怕那只老虎。”

同样，所有动词都可以做修饰语，而不带任何特殊的形态成分：

（49）

ureueng	*pula*	pade	nyan.
person	plant	rice	that
人	种植	稻	那个

“That person planting rice.”
“种稻的那个人。”

而在芬兰语中，属性概念词汇化为名词，无论它们是用作述谓成分（例 50a）还是修饰语（50b）：

（50） a.

Auto	on	sininen.
car:NOM	is	blue:NOM
汽车：主格	是	蓝色：主格

"The car is blue."（predicating function）
"那辆汽车是蓝色的。"（述谓功能）

b. iso-ssa　　auto-ssa
big-LOC　　car-LOC
大－处所　　汽车－处所
"in the big car."（modifying function）
"在那辆大汽车里"（修饰功能）

（50a）中，表"蓝色"属性的词语以主格形式出现，这正如名词 *auto* 一样。（50b）中，表属性概念的词语 *iso* 带上处所格标记，而该短语的核心成分也是如此。

许多语言里，表属性概念的词语（或"形容词"）用作述谓成分时形式上被处理为 65
动词，而用作修饰语时形式上被处理为名词。例如荷兰语里，述谓形容词没有屈折变化，而修饰名词的形容词则像名词一样具有屈折变化。其他一些语言，譬如约鲁巴语，据称有些属性概念总是被词汇化为名词，另一些则总是被词汇化为动词。

英语明显具有一个清楚的形容词类。例如英语里动词的特征包括：（1）能带过去时标记，（2）在一般现在时形式里与第三人称单数主语一致。名词的特征包括：（1）能带复数标记，（2）在带有冠词、修饰语和量化词的名词短语中能充当核心成分。英语里的形容词没有这些特征，下面这些是罕见的例外：形容词用如名词，如 ***The poor*** *will always be with you*（"穷人总会与你同在"），或者形容词用于省略的表达式，如 *Would you like to try the* **white** *or the* **red**?（"你想试试白的或者红的吗？"）：

（51）*He talls.
*He talled.
*They talls. / *three talls girls
*a tall / *the tall

综上所述，根据如何处理"属性概念"，所知语言可以纳入五大类：

属性概念的形态句法处理类型

1	属性概念词汇化为动词。	亚齐语及其他南岛语
2	属性概念词汇化为名词。	芬兰语
3	根据话语需要，属性概念有时词汇化为名词有时词汇化为动词。	荷兰语
4	有些属性概念词汇化为名词，有些词汇化为动词。	约鲁巴语
5	"形容词"自成一类。	英语

3.3.2 非数词的量化词

非数词的量化词（non-numeral quantifier）包括 *much*（“许多”），*many*（“许多”），*few*（“少数”），*some*（“一些”），*a lot of*（“许多”），*a great deal of*（“许多”），在 *There were tons of people at the concert*（“音乐会有很多人”）中的 *tons of*（“众多”）等。

66 ### 3.3.3 数词

据报道，有些语言的数系统只包含少至四个词：1、2、3 和许多。另外一些语言只有少数几个起首的数目（例如 1、2 和 3）可用本族词（native term）来表达，而求助于贸易语言（trade language）中的借词来表达更大的数目。还有一些语言中本族词几乎可以用来无限计数。英语中从 1 到 999,999 都使用本族词，*million*（“百万”）借自法语，原义为“big thousand”（“量大的千”）（*billion,trillion* 等都是来自 *million* 的逆向构词）。世界上很多语言根据语境使用不同的词汇来表达数的概念。例如，绝大多数菲律宾语言中本族的数词可以表达到数千，这些词用于最为平常的场合，而在金钱和时间领域里就使用西班牙语的词，尽管西班牙语在菲律宾已不再是贸易语言。

不同的语言使用不同的数系统。几乎所有自然的数系统都是以 5 为基础（五进位）或以 10 为基础（十进位）的。少数语言据称是以 20 为基础（二十进位）的。这很可能是因为人们普遍使用手指和脚趾来计数，而这些都便于被 5、10 和 20 除尽。在许多语言里，表“5”的词与表“手”的词相同或词源上相关。“10”可能是一个与“两手”相关的复合词。在巴布亚新几内亚的一些语言里，表“20”的词常常是一个字面义为“一个人”（即一个人的手指和脚趾的总数）的复合词。在五进位的数系统里，表“6”“7”“8”“9”的词由表“5”的词分别加上表“1”“2”“3”“4”的词组成。可能会有音位缩减和 / 或其他形态标记。例如，“6”可能表达为“5 上加 1”，“7”表达为“5 上加 2”等，而“11”“12”则可能表达为“2 个 5 加 1”“2 个 5 加 2”等。

帕纳雷语使用五进位的数系统。并非所有说帕纳雷语的人都完全使用相同的系统，但所有的变异都以 5 为基本单位。该系统以身体部位词为基础，最基本的是词根 *eña*“手”和 *pata*“脚”。介乎 5 的倍数之间的数词可能涉及的表达形式指的是脚指头：*yipun*“它的头”或“它的尖端”（指脚趾），或者是 *yïpoj*“它的罩面”（脚趾的一种替换
67 表达）。*E'ñapa*“人”进入这个数系统指的是一百的倍数，而不是我们所预期的“20”。例如，*asa' e'ñapa*（字面义“两个人”）不是指“40”，而是指“两百”。如果计数超过 20，一个人的手脚全部用完时，就会增加 *tyakope*“又，另”来表示“另一个（人）”。

当 *toosen*（或 *toose-jmën*）“量大的 1”出现在表数的形式里，其结果就是其前面的数字乘以五。因此 *asa' patáipun toosen*（字面义：“二 脚：它的：尖端 量大的：一”）换算为“2 加脚（=12）乘以 5”或“60”。*Na-patá-ipun toosen*“另 – 脚 – 它的：尖端 量大的：1”指“20 乘以 5”或“100”。*toosen* 的这种用法来自委内瑞拉西班牙语口语

（colloquial Venezuelan Spanish）词（*un*）*fuerte*“强的（一）”，该词表示面值为五薄利瓦（five-Bolívar）的硬币。帕纳雷语的这个仿词不足为怪，因为表示 20 以上数量的最初场合是在进行货币交易的时候，而在农村经济中，价格通常用 *fuertes* 来报价。表 3.2 显示帕纳雷语的许多数字，它们用于瓜尼亚莫（Guaniamo）社区。

表 3.2　帕纳雷语的五进位数系统

数目	帕纳雷语	可能的引申及字面翻译	
1	tityasa		
2	asa’		
3	asoonwa		
4	asa’nan		
5	eeña katóme	“整个手”	
6	tiisa natoityo	tityasa eeña katoityo “另一只手的一”	
7	asa’kye natoityo	asa’ eeña katoityo “另一只手的二”	
8	asa’nan kíñe		
9	asa’nan natoityo	asa’nan eeñakatoityo “另一只手的四”	
10	panaa ñípun	pana　eeña　y-ïpu-n toward　hand　GEN-head-POSS 朝向　手　属格－头－领属	
11	tiisa patáipun	tityasa pata yïpun “脚的一个脚趾”	
12	asa’ patáipun	“脚的两个脚趾”	
15	pata katóme	“整个脚”	
16	tiisa nakatoityo		
17	asa’kya nakatoityo		
18	asa’nan kiña katoityo		68
19	asa’nan eeña katoityo		
20	napatáipun	na-pata yïpun “另一只脚的脚趾”	
21	napatáipun tiisa tyakópe	“另一个（人）的另一个脚趾”	
30	napatáipun nánipun tyakópe	“另一只脚的脚趾，和另一个（人）的两手”	
32	napatáipun nánipun asa’ tyakópe	“另一只脚的脚趾，和另一个（人）的两手，另加二”	
40	asa’nan kíña toosen	“八 量大的：一”	
43	asa’nan kíña toosen asoonwa	“八 量大的：一 加三”	
50	asa’nan kíñe pana nípun tyakópe	“八（量大的：一）加另一个（人）的两手”	
54	asa’nan kíñe pana nípun asa’nan tyakópe	“八（量大的：一）加另一个（人）的两手加四”	

续表

数目	帕纳雷语	可能的引申及字面翻译
60	asa' patáipun toosen	
65	asa' patáipun toosen eeña katóme	
70	asa'nan patáipun toosen	
76	asa'nan patáipun toosen tiisa natoityo	
80	tiisa nakatoityo toosen	
87	tiisa nakatoityo toosen asa'kye natoityo	
90	asa'nan kiña katoityo toosen	
100	napataipun toosen	"另一只脚的脚趾 量大的：一"
200	asa' e'ñapa	"两个人"
1000	panaa ñípun e'ñapa toosen	"十个人 量大的：一"

69 **思考题**

1 如果你提出形容词这一形态句法范畴，请给出不将这些形式归入动词或名词的证据。在这种语言里，哪些特征使某个形式被视为形容词？

2 由这个形式范畴所编码的概念类别，在语义上如何描述其特征？

3 形容词与其核心语具有一致关系吗（例如在数、格和/或名词类上）？

4 该语言利用哪种系统来计数？十进位还是五进位？

5 如果不求助其他语言的词语或 *many*（"许多"）这样的泛指词语，一个流利的本族语说话人能数到多大？举例说明这个系统，直到这个最大数。

6 数词与其核心名词具有一致关系吗（例如在数、格和/或名词类上）？

3.4 副词

副词是个"包罗万象"（catch-all）的类。任何具有语义内容的词（即除了语法小词），如果明显不是名词、动词或形容词，它一般会放进副词这个类。语义上，称之为副词的形式涵盖的概念范围极为广泛。正因如此，它们不能根据时间稳定性或其他任何明确的语义参数来确定。此外，它们通常作用于小句或话语层面，即它们的语义效应（或辖域）不仅涉及短语，还与整个小句或更大的单位相关。跟形容词一样，没有原型的副词。形式上，副词的特征可以主要根据分布来描述。就其在小句中的位置而言，它们是典型的最不受限制的语法范畴（Givón 1984：77）。英语的有些副词有后缀 *-ly* 做标志，如 *quickly*（"迅速地"），*slowly*（"缓慢地"），*finally*（"终于"），

adverbially（“充当副词地”）等。下面几个小节将列举英语里各种类型的副词。并非每种语言都具有这些次类，任何语言都可能具有此处未列的类别。

3.4.1　方式

任何语言里，方式副词通常都是最大的副词次类：*quickly*（“迅速地”）、*slowly*（“缓慢地”）、*patiently*（“耐心地”）等。英语里，方式副词常常由形容词加上后缀 *-ly* 构成。

3.4.2　时间 70

包括 *yesterday*（“昨天”）、*today*（“今天”）、*tomorrow*（“明天”）、*next/last year/week/month*（“下 / 上一年 / 星期 / 月”）、*early*（“早”）、*late*（“晚”）等。亚瓜语有个副词 *tą́ą̨riy*，意思类似“长期”。出现在过去时的小句时，它的意思是“很久以前”；在其他小句中的意思是“很久”或“傍晚”。

3.4.3　方向 / 处所

up/downriver（“往上 / 向下游”）、*up/downhill*（“往上 / 下坡”）、*up/down*（*ward*）（“（向）上 / 下”）、*north*（*ward*）（“（朝）北”）、*south*（*ward*）（“（朝）南”）、*east*（*ward*）（“（朝）东”）、*west*（*ward*）（“（朝）西”）、*left*（*ward*）（“（向）左”）、*right*（*ward*）（“（向）右”）、*hither*（“向这边”）、*thither*（“向那边”）等。

3.4.4　示证 / 认识

示证（evidential）副词指明小句中所述信息的来源（例如：道听途说、直接的观察、间接的观察或纯推测）。认识（epistemic）副词指明说话人对小句的真实性做出何种程度的表态。英语没有明显的示证副词的类。实际上英语利用似为言说动词或知觉动词的成分来实现这个功能，例如 *I understand*（“我听说”）、*they say*（“他们说”）、*I hear*（“我听说”）等。这些动词都不是典型的母句动词（matrix verb），证据是这些惯用语（locution）在小句中的分布类似副词（参看 11.2 节的母句动词）。例如：

（52） Democracy is, *I understand*, the best form of government.
“民主，我听说，是政府的最好形式。”
They are going to dedicate a new linguistics building, *I hear*.
“他们将致力于一种新的语言学建构，我听说。”

许多具有词汇化的示证副词的语言里，这些副词的来源可追溯到言说动词或知觉动词。英语确实有认识副词，例如 *possibly*（“或许”）、*definitely*（“肯定地”）、*clearly*

（“明显地”）等。英语还利用原本表认知的母句动词来达到这种目的，例如 *I think*（“我觉得”）、*I know*（“我知道”）等。

思考题

1 该语言中什么特征使得某个形式被视为一个副词？
如果你提出一个不同的副词类型，请证明为什么这些形式不能被视为名词、动词或形容词？

2 请为本节所列的每类副词举出一些实例，具体说明它们是否具有与该类型副词相关的任何限制，例如，它们能出现在小句的什么位置，它们具有的与该类型副词相同的语素，等等。

3 所有这些类别的副词都与先前带补足语的（母句）动词相关吗？

第四章 71
成分语序类型

4.0 导言

4.0.1 历史和理论背景

多年来语言学家们已经注意到，话语常用**小句**（clauses）来表达。小句概念对于我们对语言的观念是如此直观和重要，以至于一种语言理论缺少它几乎是不可想象的。有很好的理由来说明这种直觉，因为成人的大部分认知和推理都是**命题性质的**（propositional，见 8.0 节）。也就是说，人们从心理上对那些包含一或两个概念实体以及与之有关的关系、活动或属性的概念以语块（chunk）的形式进行组合和操作。信息交流通常具有多命题性（multipropositional），它们由多组概念“语块”构成，每一组都为信息传递提供一些讯息。这种小句（有时称为“句子”）就是一个命题的语言表达；一个命题就是一个概念内容，而一个小句就是其形式上的形态句法的例示。①

正如命题是由若干实体和一个属性、活动或关系构成的一样，小句往往由若干名词和一个述谓成分构成，这个述谓成分要么是名词 / 形容词 / 状态成分，要么是动词。由于命题所具有的这种特征，所以不存在表达命题组成部分的直接明显的“自然”语序。实际上我们发现，小句中述谓成分（后面称“动词”或缩写为“V”）和相关名词的这种语序，语言之间差异甚大，甚至同一种语言也是如此。

描写语言学家们通过长期观察发现，每种语言都以自己独特的方式构造小句。一些语言倾向于把动词置于小句的末尾，另外一些语言把动词放在小句开头，还有
一些语言把动词放在小句中间的某处。此外，许多语言好像可以把动词放在小句中 72
的任何地方。在小句的名词性（像名词的）成分中，传统上主语和宾语（S 和 O）之间具有清晰的界限。②以这种观点来看，包含主语（S）、宾语（O）和动词（V）的小句逻辑上有六种可能的语序，即 SOV、SVO、VSO、VOS、OSV 和 OVS。经常根据这些语序中哪一种是最典型的或“基本的”（basic）而对语言加以分类。这种观点假设，与小句中名词性成分排序相关的主语和宾语的确是普遍范畴，尽管这一假设已经被严重质疑（参看下面的讨论以及 Doris Payne 1986, 1992a, Mithun 1987 等），但这种分类还是经常作为对句法结构进行概念化以及调查语言各种语序功能的一个

有用的起点。

格林伯格（Greenberg 1963）观察到，有几种句法特征往往跟上面提到的六种基本语序中的某些互相关联。表 4.1 概括了格林伯格对 VO 或 OV 语言所做的观察。例如，
73 如果一种语言在主句中通常把宾语放在动词后面，那么它们倾向于呈现 V-O 栏内所有的结构特征。相反，如果一种语言通常将宾语放在动词前面，那么它倾向于显示 O-V 栏内的特征。读者要了解有关格林伯格所做观察的更为全面的概括，建议参看格林伯格（1963）的附录 1。

表 4.1　格林伯格共性的概括（源自 Greenberg 1963 的附录 2）

格林伯格共性	参数	关联	
1	主句	V-O	O-V
3,4	附置词	前置词	后置词
2	属格成分（领有者）和核心名词	N-G	G-N
17	核心名词和修饰语	N-M	M-N
24	关系小句和核心名词	N-RelCL	RelCL-N
22	比较句	Adj-Mkr-Std	Std-Mkr-Adj
16	变形助动词	Aux-V	V-Aux
9	疑问小词	句首	句尾
12	疑问词	句首	句首或其他地方
27	词缀	前缀	后缀

重要的是，要认识到格林伯格只是观察到某些关联。他并不试图给这些关联提供解释（或者“揭示其动因”），甚至不打算测试它们统计学上的重要性。从这个意义上说，格林伯格并不试图预测那些尚未研究的语言的语序。但是格林伯格的工作激发和推动了类型语言学这一研究领域的发展，并至今仍在产生深远影响。

有关语序类型的许多后续研究集中于寻找格林伯格发现的这些相互关联的动因，例如 Lehmann（1973）、Vennemann（1974）、Hawkins（1983）和 Dryer（1988）。为了揭示两种句法特征（如 SOV 和后置词）之间关联的动因，这种研究范式首先要表明这些特征间的关联不是任意的，然后表明这种关联不可能是其他情形，例如逻辑上排除这种可能性，即这种关联如果不是所观察到的事实，还会是其他什么关联。从这个意义上来说，后来的研究旨在对成分语序做出预测。也就是说，他们希望，给定某个关键的语序，比如表陈述的主要小句的语序和名词短语中领属语与核心语的语序（Hawkins 1983），那么对于任何语言他们都能精确地推测（预测）其他语序是什么。

1963 年以来，很多研究揭示出格林伯格最初的六分式类型所存在的问题。Hawkins

（1983，1994）、Doris Payne（1985a）、Mithun（1987）和 Dryer（1988）对格林伯格的工作做出了重要的修订、批评和拓展。最初的语序类型学有三个主要问题：（1）世界上很多语言的基本语序很难识别；（2）格林伯格的类型学简单地假设语言根据主语和宾语这类语法关系来排列名词性成分的语序；（3）格林伯格并没有尝试提供足够大量的随机语言样本。

前两个问题很可能是由于语言学家存在普遍的欧洲语言中心偏见。也就是说，因为很多语言学家所说的欧洲语言都是根据主语和宾语这样的身份来排列主句成分的语序，并且因为这些范畴在绝大部分这类语言中都是很容易确认的，所以不仅格林伯格， 74
学界普遍假定所有的语言都一定以这种方式来运作。然而，后来由母语为非印欧语言的学者做出的很多研究都表明，在许多语言中语法关系并非像印欧语那样清晰可辨。而且，即使可以识别，人们也常常怀疑，在成分语序和语法关系之间能否得出什么重要关联。虽然名词本身普遍地相对容易识别，但名词短语进入句法结构后，它们就具有了很多不同的属性（有时称“身份”或“角色”）。虽然主语和宾语角色在绝大部分印欧语言中非常重要，但没有任何先验理由认为其他特征不会影响小句中名词的位置，这些特征也许是施事 / 受事，有定 / 无定，已知信息 / 新信息，有生 / 无生，大 / 小或抽象 / 具体。因此一种语言的语序是否能够以及在多大程度上能够用 S 和 O 来描述，应该是一个经验观察的问题，而不是事先的假设。

根据某个原则而不是语法关系来组织语序的语言通常被叫作“自由”或“灵活”语序语言。有时它们也被称作**非构型**（non-configurational）语言（Hale 1983）。近年来，这一语言类型的命名得到了改进，被称为**代名词论元**（pronominal argument）语言（Jelinek 1984，1988）。如果认为语言是一个符号系统，那么我们期望，小句语序这类显而易见且易于操作的结构变项（structural variable）可以用来表达某种重要功能差异。的确，对“自由”语序语言所做的基于话语的研究表明，这些语言的语序远非任意的（参见下面的 4.1.03 节及其中所引参考文献）。

尽管格林伯格的类型学存在这些问题，但对于语法概要的读者来说，了解该语言所表现的基本成分语序类型也是十分有益的。不过，这里的讨论我们将用 Dixon（1979）和 Comrie（1978a）所说的“语义 – 句法角色”（semantico-syntactic roles）之间的三元区分（three-way distinction）来代替传统的主、宾语之间的二元区分（two-way distinction）。它们是及物小句中最像施事的论元、不及物小句的唯一论元以及及物小句中的另一个论元：

75

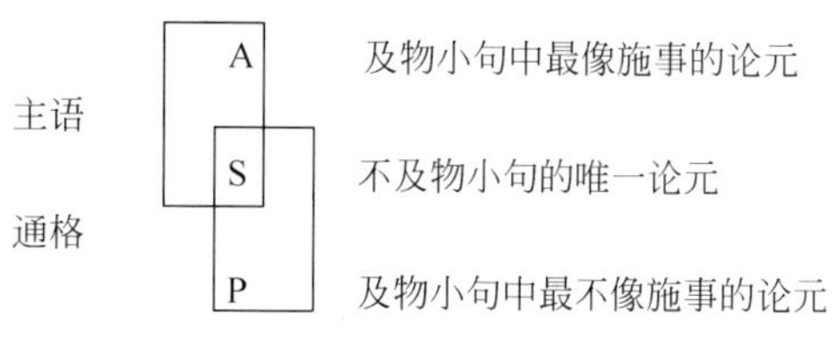

在这个框架内，**主语**（subject）范畴是由A和S构成的，而**通格**（absolutive）范畴是由S和P构成的，这些术语将在7.1节详细讨论。为了语序类型研究的目的，我们将按照A、S、P和V而非S、O和V来描述语言的特征。这套新的术语不但适用于那些在成分语序上把不及物小句的主语同及物小句的宾语做相似处理的语言（例如库伊库罗语（Kuikúro），参看7.1节），而且为第七章更详细地讨论语法关系做了有益的铺垫。

4.0.2 世界语言语序类型的分布

有些研究认为主语和宾语关乎基本的成分语序，从这些研究来看，APV/SV和AVP/SV似是最普遍的语序类型；它们几乎均衡地分布于世界的每一个地区。日语几乎是典型的APV/SV语言。英语是相当一致的AVP/SV语言，允许诸如PAV（*Beans I like*“豆子我喜欢”）和VS（*Here comes my bus*“我的公共汽车来了”）之类的交替形式。但这些交替形式显然语用上是有标记的，它们很少出现，且仅见于清晰可辨的话语环境中。APV/SV和AVP/SV加在一起构成了将近世界语言的70%。

第三个最普遍的语序类型是VAP/VS。这种类型主要分布在南岛语中（分布于菲律宾、太平洋岛屿、马达加斯加，以及印度尼西亚和马来西亚两国内陆）以及非洲东部和北部的许多尼罗–撒哈拉语言和闪米特语言中，美洲也很普遍。动词居首的语言往往比动词居末或动词居中的语言允许更为灵活的语序。因此，如果特定语言的话语中包含许多动词居首的小句，我们就很难确定基本语序是什么。

76 APV/SV、AVP/SV和VAP/VS这三种常见类型数量上占有世界上语言的85%。剩下15%的语言，按照语法关系来确定基本语序可能是很难做到或不可能做到的。三种主要语序类型具有的共性是及物小句中A前置于P。其他三种逻辑上可能的语序类型都是P前置于A；既然在基本的、语用中性的小句中A前置于P这样的倾向占有绝对优势，那么A前置于P这种倾向就不可能源于偶然的巧合。这个事实促使许多研究者去思考范畴A和P可能的认知动因。也就是说，有很多人问：“对于范畴化为A和P的名词性成分，是什么因素导致语言在基本小句中几乎总是把A置于P前？”这方面的研究将在第八章讨论。

正如上面提到的，如果一种语言在话语中经常使用动词居首型的小句（约占25%或更多），那么要确定“基本”语序可能是非常困难的。这是源于下面的其中一种或两种倾向：（1）动词居首型语言经常避免使用实义名词短语，而偏向于使用代词和/或复指性附着形式；（2）跟其他语言相比，动词居首型语言往往对语法关系不太敏感。也就是说，它们的基本小句结构经常被颇有创意地描述为一个动词后面跟着一个或更多名词短语。跟在动词后面的名词短语的顺序往往是由语用或语义因素确定的，这些因素只能按照语法关系进行间接描述。很多西部南岛语即是如此，美洲的很多动词居首型语言亦然，如玛雅语及其他中美洲语言。

4.1 主句中的语序

下面这节由三个小标题构成:（1）怎样确定一种语言的“基本”语序;（2）“严格”语序的语言举例;（3）“灵活”语序的语言举例。

4.1.01 怎样确定一种语言的“基本”语序

绝大部分语言学家都认为一种语言的“基本”语序至少可以在语用中性的小句 77
中表现出来。然而将一个小句类型确定为“语用中性”并非易事。要发现包含一个或更多实义名词短语的语用中性小句尤其困难。解决这个问题的一般方法是，首先，排除在某些语言中被认为是变体语序（variant constituent order）的小句类型。这些包括：

1 依附（dependent）小句；
2 段首小句；
3 引进参与者的小句；
4 疑问句；
5 否定小句；
6 明显对比的小句（如分裂句、疑问句的答句等）。

可以肯定的是，剩下的小句在较大程度上是语用中性的。如果在剩下的这些小句中有及物动词带两个实义 NP 的例子，并且这些 NP 相对于动词的语序是一致的，那么基本语序就能辨别。不幸的是，这种情形很少见，因为语用中性小句常常有一个动词和一个或较少的名词短语。不过，大部分语言都能归为“动词居首”“动词居中”或“动词居末”，即使 A 和 P 的相对语序是不确定的。

重要的是要记住，其他结构类型（例如，名词或附置词短语）中的语序不能作为主句特殊语序的证据。例如，格林伯格观察到，具有后置词的语言（在他的样本中）总是 OV 类型。然而，如果我们知道了一种语言有后置词而非前置词，我们并不能用格林伯格的观察来宣称这种语言主句的基本语序一定是 OV。格林伯格并没有做出预测，而只是基于很小语言样本的观察。语言常常具有太多的不一致性，因此我们不能根据非主句的语序来判断主句的语序。

4.1.02 “严格”语序语言的特点

在下面例子中，典型的 P 论元用黑体表示。还有许多成分类型，就语序而言其功能与 P 论元类似。这些成分类型用斜体表示。它们都不是典型的 P 论元，因为它

78 们不一定指称在动词行为的作用下经历了状态变化的具体可见的实体，但它们至少共享了小句 P 论元位置的形式特征。下面列举的每一种语序都例示了其中的一些成分类型：

（1） 英语，AVP（早期系统中的 SVO）

a. Dimaggio hit **the ball**. “迪马乔击了那个球。”	直接宾语
b. Bart went *to the bathroom*. “巴特去了浴室。”	旁语
c. The executioner knew *that she has lost her job*. “那个刽子手知道她已经失去了工作。”	宾语补足语
d. The woman want *to vómit*. “那个女人想吐。”	宾语补足语
e. They told the cat *to wait*. “他们告诉那只猫让它等等。”	宾语补足语
f. The coach was *ugly*. “那个教练很丑。”	形容词谓语
g. The man was *a wretched ping-pong player*. “那个男人是一个可怜的乒乓球运动员。”	名词谓语

（2） 印地语，APV（SOV）

Ramm-nee	**khaanaa**	khaa-yaa
Ram-ERG	food	khaa-PAST
拉姆－作格	食物	吃－过去

“Ram ate food.”
“拉姆吃食物。”

（3） 哈卡尔特克语（Jacaltec，一种玛雅语），VAP（VSO）（例子出自 Craig1977：9）

a.

xa’	ix	te’	**hum**	*wet*	an	直接和间接宾语
gave	CL:she	CL:the	book	to:me	1	
给 . 过去	分类：她	分类：定冠	书	给：我	1	

“She gave the book to me.”
“她给那本书给我。”

b.

xahtoj	naj	*yiban*	*no’*	*cheh*	旁语
go:up	CL:he	on	CL:the	horse	
走：上	分类：他	在上面	分类：定冠	马	

“He climbed on the horse.”
“他骑上那匹马。”

（4） 马尔加什语（Malagasy），VPA（VOS）

a. manasa **lamba** Rasoa 直接宾语

wash clothes Rasoa

洗 衣服.复 拉索亚

“Rasoa is washing clothes.”

“拉索亚在洗衣服。”

b. nanome **vola** *an-Rabe* aho 直接和间接宾语

gave money to-Rabe I

给.过去 钱 给－拉贝 我

“I gave money to Rabe.”

“我给了钱给拉贝。”

c. manaiky *manasa* *ny* *zaza* Rasoa 宾语补足语

agree wash the baby Rasoa

同意 洗 定冠 婴儿 拉索亚

“Rasoa agreed to wash the baby.”

“拉索亚同意给小孩洗澡。”

4.1.03 “灵活”语序语言的特点

所谓的“灵活”或“自由”语序语言是指这类语言：决定小句中名词性成分语 79
序的因素是某些原则而非语法关系。例如在圣经希伯来语（Biblical Hebrew）中，据Givón（1984：208页以下）描述，名词短语相对于动词的语序很大程度上是由语用因素决定的。一般来说，新的不定信息出现在动词之前，而已知的有定的信息位居动词之后。下面这段圣经希伯来语的话语显示了S/A、P和旁格论元的这种变化：

（5） 圣经希伯来语，V-S/A与A/S-V语序

a. VS，已识别的（有定）/可识别的主语

va-yavo’u **shney** **ha-mal’axim** Sdom-a b-a-’erev

and-came two DEF-angels Sodom-LOC in-the-evening

和－来.过去 二 有定－天使.复 索多玛－处所 在里面－定冠－晚上

“So the two angels came to Sodom in the evening,”

“于是那两个天使晚上到了索多玛，”

b. SV，此前未识别的主语

vï-Lot yoshev bï-shaʕar Sdom;

and-Lot sitting at-gate of:Sodom

和－罗德 坐.进行 在－门 属于：索多玛

“and Lot was sitting at the gate of Somom;”

“罗德正坐在索多玛城门口；”

c. VA，已识别的主语

va-yar' **Lot**

and-saw Lot

和－看见．过去 罗德

“and Lot saw（them）”

“罗德看见（他们）”

d. 只有 V，高话题性主语

va-yaqom...

and-rose

和－起来．过去

“and rose...”（Genesis 19:1）

“就起来……”（《创世记》19：1）

（6）圣经希伯来语，VP 与 PV 语序

a. VP，连续性、可识别的宾语

...va-yiqah 'elohim **'et-ha-'adam**

and-took God ACC-DEF-man

和－带．过去 上帝 宾格－有定－男人

“...and God took the man”

“……上帝带走了那人”

b. VP（PRO），连续性、可识别的宾语

va-yanihe **hu** bï-gan 'eden

and-put him in-garden:of Eden

和－放 他 在里面－花园：属于 伊甸园

“and put him in the garden of Eden”

“将他安置在伊甸园”

c. 复指性一致关系（依附小句）

lï-'ovd-**o** u-lï-shomr-**o**;

to-work-it and-to-guard-it

以－工作－它 和－以－保护－它

“to work and guard it;”

“使他修理看守；”

80 d. VP，连续性、可识别的宾语

va-yïsav YHWH 'elohim 'al **ha-'adam** **le**-'mor:

and-ordered YHWH God unto the-man to-say

和－命令 耶和华 上帝 对 定冠－男人 不定式－说

“and God ordered Adam, saying:”

“耶和华上帝吩咐亚当说：”

e. PV，用于对比的新宾语

mi-kol 'es **ha-gan** 'axol to'xel,

from-all　tree　the-garden　eating　you:eat

从－所有　树　定冠－花园　吃　你：吃

“You may eat from all the trees in the garden.”

“园中各样树上的果子，你可以随意吃。”

f. PV, 用于对比的新宾语

u-me-’es　**ha-da’at**　**tov**　**ve-ra’**　lo’　to’xel.

and-from-tree　the-knowledge:of　good　and-evil　NEG　you:eat

和－从－树　定冠－知识：属于　好　和－恶　否定　你：吃

“but from the tree of knowledge of good and evil you may not eat.”

“只是分别善恶树上的果子，你不可以吃。”

（《创世记》2：15–17）

Mithun（1987）对以下观念提出疑问：每一种语言都可以根据由语法关系决定的基本语序进行描写。她认为至少在三种语言中语法关系对语序没有直接影响，这三种语言是卡尤加语（Cayuga，安大略市的易洛魁族语）、恩甘迪语（Ngandi，阿纳姆地东部的澳大利亚土著语）以及俄勒冈州的库斯语（Coos）。相反，这些成分相对于动词的语序取决于名词性成分的语用地位。这里我们简要概述一下 Mithun 的资料。

下面归纳的形式概括了这三种语言的成分顺序：

新的、无定的或其他“有报道价值的”信息放在小句之首。

下面是出自卡尤加语的例子，当 P 指称非特指的、新提及的实体时，我们看到的是 PV 语序（7a），当 P 指称特指的已识别的词项时，语序是 VP：

（7）a. P　V

katsihwá’　kihsa:s

hammer　I-seek

锤子　我－找

“I am looking for a hammer.”（said in a hardware store, with no particular hammer in mind）

“我在寻找一把锤子。”（在五金店里说的，心中没有任何特定的锤子）

b. 　V　P

to:　ti’　nika:nô:’　nê:kyê　katsíhwa’?

how　then　so-it-costs　this　hammer

多少　那么　如此－它－值　这个　锤子

“How much does this hammer cost?”（holding a specific hammer）

“这把锤子多少钱？”（拿着一把特定的锤子）

恩甘迪语（出自 Heath 1978：206）遵循相似的原则： 81

（8）a.

	S	V
Načuweleñ-uŋ	gu-jark-yuŋ	gu-ja-walk, ...
then-ABS	GU-water-ABS	GU-now-go:through
然后－通格	GU－水－通格	GU－现在－走：通过

"Then water passes through, ..."（first mention of water）

"然后水流过，……"（首次提到水）

b.

	V	S
Načuweleñ-uŋ	gu-ja-geyk-da-ni	gu-jark-yuŋ
then-ABS	GU-now-throw-AUG-PR	GU-water-ABS
然后－通格	GU－现在－投－大称－现在	GU－水－通格

"Then the water rushes through."（subsequent mention of water）

"然后这水冲过去。"（后来提到水）

库斯语（Frachtenberg 1913：7）也遵循这种"无定居先"的原则：

（9）a.

	P	A		V
TE	tc!i'cil	yüL	is	yö'qat...
that	matting	we	two	split:it
那个	席子	我们	两个	分开：它

"Let's split this mat..."（first mention of mat）

"让我们分用这个席子……"（首次提及席子）

（他们这样做了，然后下来检查地面。地面还是不够硬，甚至……）

b.

			V		P
i	lau	tci	uxhi'touts	hE	tc!icil.
when	that	there	they:two:put:it:down	the	matting
当时	那	那儿	他们：两个：放：它：下来	定冠	席子

"after they had put down the mat."（subsequent mention of mat）

"他们放下了这个席子之后。"（后来提到席子）

在这三种语言中，所有名词性小句成分（即 A、P 和旁格成分）的位置显然在很大程度上是由语用因素决定的。对于一些语言来说，一个名词性成分表现出相当固定的位置（只在极端语用压力下才会有变异），而另一个则是更为灵活。以这种方式操作的一些语言是：

瓜伊米语（固定的 PV，灵活的 A）；

帕纳雷语，纳迪布语（Nadëb）（固定的 VA，灵活的 P）；

阿布利纳语（Apuriną́）（固定的 AV，灵活的 P）。

世界上的语言对语用排序原则（pragmatic ordering principle）特别敏感的区域是美洲、大洋洲，此外，南岛语和南亚地区的语言也在一定程度上对语用排序原则比较敏感。非洲语言在话语中的语序研究还不很充分，因此目前还不能对非洲语言的语用敏感性做出概括。在印欧语中斯拉夫语言显然语用上最为敏感，虽然它并未 82
到达卡尤加语所表现出的那种语用易变性的程度（Mithun1987：309—310）。然而应该强调的是，语用因素在所有的语言中都对成分语序有不同程度的影响。有些语言语用因素占有明显优势，以至于按照语法关系很难甚至不可能描写其“基本”语序。另一方面，甚至在语用明显支配语序的语言中，语法关系可能仍与特定小句位置具有一定关联。

有趣的是，Mithun 讨论的这三种语言，除了语用决定的语序外，还拥有若干共同的形态句法特征。其中很多特征其他这类语言也具有，如帕纳雷语、帕帕戈语（Papago）、犹他语（Ute）。不过，这些特征是否刻画了独立的语言类型，还需要进一步观察。某些与语用性语序安排（pragmatic constituent ordering）相关联的形态句法属性是：

1　多式综合形态类型（见第二章）。
2　动词上的施事和 / 或受事标记。
3　倾向于在 NP 上标记作格（见第七章）。
4　“松散”的句法结构，即名词性成分可以出现在不同于动词、副词或其他小句成分的语调曲拱（intonation contour）之下，可以自由插入动词和名词性成分之间。
5　倾向于在话语中避免使用实义名词短语形式。很少出现带有两个或更多名词短语的小句。

最后要注意的一点是：如果包括足够不同的结构式，几乎所有的语言都可以认为具有 A、P 和 V 所有可能的语序。下面是英语中的一些例子：

（10） a. Fred skins mules.　　AVP
“弗雷德剥骡皮。”
b. It’s mules that Fred skins.　　PAV
“弗雷德剥的是骡皮。”
c.（There he sits,）skinning mules, that Fred.　　VPA
“（他在那儿坐下，）剥骡皮，他是弗雷德。”
d. Skins’em, Fred does to them mules.　　VAP
“剥它们的皮，弗雷德对那些骡干的。”
e. Fred’s a mule skinner.　　APV
“弗雷德是个剥骡皮者。”
f. That mule skinner’s Fred.　　PVA
“那个剥骡皮者是弗雷德。”

83 确定能解释这种变异的“语用排序原则”就等于确定所有给出的各种小句类型的话语功能（分裂句、分词小句、名词化等）。只要人们明白被测试的变项不仅仅是 V、A 和 P 的不同语序，那么这种做法就未必不合理。

从事任何语言的语序变异研究以及对这种研究的评价都应当小心。首先，对不熟悉其基本小句类型的语言进行语序研究的语言学家，特别易于做出一些奇怪的分析（如上所述）。其次，与对自己的语言具有更多稳定知识的说话者相比，没有文字或有文字不久的社会中的咨询者（consultants）更容易说出和接受像（10d）那种语法上比较边缘的小句（marginal clause）。对于文字出现以前的咨询者来说，这些小句的边缘性常常很难描写。最后，也是最重要的是，许多小句类型的句法地位通常是动态的。例如（10e）和（10f）的名词化现象通常功能上很像是带有名词化标记（如英语的 *-er*）的动词性小句，这类名词化标记具有时、体或情态标记的功能（见 T. Payne 1990b）。事实上，名词和动词在形态上常有交迭现象，以至于很多时候很难确定我们面对的到底是动词性小句还是动词名词化后的名词谓语。尽管很清楚的是，（10a）和（10e）代表的是非常不同的结构类型（对于接受过语言学训练的完全胜任的母语说话者来说），而且语序肯定不是它们之间唯一的区别；但脱离语境之后，这些小句似乎表达的是非常相似的意义。这种功能的相似性在许多语言中导致名词谓语结构式（如 10e）被重新分析为一种动词性谓语。如果被研究的语言处在这样一个变化过程中（甚至还不是一种变化），那么错误地将名词谓语包括在动词性小句语序研究之中的可能性还是很高（在那些使用零形系词的名词谓语的语言中尤其如此；见 6.1 节）。另一方面，如果这种语言已经完成了从名词谓语到动词性小句的重新分析（这一过程是作格结构式的主要来源之一；参见 Gildea 1992），那么通过研究来确定这两个结构类型的话语语用功能是完全恰当的。不过，认为这样的研究只是确定不同语序的功能，则是有问题的。

84 **思考题**

所有结构单位的一般问题：

（a）在该结构单位中自由成分的中性语序是什么？

（b）是否存在变异？

（c）不同的语序具有什么样的功能？

有关主要小句语序的问题：

该语言基本小句中语用上中性的成分（A/S、P 和 V）语序是什么？

4.2 动词短语

助动词（auxiliaries）是动词，因为它们满足动词的形态句法定义（对一种语言来说无论它是什么）。例如它们出现在动词的位置，并且至少带有一些与动词相关的词形变化信息（主/宾语的“一致性关系”以及时/体/情态标记）。不过，它们之所以是助动词，是因为它们不体现小句表达的主要概念关系、状态或活动。它们语义上经常是“虚化的”（如英语 *He does go to school* 中的 *do*），或者它们表达诸如时、体或情态之类的“辅助”（auxiliary）信息，如英语中的 *can* 和 *hæftə*。[③]

助动词通常是由实义动词（full verb）衍生而来的，最有可能成为助动词的动词是 *be*、*stand* 和 *sit* 这类的状态动词（stative verb）。助动词另一个最有可能的来源是 *go* 和 *come* 这类简单运动动词。最后，*say*、*finish*、*start*、*permit*、*make*、*force* 和 *want* 这类带有补足语的动词也经常变成助动词。

如果一种语言有一个动词短语成分，这个成分至少显示出一些动词共有的词形变化信息，但它又异于表达小句主要词汇内容的动词，那么这样的词就可以叫作助动词。在少数语言中，这些形式似乎并不源自动词，并且它们表达屈折信息的方式也与动词很不相同，也就是说，它们可能呈现出不规则的或完全不同的词形变化形式。例如，许多犹他－阿兹台克语系（Uto-Aztecan）语言在主要动词前使用一套小词。下面的例子来自 Steele（1981：23）描述的卢伊塞诺语（Luiseño，南加州的一种犹他－阿兹台克语）：

（11）	noo	*n*	hunwuti	patiq
	I	1SG	bear	shoot:PRES
	我	1单	熊	射击：现在

“I am shooting the bear.”
“我在射那只熊。”

这儿的小词 *n* 表达了小句主语的人称，而动词 *patiq* 则带有表达“时”的形式。85
例（12）中有 *nu*、*po* 两个小词，其中的 *nu* 是第一人称主语标记的语素变体，*po* 表达将来时：

（12）	noo	*nu*	*po*	hunwuti	patin
	I	1SG	FUT	bear	shoot:FUT
	我	1单	将来	熊	射击：将来

“I will shoot the bear.”
“我要射那只熊。”

最后，第三个小词 *xu* 表达情态信息，可以出现在另外两个小词之前。另外，主要动词的屈折形态发生变化：

（13）	noo	xu	*n*	*po*	hunwuti	pati
	I	MOD	1SG	FUT	bear	shoot
	我	情态	1单	将来	熊	射击

“I should shoot the bear.”
“我应该射那只熊。”

Steele（1981）认为，这种置于主要动词之前的复杂小词构成了一个可归类为AUX的成分。注意这个助动词成分没有任何词根。它只是卢伊塞诺语小句结构中能被很多不同的成分填充的一个“位置”，所有这些成分都以各种不同的方式修饰该小句所表达的概念。例（11）—（13）的所有语句都描写了某人射熊的情景，助动词成分的作用是调整场景以表达各种细微差别（参见9.3节中有关时、体和情态的讨论）。就本章讨论成分语序的目的而言，只要能识别这类助动词成分相对于主要动词的位置就足够了。在卢伊塞诺语中助动词和动词的语序是AUX-V。

如果一个动词短语成分不带任何与动词相关的屈折信息，那么，尽管它不适合被称为“屈折助动词”（inflected auxiliary），因而也不会作为成分语序讨论的内容，但它仍可以被称作“助动词”。例如*should*、*might*、*ough*t和*used*（如在*He used to eat beans*中）这些形式完全没有屈折变化，尽管它们有时也被称为情态助动词。其他语言很难或不可能把这种形式跟某些副词区分开来。

思考题

相对于语义上“主要”的动词而言，助动词出现在什么位置？

相对于动词和助动词而言，修饰动词短语的副词出现在什么位置？

86 4.3 名词短语

名词短语的成分包括限定词（5.5节）、数词（3.3.3节）、属格成分（领有者）（5.6节）、修饰语（如定语形容词，3.3.1节）、关系小句（11.5节）、名量词（5.7节）和核心名词。核心名词是被所有其他成分修饰的名词，例如*those three big black dogs that are always barking at me*中的*dogs*。而与整个名词短语指称同一个实体的正是核心名词（见3.1节）。

尽管格林伯格最初的研究认为名词短语中成分的顺序与主要小句中成分的顺序互相关联，但是后来Dryer（1988）的研究表明这个结论是错误的。Dryer通过使用更大的语言取样得出的结论是它们没有任何统计学意义上的重要关联。虽然如此，关注名词短语中成分的语序仍是很重要的。

思考题

描写名词短语中各成分的语序。

4.4　附置词（前置词和后置词）短语

附置词（adposition）是前置词和后置词的上位术语（cover term）。它们通常是小词，尽管它们可以是附着形式或实词，如名词或动词。它们表达了与小句中一个毗邻名词短语的语义角色相关的某种信息。如果一种语言有格标记（见 7.1 节），那么要区别格标记和附置词就很不容易。5.4 节为格标记和附置词的区分提供了一些经验方法。下面是前置词和后置词的例子：

（14）前置词：西班牙语

a. *en* la mesa
“*on* the table”
“在桌子上”

b. *dentro* de la casa
“*inside of* the house”
“在屋子里”

c. *sobre* mi carro
“*over* my car”
“在我的车子上方”

d. *hasta* la tarde
“*until* the afternoon”
“直到下午”

（15）后置词：日语

a. biku *no*　“of/inside/near the fishbasket”　“鱼篮的 / 里 / 旁”

b. kookyu *ue*　“*above* the palace”　“宫殿上”

附置词历史上来源于名词或动词。对于某些语言而言，特别是广泛使用连动式的 87
语言（参见 11.1 节），确定一个特定的形式是附置词还是依附性动词（dependent verb）是很难的。在下面阿坎语（Akan）的例子中，*wɔ* 形式是一个义为“to be at”（“在”）的真正的实义动词（16a），但它也具有处所前置词的功能（16b）：

（16） 阿坎语（用于加纳，承 Kweku Osam 惠例）

a. ɔ-**wɔ** Eugene
3SG-be:at
3 单–是：在
"He is in Eugene."
"他在尤金。"

b. o hun no **wɔ** Eugene
1PL see 3PL in
1 复 看见 3 复 在里面
"We saw them in Eugene."
"我在尤金看见他们。"

显示 wɔ 在（16a）中是动词而在（16b）中不是动词的证据是，在像（16a）这类处所谓语小句中 *wɔ* 带有动词一致关系标记，而在（16b）中不可能有这样的标记。这一测试表明 wɔ 在这两个例子中实际上属于两个不同的语法范畴。

在恩杜卡语（Ndjuká，一种以英语为基础的克里奥尔语苏里南语）中，动词 *gi*"给"也是一个处所格、与格或受益格前置词（George Huttar，个人交流）：

（17） Boo gi den gi mi.
blow give 3PL give 1SG
吹 给 3 复 给 1 单
"Honk at them for me."
"替我向他们鸣笛。"

有时没有任何形式特征可用来区分连动式和附置词（连动式的更多讨论见第十一章）。

在另一些语言中附置词来自名词。例如，英语中的短语 *on top of* 是一个由名词 *top* 参与构成的复杂附置词。许多语言的附置词来自身体部位名词，例如用"back"表示"在……后面"，"face"表示"在……前面"，"head"表示"在……上面"，"foot"表示"在……下面"（Casad1982，Heine 和 Reh 1984[1]）。绝大部分语言中这类基本附置词数量相当少，可能有 5、6 个形式。其他一些更为复杂的关系概念是由附置词和名词复合而成的复杂附置词表达的。英语拥有异常丰富的基本前置词，它们包括：

88 （18） at, to, from, in, out, on, over, under, around, through, for, by, with, along 等。

另外英语中很多常用前置词是复合词：

[1] 原著此处引用文献为"Heine and Re 1984"，现予以改正。——译者注

（19） into, upon, toward（*to*+ 方向性后缀 *ward*）, on top of, underneath, behind, below, beneath, out of, next to 等。

在有些语言中附置词短语跟被领有的名词短语难以区分。例如亚瓜语（Yagua）中，表达"在（某人）前面"的形式与表达"在（某人的）额头上"的形式相同：

（20） sa-moo-mu
3SG-forehead-LOC
3 单 – 额头 – 处所
"in front of him/her" or "on his/her forehead"
"在他 / 她前面"或"在他 / 她的额头上"

另一些语言中，也许除名词外没有任何处所关系标记。在这些情况下，附置词和名词的区别也许是模糊的，下面是斯瓦希里语（Swahili，班图语，西非）的例子：

（21） alikiweka **juu** ya meza
3SG:put:it top of table
3 单：放：它 上面 属于 桌子
"He/She put it on the table."
"他 / 她把它放在桌子上。"

在这个例子中 *juu* 意思只是"top"（"上面"）。在斯瓦希里语中显然没有任何办法或理由将这个形式辨明为前置词而非仅仅是个名词。表达这种不明确性的一种说法是，在这个例子中 *juu* 是具有附置词功能的名词词根。

思考题

这种语言占优势的是前置词还是后置词？请举例。

很多附置词是否来自名词或动词？

补充参考文献：Matisoff（1973），DeLancy（1991），Welmers（1973）。

4.5 比较句

比较句（comparative）是按照某种属性将两个项目进行比较的结构式，如 *My*

daddy is bigger than your daddy（“我爸爸比你爸爸大”）。许多语言没有句法上明确的比较结构。这些语言表达比较的方式是直接将两个（或更多）小句并列在一起，这些小句表达了被比较的那些实体具有特定属性的程度。例如“My daddy is bigger than
89 your daddy”可以说成“Your daddy is big. My daddy is very big”（“你爸爸大。我爸爸很大”）。一个语法化了的比较式的主要成分是：（1）小句主语赖以进行比较的已知**基准**（standard）；（2）标示这个小句是比较式的**标记**（marker）；（3）主语跟基准所比较的**属性**（quality）。基准是名词短语，标记可以是特殊的小词、附置词或词缀，属性一般由形容词来表达。例如：

（22）日语：基准－标记－属性

Inu	ga	meko	yori	ookii.
dog	NOM	cat	than	big
狗	主格	猫	比	大
		STD	MKR	QUAL
		基准	标记	属性

“The dog is bigger than the cat.”
“那只狗比那只猫大。”

“狗”在这个小句中是比较的主语，即被比较的对象，它的大小用来跟已知的基准的大小进行比较。比较结构中主语的位置并不像基准、标记和属性的相对位置那样具有类型学上的重要性。PV 语言常见的语序是基准－标记－属性。

（23）爱尔兰语：属性－标记－基准

Tá	an	madadh	nios	-mó	ná	an	cat.
is	the	dog	big	-er	than	the	cat
是	定冠	狗	大	更－	比	定冠	猫
			QUAL	MKR	STD		
			属性	标记	基准		

“The dog is bigger than the cat.”
“那只狗比那只猫大。”

VP 语言通常的语序是属性－标记－基准。比较式常常与这种语言的一般语序不一致。

思考题

该语言是否有具一种或一种以上语法化了的比较结构？

若是如此，基准、标记和属性的顺序是怎样安排的？

4.6　疑问小词和疑问词

疑问小词（question particle）和**疑问词**（question word）将分别在 10.3.1.1 节和 10.3.1.2 节中讨论。本节只需简单例示这些成分，特别要注意它们相对于其他小句成分 90
的位置。

思考题

在是非问句中，如果有一个疑问小词，它出现在什么位置？在特指问句中，疑问词出现在什么位置？

4.7　小结

很少有语言百分百地遵守格林伯格（Greenberg 1963）提出的一般性预期。就跟形态类型研究一样，没有任何人采用定量研究方法来确定一个特定的语言跟其“理想”的类型有多么接近。一本语法概要中，有关成分语序类型一章应该包括该语言的语序同表 4.1 所列格林伯格的普遍原则进行比较后的一个小结。这样，该语言在特定的语序类型上就可以印象性地被描述为“非常和谐的”“比较和谐的”或“不和谐的”语言。例如英语是比较和谐的 AVP 语言，只在 NP 的描写性修饰语位置上以及同时允许前置领属语和后置领属语（“John’s house”与“the house of John”并存）上才表现出不一致。日语是非常和谐的 APV 语言，亚瓜语是不和谐的 VPA 语言，等等。

需要注意的是，非主要小句结构中的特殊语序不能作为任何主要小句语序的证据。例如，一种语言在主句中可以有 AVP 这种基本语序，而其他结构单位则可能有与 APV 语言和谐的语序（如后置词、后置型助动词、前置型修饰语，等等）。但这并不是这种语言具有 APV 语序的证据。它可能显示 APV 是该语言历史上的早期语序，但它不能作为其特定共时语序的论据。格林伯格的共性只是基于约 30 种取样语言所观察到的若干语序关联。它们并不是预测人们会在任何给定的语言中发现什么。任何偏离格林伯格理想类型的语言并不“违背”格林伯格的共性。它们只是与理想类型不一致。既然世界上大部分语言都不和谐，那么将完美和谐的语言视为一种违反预期的现象，也许更为合适。有时把一种语言称为 PV 型语言是恰当的，即使主句的基本语序是 VP，反之亦然。这个观点并不认为主句的语序有什么特殊的重要性——它只是 91
众多特点之一。如果一种语言具备了 VP 语言的所有特征，除了主句是 PV 基本语序外，那么这种语言仍是一种比较和谐的“VP 型”语言，它只是在一个方面有所偏离而已。

思考题

怎样将这种语言的语序与 Greenberg（1963）、Hawkins（1983）提出的普遍预期或者其他一些众所周知的语序类型进行比较？

第五章 92
名词和名词短语的操作

至此，我们已从相当广泛的结构视角观察了语言。在第二章里我们提出了一个框架，用以描写一种语言的普遍形态特点，不过尚未详细讨论各种语素的意义。第三章提出了区别一种语言的主要语法范畴的方法，包括给那些与诸范畴有联系的形态句法操作进行分类。然而，我们并没有讨论各种操作确切的交际功能。在第四章我们考察了语序类型学，同样未涉及那些不同语序可能会具有的功能。

此前的三章在“形式优先”的视角下简要提及了很多范畴、结构和操作，下面的七章将对此做出细致考察。本章描写的是那些通常和名词短语相联系的任务或功能，并且进一步详细展示形态句法操作在名词短语中如何表达。

5.1 复合

复合词（compound）是指由两个或两个以上不同的词组合而成的词。比如，*windshield*（“挡风玻璃”）这个词由 *wind*（“风”）和 *shield*（“防护物”）这两个词组合而成。当然，并非所有的单词序列（sequence of words）都是复合词。所以，一定要有个明晰的方法把复合词跟简单的单词序列区别开来。把某个词语称作复合词的标准有二：一是形式标准，二是语义标准。体现出下列形式属性之一的，即可称为复合词。第一，具有单个的词所具有的重音模式，而不是两个单词的模式。比如，93
bláckbird（“黑鸟”，特定的物种）和 *black bird*（“黑色的鸟”，任何一只恰巧是黑色的鸟）的重音模式就不同。再比较这一组：*líghthouse keeper*（“灯塔守护人”）和 *light hóusekeeper*（“轻佻的主妇”）。第二，词序异常。比如，*housekeeper* 中有一个名词和一个动词，其中名词充当动词的宾语而不是主语；而在英语中宾语通常是位于动词之后的。第三，具有单个词的形态音位操作过程。比如，*roommate*（“室友”）这个词可以只发一个 *m* 的音，而通常如果在一个句子中有两个 *m* 碰巧在一起，它们应该都是发音的。比如，如果不是两个 *m* 都发音的话，*some mice*（“一些老鼠”）将会被理解为 *some ice*（“一些冰”）。第四，复合词特有的形态。比如 *can-opener*（“开罐器”）中的 *-er*。*to can open*（“开罐”）不是一个动词，* *I can opened all evening*（“* 我整个

晚上开罐”）。不过，加上工具后缀 *-er* 后，*can open* 组合就被当作一个动词词干，就可以采用 *slicer*（“切片机”）、*grinder*（“研磨机”）等的构词模式了。在德语复合词中，当属格词尾在与复合词相应的名词短语中不能使用时，其功能就好比一种形态上的“黏合剂”。

（1） 德语（引自 Anderson 1985a）
Bischoff-s-konferenz
bishop-GEN-conference
主教 - 属格 - 大会
“conference of bishops”
“主教大会”

在这个例子中，*-s* 不能用作属格标记，因为这是一个单数属格标记，而这个复合词的所指却是由多名主教组成的大会。另一方面，复合词有时在形态上比它所对应的名词短语要简单，比如，英语中 *spider web*（“蜘蛛网”）及其对应的短语 *spider's web*（“蜘蛛的网”）。

复合词最重要的语义属性是，复合词的意义要么更为具体，要么全然不同于组成该复合词的所有单词的意义之加合。举例来说，*windshield*（“挡风玻璃”）这个词语不是指任何一个挡风（wind）的防护物（shield），而只是指各种用在交通工具上的由透明材料制成的特别产品。所以，沿着农田边的一排树可以叫作 *wind shield*（尽管专业术语叫作 *shelter belt*“防护林带”），但不可以叫作 *windshield*。同样，*blackbird*（复合词）只适用于特指某一种类的鸟，尽管其他种类，如乌鸦、秃鹰等，也可以合理地称为 *black birds*（“黑色的鸟”）。有些复合词中的一个部分并非真正的词，比
94 如：*huckleberry*（“越橘”），*cranberry*（“大果越橘”）等。实际上，有时候复合词的每个部分都不是一个独立的单词，至少在共时意义上和整个复合词的意义无关，比如：*chipmunk*（“花栗鼠”），*somersault*（“筋斗”），*mushroom*（“蘑菇”），*blacksmith*（“铁匠”）。

汉语普通话是一种广泛使用复合词的语言，但却没有什么鉴定复合词的形式标准，即使有也不多。这就是说，在复合词及其对应的短语之间，并没有声调和形态的差异。有些作者提出复合词和短语有重音差别，但未获广泛认可。下面是从成千上万的汉语普通话复合词中挑出的一些例子（来自 Li 和 Thompson 1981：47）：

（2）	风流	花生
	风 - 流	花 - 生
	“多情的”	“花生”

矛盾	开关
矛 - 盾	开 - 关
“矛盾”	“开关”
肥皂	天气
肥 - 黑色	天 - 气息
“肥皂”	“天气”

思考题

有没有“名 - 名”复合词（如：*windshield*）？

如何知道这是复合词？

有没有“名 - 动”（或“动 - 名”）复合成一个名词的（如：*pickpocket*“扒手”，*scarecrow*“稻草人”）？

这一操作手段是否能产（像英语中的“名词 - 动词 -er”，*can-opener*）和普遍？

5.2　去名词化

常见的名词操作之一是**去名词化**（denominalization）。**名词性成分**（nominal）这个术语的意思等同于“名词似的”（“noun-like”），所以把某词语去名词化（denominalize）就是使它不太像个名词，或者把它变成一个动词、形容词，或者其他一些词类。把名词变为动词的操作叫作**动词化**（verbalization）（Clark 和 Clark 1979）。也许，最普通的去名词化的类型是把名词变成领属动词（possessive verb）。举例来说，尤比克语（Yup'ik）的名词后缀 *-ngqerr* 的意思是“拥有 N”，这个 N 就是指该后缀所附着的名词。下面这组例子（来自 Reed 等 1977）显示了一些普通名词及其去名词化了的对应词： 95

（3）	patu	“盖子”	patungqerr	“拥有盖子”
	qayar	“皮筏”	qayangqerr	“拥有皮筏”
	irniar	“孩子”	irniangqerr	“拥有孩子”
	enr	“骨头”	enengerr	“拥有骨头”

另一个常见的去名词化过程是把某个名词 N 改造成义为“变成 N”的动词。这个过程叫作**始动**（inchoative）（我们将把**始动**作为一种名词性操作以区别于**起始体**（inceptive）这种动词性操作，尽管在文献中**始动**一词常常指的是动词的一种体）。比如在帕纳雷语（Panare）中，当后缀 *-ta* 应用于名词时，意思常常是“变成 N”：*i'yan* 是“信仰宗教疗法的治疗者”，*i'yatan* 是“变成一个信仰宗教疗法的治疗者”。

爱斯基摩语言（Eskimo languages）去名词化的手段特别丰富。由这些后缀构成的动词的意义包括如下这些概念（在这些例子中 N 指的是后缀所附着的名词）：

（4）去往 N
是 N
在 N
有个 N/ 缺少 N
有很多 N
某人的 N 处遭受痛苦
有一些冷的 N
和 N 玩耍
猎取 N
捕获 N
吃 N

去名词化过程（而非上面提到的领属和始动）通常表达文化上“惯常化的”（“institutionalized”）活动（Mithun 1984）。这一点可以用爱斯基摩语的例子来说明。在爱斯基摩语境中，打猎、捕获、吃、玩、冷、痛苦等概念毫无疑问都是非常普通的。

一些去名词化标记（denominalizer）具有“通指的”（generic）功能。也就是说，
96 当它们附着于名词时就形成了一个动词，可以指称与该名词相关的任何活动。下面的例子来自马普都根语（Mapudugun）（蒙 María Catrileo 惠允）。

（5）kofke “面包” kofke-tu “吃面包”
kaweyu “马” kaweyu-tu “骑马”

有时会难以区分去名词化和名－动复合词（**名词并入**，noun incorporation，见 8.2.7 节）。标准之一是，如果去名词化标记在其他语境中独立用作动词并且意义基本相同，那么这就是名词并入。如果经证实名词化词缀不是一个动词（尽管也有可能和一个动词有关），那么就是“真正的”去名词化。上面所说的那些爱斯基摩语的后缀明显和动词有关，但它们在形式及意义上和相应的动词又有足够的区别，这使我们可称之为去名词化后缀。

思考题

从名词形成动词有哪些（能产或不能产的）操作手段？
从名词到形容词呢？
从名词到副词呢？

5.3　数

名词和名词短语常常有**数**（number）标记。最常见的数的区别是单数（singular）和复数（plural）。比如，所有指称可数概念的英语名词（由个体凸显的单元组成的名词是可数的），其单复数的区别必须强制性地加以标记。例如，*dog* 是单数而 *dogs* 是复数。其他数的区别有：（1）单数、双数和复数；（2）单数、双数、三数和复数。双数是指只有两个项目，三数指的是有三个项目。最后这种类型非常少见，单数、双数和复数三分系统也较少见，至少在使用名词短语标记的系统里是如此；不过在参与者指称使用动词标记的系统里会多见一些（参看 9.5 节）。

很多语言只是偶尔在名词短语上标记数的区别。对这些（可能占世界上大多数）语言来说，一个有趣的问题是何时标记复数而何时不标记。有的语言只是给某一类名词加上数标记，例如有生名词，而其他名词则不加数标记，或者只是“有选择地”做标记（详见后文）。另外一些语言只给高度“话题性的”名词标示复数（见 10.0.3 节）。

有名词形态格标记的语言通常把数糅合进格标记系统中。也就是说，单数（双 97
数、三数）或复数各自有不同形式的格标记。比如，在拉丁语和其他一些印欧语中就是这样的。

（6）拉丁语

	单数	复数	注解
主格	porta	portae	“一扇门 / 几扇门”
属格	portae	portàrum	“一扇门 / 几扇门的”
与格	portae	portīs	“到一扇门 / 几扇门”
宾格	portam	portàs	“一扇门 / 几扇门”
夺格	portā	portīs	“用一扇门 / 几扇门”

在大多数数标记系统中，单数是不加标记的，而非单数则以某种方式加上标记。有些语言单数和复数都加标记，比如斯瓦希里语（一种班图语）中 *umu-ana*“孩子”和 *aba-ana*“孩子们”。另一种可能是复数不加标记而单数加某种标记，尽管这很少见。例如，在德萨诺语（Desano）（哥伦比亚境内的一种图卡诺语（Tucanoan））中，一些名词复数是不加标记的，但是在单数时会加上一个名词分类词（noun classifier）（参见 5.7 节名词分类部分）。

（7）suʔri　“一些衣物”　suʔri -ro　“一件衣服”
　　gasi　“一些独木舟”　gasi-ru　“一艘独木舟”

yukü “一些树” yukü-gü “一棵树”
nome “女人们” nome-o “一个女人”

在一些阿拉伯语的变体中，大多数名词的单数在形态上比复数要复杂：

（8）巴勒斯坦阿拉伯语（蒙 Maher Awad 惠允）
tufax “一些苹果” tufaxa “苹果”

一些语言只需要在某些名词上标记出复数，比如有生名词。例如，在汉语普通话中复数代名词由后缀“-们”做标记（例 9）。指人的名词可以由同一个后缀做标记（例 10）。其他名词不能直接标记复数。更确切地说，复数意义由单独的量化词（quantifiers）来表达（例 11）（Li 和 Thompson 1981）：

98 （9）代名词的必有复数标记
他 / 她 他 / 她们
你 你们
我 我们

（10）指人名词的可选复数标记
孩子 孩子们
客人 客人们
朋友 朋友们

（11）其他名词中可选的复数意义迂说表达法
书 一些书[1]
叶子 许多叶子[2]

数的概念可由各种常用的形态句法过程来表达，比如：加前缀（见上述斯瓦希里语），加后缀（英语、阿拉伯语），加中缀（见下文的伊富高语，Ifugao），词干变化（恩多语，Endo），重叠（伊富高语），超音段音变，异干交替（恩多语），或者是使用不同的小词（他加禄语）。迄今为止，尚未发现使用词序表达复数概念的语言。例如，尚未发现有哪一种语言的领有者居于单数名词之前但在复数名词之后。下面的例子显示一些较为罕见的数标记系统。

[1] 原文是“书一些”。——译者注
[2] 原文是“叶子许多”。——译者注

在伊富高语（一组亲缘关系很近的菲律宾语）中，复数由首音节重叠或加中缀来表示：

（12） 图瓦利伊富高语（Tuwali Ifugao）（蒙 Lou Hohulin 惠允）
tagu　“人”　tatagu　“人们”（首音节重叠）
babai　“女人”　binabai　“女人们”（加中缀 *-in-*）

在伊富高语中，当所指是复数事物时，重叠复数标记是“可选的”。更为常见的情况是，独立的小词要么取代重叠，要么和重叠一起表达复数意义（见例 14 中的他加禄语用例）。

在恩多语（肯尼亚境内的一种西尼罗河语支语言）中，复数非常复杂。其中大多数应为异干交替式（13a，b），尽管某些类别的名词也有规则的复数表达法（13c，d）。

（13） a. aráan　“山羊”　no　“一些山羊”
b. árááwa　“月亮、月”　áró　“几个月”
c. chemur　“胸骨”　chemurtiin　“一些胸骨”
d. eya　“母亲、姨妈”　eyaatíín　“母亲们、姨妈们”

名词短语的复数有时由一个特定的小词来表达，这在澳大利亚土著语（Australian） 99
和南岛语中特别常见。下面的例子来自菲律宾的他加禄语：①

（14） ang babae　“那个女人”　ana *mga* babae　“那些女人”

在一些语言中，有些名词标记表达“及其同伴”或“等等”的意思。这种标记常常等同于标示伴随的形式，如 *I went* ***with*** *mother* 中的 *with*（“我跟妈妈一起去”中的“跟”）。例如，亚瓜语（Yagua）使用后缀 *-ve* 来表达这个意思：

（15） a. sa-súúy　Manúngu
3SG-sing　M.
3 单 – 唱歌　M.
“Manungu sings.”
“马努古唱歌。”
b. ri-čúúy　Manúngu-ve
3PL-sing　M.-AC
3 复 – 唱歌　M. – 伴随
“Manungu and company sing.”
“马努古等人唱歌。”

把这个后缀称作“复数标记”并不恰当，因为它并不是表达有很多“马努古”（男人名）。更确切地说，它是说有一群人，其中最显著的那个叫马努古。

在伊富高语中可以发现一个相似的操作。伊富高语的伴随标记是一个前缀，*hin-*。它在指人的名词前表示那个人及其亲属，或者说“那个家族”（例子来源于图瓦利伊富高语，蒙 Lou Hohulin 惠允）：

（16） ama “父亲” hin-ama “父亲和孩子（们）”
agi “堂 / 表亲” hin-aagi “一帮亲戚”

当用于其他名词（N）时，这个前缀的意思是“由 N 来衡量的量”：

（17） basu “杯子” him-basu “满满一杯”（即一个杯子及其所盛之物）
iduh “勺子” hin-iduh “满满一勺”
kalton “盒子” hing-kalton “满满一盒”

在一种澳大利亚土著语言迪尔巴尔语（Dyirbal）中发现了更为复杂的系统。迪尔巴尔语的有生名词和代名词可以加上标记，表示它是一对或更大的一组中的成员（Dixon 1972：51）。

100 （18） a. Bayi Burbula miyandaɲu.
CL B. laughed
分类 B. 笑
“Burbula laughed.”
“伯伯拉笑了。” （单数）
b. Bayi Burbula-*gara* miyandaɲu.
“Burbula and one other person laughed.”
“伯伯拉和另一个人笑了。” （双数）
c. Bayi Burbula-*maŋgan* miyandaɲu.
“Burbula and several other people laughed.”
“伯伯拉和另外几个人笑了。” （复数）

这一节描写了名词和名词短语的数标记。数词系统已在 3.3.3 节做过讨论，而以动词屈折形式表达的数范畴将在 9.5 节将讨论。

思考题

名词短语是否表达数范畴？

在名词短语中，单数和非单数的区别是强制性的、可选性的抑或完全缺少？

如果数标记是可选性的，何时会出现？何时不出现？

如果数标记是强制性的，数范畴是显性地出现在所有名词短语上，还是仅仅出现在名词短语的某些次类（比如有生名词）上？

非单数的数区别（non-singular distinctions）有哪些？

5.4　格

有时很难区别**格标记**（case marking）和**附置词**（adposition），后者包括**前置词**（preposition）和**后置词**（postposition）。这无疑是因为格标记和附置词之间不存在任何必然的普遍差异。就像大多数结构差异一样，这两个范畴描写的是一个连续统的两端。下面这条规则大约 90% 有效。不过，这条规则所描写的区别相当微妙，因而在语言分析的早期阶段可能不那么明显。而且，不管在哪种语言里都会有例外。

> 经验法则：格标记是由名词短语所处的结构施加在名词短语上的形态句法范畴。而附置词则不受这样的构型（configurational）限制。

举例来说，在一些语言中，一个名词短语取与格还是宾格，是由和名词短语处于某种 101
语法关系中的动词（或其他的格**支配**成分）的语法要求来决定的。然而，一个名词短语是和处所附置词还是受益附置词同现，也许纯粹是取决于说话者的交际意图，而不是构型中其他语法成分施加影响所致。

比如在拉丁语中，动词需要其宾语取某几个形态格中的一个。如果宾语取了其他的格，要么就是不合语法，要么该动词的意义发生改变。在这个意义上，我们说拉丁语动词**支配**（govern）其宾语的格（如：动词 *servire* 支配与格）。拉丁语前置词也支配其宾语的格。比如：*cum* 支配夺格，而 *contra* 支配宾格。然而，拉丁语前置词本身不受该构型中其他成分支配。所以，举例来说，没有哪个动词要求其宾语处于一个 *cum* 短语中。附置词短语通常（尽管并非总是）是可选的句子成分。下面的例子来自亚瓜语（Yagua）。亚瓜语有一对同音异义的动词词根 *dííy*，意思要么是“杀”要么是“看见”。两者仅有的语法区别是“杀”支配宾格（例 19a），而“看”支配“与格”（例 19b）：[2]

（19） a. sa-díiy　　nurutú-0
3SG-kill　　allogator-ACC
3 单－杀死　　美洲鳄－宾格
"He killed an alligator."
"他杀了一条美洲鳄。"

b. sa-díiy　　nurutí-íva
3SG-see　　allogator-DAT
3 单－看见　　美洲鳄－与格
"He saw an alligator."（or "His vision rested on an alligator."）
"他看到了一条美洲鳄。"（或"他的视线停留在一条美洲鳄上。"）

例（19b）证明了"与格"*-íva* 实际上是一个格标记而不是一个后置词。亚瓜语中有很多后置词，诸如在 *nurutiimú*（"向美洲鳄"）中表示"处所"的 *-imu*，不过这些后置词并不受任何动词支配。有必要注意的是，形态约束并不能区分格标记和附置词。格标记可能是自由的也可能是黏着的，可能前置也可能后置。附置词也是如此。所以在古典语言中，格标记在音系上和功能上都区别于附置词。在亚瓜语和别的一些语言中则并非如此。诚然，与附置词相比，格标记（如上述定义）通常跟其宿主词在音系上结合得更紧密，但这并不是格标记的定义属性。我们给出的是一个严格基于句法功能的定义。

102　下面简要列出的是一些通常已语法化为形态格的语义角色。不过要记住，在语义和形态句法之间并没有直接的一一对应。该表只是描述了某些一般倾向。

语义角色	**形态格**
施事	主格，作格（7.1 节）
受事	宾格，通格
接受者	与格
领有者	属格

例示其他语义角色的构形成分（formative）通常可以和语义角色同名，如：处所、受益者、工具。只要有可能，格标记和附置词应该根据它们的原型或基本功能进行描述和标注。

思考题

名词是否具有形态格？

若有，是些什么格？（这些格的功能将在后文详细说明。）

5.5　冠词、限定词和指示词

通常把直接表达一个名词短语的可识别性（identifiability）与/或有指性（referentiality）的操作符称为**冠词**（articles），不管是黏着的还是自由的（可识别性和有指性及其他语用身份的定义见10.0.1节）。诸如英语中的*the*和*a*（*n*）之类的冠词，在世界语言中相对少见。更为普遍的是**指示词**（demonstratives）（或**指示形容词**（demonstrative adjectives）），比如：*this*, *that*, *these*和*those*。有些语言学家使用**限定词**（determiner）这个术语指称像*the*和*a*（*n*）这样的构形成分。这个术语通常也包括量化词（*some*, *many*, *a few*, *each*, *every*）、数词、领有者以及指示词。这个庞杂的词类并不经常表现出一致的句法行为，比如：几乎没有哪种语言一贯将它们放置在名词短语中的相同位置。因此，将"限定词"看成一个普遍的自然类，这并不怎么可行。

不过，指示词在所有的语言中可能都是一个清晰的词类。它们的形式一般都是自由的，可以居于其所作用的名词之前或之后。指示词本身也可以用于复指，比
如在*What is **that**?*（"那是什么？"）中，这种情况下它们可以被称为**指示代名词** 103
（demonstrative pronouns）。指示词，隐含"指向"或"指明"其所指称的客体，如：***that** house*（"那间屋子"，当指向一所房子的时候说），或者*I'll take three of **those***（"我要拿其中的三个"，当指着一群客体的时候说）。

指示词不仅具有语言中代词系统共有的特点（数、性等），还常常表达跟说话人/听话人有关的距离或位置。举例来说，英语的系统中有两个等级的距离，由*this*和*that*（复数是*these*和*those*）来表达。其他语言可能具有三个等级的距离。如果有多于三个等级的系统，除了距离参数之外，该系统可能还会对其他参数敏感。有的语言区分接近听话人的、接近说话人的以及距离二者都很远的事物。还有的语言对可视物与不可视物的区别进行编码。当两个或多个此类参数在一个单一系统中互动时，结果就会变得非常复杂。

大多数体现某个名词的语用和语义信息的操作符，更常和具有特殊语法关系的名词共现，如英语中的定指词（identifiers）在话语中出现在主语角色的名词上的频率更高。在许多情况下，这些倾向性业已语法化。一个普遍的现象是，标记可识别性的冠词只用于直接宾语。波斯语（Farsi）就是一种表现出这种属性的印欧语。

（20）波斯语（蒙Jalleh Banishadr惠允）

a. Man	dombale	kitob	hæsdæm.
I	look:for	book	AUX
我	看：为	书	助动

"I'm looking for a book."
"我在找一本书。"

b. Man dombale kitob-ro hæsdæm.
I look:for book-DEF AUX
我 看：为 书－定指 助动
"I'm looking for the book."
"我在找那本书。"

波斯语中其他句法角色的名词短语中可识别性区别不是由形态来表现的。

在少数语言中，这种语法化甚至达到这样的程度：人们难以确定某个特定的小词或词缀究竟是名词短语的操作符还是动词短语的操作符。举例来说，帕纳雷语（Panare，委内瑞拉境内的一种加勒比语言）有一套名词前的小词，其功能很像冠词，因为它们对
104 其后名词的可识别性/特指性以及有生性和处所的信息进行了编码。然而，它们只出现在非过去时的句子中紧接在动词后充当主语的名词之前。因为这些帕纳雷语小词带有太多的动词短语操作符的特性（如：总是直接处于动词后的位置，仅出现在某些时态中），所以很难确定它们到底是和左边的动词关系紧密还是和右边的名词紧密。

思考题

名词短语有冠词吗？
如果有，它们是强制性的还是可选性的？在什么环境中出现？
它们是独立的（separate）词，还是黏着的语素？
有没有一类或几类区别于冠词的指示词？
指示词系统有多少种距离等级？
除了距离，还有哪些区别？

5.6 领有者

语言通常利用表达物主关系（ownership）的结构形式来表达多种语义关系。我们将这种结构式叫作**领属结构式**（possessive constructions），尽管这种语义关系并不总是领属关系，例如 *my professor*（"我的教授"）这个短语并不表示我所"领有"的教授，这跟 *my clothes*（"我的衣服"）表示我所拥有的衣服不一样。

重要的是，要区分领属名词短语和6.5小节中将讨论的**领属小句**（possessive clauses）。一个领属名词短语包括两个成分：领有者（possessor）和被领有物（possessed item）。有时领有者被称为**属格成分**（genitive）(不管这种语言是否有形态上的属格）。被领有物被称为**所属成分**（possessum）或**被领有者**（possessee）：

（21） Mary's　dog
领有者　被领有者
"玛丽的狗"
The love　of my life
被领有者　领有者
"我生命中的爱"

有些语言基于语义上的不同，在形式上区分**可让渡的**（alienable）领属关系和**不可让渡的**（inalienable）领属关系。从语义上来讲，可让渡的领属关系是可终止的领 105
属关系，如：我可以把我的财产转让给别人，那么我和我的财产的关系就是可让渡的领属关系。不可让渡的领属关系是不可终止的。区分不可让渡领属关系的语言总是把亲属称谓词和身体部位词语包含在不可让渡的那一类中。我的头总是我的头，我的兄弟姐妹总是我的兄弟姐妹。除了身体部位词语和亲属称谓词，有些语言还把一些文化上重要的词项（item）也包含在不可让渡领属关系的类别中，诸如牛、独木舟、大砍刀之类。最后，也常常有少数一些词项，语义上看似属于某一类，但却无缘无故地归为另一类，比如，一种语言可能会认为石头是不可让渡的，而兄弟是可以让渡的。

下面的句子显示的是恩杜卡语（苏里南的克里奥尔语，用例蒙 George Huttar 惠允）中兼有可让渡和不可让渡的领属关系：

（22）	[A	wagi	fu	mi]	de	gi	mi	baala.
	the	vehicle	for	1SG	COP	give	1SG	brother
	定冠	车	为	1单	系词	给	1单	兄弟

"My car is for my brother."
"我的车是给我兄弟的。"

该例方括号中的部分例示了表达可让渡领属关系的标准方式：一个前置词位于被领有者和领有者代词之间。最后的名词短语 *mi baala*，例示了表达不可让渡领属关系的标准方法。一般在可让渡和不可让渡领属关系结构式中，可让渡领属关系比不可让渡领属关系需要更多的形态句法形式（material）（该例中是附置词 *fu*）。这一事实可视为一种**象似**（icon）：在不可让渡的领属关系中，领有者与被领有物之间的概念联系更为紧密。

与不可让渡领属关系相似但不等同的是**固有**（inherent）领属关系。有些东西的被领有是固有的，如：身体部位、亲属称谓词和个人饰物。另外一些东西则通常不可能被领有，诸如树或天空等。有些语言要求对固有的被领有物的指称应将领有者的指称包含在内。所以在这样的语言中你不能简单地说"兄弟"或"手"，你必须说谁的兄弟或谁的手。有些语言也许只有固有领属关系而并不区分可让渡和不可让渡的领属关系。106 具有固有领属关系的语言可以只有一种领属结构，但仅仅要求某些东西被领有而对另外一些东西不做要求。在可让渡和不可让渡领属关系的系统中，有两种（或许两种以上）区别领有者类别的语法编码方式。

曼加布昂语（Mangga Buang）像很多其他的巴布亚语（Papuan）一样，把可让渡与不可让渡及固有与非固有的区别相混合。当被领有的名词所指是一种不可让渡的被领有者时，它带有领属后缀（possessive suffix）(例 24)。当不可让渡被领有名词的领有者是第三人称单数时，不使用任何代词和后缀（例 25)。可让渡的领属关系由代词和属格后缀 *-te* 表达，同时核心名词不带后缀（例 26)。这样就有三种结构：

（23） a. PRN　　NP-POSS　　不可让渡，非第三人称单数领有者
　　　代词　　名词短语－领属
　　b. NP　　　　不可让渡，第三人称单数领有者
　　　名词短语
　　c. PRN-te　　NP　　可让渡领属关系
　　　代词 -te　　名词短语

各结构的用例如下（蒙 Joan Healey 惠允）：

（24） *PRN NP-POSS*（不可让渡 / 固有的领属关系，非第三人称单数领有者）
　　a. sa　　nama-ngg
　　　1SG　　hand-1
　　　1 单　　手－1
　　　“My hand”
　　　“我的手”
　　b. o　　nama-m
　　　2SG　　hand-2
　　　2 单　　手－2
　　　“your hand（s）”
　　　“你的（一双）手”
　　c. ham　　nama-m
　　　2PL　　hand-2
　　　2 复　　手－2
　　　“your（pl.）hands”
　　　“你们的手”
　　d. sa　　gaande-ngg
　　　1SG　　cousin-1
　　　1 单　　堂（表）兄弟姐妹－1

"my cousin"
"我的堂（表）兄弟姐妹"

（25）仅有名词（不可让渡/固有的领属关系，第三人称单数领有者）
a. nama　"他的/她的手"
b. gaande　"他的/她的堂（表）兄弟姐妹"
c. lava　"他的/她的话/语言"
d. hali　"他的兄弟/她的姐妹"

（26）*PRN-te N*　（可让渡领属关系） 107
a. sa-te　voow
1SG-POSS　dog
1单-领属　狗
"my dog"
"我的狗"
b. yi-te　bayêên
3SG-POSS　village/house
3单-领属　村庄/房子
"his/her village/house"
"他的/她的村庄/房子"

这种语言中不可让渡的名词属于固有性被领有，因为它们总是被理解为被领有者，即使第三人称领有者最常见的领属词缀是零形式。可让渡的名词一般不被理解为被领有者，除非它们的前面是属格代词。比较例26与例27：

（27）a. voow　"一只狗"（*"他的/她的狗"）
b. bayêên　"一个村子"（*"他的/她的村子"）

有些语言具有一类"不可领有"的名词。马赛语有一些例子，见3.1.1.2节。

思考题

领有者如何在名词短语中表达？
名词是否与其领有者保持一致？领有者是否与被领有名词一致？都不抑或都是？
领属关系是否具有可让渡和不可让渡的区别？
有没有其他类型的领属关系？
当领有者是完全名词时，相当于被领有名词而言，它通常出现在什么位置？

5.7 类（包括性范畴）

名词的类（noun class）、**性**（gender）或**语法性**（grammatical gender）的系统是对名词、代词和其他指称手段的语法分类。这样的系统常常和一些语言外的分类有关，比如人类和非人类的分类，或女性和男性的分类。不过，对于语言学家而言，性是语法分类，独立于任何自然分类（见下例）。

如果在性和名词的分类系统之间存在区别，那么其区别是，名词分类系统通常出
108 现**分类词**（classifiers），即用于部分或所有名词短语上以直接表达名词的类的特别操作符。举例来说，亚瓜语（Yagua）在名词短语中使用包含数字的分类词：

（28） a. tïn-kïï　　vaturų
　　1-CLS　　woman（married）
　　1－分类　　妇女（已婚）
　　“one married woman”
　　“一个已婚妇女”
b. tïn-see　　vaada
　　1-CLS　　egg
　　1－分类　　蛋
　　“one egg”
　　“一只蛋”

纯粹的性系统一般不需要分类词；相反，语法上的区别由“一致”来实现。

如果一种语言有名词分类系统，则几乎一定会被妥善地置于数系统。如果某种语言中没有其他东西跟名词在分类上保持一致，那么数的表达就可能会和名词在分类上保持一致。有时，名词类（不同程度地直接）对应于生物性别、物理形状、社会文化功能等语义类别。在一些印欧语中，名词有“阳性”“阴性”或有时有“中性”之别。举例来说，西班牙语表达阳性和阴性之间的差别的手段是后缀 *-o/-a*：*niño*“男孩”，*abogado*“男律师”，*maestro*“男教师”，*niña*“女孩”，*abogada*“女律师”，*maestra*“女教师”，等等。大多数形容词必须反映它们的核心名词的类，如：*abogado bueno* 是“优秀男教师”，而 *abogada buena* 是“优秀女教师”。对于有生物性别（即有生的）的物体来说，某个特定名词所归入的类是相当清晰的。然而，语言中所有的名词都要遵循这一分类系统，无生名词显然就被任意地归入了“阳性”或“阴性”（而不是“中性”）。罗曼语族语言之间甚至在一些特定词项的归类上都是不同的，如：“桌子”在意大利语中是 *il tavolo*（阳性），法语则是 *la table*（阴性）；“大海”在意大利语是 *il mare*（阳性），法语是 *la mar*（阴性）。甚至在意大利语中至少有一个词，其单数是阳性，而

复数是阳性：*il uovo*“那只蛋”，而 *le uova*“那些蛋”。这只不过是显示了名词的分类系统常常表现出某种程度的不规则性，甚至那些看起来有一个固定的自然基础的分类系统也是如此。

除了生物的性别外，其他名词分类系统都是基于别的现实维度（dimension of reality），如形状（圆形的东西，长形的东西，粗短的东西等）或功能（装饰品、餐具、
武器、食物、人物等）。不过，每一种分类方式中都会有看起来应属于某一类的词项， 109
只是出于一些特殊的原因而被放在了其他类中。比如，在亚瓜（Yagua）语中，石头和菠萝被归为有生的（animates）。

最有名的名词分类系统是非洲的尼日尔－科尔多凡语（Niger-Kordofanian）。大洋洲、亚洲和美洲的语言也有名词分类系统。表 5.1 中的例子来自东非的尼日尔－科尔多凡语系班图语支中的斯瓦希里语（Swahili）。在班图语中，单数和复数一般分别归为两个不同的类。

表 5.1　斯瓦希里语某些名词的分类

类编号	一般内容	前缀	例子	注解
1	人类，单数	mu-	mwalimu	教师
2	人类，复数	wa-	walimu	教师们
5	杂类，单数	ji-	jino	牙
6	杂类，复数	ma-	meno	几颗牙
7	杂类，单数	ki-	kiazi	香甜的土豆
8	杂类，复数	vi-	viazi	几个香甜的土豆
10	日常用品，复数	ny-	nyembe	几把剃刀
11	日常用品，单数	u-/w-	wembe	剃刀

思考题

是否具有名词分类系统？

有些什么类？它们在名词短语中是如何表现的？

名词分类系统中最核心的现实维度（比如：有生性、形状、功能）是什么？其他相关维度还有哪些？

分类词与数词共现，还是与形容词或动词共现？它们在这些语境中的功能是什么？

补充参考文献：Dixon（1968），Allen（1977），Adams 和 Conklin（1973），Craig（1986），Carlson and Payne（1989），Corbett（1991）。

5.8 小称 / 大称

110 大多数语言使用名词或名词短语操作符来标示非常规的大小尺度。表达特别小的操作的术语是**小称**（diminutive），而表达特别大的操作的术语是**大称**（augmentative）。例如，亚瓜语使用小称词缀 *-déé*。

（29） quivą́ą́ “鱼” quivąądéé “小鱼”

这种后缀也用于形容词以表达“有点儿 + 形容词”的意思：

（30）ją́ą́mura “大” ją́ąmuradéé “有点儿大”

该后缀也可用在几乎所有其他词后面表达一种类似于“只是、就”的意思，如同英语中的“just over there”（“就在那儿”），“just a dog”（“不过是条狗”）或“just a minute”（“就一分钟”）等。

小称词缀通常也带有爱称的（endearing）意味，比如：

（31） 英语：sweet- y lamb- kins
DIM DIM
甜－ 小称 羊羔－小称
“甜心” “小羊羔”

与此相对的是，大称常常带有负面（negative）或不喜欢的含义：

（32） 西班牙语
durmi-lon
sleep-AUG
睡－大称
“贪睡者 / 懒骨头”

在小称和大称中显然有一种普遍的象似性倾向：小称形式常常包含有前高元音，而大称形式中常常包含有后高元音。

思考题

该语言是否在名词或名词短语上使用小称和/或大称操作符?

下列问题针对所有的名词操作:

（a）该操作是否具有强制性? 即:其聚合系统中的一个成员是否必须在每一个完全名词短语中出现?

（b）是否能产?即:该操作能否适用于所有完全名词短语?它们是否具有相同的意义?（并没有十足的能产性，但是有些操作比另外一些操作的能产性强。）

（c）该操作主要是以词汇手段来表达的，还是主要以形态手段或者分析手段来表达的?有没有例外?

（d）该操作有可能出现在名词短语的哪个位置上?它能否出现在多个位置上?

111 第六章 名词谓语及相关构式

每种语言都有表达**真包含**（proper inclusion）、**等价**（equation）、**属性**（attribution）、**处所**（location）、**存在**（existence）和**领属**（possession）关系的小句（定义详后）。有时这些结构组成的“家族”被统称为**名词谓语**（predicate nominal）。不过，本书对这一术语的使用将更为严格，用于指以名词体现谓语语义内容的小句。这一定义把名词谓语和相似的结构如**形容词谓语**（predicate adjectives）、**处所词谓语**（predicate locatives）等区别开来。下面的讨论将用英语的一些基础例子给这一类的小句下定义。6.1 节将更具体描写各个小类，对语言构造这类小句的各种不同方式进行概括。

下面的例子是英语中的名词谓语句。

（1） Frieda is a teacher.“弗里达是个老师。”

在这个结构中，谓语是 *is a teacher*，它的主要语义内容体现在名词 *teacher* 上。动词 *is*（是 *be* 的一个形式）只是指明了 *Frieda* 和 *teacher* 之间的关系，并且携带了英语中独立谓语所需要的时 / 体和数 / 人称的信息。有时，名词短语 *a teacher* 被称作句子中的“谓语名词”或者甚至是小句的“名词谓语”。在本章讨论中，“谓语名词”这个术语一般指称整个小句。

形容词谓语（predicate adjectives）是主要语义内容由形容词来表达的小句。如果
112 一种语言缺少形容词这个语法类，就不会存在语法上确定无疑的形容词谓语构式（见 3.1.1 节所论述的如何将形容词确定为一种语法范畴）。在语义上，这些小句类型可以被描写为**属性**（attributive）小句：

（2） John is tall.　　　（“约翰很高。”）
　　 My car is green. （“我的车是绿色的。”）

存在（existential）结构式断言某一实体的存在，通常是断言某一实体存在于某种特定的处所：

（3） There is a bee in your bonnet.　　“你的软帽里有只蜜蜂。”
　　There is a book on the table.　　“桌上有本书。”

处所（locational）（或处所词谓语）结构式表述处所：

（4） The gift is in the horse's mouth.　　“礼物在马嘴里。”
　　The book is on the table.　　“书在桌上。”

领属（possessive）小句断言领属关系：

（5） Sally has nineteen cats.　　“萨利有 19 只猫。”
　　The table has a book on it.　　“桌子上有本书。”
　　The book is John's.　　“书是约翰的。”

这些结构式类型在语法上非常相似，因为它们都通常缺少**语义丰富**（semantically rich）的词汇动词。这里的“语义丰富”指的是动词本身表达了谓语的主要语义内容。像 *be* 和 *do* 这样的动词在英语里（一般）不是语义丰富的动词，因为它们必须伴有一些其他的词汇项以形成谓语，不管这些词项是名词（配合 *be*）还是动词（配合 *do*）。这种动词有时称作**语义虚化**（semantically empty）动词。有时它们也称为**语法动词**（grammatical verbs），因为这些词具有语言中表达谓语时所必需的语法标志（trapping），尽管它们对词汇意义表达的贡献极小。

在母语是英语的人看来，上面清单中有两种谓语类型可能看起来不太一样，它们是**存在**（existential）和**领属**（possessive）小句。很多语言使用同样的结构表达所有类型，而另外一些语言，比如英语，只对这些小句中的一部分使用一种结构。谓语类型 113
可以根据它们缺少语义丰富的词汇动词的可能性程度排列成一个连续统。表 6.1 中的连续统代表的是一种印象而不是一种对语言的实证研究的结果。在这一章，我们将略显任意地给领有句和移动小句（locomotion clauses）划清界限。[①] 在特定语言的语法专书的对应章节里，讨论名词谓语及相关结构式的章节里应该或多或少地纳入这些结构式类型。比如在英语里，领有句在语法上被当成及物小句来对待；在霍皮语（Hopi）里，移动（locomotion）谓语在结构上则属于由名词谓语为核心的家族。

表 6.1　根据缺少语义丰富的词汇动词的可能性排列的谓语类型

最有可能缺少语义丰富的动词								不是非常可能缺少语义丰富的动词，但仍有可能
名词谓语（等价关系小句、真包含关系小句）	>	处所词、形容词谓语（属性小句）	>	存在结构	>	领有句	>	移动小句

◄—— 本章主旨 ——►

名词谓语及相关结构式本身就值得描写。然而，它们之所以特别值得在细节上做出描写，是因为它们构成了一个有用的语法模板（grammatical template），可以用来实现话语中的很多其他功能。比如，名词谓语的形态句法常常在“焦点”“话题化”等领域发挥作用。很多语用上有标记结构，如分裂句和被动式，常常基于名词谓语模式（见 10.1.3 节）。这些结构式反过来也常常变成新的主要小句结构的来源（如：英语中的进行体 *He is walking*（“他在散步”）是一个源于早期的处所词谓语模式的动词小句，参看 Gildea 1992）。因此，很好地理解了一种语言的名词谓语及相关结构式，就能够洞察一些语用上有标记结构的共时语法以及重要结构式类型的历史发展。

114 6.1 名词谓语

名词谓语小句通常表达的是**真包含**（proper inclusion）和**等价**（equation）的概念。

真包含（proper inclusion）是指一个具体的实体被断言属于某个由谓语名词所指明的项目类。比如，*He is a teache*r（“他是个老师”）可以重述为“he is a member of the class of items designated by the noun *teacher*”（“他是 *teacher* 这个名词所指明的项目类中的一个成员”）。通常标示真包含的名词谓语小句的主语是特指成分（如 *he*），而谓语名词是非特指成分（如 *a teacher*）。

等价（equative）小句断言某个特定的实体（小句的主语）等同于名词谓语所指的那个实体，如：*he is my father*（“他是我爸爸”）。有时候难以或不可能确定哪个名词性成分是谓语，哪个名词性成分是等价小句的主语。大多数语言对真包含小句和等价小句不做语法上的区分，尽管这种区分是有可能的。

在下面的讨论中，我们将提供各种语言已知的构造真包含小句和等价小句的若干方式。任何给定的语言都会使用这些策略中的某一种或综合使用若干种。如果一种语言使用的策略不是这里所提及的，那么这就值得写一篇论文来进行描述。

1 *NP NP* 并置。最常见的名词谓语类型是两个名词短语直接并置，其间没有系词性成分插入（“系词”或“系词性成分”的定义见下文）：

（6） 宿务语（Cebuano，菲律宾的一种南岛语）

magyuyuta	si	Juan
farmer	ABS	John
农夫	通格	约翰

“John is a farmer.”
“约翰是个农夫。”

（7） 俄语（斯拉夫语族）

Ivan uchít^{j}el^j

John　teacher
约翰　教师
"John is a teacher."
"约翰是个教师。"

2　*NP 系词 NP*。名词谓语结构常常使用系词。在我们看来，系词就是在一个名词谓语结构式中连接或"联合"两个名词成分的任何语素（词缀、小品词或动词）。系词把小句标记为名词谓语句，并常常携带时、体及其他在该语言的谓语表述中所必需的信息。上述宿务语例句中两个名词之间的小品词 *si* 不是一个系词，而是一个和名词 115
Juan 相关的格标记，它出现在所有类型的小句中，不只是名词谓语句中。并且，它也没有时 / 体的屈折变化。

在很多语言里，系词只出现在过去时与 / 或其他语义上有标记的名词谓语小句里。"现在时"（即无标记的、中性的时 / 体）名词谓语句很有可能只是由两个并置的名词短语组成。在俄语中，系词出现在除一般现在时以外的时态中。

（8）Ivan　bïl　uchít^{j}el^{j}
John　be:MASC　teacher
约翰　是：阳　教师
"John was a teacher."
"约翰曾是个教师。"

在下面的小节中，我们将描写世界诸语言中已知的六种系词结构式。任何一种给定的语言都会在不同的情况下使用其中的几种或全部手段。一种特定的语言所具有的系词也有可能处在这里所给定义的"中间"状态，或者有可能存在前所未见的系词类型。

（a）*系词是动词*。有些语言中，连接名词谓语结构式中两个名词的那种形式，具有那种语言中动词的一些或所有典型的形态句法属性。例如，系词可以有时、体与 / 或情态的屈折变化，系词也可以出现在小句中普通动词的位置上，如小句首、小句尾或小句中。不过从语义上说，系动词（copular verb）是"虚化"动词。也就是说，除了总是涉及把一个名词短语转化为谓语，它们具有很少的语义内容，甚至完全没有。英语中的系动词 *be* 就是一个很好的例子：

（9）a. Marty *is* a sports fan.　马蒂是个运动迷。
b. They *are* Oregonians.　他们是俄勒冈人。
c. She *was* my favorite teacher.　她是我最喜欢的老师。
d. You *are* fine students.　你们是好学生。

尽管 be 非常不规则，但它具有英语动词所有的基本属性：（1）随人称变化（*he* ***is***, *you* ***are***）；（2）随时态变化（*I* ***am***, *I* ***was***）；（3）极中性地出现在小句中间的位置。

汉语普通话（Mandarin）是另一种使用系动词的动词居中的语言（用例蒙 Lynn Yang 惠允）：

116 （10）我的姐姐是一个老师。

（11）我的姐姐以前是一个老师。

在汉语普通话里，动词的形态句法属性非常有限。不过，就动词可从语法上加以确定这个角度说，汉语普通话的系词“是”可以被认为是一个动词，如：它出现在句中的位置，不限于任何特定的时或体。

动词居末的语言，系动词通常出现在小句的结尾：

日语（蒙 Mitsuyo Hamaya 惠允）

（12）	imooto-wa	sensei	*desu*
	younger:sister-TOP	teacher	be:PRES
	年幼：姐妹－话题	教师	是：现在

“My younger sister is a teacher.”
“我的妹妹是个教师。”

（13）	imooto-wa	sensei	*deshita*
	younger:sister-TOP	teacher	be:PAST
	年幼：姐妹－话题	教师	是：过去

“My younger sister was a teacher.”
“我的妹妹曾是个教师。”

日语的系词成分具有动词的所有属性。朝鲜语也是这样。

朝鲜语（蒙 Insun Park 惠允）

（14）	na-ïi	nuna-nïn	sʌnsæŋnim	*i-ta*
	1SG-GEN	elder:sister-TOP	teacher	be-IND
	1 单－属格	年长：姐妹－话题	教师	是－直陈

“My elder sister is a teacher.”
“我的姐姐是个教师。”

（15） na-ïi　　nuna-nïn　　sʌnsæŋnim　　*i-ʌt-ta*
1SG-GEN　　elder:sister-TOP　　teacher　　be-PAST-IND
1 单 – 属格　　年长：姐妹 – 话题　　教师　　是 – 过去 – 直陈
"My elder sister was a teacher."
"我的姐姐曾是个教师。"

动词居首的语言，如果有系动词，一般出现在小句开头：

（16） 马赛语（Maasai）（Tucker 和 Mpaayei 1955:91）
a. *í-rá*　　ol-Maasani
2-be　　MASC-Maasai
2 – 是　　阳 – 马赛
"You are a Maasai."
"你是一个马赛人。"
b. *á-rá*　　ol-Maasani 117
1-be　　MASC-Maasai
1 – 是　　阳 – 马赛
"I am a Maasai."
"我是一个马赛人。"
c.（*é-rá*）　　ol-Maasani　　ninye
3-be　　MASC-Maasai　　3SG
3 – 是　　阳 – 马赛　　3 单
"He is a Maasai."
"他是一个马赛人。"

系动词的特征。系动词通常普遍具有以下几种典型的特征：

（i） 系动词通常很不规则。也就是说，和同一语言中更多的"标准"动词相比，它们常常表现出不平常的变形模式（conjugational pattern）。系动词的词形变化通常采用异干交替（suppletive）与 / 或不完全变形（defective）。（见 2.2 节）

（ii） 系动词和状态动词属于相同的语义类，后者如：*stand*（"站"），*sit*（"坐"），*live*（"住"），*exist*（"存在"），*appear*（"出现"），*seem*（"好像"），*become*（"变成"），等等。通常，它们从其他状态动词演变而来，偶尔也会是从 *go*（"去"）或 *come*（"来"）这样的简单位移动词演变而来。

（iii） 系动词通常在其他结构式里充当助动词（关于助动词请参见 4.2 节）。实际上，当一种语言发展出助动词时，首先变成助动词的就是系动词。其次是位移动词。
（参看 Foley 和 Van Valin 1984）

（b）系词是代名词。有一些语言的名词谓语结构式中，联系两个名词性成分的形式是代名词。通常系代词（copular pronoun）跟主语名词相对应。

（17） 希伯来语

ha-ish	*hu*	av-í
DEF-man	he	father-my
定指－男人	他	爸爸－我的

"The man is my father."
"那个人是我爸爸。"

（c）系词是不变形小词。有一些语言使用特别的不变形小词来联接名词谓语结构式中的两个名词性成分。这个小词可以从动词或代名词派生而来，但如果它是不变形的（invariant），也就是如果它不考虑小句主语的人称、数、性，或者小句的时体，始终保持同样的形式，那么它就应该被称为小词。例如（引例来自 Carlson 1994）：

（18） 苏皮雷语（Sùpyìré）

wuu	*ɲe*	laklibii
we	COP	students
我们	系词	学生

"We are students."
"我们是学生。"

118 这个句子中的 *ɲe* 不能带有苏皮雷语中动词共有的时或体标记，这个事实证明了这个形式不是一个动词。

（d）系词是派生操作。在少数语言中，名词谓语小句是通过这种方式来形成的：对谓语名词使用一种将该名词变为动词的派生操作。于是这个谓语名词语法上就变成了一个动词，这可由它在小句中的位置及其表现的屈折信息得到证明（用例来自 Fasold 1992b）：

（19） 贝拉库拉语（Bella Coola）（加拿大境内的一种萨利希语）

staltmx-aw	wa-ʔimlk
chief-INTR	PROX-man
酋长－不及物	近指－男人

"The man is a chief."
"这个人是个酋长。"

在这个小句中，谓语名词是 *staltmx*"酋长"。它用如动词的证据是它带有不及物后缀 *-aw*。

3 非现在时中的连系语素或系动词。不在一般现在时名词谓语句中使用系词的大多数语言，在某些时、体或情态中则使用系动词或连系语素（copular morpheme）。过去时和将来时是发现系动词或连系语素的常见的环境（20b 和 20c）：

（20） 亚瓜语（Yagua）

a. máchituru　　ráy
teacher　　1SG
教师　　1 单
"I am a teacher."
"我是一个教师。"

b. ra-*vyicha*-núú-yanu　　máchituru
1SG-be-CONT-PAST3　　teacher
1 单－是－延续－过去 3　　教师
"I used to be a teacher."
"我过去是个教师。"

c. rą́-ą́　　*vicha*　　máchituru
1SG-FUT　　be　　teacher
1 单－将来　　是　　教师
"I'm going to be a teacher."
"我打算当个教师。"

亚瓜语中系词形式是动词，这一点可从以下事实得到证明：它采用了动词的体（延续体，例 20b）、时（远过去时，例 20b）和情态（将来 / 非现实，例 20c）。它的人称也有屈折变化，并且处于小句首的位置。

俄语也在非过去时里使用系词形式： 119

（21） on *bïl* uchít^{j}el^{j}
"He was a teacher."
"他是一个教师。"

（22） aná　　*bïl-á*　　njánjə
3SG:FEM　　be-FEM　　nurse:FEM
3 单：阴　　是－阴　　护士：阴
"She was a nurse."
"她是一个护士。"

既然系词历史上常由动词演变而来，那么有些系词形式自然就会处于动词和不变形小词之间。不完全变化动词只不过是失去了部分动词属性的动词，换言之，它正处于变为不变形小词的过程中，不过尚未完成这一演变。我们将看到，至少在存在结构中，英语动词 *be* 数范畴上的区别是中性化的。那么在这个意义上，*be* 就在这个环境中变成不完全变化动词。

名词谓语结构式类型小结。下面这个简单的公式概括了本节讨论的名词谓语的类型。这个“公式”并不意味着成分语序也是如此。

1　无系词	NP NP
2　系词	
（a）系词是动词	NP V NP
（b）系词是代名词	NP PRO NP
（c）系词是不变形小词	NP COP NP
（d）系词是派生操作	$[NP]_V$ NP
3　系词只出现在非现在时	NP（COP）NP

最常见的系统是在最简单的名词谓语结构式（即一般现在时）中不使用系词，而在其他时、体和 / 或情态中使用上述系词类型中的一种。

思考题

真包含谓语和等价谓语是如何形成的？

这类小句的时 / 体 / 情态标记有什么限制（如果有的话）？

120 6.2　形容词谓语（属性小句）

形容词谓语（predicate adjectives）（如 *He is tall*（“他很高”））在结构上和名词谓语差别不大。如果二者在形式特征上有一些区别，那么就可以把它们分开来。关于形容词区别于名词的特征，请参看 3.3.1 节。

形容词谓语的形态句法特点通常和名词谓语相同或相似：

1　无系词	NP ADJ
2　系词	
（a）系词是动词	NP V ADJ
（b）系词是代名词	NP PRO ADJ
（c）系词是不变形小词	NP COP ADJ
（d）系词是派生操作	$[NP]_V$ ADJ
3　系词只见于非现在时	NP（COP）ADJ

（23）英语

a. Rick is a pacifist.　　　名词谓语
“里克是个和平主义者。”

b. Rick is patient.　　　形容词谓语
“里克很有耐心。”

有时，形容词谓语使用的系词和名词谓语的系词不同。

（24） 西班牙语

a. Ofelia *es* profesora.　　“奥费利娅是个教师。”

*Ofelia *está* profesora.

b. Ofelia *está* enferma.　　“奥费利娅病了。”

c. Ofelia *es* enferma.　　“奥费利娅是个病人。”

就像很多语言一样，西班牙语中几乎没有什么形式特征可以将名词和形容词区别开来。表达 *red*（“红”）、*sick*（“病”）、*large*（“大”）这类属性的词项，其语法功能可以跟名词完全相同，即 *la roja*（“红的”）、*la enferma*（“病人”）、*la grande*（“大的”），等等。名词和形容词通常都有性和数的屈折变化。学习西班牙语的学生知道西班牙语有两个系动词。为了决定在某个例句中使用哪个系动词，实用的经验法则是：如果所断言的属性具有永久性，那么就用 *ser*；如果那个属性是暂时性的，那么就用 *estar*。这一原则在百分之八十的情况下可能奏效，因此对绝大多数初学者而言这个原则已足够。然而，高阶的学生也必须记住一些例外。实际上这两个系动词的不同在于 *ser* 用于名词 121
谓语，*estar* 用于形容词谓语和其他情况，比如处所：

（25） El Castillo *está* en el cerro.　　“The castle is（*estar*）on the hill.” “城堡在山上。”

*El Castillo *es* en el cerro.　　*ser*

对于处所（及其他情况）来说，这个形容词谓语的系词 *estar* 必须使用，即使这种情形只能被理解为永久性的。这是因为处所结构式中主语和谓语之间既不是属种关系，也不是等价关系。在大多数情况下，由形容词表达的属性是暂时性的，而真包含或等同（名词谓语句的语义定义）关系则更为永久。所以，那个经验法则还是有点儿用的。

思考题

形容词谓语是如何形成的？（只有当形容词谓语在结构上区别于名词谓语时，才会给形容词谓语单独安排一节。）

6.3 处所谓语

有些语言，比如英语，在处所小句中使用系动词或连系语素。爱沙尼亚语（Estonian）（爱沙尼亚境内的一种芬兰－乌戈尔语）中也是如此。

（26） raamat　*on*　laual
book　be:3SG　table
书　是：3 单　桌子
“The book is on the table.”
“那本书在桌子上。”

英语中还有一种使用动词 *have* 的次要的处所结构式类型：“The table has a book on it”（“桌上有一本书”）。注意领有者和处所之间的关联——在英语中，处所等同于一种无生领有者。因此，这种构成处所谓语的次要手段是基于领有句的模式的。对很多其他语言来说则恰恰相反，特别是俄语和爱沙尼亚语，领有句则构建在处所小句模式之上，只不过带上有生性的处所。

有些语言是用特别的处所词，这些词常常译成“be at”（“在”）：

122 （27） 汉语普通话
书在桌子上。

跟许多其他语言一样，汉语普通话的处所结构中，处所词与处所附置词（locative adposition）相同。

可以形成的另一种短语是，谓语的主要语义内容由附置词短语来体现。这类短语通常遵循处所词谓语模式：

受益格	This letter is for Melvin.	“这封信是给梅尔文的。”
	Trix is for kids.	“特丽克丝是给小孩的。”
伴随格	Mary was with child.	“玛丽和小孩在一起。”
	You were with me that day.	“那天你们和我在一起。”
??	This award is for outstanding achievement.	“这个奖颁给杰出的成就。”
	My stick is to teach you a lesson.	“我这棒子给你一个教训。”

在一项跨语言的类型学考察中，Clark（1978）比较了大约 40 种语言是如何处理存在（E）、领属（P）和处所（L）小句的。Clark 在处所结构式这一标题下包含了以上所有的结构，因为所有这些类型都有处所词（LOC）以及其位置由处所词指明的名词性成分（NOM）。下面的句子例示了英语中名词性成分和处所词在存在、领属和处所等结构式中是如何分布的：

E: There is a bee　in your bonnet.　“你的软帽里有只蜜蜂。”
NOM　LOC

P: Lucretia has nineteen cats.　　“柳克丽霞有 19 只猫。”
LOC　　NOM
L: The cat is under the bed.　　“床下有只猫。”
NOM　　LOC

领有句的领有者被认为是一个处所，这显得有些奇怪。但是如果你想一想就会知道：当你领有某物时，无论是字面意义上还是隐喻意义上，该物都和你在一起。正如 6.5 节中所指出的那样，很多语言在语法上关注这种认知的相似性，因为在这些语言里领有者在形式上跟处所一样对待。

然而，词序通常把领有小句和处所小句区别开来，而其他形式属性则无法做到。下面有关存在、领属和处所等结构式语序的统计性倾向来自 Clark（1978）的发现： 123

E：处所词位于名词性成分之前（40 种语言中有 27 种）
P：处所词位于名词性成分之前（40 种语言中有 35 种）
L：名词性成分位于处所词之前（40 种语言中有 33 种）

从这些数据可以看出，领属结构式和存在结构式中的处所词要比处所结构式中的处所词更有可能位于名词性成分之前。下文我们将描写存在结构式和领属结构式，并会多次参考 Clark 的研究。

思考题

处所小句（或处所词谓语）是如何形成的？

6.4　存在句

存在结构式通常要求有表处所或表时间的附加语共现，如下面这个句子中的 *under the bed*：

（28） There is a cat under the bed.　“床下有只猫。”

很多语言在形态句法上把“There is a God”（“有一个上帝”）这样的小句处理为存在结构式，尽管这里并没有表达处所附加语。然而，这样“纯粹”的存在小句根本不是日常会话中的一般句式。大多数语言使用一个不及物动词形式表达这种意思，如：“A God exists”（“一个上帝存在”）。

存在结构式通常具有**呈现**（presentative）功能，也就是说，将参与者引入话语舞台。因此，名词性成分（在 Clark 的术语中是 NOM）几乎总是无定的。英语的存在结构式中出现有定名词时听起来就比较奇怪：

（29） ?? There are the lions in Africa. ?? 非洲有这些狮子。

存在结构式通常没有或很少有语法关系的证据，如格标记、动词一致关系标记等。这在英语口语中确实如此：

（30） a. There's bears in the forest. 树林里有熊。
b. There's ants in the syrup. 糖浆里有蚂蚁。
c. There's lots of women in linguistics. 语言学领域有很多女性。

124 尽管英语教师可能会惊诧于这些动词一致关系"错误"的例子，但这些表达在英语口语中却是极为普通和自然的。这显示存在动词 *be* 正在转变为不完全变化动词（参见 2.2 节），这是存在结构的一个普遍存在的非常常见的属性。在没有规定性语法（prescriptive grammar）传统的语言里，说话人会更为自由地对这种功能自然性（functional naturalness）做出反应。

存在结构式通常具有名词谓语的一些特征，比如英语中的连系语素。下面的例子来自爱沙尼亚语：

（31） laual *on* klaas piima
table be glass milk
桌子 是 玻璃杯 牛奶
"There is a glass of milk on the table."
"桌子上有一杯牛奶。"

有些语言在存在结构式中并不使用连系语素，尽管它们可能有一个很完美的系词。下面这个汉语普通话的小句并没有"The book is on the table"（"书是在桌子上"）的意思：

（32） *yǒu* shū yī-běn zài zhuōzi shàng
"有一本书在桌子上。"[1]

[1] 原文转写成汉语是"有书一本在桌子上"，现转写为"有一本书在桌子上"。——译者注

在汉语普通话中，存在小词“有”和系词“是”迥然有别。

存在结构常常具有特别的否定策略，如土耳其语和俄语中义为“缺少”的动词：

（33）土耳其语

a. 肯定存在结构（affirmative existential）

kösede	bir	kahve	*var*
on:corner	a	book	EXIST
在上面：角	一	书	存在

“There is a book on the corner.”

“角落上有一本书。”

b. 否定存在结构（negative existential）

kösede	bir	kahve	*yok*
on:corner	a	book	LACK
在上面：角	一	书	缺少

“There isn’t a book on the corner.”

“角落上没有书。”

（34）俄语

a. 肯定存在结构（affirmative existential）

jest	kniga	na	stol^{j}é
EXIST	book	on	table:LOC
存在	书	在上面	桌子：处所

“There is a book on the table.”

“桌上有一本书。”

b. 否定存在结构（negative existential） 125

n^{j}et	knigi	na	stol^{j}é
NEG:EXIST	book:GEN	on	table:LOC
否定：存在	书：属格	在上面	桌子：处所

“There isn’t a book on the table.”

“桌上没有书。”

最后，正如系动词和小词一样，存在小词常常具有一些引申的功能。特别是存在小词常常在“无人称的”（impersonal）和“背景性的”（circumstantial）语态结构式中担当角色。如下一句是英语存在结构近似此类用法的例句：

（35）There’ll be dancing in the streets.（“街上将有跳舞。”）

这种小句类型常常被称作“无人称”结构式或“无人称被动式”（参见 8.2.2 节）。它所表达的情状，不需要提及任何特定的动作者（actor）。其他语言，如马尔加什语（Malagasy），比英语更常使用存在小词，以此来弱化动作者的中心地位（Keenan 和 Ochs 1979）：

（36）马尔加什语（南岛语系，马达加斯加）

a. misy mi-tomany
EXIST INTR-cry
存在 不及物－哭
"There's crying" or "Someone's crying."
"有哭的行为"或"有人哭"。

b. misy mi-tady
EXIST INTR-look:for
存在 不及物－看：为
"There's looking for" or "Someone is looking for something."
"有找的行为"或"有人在找东西"。

如果一种语言在非存在结构式中使用存在小词或有某些特别目的的小词，那么，这些结构式就没有必要在"存在结构"这一章里进行描写。比如，例 36 中的马尔加什语用例应在"语态"或"语用上有标记的结构"的章节中论述。不过，在本章提一下其引申用法并提示哪个章节会对它们进行更详细的讨论，可能还是有益的。

思考题

存在小句是如何形成的？（请举出具有不同时 / 体范畴的例子，特别是如果有重要的变异时。）

否定存在小句是如何形成的？

存在形态有没有引申用法？（提供一些线索到该语法的其他相关章节）

126 6.5 领有小句

领有小句（如 *I have a dollar*"我有一美元"）不同于领属名词短语（*my dollar*"我的美元"）。语言常常使用存在和 / 或处所结构来表达领属概念。偶尔，领有小句使用类似"*to have*（"有"）"这样一个特别的动词。这个动词常常来源于动词"hold"（"持握"）或"carry"（"携带"）。不过，更常见的情形是领有句使用系动词或小词。爱沙尼亚语使用连系语素，比如，要表达"The child has milk"的意思，字面上你就得说"Milk is at the child"：

（37）爱沙尼亚语

a. lapsel　　*on*　　piima
child:LOC　　be:3SG　　milk
孩子：处所　　是：3 单　　牛奶
"The child has milk."（lit.: "Milk is at the child."）
"这孩子有牛奶。"（字面义是"牛奶在这孩子那儿。"）

b. mul　　*on*　　tikku
1SG:LOC　　be:3SG　　match
1 单：处所　　是：3 单　　手表
"I have a match."（lit.: "A match is at me."）
"我有一只手表。"（字面义是"一只手表在我这儿。"）

这使人想起英语口语的说法"*Got any money on you?*"（"你身上带钱了吗？"）。

土耳其语使用义为"存在"的动词，该词也出现在存在结构式里。假若要说"这孩子有个爸爸"，你在字面上就得说"这孩子的爸爸存在"：

（38）土耳其语

cocugun　　babasi　　*var*
child:GEN　　father　　exist
孩子：属格　　爸爸　　存在
"The child has a father."
"这孩子有爸爸。"

汉语普通话在这方面和土耳其语差不多。说出"他有一本书"，你大概是说"他这儿，存在一本书"：

（39）汉语普通话

他有一本书。

在汉语普通话里，你也可以说"他这儿，是一本书"，但是这样不太自然。

（40）汉语普通话

？他是书
"他 / 她有 / 是一本书。"

在法语里，用于存在结构的动词若取非人称意义，那也可用于领有小句。俄语允 127
许用于领有小句的形式用于处所词谓语（像爱沙尼亚语）。要说"我有一本书"，你就说“一本书在我这儿”：

（41） 俄语

u	menʲa	（jest）	kniga
to	me:GEN	EXIST	book
对于	我：属格	存在	书

“I have a book.”

“我有一本书。”

思考题

领有句是如何形成的？

6.6 有关名词谓语及存在、领有、处所关系的小结

表 6.2 概括了上述六种语言中名词谓语以及存在、处所和领有小句的形态句法特点。

表 6.2 名词谓语以及存在（E）、领属（P）和处所（L）结构式小结

语言	名词谓语	E	P	L
英语	be	be	be/have	be
法语	est	a	a/est	est
汉语	是	有	有	在
土耳其语	-im（等等）	var	var	var
俄语	0/bïl	jest	jest	0/bïl
爱沙尼亚语	on	on	on	on

虽然 E，P 和 L 结构式的功能在逻辑上的区别是明显的，但在概念上却非常相似。它们都体现一种状态的（即非事件性的）情状，该情状中，一个项（NOM）相对于其他一些项（LOC）而言，其位置或存在被加以指明。根据 Clark（1978），主要的功能区别在于两种成分（非正式地称为 NOM 和 LOC）的相对有生性（*animacy*）和有定性（*definiteness*）。[②]不过，就像我们可能预期的，这种区别很可能确实在于**话题性**（topicality）这个概念。这不是一个只凭直觉的证据就能充分识别的概念。相反，话题
128 性只能通过对语篇严格的调查才能确定。有定性和有生性跟话题性高度关联，因为人类倾向于选择具有有生性和有定性的（可识别的）实体充当话题。然而，无论如何不可能用有定性来界定话题性。关于语篇话题性的进一步讨论参见 12.1.1 节。

第七章 语法关系

语法关系（略作 GR）经常被看作不受语义和语用影响的（或“自主的”）语言结 129
构层面上的**论元**（arguments）与**谓词**（predicates）之间的关系。对于描写语言学家而言，有必要认识到，语法关系在语言交流方面具有普遍的功能，但同时又得按照具体语言的形式属性来对其进行界定。[1]最能直接体现语法关系的形式属性有以下几种：

1 格标记；
2 动词上的参与者指称标记；
3 语序。

用来指称语法关系的常见术语包括：**主语**（subject）、**直接宾语**（direct object）、**间接宾语**（indirect object）、**作格**（ergative）和**通格**（absolutive）等。**旁语**（oblique）指与某个谓词缺乏语法关系的名词性成分。7.1 节开始将逐步介绍上述术语的明确定义、例子以及它们的表达方式。下面的讨论力求为语法关系这一概念提供一些背景知识和立论依据，这种讨论对于那些对语法关系问题抱有“如何”或“为何”之类疑问的读者尤为重要，但如果你只想致力于描写某种具体语言的语法关系系统，那么可以不读这部分内容。

语义角色和语用身份（pragmatic statuses）（见第 3 章和第 10 章）的语法表达可从语言的交际功能的角度来理解。不过，语法关系则很难从这个角度来解释。例如，我
们凭直觉就能明白为什么一种语言需要明确而又容易地区分施事和受事两种语义角色，130
因为它与许多交际情景中区分动作发出者与动作承受者密切相关。如果一种语言不做出这种区分，那么要表达“约翰杀死了狮子”之类的命题就很困难，因为说话者无法说清谁杀死了谁。

同样，对于说话者而言，重要的是要能够轻易地表达话题性和可识别性这样的语用身份（参见第 10 章）。作为说话者，我们建构信息，以便准确地识别那些我们认为听话者自己不能识别的重要实体或活动；同时，为了提高交流的效率，我们又避免过多标明那些我们认为不重要的或听话者容易识别的东西。在准确与效率之间保持微

妙的平衡是普遍人类行为的一条重要原则，表现在生活的方方面面（参见 Zipf 1949、Grice 1975 以及其他语用学文献）。总之，语言应该有一套自主的、运转灵活的系统，用来表达话语中名词性成分的语用身份以及语义角色。

然而，目前还没有像语言学家通常认为的那种对语法关系的直觉性或前理论性的证明。为什么一种语言会特别关注对语义和语用皆不敏感的某种抽象结构层面上的论元与谓词之间的关系？这种结构对于语言交流中的说话者与听话者到底有什么作用？如果语法关系被证明是语义角色和 / 或语用身份（可能还有其他尚未发现的功能角色）的一种表征或“映射”，那么其存在就可以用语言的交际功能来解释。但仅仅作为自主的句法形式上节点的标签，语法关系则没有明显的价值。语法关系确实存在，甚至还可能是语言共性；然而，其存在的原因却并非显而易见的。

不过，轻率地断言语法关系是语义角色或语用身份的直接表征，会带来一些严重的问题。例如，就像 3.2.0 节提到的，存在许多（可能是无数个）语义角色和语用身份，而任何一种已知的语言中大约只有三种语法关系。三种形式范畴如何表达信息世界中无限的变异性？事实上，一般认为语言中一种特定的语法关系通常可以表达多种不同
131 的语义角色，而一种特定的语义角色可以由不同的语法关系来表达。例如，下面句子里的语法主语（划线部分）各自表达颇为不同的语义角色：

（1） a. George opened the door. “乔治打开了门。” 主语 = 施事
b. This key opened the door. “这把钥匙打开了门。” 主语 = 工具
c. The wind opened the door. “风吹开了门。” 主语 = 作用力（force）
d. The door was opened by the wind. “门被风吹开了。” 主语 = 受事

语义角色并非在任何可以预想的抽象层面上直接映射至语法关系之上，这一事实被一些语言学家（例如 Rosen 1983）拿来当作语法关系不能由语义角色派生的初步证据。所以语法关系在任何语言学理论中都一定具有独立的地位（是“自主的”）。

试图从语用身份来派生语法关系也是徒劳的。例如，有些语言学家提出，语言的“主语”范畴是“话题”等语用身份在语言上的表征，但目前“话题”这个术语甚至比“施事”更难独立界定（参见 10.0.3 节）。不过，绝大多数传统定义都采用类似“话题是句子谈论的对象”这样的陈述。如果我们把这种定义应用于实际语料，类似于上文的问题又出现了。如下例中的 *I*（“我”），如果不考虑其句法主语的身份，我们很难想象如何把它定义为“句子谈论的对象”。

（2） a. I just married the most beautiful woman in the world.
“我不过是跟世上最美丽的女人结婚了。”
b. Now BEANS I like.
“现在豆子我喜欢。”

c. As for democracy, I think it's the best form of government.
"说到民主，我认为它是政府最好的形式。"

这些例子表明，从语义角色或语用身份这类重要性不言自明的概念到语法关系，其间不存在直接的"映射"或"派生"关系。不过，语言中似乎确实存在语法关系。长久以来，语法关系已被证明对语言学家非常有用，尽管在解释其存在原因方面聚讼纷纭，几无共识。它们的存在看起来是那么自然，因为它们确实存在于语言中。但是它们在语言中的功能地位却很难得到满意的解释。

现代功能语言学家试图从不同的研究路子来定义语法关系。从功能的角度看，语 132
用身份 / 语义角色与语法关系之间明显而不严格的关系可以借助**原型**（prototype）概念和语法化（见绪论 0.2.2 节）来进行解释。比如，如果一个名词短语既可以做语义上典型的施事又可以做语用上典型的话题，那么它在语法层面很可能表现为主语。功能主义者就会把这样的名词短语称作**原型的**（prototypical）主语。就语用 / 语义角色而言，正是这类名词短语首先为"主语"的形式范畴提供了功能基础。它是非常有用的范畴，因此，语言中理应具有高度自主（高度语法化）的方式来加以表达。[②]

那么当一个名词短语充当的是不太典型的施事或不太典型的话题时，情况又怎样呢？如上所述，一种语言大概只有三种语法关系。这意味着只有语用或语义差异十分显著的时候，某个名词性成分才可以排除在特定语法关系之外。如果语义或语用方面可能出现的每一种细微差别都表现在语法层面上，则这种语法系统既不合理也缺乏效率，就像给光谱上数量众多的可识别的色调都起一个不同的名字一样。因此出现了语用 / 语义角色的"簇聚"（clustering）。离原型"足够近"的所指对象与更典型所指对象一样，由承担同种语法关系的名词短语表达。由于"足够近"这一概念是具体语言使用者的主观判断，因此，语义角色簇聚的方式因语言的不同而不同（甚至在同一语言中，不同言语情景中语义角色簇聚的方式也有所不同）。例如英语句子 *John likes beans*（"约翰喜欢豆子"）中，发出"likes"（"喜欢"）行为的人与 *kill*（"杀死"）和 *eat*（"吃"）这类施事动词（agentive verb）的施事在语法上同样对待（均编码为句法主语）。另一些语言则不然，尤其是西班牙语，"喜欢某物"的人则被处理为间接宾语：

（3）	me	gusta	la	yuca
	1SG:DAT	like:3SG	ART	manioc
	1 单：与格	喜欢：3 单	冠词	木薯

"I like manioc."
"我喜欢木薯。"

例（3）中句子的主语是 *yuca*，这可以通过其与动词保持第三人称单数一致关系得到证明。指称"喜欢者"的是与格代词 *me*。可见西班牙语似乎把"喜欢"这种知觉的

经历者（experiencer）同施动性更强的动词的接受者或受事归入同一种语法关系范畴，
133 而在英语里经历者和施事语法上归为一类。总之，语法关系是自动化（超量学习的或惯例化的）的形式范畴，它们使语言得以处理语义角色或语用身份方面存在的无限多的可变性。但这不意味着语言无法表达不同程度的施动性或话题性，只是说这些概念缺乏自动化的、灵活有效的语法表达手段。

根据经验性观察，语言通常包含三种不同的核心语法关系（一般为主语、宾语和间接宾语）。[3]这大概反映了人类认知在追踪特定情景中参与者角色方面以及在人类正常的信息交流中所必需的参与者角色数量方面的限制。换句话说，在正常的人类互动过程中，两个或者三个范畴足够区分参与者角色，同时又不会使思维负担过重。

7.1 S、A 和 P 的分组系统

为了更好地定义语法关系，有必要首先明确三种基本的语义 - 句法角色，即 S、A 和 P（Comrie 1978a）。Dixon（1972，1979，1994）和 Silverstein（1976）也用到类似的术语。这些术语，本书 4.0 节已简单提及，它们以下面两个原型小句类型为前提：

（4）a. 单论元

“Bob left.”

S V（动词）

“鲍勃离开了。”

b. 多论元

“Bob greeted Aileron.”

A V P

“鲍勃迎接艾勒朗。”

S 被定义为单论元小句中的唯一的名词性论元。这类小句有时被称作**不及物**（intransitive）小句（关于不同种类的及物性以及“论元”的讨论，请分别参看第 8 章和 3.2.0 节）。A 被定义为多论元小句中最像施事（most AGENT-like）的论元。[4]这类句子有时被称作**及物**（transitive）小句。如果不存在作为典型施事的论元，那么 A 就
134 是在形态句法上同典型施事做同样处理的论元。一般而言，所有包含谓语动词的句子总有一个论元具有这种属性，当然也可能存在例外。更复杂结构的分析见下文。P 是多论元小句中“最像受事”（most PATIENT-like）的论元。同样，如果没有任何论元十分像受事，那么，与典型受事做同样处理的论元被认为是 P。

主语（subject）这一语法关系可以被定义为 S 和 A 之和，而**直接宾语**（direct object），或简称为“宾语”，可以被定义为单独的 P。某些语言比其他语言更注重这种分组（grouping）。下面我们将展开讨论 S、A 和 P 的各种分组（grouping）系统以及各

种语言表达这些分类所使用的不同形态句法手段。

一些语言可能把 S 和 A 同样对待，P 则区别对待。下面的英语例子中人称代词格形式显示了这种分组：S 角色和 A 角色都采用第三人称单数阳性形式 *he*，而 P 角色采用不同的第三人称单数阳性形式 *him*：

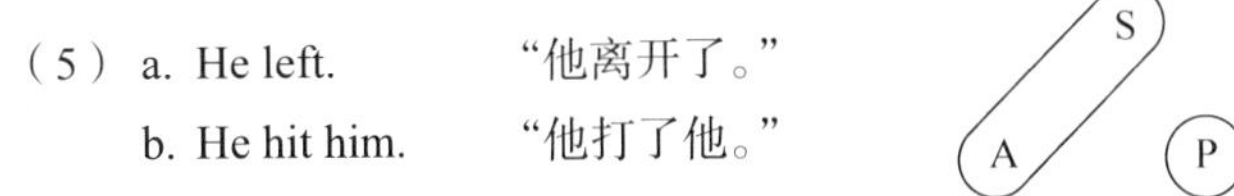

（5）a. He left.　　“他离开了。”
b. He hit him.　　“他打了他。”
S
A
P

盖丘亚语（Quechuan languages）（使用于南美洲安第斯山脉的一组语言）在自由名词短语的形态格标记上表现出同样的组合系统。下例中 S 角色（6a）和 A 角色的名词性短语（6b）使用同一种格标记，即 0（零形标记）；P 角色的名词性短语则采用格标记 *-ta*（引自 Weber 1989）：

（6）瓦努科盖丘亚语（Huánuco Quechua）

a. Juan-0　　aywan.
Juan-NOM　　goes
胡安－主格　　走
S
“Juan goes.”
“胡安走。”

b. Juan-0　　Pedro-ta　　maqan.
Juan-NOM　　Pedro-ACC　　hits
胡安－主格　　佩德罗－宾格　　打
A　　P
“Juan hits Pedro.”
“胡安打佩德罗。”

这一系统时常被称为**主格 / 宾格**（nominative/accusative）系统。如果一种形态格同时标注 S 角色和 A 角色，那么它就是**主格**（nominative）；而只标注 P 角色的形态格则是**宾格**（accusative）。这一系统对印欧语的使用者来说似乎是非常合理的，因为对于有 135
格标记的印欧语来说，它们绝大多数具有为主 / 宾格系统。⑤

下面尤比克爱斯基摩语（阿拉斯加）的例子反映了 S、A 和 P 分组的另一种系统：

（7）a. Doris-aq　　ayallruuq.
Doris-ABS　　traveled
多丽丝－通格　　旅游
S

"Doris traveled."
"多丽丝旅游了。"

b. Tom-am　　Doris-aq　　cingallrua.
Tom-ERG　　Doris-ABS　　greeted
汤姆－作格　　多丽丝－通格　　迎接
A　　P
"Tom greeted Doris."
"汤姆迎接了多丽丝。"

上述例子中，格标记 *-aq* 出现在不及物小句（7a）的 S 论元和及物小句（7b）的 P 论元上，而格标记 *-am* 只用来标注及物小句的 A 论元。如果一种形态格只标注 A 论元，我们称之为**作格**（ergative case）。同样，既可以标注 S 又可以标注 P 的形态格被称为**通格**（absolutive case）。

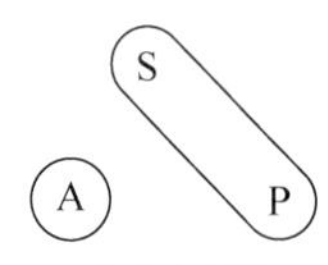

作格 | 通格

这种系统被称为**作格 / 通格**（ergative/absolutive case）系统。因为作 / 通格系统在印欧语中非常罕见，所以在印欧语的使用者看来不怎么自然。不过，作 / 通格系统在世界其他地区的语言里却很常见。作格系统出现于澳大利亚、中亚、巴斯克等地的语言以及一些美洲语言中，是这些语言组织语法关系的一个基本系统；而在南亚（尼泊尔、西藏、印度、巴基斯坦、孟加拉、不丹）和美洲的一些语言中，作格系统只作为其部分格标记系统。许多南岛语系语言据说也具有这种系统。

除代词和自由名词短语上的形态格标记之外，作 / 通格或主 / 宾格系统还可以表现在形态句法的其他方面。下面先讨论动词的人称标记，然后讨论语序。

136　我们已经看到盖丘亚语在自由名词短语的格标记上展示出主格 / 宾格系统。该语言在动词的人称标记上同样表现出组织语法关系的主 / 宾格系统：

（8） a. Aywa-n.
go-3SG
走－3 单
S
"He goes."
"他走。"

b. Aywa-a.
go-1SG
走－1 单
S

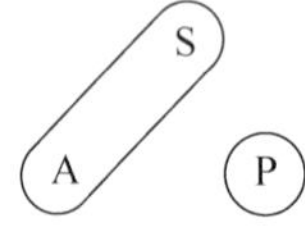

"I go."
"我走。"

c. Maqa-ma-n.
hit-1SG-3SG
打－1单－3单
P　A
"He hits me."
"他打我。"

（8a）中，不及物动词的第三人称单数S论元用后缀 *-n* 表示；（8b）中，第一人称单数S论元用后缀 *-a*（实际是词根末尾元音的音长）表示。（8c）表明后缀 *-n* 也用来标记及物动词的第三人称单数的A论元。可见盖丘亚语人称标记系统中A和S的形态表达被"相同"对待。我们看到，加在（8c）的P论元上的第一人称单数后缀是 *-ma* 而非 *-a*，这显示P论元和S论元形态处理方式"不同"。这种把S论元与A论元做相同处理而把P论元做不同处理的系统被称为主格/宾格系统。

正如所料，语言在动词的人称标记上也可以表现为作/通格的语法关系系统。仍举尤比克语的例子：

（9）尤比克语

a. Ayallruu-nga.
traveled-1SG
旅行－1单
S
"I traveled."
"我旅行了。"

b. Ayallruu-q.
traveled-3SG
旅行－3单
S
"He traveled."
"他旅行了。"

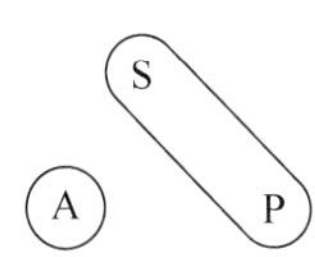

c. Cingallru-a-nga.
greeted-3SG-1SG
迎接－3单－1单
A　P
"He greeted me."
"他迎接了我。"

（9a）中后缀 *-nga* 表示不及物动词的第一人称单数 S 论元；（9b）中后缀 *-q* 标记第三人
137 称 S 论元；（9c）中后缀 *-nga* 标记及物句的第一人称 P 论元。既然 *-nga* 也是第一人称 S 论元的标记，这表明 S 和 P 在形态上同属于通格范畴。不及物句的第三人称单数 A 论元标记为后缀 *-a*。因为这个后缀不同于第三人称 S 论元后缀 *-nga*，我们可以说它标记的是作格论元。这种把 S 和 P 处理为一类而把 A 做不同处理的系统被称为作格 / 通格系统。

既然语序是表达语法关系的一种普遍使用的主要手段，那么有人会问作格 / 通格系统和主格 / 宾格系统会不会表现在语序上。回答当然是肯定的。与其强烈的主格 / 宾格取向相一致，英语中不及物动词的主语和及物动词的主语都最中性地位于动词之前，显示出 S 和 A 处理方式相同。与此相反，及物动词的宾语出现在动词之后，即 P 区别对待。

尽管如此，用语序表明主格性或作格性还是很少见的。其原因在于，严格地说，只有当动词出现在两个核心论元之间（即 AVP 或 PVA 语言），语序才可能表达作格性。在其他所有逻辑上可能的语序中，P 和 A 都自然地位于动词的同一侧，两者要么与不及物 S 论元处于同一位置，要么与它处于相异位置。因此也就不可能在语序上将 S 和 A 归为一类而区别于 P，或将 S 和 P 归为一类而区别于 A。

不过，的确有少数语言在语序上显示出作格 / 通格系统。因此，这些语言同时也具有作格 / 通格的格标记系统也就不足为怪。而且，像所有语言一样，这些具有语序作格性的语言也允许其他语序存在。正如 Dixon（1994：52）指出的那样，仅凭语序就断言某种语言属于“作格”语言是十分轻率的。

语序作格性确切的例证见于动词居中型（verb-medial）语言。此类语言中，及物句动词和 P 论元构成紧密的直接成分（constituent），不及物句的动词和 S 论元也构成类似的成分。及物句的 A 论元倾向于“浮游”（“float”），即 A 论元可以出现在动词加 P 论元构成的直接成分的任何一侧。

在库伊库罗语（Kuikúro，巴西境内的一种加勒比语言）中，SV（不及物）和
138 PV（及物）是两种非常严格的结构。A 论元最自然的位置在 PV 复合结构之后，如例（10b）（例句引自 Franchetto 1990）：

（10）a. karaihá　　kacun-tárâ.
non-Indian　　work-CONT
非－印第安人　　工作－延续
S　　V
“The non-Indian is working.”
“这个非印第安人在工作。”

b. kuk-aki-sâ　　ta-lâígo　　léha　　karaihá-héke.
1INC-word-POSS　　hear-FUT　　ASP　　non:Indian-ERG
1 包括－话－领属　　听见－将来　　体　　非：印第安人－作格
P　　V　　A

"The non-Indian will hear our words."
"这个非印第安人将要听见我们的话。"

（10a）中不及物动词的 S 论元处于动词之前的位置；（10b）中及物动词的 P 论元处于动词之前的位置，A 论元处于动词之后的位置。既然 S 和 P 出现在同一位置，我们可以说这种语言在语序显示了作格 / 通格系统。这类模式据说还出现在另外一些低地南美洲语言和苏丹境内的西尼罗河语言帕里语（Päri）里（Anderson 1988，引述自 Dixon 1994：50—51）。这种模式的"镜像"（mirror-image），即 VS 和 VP 组成紧密的直接成分，据报道见于瓦斯特克语（Huastec）（墨西哥境内的玛雅语；Edmundson 1988）和帕玛利语（Paumarí）（属于巴西境内的阿拉瓦（Arawá）语族；Chapman 和 Derbyshire 1991）。

萨努马语（Sanuma）（巴西和委内瑞拉境内一种亚诺玛米语（Yanomamï）变体）是动词居末的语言。据报道，这种语言具有语序作格系统。萨努马语中，SV 和 PV 分别结成紧密的直接成分。及物小句中，A 位于 P 和 V 之前，但如果存在其他成分，我们可以称它为 X，那么 X 一定出现在 A 之后。句式顺序就是 AXPV 和 XSV（Borgman 1990，引述自 Dixon 1994：52）。既然 A 同 PV 复合结构的可分离性表明 A 被做了不同处理，那么这一模式可以被视为一种作格系统。

很多语言具有所谓"基于话语的语序作格性"。比如 Ochs（1998）指出，萨摩亚语话语中最中性的小句结构是动词后接上单个的名词性短语（NP）。如果动词是不及物动词，NP 就是 S；如果动词是及物动词，NP 就是 P。可见动词之后的 NP 几乎总是通格性名词性成分。Ochs 把萨摩亚语的基本语序描写为 V NP_{abs}。VS 和 VP（统称为 139
V NP_{abs}）这种模式在话语中极其常见，而 VA 和 VAP 则非常少见。从这种意义上讲，"通格 NP"（S 和 P）范畴构成一个排除 A 的范畴，因此界定出一个作格系统。

另一些语言，如巴西的嘎马幽拉语（Kamaiurá），通常呈现出萨摩亚语作格系统的镜像模式，即话语中的 NP_{abs}V 语序（Seki 1990）：

（11） a. wararuwijaw-a　　o-jarɔ́
dog-ABS　　3-bark
狗－通格　　3－吠
"The dogs are barking."
"那些狗在叫。"

b. h-etymakaŋ-a　　w-e'yj
3POSS-leg-ABS　　3-scratch
3 领属－腿－通格　　3－划伤
"He scratches his leg."
"他划伤了腿。"

（11a）是一个不及物小句，S 论元在动词之前；（11b）是一个及物小句，P 论元在动词之前，A 论元仅以与动词一致的标记形式表现出来。在话语中，及物句的 A 论元极少以完全名词短语的形式来表达。

当我们说这些语言的语序作格性是“基于话语”（“discourse-based”）时，是指这种语序作格性并非严格的语法要求。若以严格的语法形式的概念来看待基本语序，萨摩亚语与嘎马幽拉语应该分别呈现 VAP 和 APV 语序。

7.2 S、A 和 P 分组的功能解释

我们已经看到语言可以运用至少两种不同的方式组织其语法关系的系统。本节将讨论另外三种在逻辑上成立但实际上与作 / 通格或主 / 宾格系统相比非常罕见的组织方式。这一观察促使我们去研究各种模式的功能动因。

图 7.1 显示，人类语言在名词短语的格标记和动词的一致关系上，S、A 和 P 可以
140 有五种可能的分组类型。在每种类型上方，我们根据 Tomlin（1986）大致估计此类语言的相对数量。

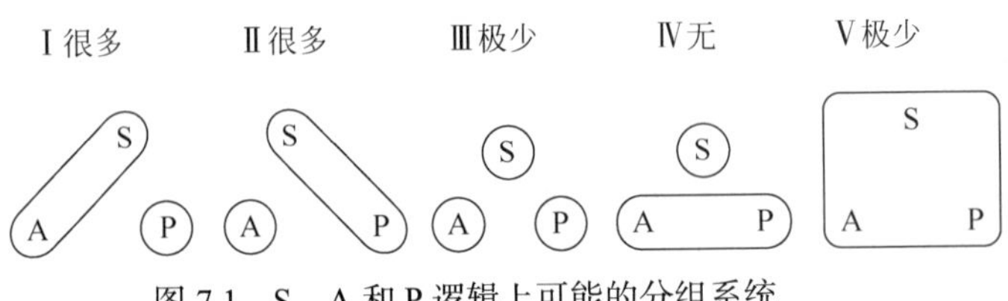

图 7.1　S、A 和 P 逻辑上可能的分组系统

功能语言学家立即想到的问题就是：为什么如此多的语言采用系统Ⅰ和系统Ⅱ，而很少的语言采用系统Ⅲ、Ⅳ和Ⅴ？[⑥]难道某种特定语言采用某个系统不是随机的选择吗？回答以上问题就要从语法关系的**区分**（discriminatory）功能和**识别**（identifying）功能说起。语法关系通常把小句里功能差异很大的名词性成分区分开来，而把功能相近的名词性成分归并起来。首先我们来讨论区分功能，或称区别功能。

A、S 和 P 之间需要做出的最重要的区别是 A 和 P 的区别。这是因为 A 和 P 是三者中唯一一对出现在同一个小句的论元，从交际的角度看，很有必要确定哪个论元是施动者、哪个论元是受动者。另一方面，另外两种区分，即 S 与 A 或 S 与 P 的区分，在交际中缺乏意义。这是因为，由三者的定义可知，S 与 A 以及 S 与 P 这两种分组实际上不会出现在同一个小句里，所以它们也就不可能导致交流上的混乱和误解。从这一观点来看，系统Ⅰ和系统Ⅱ都是很有效率的，它们都对 A 和 P 做了重要区分，而并没有对 S 进行不必要的区分。

其余几个系统都在不同方面显得不正常（dysfunctional）。特别是，系统Ⅳ忽视了 A 和 P 的重要区分，却在 S 同 A 和 P 之间做出了无用的区分；系统Ⅴ无视所有区别；

系统Ⅲ则对它们做了过度区分。从语法关系区分功能的角度来看，就可以理解为什么系统Ⅰ和系统Ⅱ同样常见，而系统Ⅲ、Ⅳ和Ⅴ三种类型相当少见。

除了区分功能，语法关系还具有**识别功能**（identifying function）。也就是说，除了用以区分角色不同的名词性成分以外，语法关系还用于合并角色相似的名词性成 141
分。这是形式相似（或称**同构**，isomorphism）源自功能相似这一普遍原则的一种体现（Haiman 1980）。从这一角度来看，系统Ⅰ把 S 和 A 做“相同”处理使我们可以预期它们具有功能上的相似性。同样，系统Ⅱ把 S 和 P 做“相同”处理也暗示出它们存在功能上的共性。

促使 S 和 A 同构或 S 和 P 同构的动因可能是语义和话语 – 语用方面的一些因素。下面首先讨论语义因素。

S 和 A 之间的语义相似性是施事性（agentivity）：如果一个小句存在施事，那么它应该是 S 或 A 论元，具体取决于小句是及物的还是不及物的。

（12） a. Jorge stalked out of the room.　　S 是施事
“Jorge 大步走出房间。”
b. Wimple embraced the Duchess.　　A 是施事
“温帕尔拥抱了公爵夫人。”

S 和 P 之间的语义相似性是状态的变化。如果小句里某一论元的状态变化了，那么这个论元不是 S 就是 P：

（13） a. The bomb exploded.　　S 改变状态
“炸弹爆炸了。”
b. Lucretia broke the vase.　　P 改变状态
“柳克丽霞打碎了花瓶。”

很难设想在及物句中，A 论元在没有 P 论元的情形下发生状态改变。既使有，这样的例子也极少。比如：*John underwent surgery*（“约翰接受手术”）或 *Paul received a blow to the head*（“保罗脑袋上挨了一击”）等。

A 和 S 话语 – 语用上的相似性是话题性（Comrie 1989）。A 和 S 角色一般都表达话题性很高的信息。这与上文讨论的 A 和 S 一般是施事角色有关，因为人们倾向于选择施事作为话题。不过，施事性与话题性在逻辑上是相互独立的变项。例如，*John underwent surgery*（“约翰接受手术”）和 *Paul received a blow to the head*（“保罗脑袋上挨了一击”）这类的句子代表了话题性选择的另一种情况，即人类参与者（human participant）的话题性压倒了其施事性的缺乏。较之“surgery”（“外科手术”）和“a blow to the head”（“脑袋上一击”）等实体，人类参与者更可能成为话题，因此被处理为 A，尽管在这些特定情形中人类参与者的施动性明显不如这类非人类实体（non-human entity）。

142 S 和 P 话语 - 语用上的相似性在于它们都是压倒性地表达“新”信息或“断言”信息的参与者角色（Du Bois 1987）。新的参与者绝少经由 A 角色引入话语，这个事实已经被大量语言的话语研究证实，很可能具有普遍性。例如，英语中可能使用及物小句的 A 角色将新参与者引入话语舞台（14b），但在实际话语中是很罕见的：

（14） a. I was watching Ashley cross the street when...
“我正在看阿什莉横穿街道时……”
b. Suddenly a big ferocious dog nipped her leg.
“突然一条大野狗咬了她的腿。”

表达上述意思更“自然”的方式是用 S 或 P 角色来介绍新的参与者，而后表达及物性的事件。因此（15a）和（15b）作为（14a）的后续语句更为自然：

（15） a. ...suddenly a big ferocious dog ran up and nipped her leg.
S
“……突然一条大野狗跑了过来，然后咬了她的腿。”
b. ...suddenly I saw a big ferocious dog nip her leg.
P
“……突然我看见一条大野狗咬了她的腿。”

我们已经讨论了促动 S 与 A 或 S 与 P 形式相似的语义和语用的共同点。然而 A 与 P 之间却几乎没有功能上的共同点。A 论元通常具有施事性、话题性以及表达旧信息；相反，P 论元通常更具有受事性并约有 50% 概率表达新信息。这就能够说明为什么大量语言在形态句法上把 S 和 P 或 S 和 A 做相同处理，而把 A 和 P 分开处理。

任何一种给定语言的语法关系系统都明显地以这些语义或语用原则的一个或综合几个原则为中心。作格语言的语法关系的指派被认为更重视状态的变化和 / 或新信息，而主 / 宾格语言的语法关系的指派更重视话题性和 / 或施事性。不太常见的系统（系统Ⅲ和Ⅴ）可能代表了过渡中的语法关系系统。

在这里我们拟对作格性进行比较广义的描述。作格性最广义的定义如下：

143 作格 / 通格系统是一种将 S 与 P 合并而区别于 A 的形态句法系统。

这一定义指的是不同的系统（比如格标记，动词一致关系等）而非不同的语言。“作格语言”只是一个非正式的术语，是指在基本小句中的完全名词短语上具有作格标记系统的语言（如爱斯基摩语），或者在动词一致关系上具有作格系统但名词短语上无任何作格标记的语言（如玛雅语）。作格性本身仅仅是对某些语言中小句结构的某些方面进行概念化的一种方便的方法，而不是必然要对一种语言的语法结构的其他方面进行广泛预测的整体类型（holistic typology）。

从这一广义定义出发，我们可能会想到英语是否具有某种程度的作格性。下面的例子说明英语中存在边缘性的作格现象：

（16） a. escap-ee
S
“逃亡者”
b. employ-er　　　c. employ-ee
A　　　P
“雇主”　　　“雇员”

后缀 *-ee*（源于法语过去分词）构成名词化形式，指的是不及物动词的 S 论元（16a）和及物动词的 P 论元（16c）。形态不同的另一后缀 *-er* 构成的名词化形式则指向及物动词的 A 论元（16b）。如此看来，S 和 P 同等对待，而 A 则区别对待。

英语中作格性的另一种边缘的例子是名词并入结构（参看 9.2 节）。英语中当一个论元被并入动词的现在分词中时，它要么是不及物动词的 S 论元（17a），要么是及物动词的 P 论元（17b）：

（17） a. bird-chirping
S
“鸟鸣”
b. fox-hunting　　　c. *doctor-recommending
P　　　A
“猎狐”　　　“* 推荐医生”

尽管英语确实存在少数 A 论元并入的现象（*this medicine is* ***doctor-recommended***（“这个药是医生推荐的”）），但这种并入不出现在动词的现在分词中（**I went* ***doctor-recommending*** *aspirin last evening*（“* 昨晚我去推荐医生阿司匹林”）或 **I heard* ***doctor-*** 144
recommending *outside my window*（“* 我听到窗外推荐医生”））。*fox-hunting*（“猎狐”）不可能表示“狐狸打的猎”，而只能表示“以狐狸为目标的狩猎活动”，这一事实进一步证明了上述分析。

以上事实显示，英语中的某些语法过程可以说是以作格 / 通格系统为基础的。在许多其他语言中，作格性进一步扩展到语法系统的其他方面。不过，极少有语言能够确定为“纯粹”的作格语言，而许多语言却可以说是（或者近于）纯粹的主格语言。接下来的一节里，我们将描述不同的语言使用部分主 / 宾格系统和部分作 / 通格系统来组织语法关系的各种方法。

7.3 分裂系统

有些语言在组织语法关系方面呈现出不只一种系统。在大多数这种“分裂”系统中，两种子系统之间的区别，或者与不及物小句的语义 / 语用特性有关（**分裂不及物性**，split intransitivity，参见 7.3.1 节），或者与及物小句的语义 / 语用特性有关（**分裂作格性**，split ergativity，参见 7.3.2 节和 7.3.3 节）。有关分裂不及物性的进一步讨论可参看 Merlan（1985）和 Mithun（1991）；有关分裂作格性的进一步讨论可参看 Silverstein（1976）、Delancey（1982）和上文引用的有关作格性的参考文献。

7.3.1 分裂不及物系统

有些语言用两种或更多不同的形态方式表达不及物动词的 S 论元。这样的语言有时被认为展现了**分裂不及物性**（split intransitivity）。最常见的分裂不及物系统表现为 S 论元的表达方式一部分与及物动词的 A 论元相同，一部分与及物动词的 P 论元相同。这种系统又称为**静态 / 动态**（stative/active）系统、**动态**（active）系统、**分裂** S（split-S）系统或**流动** S（fluid-S）系统等。为了说明这种现象，我们假设英语存在分裂不及物系统。某些不及物动词（大概是那些动态和施动性的动词）的主语采用跟及物动词主语相同的代词形式（18a），而另一些不及物动词（大概是那些静态和非施动性的动词）的主语采用宾格代词（18b）：

145

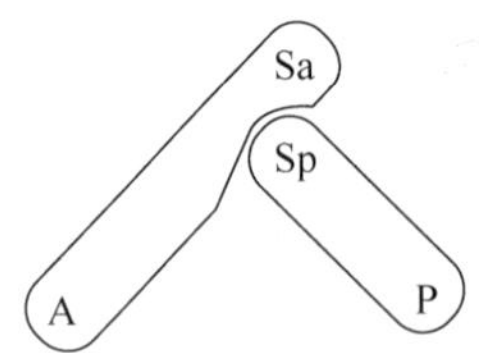

图 7.2　组织语法关系的分裂不及物系统

（18）a. He　　went.
　　　他 . 主格　走 . 过去
　　　“他走了。”

　　b. Him　　died.
　　　他 . 宾格　死 . 过去
　　　“他死了。”

此类系统并不符合图 7.1 五种类型的分类方法，相反，倒是图 7.2 中的图形可能是很有用的。S_a 论元是与及物 A 论元语法处理相同的不及物主语，S_p 论元是与及物 P 论元在语法上处理相同的不及物主语。Perlmutter（1980）等语言学家用**非宾格**（unaccusative）这个术语来指称那些把 S 论元与及物动词的 P 论元同等处理的不及物谓语。

两种 S 论元类型的区分通常有一个非常明确的语义基础，当然对于不同语言来说，这种基础并不相同（Mithun 1991）。比如说，现代瓜拉尼语（Guaraní）（用于巴拉圭）的口语形式里，描述动态事件的不及物动词的主语归入 S_a 类，描述静态的不及物动词的主语归入 S_p 类。拉科塔语（Lakhota）（美国中西部地区的一种苏族语言）中，主语是施事的不及物动词带 S_a 主语，主语是受事的不及物动词带 S_p 主语。例（19a）（19b）（19c）展示了拉科塔语及物句的情况（例子引自 Mithun 1991，也有用例引自 Walter 和 Delores 提供的《活捉小鹰》，南达科他）：

（19） a. a-ma-ya-phe
DIR-1SG-2SG-hit
方向 – 1 单 – 2 单 – 打
"You hit me."
"你打我。"
b. wa-0-ktékte
1SG-3SG-kill
1 单 – 3 单 – 杀死
"I kill him."
"我杀死他。"
c. 0-ma-ktékte
3SG-1SG-kill
3 单 – 1 单 – 杀死
"He kills me."
"他杀死我。"

例（19a）和（19c）说明前缀 *ma-* 表示及物小句的第一人称单数 P 论元；（19b）显 146
示前缀 *wa-* 表示及物小句第一人称 A 论元。不涉及主语"意愿"的不及物动词，如"to fall"（"摔倒"）、"to die"（"死亡"）、"to shiver"（"发抖"）等，带上 P 论元前缀 *ma-* 指称第一人称 S 论元：

（20） a. ma-hîxpaye
1SG-fall
1 单 – 摔倒
"I fall"
"我摔倒"

b. ma-t'e'
1SG-die
1 单 – 死亡
"I die"
"我死亡"
c. ma-č' âča
1SG-shiver
1 单 – 发抖
"I shiver"
"我发抖"

一般表示主动施事行为的不及物动词，如"to play"（"玩要"）、"to swim"（"游泳"）、"to sing"（"唱歌"）等，带上 A 论元前缀 *wa-* 表示第一人称 S 论元：

（21） a. wa-škate
1SG-play
1 单 – 玩要
"I play"
"我玩要"
b. wa-nûwe
1SG-swim
1 单 – 游泳
"I swim"
"我游泳"
c. wa-lowâ
1SG-sing
1 单 – 唱歌
"I sing"
"我唱歌"

瓜伊米语（Guaymí），哥斯达黎加和巴拿马的一种奇布查语（Chibchan），展示出一种复杂的自由名词短语格标记分裂 S 系统。例（22）是一个及物小句，其中 A 论元的标记为后缀 *-gwe*，而 P 论元未加标记（例子由 Rafael Bejarano Palacios 提供，来自哥斯达黎加的科托布鲁斯地区）：

（22） Toma-gwe　　Dori　　d''ma-ini.
Tom-ERG　　Doris　　greet-PAST1
汤姆 – 作格　　多丽丝　　迎接 – 过去 1

"Tom greeted Doris."
"汤姆迎接了多丽丝。"

包含意愿的不及物动词的主语也可以带上后缀 *-gwe*：

（23） Dori-gwe　　blit-ani. 147
Doris-ERG　　speak-PAST1
多丽丝 – 作格　　说 – 过去 1
"Doris spoke."
"多丽丝说了。"

不涉及意愿的动词的主语不能带后缀 *-gwe*：

（24） Nu　　ŋat-ani.
dog:ABS　　die-PAST1
狗：通格　　死亡 – 过去 1
（* Nu-gwe ŋat-ani.）
"The dog died."
"狗死了。"

在 7.3.2 节我们将看到瓜伊米语的分裂 S 系统只适用于过去时。不过，上述例证表明用于组织语法关系的分裂不及物系统可以表现在名词性格标记方面以及动词一致关系方面。

非施动性或静态不及物动词的主语与 A 论元同等处理，而施动性或动态不及物动词的主语与 P 论元同等处理，这样的语言实际上不存在。这一共性可以用语法关系的识别功能（见上文）来解释。施动性不及物动词的主语在功能上像典型的 A 论元，因为两者都是有意志地实施并控制某种行为；同样，非施动性不及物动词的主语在功能上更像典型的 P 论元，因为两者都遭受或经历动词所表达的动作。如果施动性不及物主语与及物性受事具有相同的形态编码，非施动性不及物主语与及物动词的施事具有相同的形态编码，那么这是很不正常的。

某些语言根据需要表达的语义决定某些动词的不及物主语到底与 A 一致还是与 P 一致。例如，英语 *to fall*（"摔倒"）表达的概念既可以看作主语实施的动作，又可看作主语经历的动作。某些语言中，这种区别被语法化为主语论元的表达方式。契卡索语（Chickasaw）是美国东南部的一种马斯科吉语（Muskogean language），这种语言一部分动词的主语根据语义可以采取三种不同的表达方式。例如，词根 *chokma* 意思是"好"，当主语有意识地做了"好"这种行为时，它采用 A 的屈折变化形式（25a）；当"好"是主语体现的某种属性时，它采用 P 的屈折变化形式（25b）；当"好"是主语体验或经历的某种感觉时，它采用与格参与者的屈折形式（25c）（例子来源于 Catherine Wilmond）：

148 （25） a. Chokma-li.
good -1SGA
S
好－1 单 A
"I act good."（volitional）
"我做得很好。"（有意识的）
b. Sa-chokma.
1SGP-good
S
1 单 P－好
"I am good."（non-volitional）
"我很好。"（无意识的）
c. An-chokma.
1SGD-good
S
1 单 D－好
"I feel good."（experiential）
"我觉得很好。"（经历的）

与分裂 S 系统一样，流动 S 系统也没有把不及物动词的施事主语与 P 论元同等处理、把非施事性的不及物动词的主语与 A 论元同等处理的情况。即没有任何一种语言呈现下面的模式：

（26） a. He 　hit 　him.
他 . 主格 　打 . 过去 　他 . 宾格
"他打了他。"
b. Him 　fell（on purpose）
他 . 宾格 　摔倒 . 过去（故意地）
"他（故意）摔倒了。"
c. He 　fell（accidentally）
他 . 主格 　摔倒 . 过去（意外地）
"他（意外）摔倒了。"

正如所料，具有分裂 S 系统和浮动 S 系统的语言并不是互相排斥的两种语言类型。典型的情况是，某种语言里有些不及物动词需要 S_a 主语，另一些不及物动词需要 S_p 主语，还有一些不及物动词既允许 S_a 主语又可以带 S_p 主语。

少数语言被证明存在基于话语语用的分裂不及物系统。例如，亚瓜语（Yagua）里表示位移运动的不及物动词根据话语环境的不同可以选择 S_a 或 S_p 主语：

（27）a. Muuy　　sii-myaa-si-ñíí
there　　run-COMPL-out-3:P
那儿　　跑－完结－出来－3：P
“There he rushed out.”
“他从那儿跑了出来。”
b. Sa-sii-myaa-síy.
3:A-run-COMPL-out
3：A－跑－完结－出来
“He rushed out.”
“他跑了出来。”

（27a）中主语用后附形式 *-níí* 表示[1]，这也是及物动词P论元的表达形式。（27b）主语用前缀 *sa-* 表示，它也是及物动词 A 论元的表达形式。很明显，这两个小句的 S 论元具有同等的施动性和意愿性，所以二者的区别不在于语义。对这种叙事体语篇的经验性研究显示，S_p 主语出现于场景转换和情节高潮的部分（27a），而 S_a 主语出现在其他情 149
况（27b）（T. Payne 1992）。

帕霍纳尔坎巴语（Pajonal Campa）（Heitzman 1982）和阿辛卡坎巴语（Asheninca Campa）语（J. Pagne 和 D. Pane 1991）也有类似发现。这些语言与亚瓜语没有亲缘关系但地理位置接近。

7.3.2　分裂作格系统

7.3.2.1　基于 A 和 P 相对话题价值的分裂作格性

有些语言在大部分情况下部分或者完全依靠推断来区分 A 和 P。⑦想象这样一种语言，它没有任何格标记、人称标记或语序来区分及物小句中的 A 和 P。使用这种语言的说话者怎么表达以及听话者怎么理解谁作用于谁这个重要信息呢？答案是，在绝大多数及物语境中，两个参与者中的一个从语用角度看比另一个更可能成为 A。除非有特别的线索提示相反的选择，否则语用上更可能成为 A 论元的参与者就会自动被假定为 A。当某种语言在特殊语境中提供这种线索而其他语境中不提供时，就造成“分裂”系统。

在举例分析这个原则之前，我们先考虑一个简单的假想例子。在人类参与者和非人类参与者共存的情况下，大多数时候人类比非人类更可能是具有控制力的动作的发

[1] 原文是“（27）”，现改为（27a）。——译者注

出者（下例中，我们设想了一种与英语词汇相同但动词居首的语言）：

（28） a. Ate　Anna　food.
　　　　吃　安娜　食物
　　　　　　A　　P
　　　b. Ate　food　Anna.
　　　　吃　食物　安娜
　　　　　　P　　A

如果语境与“吃”有关，一个论元是人而另一论元为食物，那么食物作为施事、人作为受事的可能性几乎没有——人吃食物，但食物不可能吃人。听话者运用对于世界的语用知识就足够推断哪个论元是 A，哪个论元是 P。因此不需要使用动词一致、名词格标记、语序等特殊的标记形式来表达这样的事实。塞拉－波波卢卡语（Sierra Popoluca）就是此类语言（所有塞拉－波波卢卡语的例子均承 Ben Elson 惠示）：

150　（29） a. i-ku’t-pa　xiwan　wi’kkuy
　　　　3P3A-eat-PERF　Juan　food
　　　　3P3A－吃－完整　胡安　食物
　　　　“Juan ate food.”
　　　　“胡安吃了食物。”
　　　b. i-ku’t-pa　wi’kkuy　xiwan
　　　　3P3A-eat-PERF　food　Juan
　　　　3P3A－吃－完整　食物　胡安
　　　　“Juan ate food.”
　　　　“胡安吃了食物。”
　　　c. xiwan wi’kkuy iku’tpa　“胡安吃了食物。”
　　　d. xiwan iku’tpa wi’kkuy　“胡安吃了食物。”
　　　e. wi’kkuy iku’tpa xiwan　“胡安吃了食物。”

这些例子表明某些实体本身就比其他实体更可能充当施事。可以说人类的**施事价值**（agent-worthy）更高，也就是说人类实体比非人类实体更有可能充当施事。当然实际情况不会是如此简单的二分。事实上，各类实体（或严格说是指称实体的语法手段）可以按照一个**施事价值**（agent-worthiness）（推而广之就是**话题价值**，topic-worthiness，论述见下文）的等级序列来进行描述：

1>2>3>1>2>3> 专名 > 人类 > 非人类有生命 > 无生命一致关系 > 代词
　　　　　　有定 > 无定

这个等级序列在任何语言中都没有完全语法化，但它绝不是基于先验的"施事价值"这一概念的纯理论的假想模型。实际上，它来源于对依靠或部分依靠语用来区分某些及物句里 A 和 P 这类语言的考察。在所有这类语言里，越靠近等级序列左侧的论元越容易被理解为施事，除非有特定的标记表明它是另外的情形。⑧关键在于箭头总是从左向右（对于目前研究过的所有语言都是如此）。也就是说，没有一种语言，其等级较低的论元被自动地理解为对等级较高的论元做出某种行为。表达这种情况必须依靠形态或语法标记才能达成。

有时这一等级序列（或类似等级序列）又称为**施事性等级**（agentivity hierarchy）或**生命度等级**（animacy hierarchy）。但这些都不是准确的术语，因为其中许多成分都与普通意义上的生命度或施事概念毫无关系。比如，动词一致、代词和专有名词可 151
以指称生物学意义上的有生实体或无生实体、施动性实体或非施动性实体。这个层级的实质在于某些种类的实体，即那些可运动、有力量并能够发起动作的实体，比其他实体更容易选作言谈的话题。另外，某些语法形式，比如一致关系和代词，更有可能指称那些高话题性的实体（参见 12.1.1 节）。本书将在若干处详细阐述**内在话题价值**（inherent topic worthiness）这一概念。现在，我们从**移情**（empathy）(Kuno1976）角度描述施动性与话题性之间的关系。根据 Kuno 的研究，人类交流中存在如下的**移情原则**（empathy principle）：

> 人类倾向于选择他们所移情的实体作为话题；首先是他们自己，其次是他们所对话的人，再次是其他人，然后是非人类的生命体，最后是无生命世界。因此，其功能为间接地指称话题性实体的形态句法形式，倾向于指称说话者所移情的实体。

用不太专业的话说，人们比较容易认同、也乐于谈论那些发出动作、能发生位移、掌控事件、有力量的物体。因此，交流中的言语往往赋予施事很高的话题性，并且动作通常由施事这类话题性高的实体流向话题性低的实体。这并不等于说行为、动作总是由话题价值高的施动性论元流向话题价值低的受事性论元。事实上，语言对于背离动作自然流向的处理方式是语言结构中某些更吸引人的方面。但正常或普遍的情形是，人们选择那些强有力的、具有控制力的实体作为语言交际的话题。

现在让我们用实例来证实这些观点。如果及物句的两个论元同样都可能成为施事会怎么样？那么真正的歧义就出现了。请看塞拉－波波卢卡语的一个例子：

（30） i-ko'ts-pa　　xiwan　　petoj
　　　3P-3A-hit-PERF　　Juan[1]　　Pedro
　　　3P-3A- 打－完整　　胡安　　佩德罗

[1] 原文作"John"，今改之。——译者注

"Juan hit Pedro" or "Pedro hit Juan."
"胡安打了佩德罗"或者"佩德罗打了胡安。"

152 即便是这类小句，通常也只是在脱离语境的情况下才产生歧义。比如，我们设想（31）分别出现在有胡安和佩德罗参与的两个故事里：

（31） a. 语境 1
佩德罗静静地坐着，听胡安大吹大擂。大家都知道佩德罗开始生气了，但他还是不作声。这时胡安说了些佩德罗实在不能容忍的话，佩德罗跳起来……（例 30）。
b. 语境 2
胡安静静地坐着，听佩德罗大吹大擂。大家都知道胡安开始生气了，但他还是不作声。这时佩德罗说了些胡安实在不能容忍的话，胡安跳起来……（例 30）。

在人为设计的这两个简单情景中，语境清楚地表明两个参与者哪个是 A 哪个是 P。这可以称为**语境赋予的话题价值**（context-imparted topic-worthiness）。事实上，交流中 A 和 P 不能通过内在话题价值或语境赋予的话题价值来确定的可能性都是很小的。有些语言更依赖于语境赋予的话题价值。在塞拉－波波卢卡语中，如果产生歧义的话，歧义句后会出现一个不及物句：

（32） a. ko'tstap petoj
"Pedro is hit."
"佩德罗被打了。"
b. ko'tso'ypa xiwan
"Juan hits or does hitting."
"胡安打或实施打的行为。"

前面已经介绍了话题价值等级这个概念，现在我们可以将话题价值等级跟分裂作格的话题性联系起来。在任何给定的及物小句中，一般总有一个论元比另一论元内在的话题价值高。"中性"或"自然"的事态（基于上文讨论的移情原则）要求话题价值高的论元充当 A。如上所述，当动作遵循由话题价值高的论元到话题价值低的论元的自然流向时，有些语言不用任何显性的标记来标识 A 和 P 的身份。然而，在 P 的话题价值高或 A 的话题价值低的特殊情形中，其中某些语言则在及物小句的 A 论元或 P 论元上使用专门的格标记。

153 为了举例说明这种现象，我们可以设想塞拉－波波卢卡语使用格标记系统来减少（30）之类句子的歧义。解决歧义问题有两种可能的格标记办法。其一是给 A 论元加上专门的格标记（33a），其二是标记 P 论元（33b）。

（33）基于塞拉－波波卢卡语的假设资料

a. itko'tspa　xiwan　petoj-a　"佩德罗打了胡安。"
　　　　　　　　　　　　-A
　　　　　　P　　　　A

b. itko'tspa　xiwan-p　petoj　"佩德罗打了胡安。"
　　　　　　　　-P
　　　　　　P　　　　A

假设不及物句的主语没有标记,（33a）代表的解决方法造成作格 / 通格系统，其中 -a 起到作格标记的功能;（33b）代表的解决方法造成主格 / 宾格系统，其中 -p 起到宾格标记的功能。在解决 A 和 P 的区分问题方面，两种方法同样有效。理论上（有时实际也是如此）两种方法可能一起使用，这就形成了组织语法关系的**三分**（tripartite）系统。

（34）a. Vomited　George-0　"乔治吐了。"
　　　　　　　　S

b. Hit　George-p　Bill-a　"比尔打了乔治。"
　　　P　　　　A

当动作的流向呈现的是正常、预期的方向，即在话题价值等级上由高到低时，不需要任何标记来明确区别 A 和 P。情景的语用因素使人很容易推测出谁作用于谁。然而，当 P 意外地处于话题价值等级的较高位置时，它可能需要特殊标记；同样，当 A 意外地处于话题价值等级的较低位置时，它也需要标记。标记在 P 上就形成主格 / 宾格系统。可见，直接宾语处于话题价值等级较高位置时，比较可能采用主格 / 宾格系统（33b）；A 论元处于话题价值等级较低位置时，比较可能采用作格 / 通格系统（33a）。
实际上，对于基于及物小句内名词短语的语义 / 语用内容的分裂作格系统来说，这是一 154
个共性，可以表述如下：

（35）共性

如果一种语言表现出基于及物句中名词短语话题价值的分裂不及物性，高话题价值的名词性论元总是呈现主格 / 宾格系统，低话题价值的名词性论元总是呈现作格 / 通格系统。

换句话说，当分裂作格系统的基础是名词成分的语义和 / 或语用属性，那么情况总是处于话题价值层级较高（靠左端较近）位置的名词短语触发（trigger）主格 / 宾格子系统，而处于层级较低（靠右端较近）位置的名词短语触发作格 / 通格子系统。为方便起见，话题价值等级重复如下：

1>2>3>1>2>3> 专名 > 人类 > 非人类有生命 > 无生命一致关系 > 代词
有定 > 无定

等级上实际的分裂位置在不同语言间存在差异，但“高位 = 主 / 宾格系统”“低位 = 作 / 通格系统”的总体排列是不变的。

现在我们看上述共性的具体实例。马纳加拉斯语（Managalasi）是巴布亚新几内亚的一种高地语言。该语言对代词使用作 / 通格格标记系统，对动词的人称标记使用主 / 宾格系统（以下例子承 Judy Parlier 惠示）：

（36） a. a　　vaʔ-ena
2SG　go-FUT.2SG
2 单　走 – 将来 .2 单
“You will go.”
“你要走。”

b. na　　vaʔ-ejo
1SG　go- FUT.1SG
1 单　走 – 将来 .1 单
“I will go.”
“我要走。”

c. nara　a　　an-aʔ-ejo
1SG　2SG　hit-2SG-FUT.1SG
1 单　2 单　打 – 2 单 – 将来 .1 单
“I will hit you.”
“我要打你。”

d. ara　na　　an-iʔ-ena
2SG　1SG　hit-1SG-FUT.2SG
2 单　1 单　打 – 1 单 – 将来 .2 单
“You will hit me.”
“你要打我。”

155（36c）和（36d）中，*-ra* 标示及物小句的代词性 A 论元，0 标示 P 论元。（36a）和（36b）中，0 标示不及物句的 S。这种 S 与 P 同等处理而 A 另做处理是代词格标记方面典型的作 / 通格系统的表现。不过，动词一致关系遵循主 / 宾格系统：*-ena* 与第二人称单数 S 和 A 论元保持一致（36a 和 d）[1]，*-ejo* 与第一人称单数 S 和 A 论元保持一致（36b 和 c）。P 论元的一致关系标记为 *aʔ*（第二人称单数，（36c））和 iʔ（第一人称单数，例（36d））。可见在动词一致关系方面 S 和 A 同等对待，P 区别对待。

[1] 原著此处为“37”，现改为“36”。——译者注

迪尔巴尔语（Dyirbal）是澳大利亚的一种土著语言，其第一人称和第二人称代词遵循主/宾格系统（37）：

（37）迪尔巴尔语（Dixon 1972）

a.	ngana-0	banaga-n^y^u		"We returned."
	1PL-NOM	returned-NONFUT		"我们回来了。"
	1复－主格	回来－非将来		
	S			
b.	nyura-0	banaga-n^y^u		"You all returned."
	2PL-NOM	returned-NONFUT		"你们都回来了。"
	2复－主格	回来－非将来		
	S			
c.	nyura-0	ngana-na	bura-n	"You all saw us."
	2PL-NOM	1PL-ACC	saw- NONFUT	"你们都看见我们了。"
	2复－主格	1复－宾格	看见－非将来	
	A	P		
d.	ngana-0	nyura-na	bura-n	"We saw you."
	1PL-NOM	2PL-ACC	saw-NONFUT	"我们看见你们了。"
	1复－主格	2复－宾格	看见－非将来	
	A	P		

不过，迪尔巴尔语中的第三人称代词和其他所有名词短语则遵循作/通格系统。注意（38c）中的A论元*yabu*（"母亲"）带有作格标记*-ŋgu*：

（38）

a.	ŋuma-0	banaga-n^y^u	
	father-ABS	returned-NONFUT	
	父亲－通格	回来－非将来	
	"Father returned."		
	"父亲回来了。"		
b.	yabu-0	banaga-n^y^u	
	mother-ABS	returned-NONFUT	
	母亲－通格	回来－非将来	
	"Mother returned."		
	"母亲回来了。"		
c.	ŋuma-0	yabu-*ŋgu*	bura-n
	father-ABS	mother-ERG	see-NONFUT
	父亲－通格	母亲－作格	看见－非将来
	"Mother saw father."		
	"母亲看见了父亲。"		

156 表 7.1 归纳了迪尔巴尔语据语义 – 句法角色和名词类型所划分的格标记系统。

表 7.1 迪尔巴尔语的格标记

	S	*A*	*P*	
第一、二人称代词	-0	-0	-na	主格 / 宾格
第三人称代词	-0	-ŋgu	-0	作格 / 通格
专名	-0	-ŋgu	-0	作格 / 通格
普通名词	-0	-ŋgu	-0	作格 / 通格

卡西纳瓦语（Cashinawa），秘鲁的一种庞诺语言（Panoan languages），其第一、二人称代词的格标记呈现主 / 宾格系统，第三人称代词呈现三分系统（图 7.1 中的 V 系统），其余所有名词短语呈现作 / 通格系统。表 7.2（承 Eugene Loos 惠允）总结了这种模式。标记第三人称代词的系统是三分系统，这一事实可视为主 / 宾格系统与作 / 通格系统的交叉。也就是说，三分系统既标记 A 也标记 P，从而最大限度地区分二者（见例（34））。特别是，卡西纳瓦语在第三人称代词冗余性标记的三分系统里，来自作 / 通格系统的鼻化形式（nasalization）用来标记 A，来自主 / 宾格系统的元音 *-a* 用来标记 P。

表 7.2 卡西纳瓦语

	S	*A*	*P*	
第一、二人称代词	-0	-0	-a	主格 / 宾格
第三人称代词	-0	-˜	-a	三分
实义名词短语	-0	-˜	-0	作格 / 通格

甚至不呈现作 / 通格系统的语言也可以支持或违反（35）所示的共性。比如，西班牙语大部分以完全名词短语指称的小句论元都没有格标记。然而，指称特指的人类参
157 与者的直接宾语则带有宾语格标记：

（39） a. Estoy buscando una empleada.
be:1SG looking:for INDEF housekeeper
是：1 单 寻找 不定指 管家
"I'm looking for a housekeeper（don't have one in mind）."
"我在找一位管家（心中没有人选）。"

b. Estoy buscando a una empleada.
be:1SG looking:for CM DEF housekeeper
是：1 单 寻找 格标记 定指 管家
"I'm looking for a housekeeper（have a specific one in mind）."
"我在找一位管家（心中已经有人选）。"

换句话说，格标记 *a* 只用于提及过的特指的、指人的直接宾语，其他名词性直接宾语都没有格标记。因此，特指的、指人的直接宾语的格标记呈现主宾格系统，而其他类型的名词短语的格标记都是中性的。另外碰巧的是，西班牙语的动词一致关系和代词格标记也呈现主宾格系统。因此，西班牙语的主宾格系统的范围从话题价值等级的最高阶段直至非特指的指人直接宾语。其后各项表现为中性。表 7.3 说明了这种语言现象。同样，假设格标记 *a* 碰巧出现在非指人的或非特指的直接宾语上，那么（35）表述的共性就被打破了。

表 7.3　西班牙语

	S	A	P	
第一、二、三人称标记	a，-o 等	-a，-o 等	lo/le，te，me 等	主格 / 宾格
代词	0	0	a	
有定指人名词短语	0	0	a	
有定非指人名词短语	0	0	0	中性
无定名词短语	0	0	0	

很多语言只在直接宾语“有定”或可识别（identifiable）的情况下才给它们加上格标记，例如土耳其语、希伯来语、波斯语都是这类语言的典型。下面的例子来自波斯语（伊朗的国语，属于印欧语系语言，波斯语的例子承 Jalleh Banishadr 惠示）：

（40）a. Man　dombale　kitob　hæsdæm.
　　　I　look:for　book　AUX
　　　我　寻找　书　助动
　　　“I'm looking for a book.”
　　　“我在找一本书。” 158
　　b. Man　dombale　kitob-ro　hæsdæm.
　　　I　look:for　book-CM　AUX
　　　我　寻找　书 – 格标记　助动
　　　“I'm looking for the book.”
　　　“我在找那本书。”

在这些例子中，后缀 *-ro* 只出现在直接宾语之后，而且直接宾语必须是可辨识的。这也与（35）表述的共性相一致。

表 7.4 总结和比较了到目前为止我们讨论的几种语言。每一种情形中，主 / 宾格系统由话题价值层级的左侧向右延伸，而作 / 通格系统或中性系统（由“—”表示）从右向左延伸。迄今为止，没有任何已知语言违反这一模式。卡西纳瓦语尤其值得关注，因为它呈现出一个作 / 通格和主 / 宾格相互重合的系统。

表 7.4 基于名词短语语义 / 语用特征的分裂作格小结

	一致关系	第一、第二人称代词	第三人称代词	有定指人名词	有定名词短语	其他名词短语
马纳加拉斯语	主格 / 宾格	作格 / 通格	作格 / 通格	—	—	—
迪尔巴尔语	无	主格 / 宾格	作格 / 通格	作格 / 通格	作格 / 通格	作格 / 通格
卡西纳瓦语	主格 / 宾格	主格 / 宾格	主格 / 宾格 作格 / 通格	作格 / 通格	作格 / 通格	作格 / 通格
西班牙语	主格 / 宾格	主格 / 宾格	主格 / 宾格	主格 / 宾格	—	—
波斯语	主格 / 宾格	主格 / 宾格	主格 / 宾格	主格 / 宾格	主格 / 宾格	—
主格 / 宾格 (* 作格 / 通格						作格 / 通格 * 主格 / 宾格)

7.3.2.2 基于“时—体”的分裂作格性

有些语言在一种时体范畴内表现出主 / 宾格系统，而在另一种时体范畴内表现出作 / 通格系统。在所有这类语言中，作 / 通格系统出现在过去时或完整体形式中，主 / 宾格系统出现在非过去时和未完整体形式中（DeLancey 1982）。到目前为止还没有发现这条共性的确切反例。下面的例子来自格鲁吉亚语（格鲁吉亚共和国的国语）：

159 （41）格鲁吉亚语（引自 Comrie 1989）

a. Student-i midis.
-NOM goes
学生 – 主格 走 . 现在
“The student goes.”
“那个学生走。”

b. Student-i ceril-s cers.
-NOM letter-ACC writes
学生 – 主格 信 – 宾格 写 . 现在
“The student writes the letter.”
“那个学生写那封信。”

c. Student-i mivida.
-ABS went
学生 – 通格 走 . 过去
“The student went.”
“那个学生已经走了。”

d. Student-ma ceril-i dacera.
-ERG letter-ABS wrote
学生 – 作格 信 – 通格 写 . 过去

"The student wrote the letter."
"那个学生写了那个信。"

在这些例子中，格标记 *-i* 在"现在"时（41a 和 41b）范畴中标注 S 论元和 A 论元，因此把它确定为主格标记是合适的。然而同样的操作符在"过去时"（41c 和 41d）范畴中却标注 S 论元和 P 论元。这时，我们说格标记 *-i* 是通格标记。

DeLancey（1982，1990）基于"起点与终点视角"（starting point vs. endpoint perspective）的概念对这一共性现象进行了功能解释。我们已经注意到，组织语法关系的作 / 通格系统可以视为具有"受事导向"（patient-oriented）的性质。同样，主 / 宾格系统可以视为具有施事导向（agent-oriented）的性质。注意，过去时和完整体提供了将特定情状表达为完成（completed）事件的方法。这种业已完成的及物性事件的结果很可能保留在受事上。实际上，DeLancey 认为，受事作为一种语义角色，更多的是与其作为动作终点的身份密切相关，而非与其作为最有可能经受某种物理状态变化的参与者密切相关。因此，过去时和完整体比非过去时和 / 或未完整体更具有受事导向的性质。

也许说明这一原则的最佳方式是借助例证。（42）是英语过去时、完整体的小句：

（42） George hit（has hit）Bill.
"乔治打了（已打）比尔。"

如果这一断言为真，那么这个句子是从业已完成的动作这个角度描述了该事件，也许
比尔正倒在地上，鼻子流血。从这个角度看，比尔确实完整地介入了整个动作。另一 160
方面，（43）是将来时：

（43） George will hit Bill.
"乔治将要打比尔。"

这个陈述可以理解成更多的是关于乔治而不是比尔的事。也就是说，从这个角度来看，比尔还没有参与到该事件之中，但乔治确实参与该事件了。乔治很可能非常生气，冲进大厅准备施展拳脚，但比尔还在很快乐地忙他的事。这类小句是以事件（可能）的开端为视角呈现出来的，事件始于乔治。因此我们可以说，将来时是以施事为导向的。同样，尽管不太明显，未完整体却是将情状呈现为正在进行中的过程，因而仍在动作的发出者控制之下，其结果还是未知的。这是对非过去时、非完整体和施动性之间共同点进行概念化的一种方法。

结束分裂作格性的讨论之前，我们再看一个组合分裂作格格标记系统的例子。这个例子来自巴拿马和哥斯达黎加的瓜伊米语（Guaymí）。如前所述，瓜伊米语的两种

过去时呈现出明确的分裂 S 格标记系统（例如（44a）、（44b）和（44e））。在其中的一种过去时中，作格标记 *-gwe* 只能出现在及物动词或施动性不及物动词的 A 论元之后。

（44） a. Dori-gwe　　blit-ani.
Doris-ERG　　speak-PAST1
多丽丝－作格　　说－过去 1
“Doris spoke.”
“多丽丝说过了。”

b. Nu　　ŋat-ani
dog　　die-PAST1
狗　　死－过去 1
“The dog died.”
“那条狗已经死了。’

c. Toma-gwe　　Dori　　dəma-ini.
Tom-ERG　　Doris　　greet-PAST1
汤姆－作格　　多丽丝　　欢迎－过去 1
“Tom greeted Doris.”
“汤姆欢迎了多丽丝。”

d. Dori　　blit-e
Doris　　speak-PRES
多丽丝　　说－现在
“Doris is speaking.”
“多丽丝正在说。”

e. Toma　　Dori　　dəma-e
Tom　　Doris　　greet-PRES
汤姆　　多丽丝　　欢迎－现在
“Tom is greeting Doris.”
161 “汤姆正在欢迎多丽丝。”

f. Nu　　ŋat-e
dog　　die-PRES
狗　　死－现在
“The dog is dying.”
“狗快要死了。”

不过，在非过去时情形中，作格标记从来不出现，不管动词的语义和及物性如何（44c、d 和 f）。可以说瓜伊米语具有两种迥异的格标记系统，一种适用于过去时，另一种适用于现在时。与本节开头所述的共性相一致的是，一个系统若还有那么一点点作格性的话，它必是用于过去时的那一个。

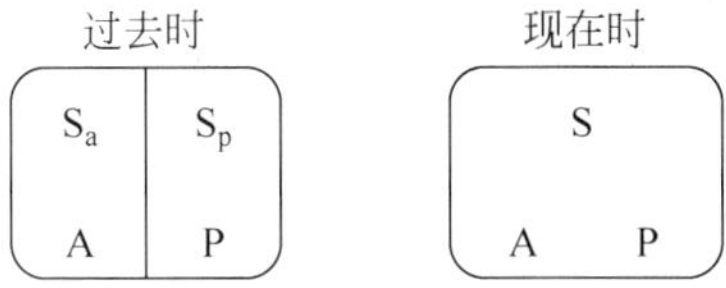

7.3.3　组织语法关系的分裂系统小结

语言主要在三个方面表现其组织语法关系的分裂系统。个别的语言可能对一种或几种类型组合而成的分裂系统表现出敏感性。这些分裂系统已被描述为分裂不及物性、基于及物小句中论元的相对话题价值的分裂作格性以及基于及物小句的时体范畴的及物作格性。

在分裂不及物系统中，不及物句的唯一论元可以表达为及物小句的 A 论元或 P 论元。此时情况总是，施动性、动态性、有意愿的不及物动词的主语表现出与 A 相同的形态句法属性，而非施动性、非动态性、无意愿的不及物动词的主语表现出与 P 相同的形态句法属性。

分裂作格基于由及物小句中论元的生命度、移情、施事潜力等层级决定的话题价值。此类系统中，处于话题价值等级高位的论元决定主 / 宾格系统，处于话题价值等级低位的论元决定作 / 通格系统。

语言也可能具有以时体为基础的分裂作格系统。如果是这样，那么主 / 宾格系统用于非过去时和 / 或非完整体环境中，作 / 通格系统用于过去时和 / 或完整体环境中。 162

7.4　“句法”作格

如果某种句法过程，以某种方式对 S 和 P 做出相同的反应而对 A 做出不同的反应，我们就可以说这种句法过程的运作是以作格 / 通格为基础。比如前面提到，包含英语在内的许多语言中的名词 – 动词并入（noun-verb incorporation）结构似乎都可以说是以作格 / 通格为基础的，因为 S 和 P 角色的名词成分容易被并入，而 A 角色的名词成分不易被并入：

（45）	a. bird-chirping	（鸟 – 鸣）	[S 并入]
	b. fox-hunting	（狐 – 猎）	[P 并入]
	c. *doctor-recommending	（* 医生 – 推荐）	[A 并入]

这可以看作英语**句法作格**（syntactic ergativity）的一种表现。当然，英语的名 – 动并入结构只能算作非常边缘性的句法过程，但确有少数语言的核心形态或句法过程似乎是以作 / 通格系统为基础进行运作的。

为了理解什么是句法过程对 S 和 P 反应"相同"，我们有必要从熟悉的语言里选择若干对 S 和 A 反应相同的句法过程来进行说明。"补足语主语省略"（complement subject omission）是迄今研究过的所有语言中对作为一种范畴的 S 和 A 敏感的一种语法过程。例如，用英语可以说：

（46） a. Bob wants *to leave*. 不及物补足语
"鲍勃想离开。"
b. Bob wants to *kiss Aileron*. 及物补足语
"鲍勃想吻艾勒朗。"

（47） a. Bob wants *Aileron to leave*. 不及物补足语
"鲍勃想艾勒朗离开。"
b. Bob wants *Aileron to kiss him*. 及物补足语
"鲍勃想艾勒朗吻他。"

（46a）中，不及物补足语小句（见 11.2 节）*X leave* 的 S 论元应理解为与动词 *want* 的主语相同。（46b）中，及物补足语从小句 *X kiss Aileron* 的 A 论元也应理解为与动词 *want* 的主语相同。这种情况下，补足语小句的 S 或 A 可以省略。不过，在（47a）和（47b）
163 中每个补足语小句的主语与动词 *want* 主语不同，所以补足语小句的主语不能省略。更重要的是，（47b）的宾语也不能省略：

（48） *Bob wants Aileron to kiss. "Bob$_i$ wants Aileron to kiss Bob$_i$."

当补足语小句的 S 论元和 A 论元与主句论元（对动词 *want* 来说就是它的主语）同指时允许 S 论元和 A 论元的删略，但在同样的条件下却不允许 P 论元的删略；这种句法过程显然是将 S 和 A 同等对待，而 P 则区别对待。可见，这体现的是一种主 / 宾格系统。

一个语言是否有可能具有对作 / 通格的区分敏感的相似过程呢？当然，逻辑上是可能有的，但到目前为止还没有见到任何真正的实例。为了说明这种系统，我们需要称这一过程为"补足语论元省略"（complement argument omission），这样就可以避免使这个问题带有人们熟知的基于主语系统的偏见。如果在英语中补足语论元省略对作 / 通格的区分敏感，（49a）和（49b）就是合语法的句子，而（49c）不合语法：

（49） 基于英语的假设资料
a. Bob wants to leave. "Bob$_i$ wants Bob$_i$ to leave."
b. Bob wants Aileron to kiss. "Bob$_i$ wants Aileron to kiss Bob$_i$."
c. *Bob wants to kiss Aileron. "Bob$_i$ wants Bob$_i$ to kiss Aileron."

迄今为止，还没有发现存在上述系统的语言。

然而，某些句法过程可能在一些语言中体现主 / 宾格系统，而在另外一些语言中体现作 / 通格系统。迪尔巴尔语（澳大利亚土著语言）就是一例，其关系化和小句并列两种句法过程对作 / 通格的区分敏感（Dixon 1994，第 6 章）。下面是对 Dixon 有关迪尔巴尔语关系化过程讨论的概述。

例（50）和（51）分别是简单的不及物小句和及物小句的例子。*ŋuma*（“父亲”）为通格形式，证据是其上没有格标记（例（50）中为 S，例（51）中为 P），而（51）中 *yabu*（“母亲”）有作格标记 *-ŋgu*：

（50）ŋuma-0　banaga-n^{y}u　（ABS=S）
father-ABS　return-NONFUT
父亲 – 通格　回来 – 非将来
“Father returned.”
“父亲回来了。”

（51）ŋuma-0　yabu-ŋgu　bura-n　（ABS=P）　164
father-ABS　mother-ERG　see-NONFUT
父亲 – 通格　母亲 – 作格　看见 – 非将来
“Mother saw father.”
“母亲看见了父亲。”

迪尔巴尔语中，只有通格论元才能经历关系化过程（有关关系小句，参见 11.5 节），也就是说，在关系小句里只有通格论元才能成为被关系化的 NP。下面（52）和（53）中两个不及物关系小句和（54）中的及物关系小句可以说明问题。各例关系小句由方括号标出。

在例（52）中，关系小句的核心语是“父亲”，在关系小句里这个名词成分被省略（“空缺”）(用 X 表示)。核心语的“零形”通格标记和小句本身指的是主句中“父亲”的角色。不过，此例中，关系小句中“父亲”的角色碰巧也是通格。

（52）ŋuma-0　[X　banaga-ŋu-]-0　yabu-ŋgu　bura-n
father-ABS　（father）　return-REL-ABS　mother-ERG　see-NONFUT
父亲 – 通格　（父亲）　回来 – 关系化 – 通格　母亲 – 作格　看见 – 非将来
“Mother saw father who was returning.”
“母亲看见了正回来的父亲。”

例（53）中，不及物关系小句的核心语是 *yabu*（“母亲”），同样也被省略了。但这个句子里，“母亲”在从句和主句中的角色不一样。既然关系小句是不及物的，那么其唯一论元的身份应为通格。另一方面，相对于主句动词“看见”而言，受关系小句修饰的复杂名词短语的角色是作格：

（53）	ŋuma-0	yabu-ŋgu	[X	banaga-ŋu-]-rru	bura-n
	father-ABS	mother-ERG	（mother）	return-REL-ERG	see-NONFUT
	父亲 – 通格	母亲 – 作格	（母亲）	回来 – 关系化 – 作格	看见 – 非将来

“Mother, who was returning, saw father.”
“正回来的母亲看见了父亲。”

在例（54）中，及物关系小句的核心语是 *yabu*（“母亲”），*yabu* 也在关系小句中省略了。然而这个句子不合语法，因为 *yabu* 是发出“看见”动作的那个人，在关系小句里是作格名词：

（54）	*yabu-0	[ŋuma-0	X	bura-ŋu]-0	banaga-n^{y}u
	mother-ABS	father-ABS	（mother）	see-REL-ABS	return-NONFUT
	母亲 – 通格	父亲 – 通格	（母亲）	看见 – 关系化 – 通格	回来 – 非将来

“看见父亲的母亲正回来。”

为了说出“Mother, who saw father, was returning”（“看见父亲的母亲正回来”）之类的
165 话，迪尔巴尔语必须在关系小句中采用一种被称为**逆被动式**（antipassive）（参见 8.2.5 节）的特别的不及物结构式。这种结构式把“母亲”的格转换成通格，使其可以关系化。关系化只适用于通格名词成分的这一限制，出现在另外几种澳大利亚土著语言以及其他一些存在通格的语言之中，而那些不存在形态型通格的语言则没有此种限制。

另一种在某些语言里存在的对作 / 通格敏感的句法过程是“并列缩减”（conjunction reduction）。在这种过程中，当被并列小句（conjoined clause）的一个成分与前一小句的某一成分同指时，则被并列小句的那个成分可以省略。例如，英语并列句中第二个小句的论元如果与第一小句的某个论元同指，则前者可以省略：

（55） a. George greeted Barbara and coughed.
“乔治迎接芭芭拉时咳嗽了。”
b. George grabbed Barbara and slapped him.
“乔治抓住芭芭拉并扇他耳光。”

例（55a）中，我们知道乔治是咳嗽的那个人。如果我们要指明咳嗽的人是芭芭拉，那就必须明确提及她：

（56） George greeted Barbara and she coughed.
“乔治迎接芭芭拉时她咳嗽了。”

只要没有进一步说明，（55a）必定理解为乔治咳嗽，而不是芭芭拉咳嗽。同样（55b）我们会认为乔治是并列句第二分句省略的成分，而 *him* 指代未具名的第三个参与者。即使实际情况完全可能是某个叫芭芭拉的人打了那个抓住她的人，但这个句子不可能理解为第二分句的主语为芭芭拉、宾语为乔治。既然省略的成分 *George* 可以是 S（55a）或 A（55b）而不可能是 P 论元，我们可以说英语的并列缩减对主 / 宾格区分敏感。

与形态作格和句法作格的特点相一致，迪尔巴尔语的并列缩减的“轴心”（“pivot”）（Dixon 的术语）是通格名词性成分（1994：160—69）。尤比克语（Yup’ik）作为另一种形态型作格语言，也具有上述特点：

（57）	Tom-am	Doris-aq	singa-llru-a	tua-llu	quyi-llru-u-q
	Tom-ERG	Doris-ABS	greet-PAST-3>3	then-and	cough-PAST-INTR-3
	汤姆 – 作格	多丽丝 – 通格	迎接 – 过去 – 3>3	然后 – 和	咳嗽 – 过去 – 不及物 – 3

“Tom greeted Doris and（she）coughed.”
“汤姆迎接多丽丝，而她咳嗽了。”

例（57）中，第二分句只指明第三人称单数主语。不过，唯一可能的解释是，多丽丝 166
是咳嗽的人，因为第一小句的多丽丝为通格。因此，我们可以说尤比克语的并列缩减对通格范畴敏感。

总体来说，有些句法过程（如补足语论元省略）似乎普遍对主 / 宾格的区分敏感。另一些句法过程在某些语言里对作 / 通格表现敏感，而在另一些语言里对主 / 宾格表现敏感。还有一些对主语和宾语论元反应灵敏的句法过程对上述两种主要区分的任何一种均不敏感。最后，显然没有任何句法过程普遍地对作 / 通格的区分敏感。[9]表 7.5 显示了以上模式。

表 7.5　所考察的语言中句法过程对作 / 通格系统敏感、对主 / 宾格系统敏感或对二者皆不敏感

	主 / 宾格	作 / 通格	二者皆非
补足语论元删略	x		
反身代词化	x	x	
关系化	x	x	
并列缩减	x	x	x

7.5 小结

图 7.3 对本章提到的 S、A、P 以及主格、宾格、作格、通格等重要概念的定义做了概括：

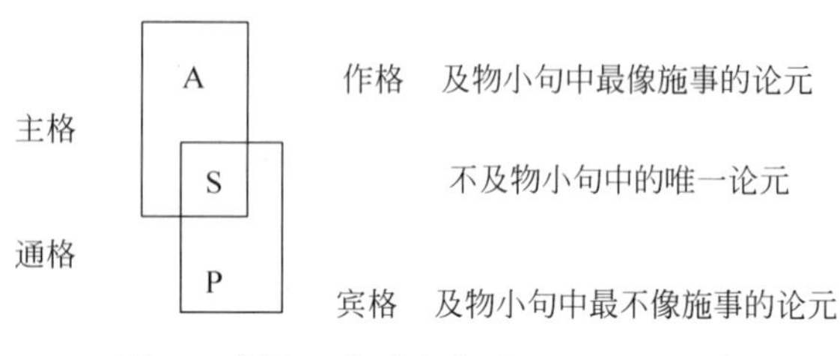

图 7.3　语义 – 句法角色（Comrie 1978a）

167 语言可以在以下一种或几种形态句法领域内呈现主 / 宾格或作 / 通格系统：

1 完全名词短语的格标记；
2 代词；
3 动词的人称标记（一致或复指性附着成分）；
4 语序；
5 句法过程（补足语主语省略、反身代词化、并列缩减、关系化，等等）。

如果一种语言在实义名词短语的格标记方面一贯表现出作 / 通格系统，那么该语言很可能被称为“作格语言”。玛雅语群语言（Mayan languages）没有实义名词短语的格标记，但它们被普遍视为“作格”语言，因为这些语言的人称标记系统是以作 / 通格为基础牢固组织起来的。不过，此类“作格”语言总是（就像迄今的研究所证实的）在上述一个或多个其他语法领域内表现出主 / 宾格系统。因此，“作格”与“非作格”的对立并不是必然能应用于全部语言的整体类型（holistic typology），而只适用于语言中的某些特定系统。尽管如此，某些句法过程（如迪尔巴尔语的关系化以及尤比克语的并列缩减）对作 / 通格的区分敏感，这一事实表明作格未必仅是表面的形态现象。

思考题

举出若干简单的不及物句、及物句、双及物句的例子。

三论元句未必一定存在。

这种语言的语法关系是怎样的？为你列出的语法关系提供形态句法的证据。

（a）主语？

（b）作格？

（c）通格？

（d）直接宾语？

（e）间接宾语？

有四个基本来源可以提供语法关系的证据：

（a）名词短语上的形态格标记；

（b）动词上的人称标记；

（c）语序；

（d）某种语用等级。

基本小句（肯定、陈述）的语法关系系统是依据哪种系统组织起来的？主 / 宾 168
格系统、作 / 通格系统、三分系统，还是其他类型的系统？

是否存在组织语法关系的分裂系统？如果存在，决定这种分裂系统的因素是什么？

（a）是否具有分裂不及物性？如果有，什么样的语义或话语 / 语用因素决定这种分裂？

（b）代词系统和 / 或动词的人称标记系统是否与完全名词短语具有相同的操作基础？

（c）是否存在由小句类型（比如主要小句与依附小句、肯定小句与否定小句等）决定的不同的语法关系系统？

（d）是否存在一些由小句时和 / 或体决定的不同的语法关系指派系统？

（e）是否存在一些（比如并列缩减、关系化）以作 / 通格为操作基础的句法过程？

补充阅读：Dixon（1994）、Plank（1979，1984）。

第八章
语态和变价操作

169 每种语言都有一些操作用以改变小句中语义角色和语法关系之间的关系。这类手段有时被称为不同的**语态**（voices）。例如在英语中，被动操作应用于大多数及物动词时，使受事处于主语角色而施事处于旁语角色。对于及物动词来说，更为常见的安排是让施事承担主语关系而受事承担宾语关系。

（1） a. 主动语态

Orna baked these cookies.	施事 = 主语
“奥南烤这些甜饼。”	受事 = 宾语

b. 被动语态

These cookies were baked by Oran.	受事 = 主语
“这些甜饼被奥兰烤了。”	施事 = 旁语

本章我们将从**配价**（valence）角度来讨论一些改变语法关系和语义角色之间关系的结构。在传统语法中，并非所有这些结构都可以置于“语态”标题下来考虑，但由于它们功能上的相似性，并且许多语言也用结构上相似的方式处理它们，因此，将这些操作或其中部分操作放在语法描写或语法概要的单独一章中一起讨论不失为便利之举。

配价可以看作是一个语义概念，也可以看作是个句法概念，或是二者的结合。**语义价**（sementic valence）是指由动词表达的场景中必须“在舞台”（“on stage”）（参见 0.2.3 节）的参与者的数目。例如，英语动词 *eat*（“吃”）的语义价是 2，因为对任何
170 一个特定的“吃”事件而言，必须至少有一个吃者和一个被吃之物。就谓语演算而言，吃这一概念是 x 和 y 两个变量之间的一种关系，其中 x 是吃者，y 是被吃之物。这一语义关系可以用谓词演算公式表示为：吃（x，y）（详下）。

语法价（grammatical valence）或**句法价**（syntactic valence）指出现在任何特定小句中的论元数目。动词的句法**论元**（argument）指的是与动词具有语法关系（参见第七章）的名词性成分（包括零形式，假如它是该语言中的一种指称手段）。举例来说，英语动词 *eat*（“吃”）的句法价既可以是 1，也可以是 2。在像 *Have you eaten yet?*（“你吃过了吗？”）这样的小句中，没有直接宾语，因此动词的唯一论元是吃者。同样，在

She ate away at the bone（“她津津有味地吃骨头”）这个小句中，动词只有一个论元，*bone*（“骨头”）与动词之间没有语法关系。当我们说到“变价操作”时，我们是指改变某一小句语法价的形态句法操作。

像 *John already ate*（“约翰已经吃了”）这类小句中的动词论元省略和 *John came in and 0 sat down*（“约翰走进来，坐了下来”）这类小句中的零形代词之间具有重要的区别。宾语省略是一种变价操作，而零形代词化（zero pronominalization）却不是。首先，直接宾语的缺失是由被吃之物身份的不重要造成的。这一断言很容易通过观察操英语者的活动得到证明：在绝大多数的例子中，当一个语义价为 2 的动词没有第二个论元与之同现时，所处的是这样一个情状，即填充第二个论元角色的词项的身份尚未确定，并且对于说话人实现其交际目的来说是无需确定的。另一方面，在 *John came in and 0 sat down*（“约翰走进来，坐了下来”）这个例子中，“零形代词”正好用于一种截然相反的情状，即，该所指对象的身份非常明确且属新近确立，因而不可能与其他实体相混淆。在有人说出上面这句话之后，人们几乎不会问“是谁坐下了”这样的问题，甚至几乎不会考虑是“约翰”之外的其他任何人的这种可能性。另一方面，在有人说出 *John already ate*（“约翰已经吃了”）这句话之后，人们会非常自然地问“他吃了什么”。

许多语言的零形代词化（或零形复指）要比英语普遍得多。在这些语言（有时称作**代语脱落**（pro-drop）语言）中，要把句法减价结构式和零形代词结构式区分开来可能会很困难。极端的情形是，有些语言没有任何表达语法关系的形态手段，对零形复 171
指也几乎没有限制，这种情况下唯一的办法是考察话语语境。不过，对于这样的语言（例如汉语、泰语）来说，某个特定的结构式到底是否构成减价结构，很大程度上还是个争论未决的问题。句法价这一概念很重要，因为至少它有助于我们理解语法关系的可选性安排（比如可选的格标记模式、动词添加词缀或者语序）。假如某种语言很少有这种备选的安排，对于描写语言学家来说句法价便不那么重要了。

配价这一概念与传统观念中的**及物性**（transitivity）密切相联：**及物**动词表达两个参与者之间的一种关系，即一个作用于另外一个；**不及物**动词则描述只包含一个参与者的一种属性、状态或情状。有时不及物动词，如 *I run*（“我跑”）中的 *run*（“跑”），被称为“单价”动词，即它们的语义价是 1。同样，及物动词，如 *He killed a bear*（“他杀了一头熊”）句中的 *kill*（“杀死”），被称为二价动词。三价动词是指那些具有三个核心参与者的动词，如 *He gave Mary a book*（“他给了玛丽一本书 ”）中的 *give*（“给”）。也许有点令人费解的是，这类动词有时也被称为“双及物”。尽管新近的研究（以 Hopper 和 Thompson 1980 为代表）都把“及物性”这一术语看作是指事件从主动的、自主的施事“传递”至受事的程度，但是，以传统的方式来使用这一术语仍很常见。

不幸的是，在过去，语言学家们并不总是谨慎地区分语义及物性（semantic transitivity）和语法及物性（grammatical transitivity）。比如，有些人就会说 *eat*（“吃”）

总是个及物动词。这些语言学家所用的术语“及物”相当于我们所用的术语“语义及物”（semantically transitive）。另外一些人会说 *eat* 有时是及物的，有时是不及物的。这些语言学家很可能指的是句法的及物性。还有一些人会说，在英语的词库中有两个相关的动词 *eat*，其中一个是及物的，另外一个是不及物的。

跟前面几章一样，在本章的讨论中，我们将把语义特征看作信息世界中事物及事件的概念表征的各种属性，而将句法特征看作句子中语言成分的属性。从这个角度来说，动词 V 的语义价是指由 V 表达的场景中必有（necessary）参与者的数目。而句法
172 价是指在以 V 作为主要谓词的小句中动词论元的数目。很多语言一般具有各种改变小句句法价的手段，即增加、减少或重排（rearrange）小句的句法价。增加句法价的语义 / 语用（即概念的）效果，往往可以描述为将一个边缘性参与者提升至中央舞台；而减少句法价的效果则是将正常情况下居于中央舞台的参与者淡化（downplay）至边缘地位，甚至从舞台上完全清除。再者，带入或清出中央舞台的参与者可以是**控制者**（controller），即施事或类似施事的参与者，也可以是**受影响的**（affected）参与者或类似受事的参与者，还可以是接受者、工具或受益者。因此，我们可以将变价操作的类别确定如下：

增价手段	
增加一个控制性参与者的结构：	使成式
提升一个边缘性参与者的结构：	升宾式[①]
	领有者提升
减价手段	
“合并”控制性参与者和受影响参与者的结构：	反身式
	交互式
	中动式
淡化控制性参与者的结构：	主语省略
	被动式
	逆向式（inverse）[②]
淡化受影响参与者的结构：	宾语省略
	逆被动式
	宾语降级
	宾语并入

8.1 和 8.2 节按照这一分类，系统地描述和例示各种变价操作。

变价操作符（operator）在动词形态中非常普遍。Bybee（1985）调查的各种语言中，有 90% 的语言在动词上有价的形态表现。这是最常见的动词形态类型，甚至超过了时、体和主语一致关系。在这些语言中，其中 84% 的语言中，配价是一种派生操作，在另外 6% 的语言中配价是一种屈折操作。因此，尽管时、体和主语一致关系是更常见

的屈折操作，但配价在总体上更为常见。

作为一种派生性操作符，变价语素在动词或动词短语中出现的“区域”（“area”） 173
通常与时 / 体 / 情态（TAM）操作符不同（参 9.3 节）。例如，在帕纳雷语（Panare）中，TAM 操作符一律是后缀形式的，而减价操作符则是前缀形式：

（2） wë-s-amaika-yaj　　　chu
1-DETRANS-put/store-PAST　1SG
1 – 去及物 – 放 / 存 – 过去　1 单
“I sat down.”
“我坐下了。”

在这个句子中，*amaika* 是一个语义上及物的词根，是“放置”“储存”或“保持”之类的意思。派生前缀 *s-* 将该词根转换为一个“坐下”义的不及物词干。就像这句话中的过去式操作符 *-yaj* 所显示的那样，所有的时、体、情态操作符都是后缀形式。

亚瓜语（Yagua）中，时 / 体 / 情态的形态为后缀形式，增价和减价操作符也是后缀形式。不过，该语言的变价后缀总是比时 / 体 / 情态后缀距离动词词根更近：

（3） sa-suuta-*táni*-ñúú-yanu-níí-ra
3-wash-CAUS-CONT-PAST3-3-INAN
3 – 洗 – 使成 – 延续 – 过去 3-3 – 无生
“He made him wash it long ago.”
“很久以前他使他把它洗了。”

在这个例句中，后缀 *-tániy* 是形态型使成式操作符（参 8.1.1 节）。这个词缀以及其他一些形态变价操作符总是比屈折操作符距离动词词根更近。

变价操作符往往来源于自由动词词根，这些自由动词词根在该语言的较早阶段构成分析性结构。不过，变价操作符有时也来源于屈折性操作符，例如参与者指称形式（代词或复指性附着形式）。形态性反身式（morphological reflexive）就是一个通常最适合被归类为屈折性的变价操作符的例子（即，许多语言通常具有这样的一个反身操作符，它参与动词关于人称和数的词形变化——参看 8.2.1 节）。再者，被动语态标记和完成体标记之间存在一种共时和 / 或语源上相互关联的明显倾向（参看 9.3 节）。

8.0　配价和谓词演算 174

从**谓词演算**（predicate calculus）的角度来考虑配价可能是有帮助的。在讨论增价与减价操作的过程中，我们将采用谓词演算的一些概念和观点。该概念在语言学文献中的使用也很普遍。对于从事语言分析的人来说，熟悉谓词演算的符号系统和术语不无益处。以下是对一些重要术语的定义：

> **项**（term）指称一个事物，与事物的属性或事物之间的关系（参看下文“**变量**”与“**常量**”）相对立。
>
> **变量**（variable）无确定所指的项，如“x”“y”等。
>
> **常量**（constant）在信息世界中具有确定所指的项，例如：*Yankee stadium*（“洋基体育场”），*Socrates*（“苏格拉底”），*Montezuma*（“蒙特苏马”），*the unicorn in my garden*（“我花园里的独角兽”），*the number 3*（“数字 3”），等等。
>
> **自变量**（argument）谓词内由某一个项或命题填充的位置。
>
> **谓词 / 函项**（predicate/function）可应用于项或项之间关系的一种属性，例如“是人”“致命”“死”“吃”“笑”等。
>
> **命题函项**（propositional function）应用于一个变量或一组变量的谓词，如“x 是人”“某个不确定的事物吃了某个不确定的事物”“某个不确定的人笑了”等。
>
> **命题**（proposition）应用于一个常量或一组常量的谓词，如“苏格拉底是人”“蒙特苏马笑了”“芭芭拉吻了乔治”等。

f（x）读作“x 的函项”。这个符号指的是某种对变量 x 而言可能为真的属性或活动。例如，f（x）=RED 是表达“x 是红色的”这一观点的一种方式，而 f（x）= LAUGH 则表达“x 笑”这一观点。语言学家通常通过用属性或活动直接替代 f 来简化这一谓词演算符号，如 RED（x）和 LAUGH（x）。

LAUGH（Montezuma）是一个命题。它是 LAUGH（x）这一命题函项的一个可能的**例示**（instantiation）。*Montezuma laughed*（“蒙特苏马笑了”）是 LAUGH（Montezuma）这一命题的一个可能的英语例示。

到目前为止，我们关注的是一元函项。通常，函项具有不止一个自变量（argument）。f（x，y）读作“从 x 到 y 的函项”。有时，这可以重新表述为“x 和 y 之间的关系”。EAT（x，y）是 x 和 y 这两个实体之间的一种可能的关系。按照惯例，我们通常先表达起始的自变量。我们把这一惯例称为**线性惯例**（linearity convention）。因此，EAT（x，y）
175 可以被看作是指称某些尚未指明的吃者（x）和某些尚未指明的被吃之物（y）之间具有的“吃”的关系。EAT（Cortez，possum）是例示 EAT（x，y）这一命题函项的一个命题。*Cortez ate possum*（“科尔特斯吃负鼠”）是 EAT（Cortez，possum）这一命题的一个英语例示。鉴于线性惯例，*The possum ate Cortez*（“负鼠吃科尔特斯”）不是该命题的例示。

命题也可以充当函项的自变量。这就是自变量和词项并不相同的原因。大写字母（P、Q、R 等）通常被用作命题的缩写。这些字母可以填充其他命题函项中的自变量槽，例如，假如 P=LAUGH（Montezuma），那么，TRUE（P）=TURE（LAUGH

（Montezuma））= 英语表达形式 *It is true that Montezuma laughed*。[1]

通常，用大写字母书写的英语词表示语义谓词（semantic predicate），而用小写字母书写的词则表示实际语言的词位（lexeme）。这一区分旨在将独立于语言表达形式的概念（用大写字母书写）跟各语言中的实际表达形式区别开来。关于这一点，一种表述方式是，英语是一种**元语言**（meta-language），用来表征所描写的实际语言中由句子表达的语义概念。无可否认，这可能会导致混淆，尤其是当实际语言和元语言是同一种语言时。此外，当这两种语言是不同的语言时，务必注意不要将元语言的语义添加到实际语言中的某一表达形式中从而影响对后者的分析。这是基于谓词演算的语义研究方法固有的困难。

下面举例说明一个二元命题填充另一个命题函项的自变量槽：

P=KISS（x, y）=Xavier kisses Yolanda.（泽维尔亲吻约兰达）
P′=WANT（x, P）=Xavier wants to kiss Yolanda.（泽维尔想要亲吻约兰达）
或者：WANT（Xavier,（KISS（Xavier,Yolanda）））

在对下面几节讨论的各种变价手段进行概念化时，这套符号可能有用。

8.1　增价操作

8.1.1　使成式

语言学家和哲学家总是对因果关系（causation）非常感兴趣。使成结构或**使成式**（causatives）是对因果关系这一概念化概念（conceptual notion）的语言学例示。使成式 176
可分为三种类型：词汇型、形态型以及句法 / 迂说 / 分析型。形态型使成式是一种“增价”操作。

定义：使成式是一种语言表达形式，其语义 / 逻辑结构中包含一个表示使因（cause）的谓词，该谓词的一个自变量是一个表达某种结果（effect）的谓词。

使成结构可以用符号表示为：

CAUSE（x，P）= x causes P（“使因（x，P）= x 导致 P”）

这一谓词演算的一个可能的英语例示是：

[1] 此处若用汉语来表达，应该为：假如 P = 笑（蒙特苏马），那么，真（P）= 真（笑（蒙特苏马））= 英语表达形式 *It is true that Montezuma laughed*（“蒙特苏马笑了，这是真的。”）。——译者注

CAUSE（Montezuma, EAT（Cortez, possum））= Montezuma caused Cortez to eat possum.
（“蒙特苏马使科尔特斯吃掉了负鼠”）

使成结构中谓词的定义如下：

使因谓词（predicate of cause）：该谓词包含因果关系概念，如，CAUSE（x, P）（“致使（x, P）”）。有时使因谓词被称为**母句**（matrix）谓词（或母句），因为结果谓词嵌套于使因谓词之中（参看 11.2 节）。

结果谓词（predicate of effect）：该谓词表达使成情状的结果，如，EAT（Cortez,possum）（“吃（科尔特斯，负鼠）”）。有时结果谓词被认为是**嵌套**（embedded）于使因谓词之中。

使成结构式的核心论元定义如下：

受使者（causee）：受使事件（caused event）的施事。受使者有时被称作**被强迫的终点**（coerced endpoint）（Croft 1990：241）。

致使者（causer）：使因谓词的施事，通常也是使成情状的施事。致使者有时被称作**使因施事**（agent of cause）。

使成结构可以以不及物的或及物的受使事件为基础构成。使成式谓词包含的论元总是比受使事件谓词多一个。因此，如果受使事件是不及物的，则使成式是及物的；如果受使事件是及物的，则使成式是双及物的，等等。例如：

不及物的受使事件
Cortez made [Montezuma laugh].　　（“科尔特斯使 [蒙特苏马笑]”）
1　　2

177 及物的受使事件
Montezuma made [Cortez eat possum].　　（“蒙特苏马使 [科尔特斯吃负鼠]”）
1　　2　　3

其他一些添加一个参与者至某一场景的概念，有时也由某种增价操作来进行编码。有时这些操作与单个或多个使成式操作等同。例如：

Believe:	Montezuma believes Cortez ate possum.	BELIEVE（m, P）
相信：	（“蒙特苏马相信科尔特斯吃了负鼠”）	相信（m, P）
Say:	Montezuma says Cortez ate possum.	SAY（m, P）
说：	（“蒙特苏马说科尔特斯吃了负鼠”）	说（m, P）
Want:	Montezuma wants Cortez to eat possum.	WANT（m, P）
希望：	（“蒙特苏马希望科尔特斯去吃负鼠”）	希望（m, P）

Ask:　Montezuma asked Cortez to eat possum.　ASK（m, P）
要求：（“蒙特苏马要求科尔特斯去吃负鼠。”）　要求（m, P）
Permission:　Montezuma let Cortez eat possum.　LET（m, P）
允许：（“蒙特苏马让科尔特斯去吃负鼠。”）　让（m, P）
（failure to prevent）（“没能阻止”）

最后三个语义概念通常使用与“纯”使成式完全相同的形态句法，尤其是当它们经由形态来表达时（参见后文）。

词汇型使成式。绝大多数语言都有一些词汇型使成式。至少有三个次类我们会称之为词汇型使成式。所有这些次类背后一个统一的因素是，每个实例中的致使概念都包含在动词本身的词汇语义之中，而不是用另外的操作符来表达。这三种次类是：

1 动词不发生变化
非使成式：*The vase broke.*（“花瓶破了”）
使成式：*MacBeth broke the vase.*（i.e. MacBeth caused the vase to break.）
（“麦克贝思打破了花瓶，即麦克贝思致使花瓶破了”）
2 动词有某种特异的变化
非使成式：*The tree fell.*（verb=“to fall”）（“树倒了”）（动词 =to fall）
使成式：*Bunyan felled the tree.*（verb=“to fell”）（“班扬砍倒了树”）（动词 =to fell）
3 不同的动词
非使成式：*Stephanie ate beans.*（“斯蒂芬妮吃豆子”）
使成式：*Gilligan fed Stephanie beans.*（“吉利根喂斯蒂芬妮吃豆子”）
非使成式：*Lucretia died.*（“柳克丽霞死了”）
使成式：*Gloucester killed Lucretia.*（“格洛斯特杀死了柳克丽霞”）
see/show etc.（“看见 / 出示，等等。”）

形态型使成式。形态型使成式涉及动词词形的一个能产性的变化。英语动词 *to fell*（“砍倒”）不是一个合格的形态型使成式，因为它不是通过该语言中某种可应用于其他 178
许多动词的规则派生而来的。唯一的其他候选者是作为 *lie* [lay]（“躺”）的使成式 *lay* [ley]。如果这个 *a* Ø ι *e* 词干的变化是相当能产的，这就可以看作一个形态型使成式。

土耳其语（阿尔泰语系）有两种非常能产的形态型使成式。后缀 *-dIr*（元音根据上下文而发生相应变化）可以应用到几乎任何不及物动词之上，构成该动词的使成式（Comrie 1989）：

（4）a. Hasan　öl-dü
　　H.　die-PAST

H. 死－过去
"Hasan died."
"哈桑死了。"（不及物动词，非使成式）

b. Ali Hasna-t öl-*dür*-dü
A. H.-ACC die-CAUS-PAST
A. H.－宾格 死－使成－过去
"Ali killed Hasan."
"阿里杀死了哈桑。"（不及物动词的使成式）

及物动词构成使成式，则用后缀 *-t*：

（5）a. Müdür mektub-ü imzala-dı
director letter-ACC sign-PAST
主任 信－宾格 签署－过去
"The director signed the letter."
"主任签署了那封信。"（及物，非使成式）

b. Dişçi mektub-ü müdür-e imzala-*t*-tI
dentist letter-ACC director-DAT sign-CAUS-PAST
牙医 信－宾格 主任－与格 签署－使成－过去
"The dentist made the director sign the letter."
"牙医让主任签署了那封信。"

绝大多数形态型使成式至少表达致使和允许两种意义。格鲁吉亚语展示了这样一种结构（例句摘自 Comrie 1978a：164）：

（6）Mama shvil-s ceril-s a-cer-*ineb*-s.
father son-DAT letter-ACC PREF-write-CAUS-3SG
父亲 儿子－与格 信－宾格 前缀－写－使成－3 单
"Father makes/helps/lets his son write the letter."
"父亲使 / 帮 / 让他的儿子写信。"

很多形态型使成式只能用于不及物词干（如上举土耳其语的 *-dür*）。下面来自尤比克爱斯基摩语（Yup'ik Eskimo）的例子展示了一系列典型的、通常与形态型使成式操作符相联系的功能，而这些形态型使成式操作符只用于不及物词干（Reed 等 1977：177）：

词根		词干	
tuqu-	"死"	tuqute-	"杀死"
tai-	"来"	taite-	"带来"

uita-　“停留”　uitate-　“使停留 / 留下” 179
tatame-　“吃惊”　tamate-　“使吃惊”
ane-　“出去”　ante-　“放在外面”
itr-　“进来”　iterte-　“放进来 / 插入”
atrar-　“下来”　atrarte-　“拿下来”
mayur-　“上去”　mayurte-　“放上去”

不过，尤比克语也有其他的用于及物或不及物词根的使成式操作符：

（7）不及物词根（“走上去”）

Qetunra-ni　tage-*vkar*-aa
son-ABS:POSS　go:up-CAUS-3SG > 3SG
儿子－通格：领属　走：上－使成－3 单 >3 单
“He makes/lets his own son go up.”
“他使 / 让他自己的儿子走上去。”

（8）及物词根（“吃”）

Arnam　irnia-mi-nun　neqerrlu-ut　nere-*vkar*-ai
woman-ERG　child-POSS-OBL　dryfish-ABS:PL　eat-CAUS-3SG > 3PL
女人－作格　孩子－领属－旁格　干鱼－通格：复　吃－使成－3 单 >3 复
“The woman makes/lets her child eat the dryfish.”
“那个女人使 / 让她的孩子吃那些干鱼。”

（9）不及物词根（“走”）

Ayag-*cess*-gu.
go-CAUS-IMP:SG > 3SG
走－使成－祈使：单 > 3 单
“Make/let him go.”
“使 / 让他走。”

（10）及物词根（“晾干”）

Nukalpia-m　aana-mi-nun　kenir-*cet*-aa　kemek.
young:man-ERG　mother-PASS[1]-OBL　dry-CAUS-3SG > 3SG　meat:ABS
年轻：男人－作格　母亲－领属－旁格　晾干－使成－3 单 > 3 单　肉：通格
“The young man made/let his own mother dry the meat.”
“年轻人使 / 让他自己的母亲晾干肉。”

[1]　原著此处 *mi* 的注释“PASS（passive，被动式）”，疑当为“POSS（possessive，领属）”。另参本节例（8）。——译者注

盖丘亚语（Quechua）不及物词干（例 11b）和及物词干（例 12b）都使用相同的形态型使成式。不过，甚至在盖丘亚语中，当受使事件是及物时，更常见的是使用迂说型使成式：

（11） 不及物词根（“睡觉”）

a. noqa　　puñu-:
　1SG　　sleep-1SG
　1 单　　睡觉－1 单
　“I sleep.”
　“我睡觉。”（非使成式）

b. noqa-ta　　puñu-*chi*-ma-n
　1SG-ACC　　sleep-CAUS-1SG-3SG
　1 单－宾格　　睡觉－使成－1 单－3 单
　“It makes me sleep.”
　“它使我睡觉。”

180 （12） 及物词根（“打”）

a. qam　　noqa-ta　　maqa-ma-nki
　2SG　　1SG-ACC　　hit-1SG-2SG
　2 单　　1 单－宾格　　打－1 单－2 单
　“You hit me.”
　“你打我。”（非使成式）

b. pay　　qam-wan　　noqa-ta　　maqa-*chi*-ma-n
　3SG　　2SG-COM　　1SG-ACC　　hit-CAUS-1SG-3SG
　3 单　　2 单－伴随　　1 单－宾格　　打－使成－1 单－3 单
　“He makes you hit me.”
　“他使你打我。”

上面这些例子显示了词义上及物动词的形态型使成式一个十分常见的模式：受使者以旁格形式出现。在土耳其语和格鲁吉亚中是“与格”，在尤比克语中是“终点格”（terminalis）（一种方向性处所格，缩略式为 OBL），在盖丘亚语中是“伴随格”。动词词干的受事仍然是宾格，或者如尤比克语中的通格。另一种可能性是，及物动词的使成式允许带两个宾格形式。下面的例子来自梵语（Comrie 1974：16）：

（13） a. Rama-m　　veda-m　　adhyapa-yate.
　Rama-ACC　　Veda-ACC　　learn-CAUS
　拉玛－宾格　　吠陀－宾格　　学习－使成
　“He teaches Rama the Veda.”
　“他教拉玛《吠陀》。”

b. Batu-m　odana-m　bhoja-yati.
boy-ACC　food-ACC　eat-CAUS
男孩－宾格　食物－宾格　吃－使成
"He makes the boy eat food."
"他让那个男孩吃东西。"

旁遮普语（Panjabi）的形态型使成式与词汇性使成式接近，因为由非使成式动词派生使成式动词的规则很难明确地表述（用例蒙 Lynn Conver 惠示）：

（14）旁遮普语（印欧语）
a. 非使成式：k'ad
o-ne　k'aNa　k'ad-a
3SG-ERG　food　eat-PAST:MSG
3 单－作格　食物　吃－过去：阳单
"He ate food."
"他吃了食物。"
b. 使成式：k'lay
timi-ne　o-nu　k'aNa　k'lay-a
woman-ERG　3SG-DAT　food　eat:CAUS-PAST:MSG
妇女－作格　3 单－与格　食物　吃：使成－过去：阳单
"The woman made him eat food."
"这个妇女使他吃了食物。"
c. 非使成式：dore
Ram　dore-a
Ram　run-PAST:MSG
拉姆　跑－过去：阳单
"Ram run."
"拉姆跑了。"
d. 使成式：dəray 181
munci-ne　Ram-nu　dəray-a
teacher-ERG　Ram-DAT　run:CAUS-PAST:MSG
教师－作格　拉姆－与格　跑：使成－过去：阳单
"The coach made Ram run."
"教练让拉姆跑了。"

分析型使成式。英语中大多数使成式是分析型的，因为它们都包含一个独立的使成动词，如：*make*（"使"），*cause*（"致使"），*force*（"迫使"），*compel*（"强迫"），等等。

（15） He made me do it. “他使我做这件事。”
Gloucester caused Lucretia to die. “格洛斯特致使柳克丽霞死了。”
Melinda forced her hairdresser to relinquish his position.
“梅琳达迫使她的理发师放弃他的职位。”
Marie compelled Taroo to dance with her. “玛丽强迫塔罗和她跳舞。”

一般不把分析型使成式看作增价操作，尽管它们在语义上可以这样理解。相反，在绝大多数情况下，它们含有一个母动词（表达使因概念），这个母动词的句子补足语指称受使事件（参看 11.2 节有关“母动词”和“补足语”）。在本节下面的讨论中，我们继续将分析型使成式包括在内，因为从使成式的三种类型中可以做出有价值的功能归纳。在语法概要中，可以将使成式的所有类型纳入一节中。

现在我们将讨论使因（cause）和结果之间的**结构整合**（structural integration）与**概念整合**（conceptual integration）的关系。概念整合是指在信息世界中如何将使因与结果“整合”成一体或“结合”在一起。结构整合是指在使成结构中如何将表达使因的成分与表达结果的成分整合。概念整合通常从**直接使成**（direct causation）和**间接使成**（indirect causation）之别的角度来描述。

直接使成是致使者（causer）直接地、即刻地并且可能通过身体动作（physically）造成某种结果的出现。例如，英语动词 *kill*（“杀死”）是一个词汇性使成式，表达直接使成；而 *cause to die*（“致……死”）则是一个分析型使成式，表达间接使成。像 *Jesse killed the gunfighter*（“杰西杀死枪战者”）这样的小句，可能描述这样一个情状：杰西直接地并且以身体动作造成枪战者的死亡。另一方面，小句 *Jesse cause the gunfighter to die*（“杰西使枪战者死了”）可能是描述这样一个情状：导致枪战者死亡的行为在物理上和 / 或在时间上分离于他的死亡这一行为。例如，杰西可能弄坏了枪战者的枪，或在枪战中分散了他的注意力。

182 关于使因与结果之间的结构整合与概念整合的关系，在世界上已知的语言中，至少例示为三种不同的方式（来自 Givón 1984）：

1 结构距离：包含在使成式操作中的音节或音段的数量与使因和结果之间的概念距离大小呈象似性关联。（Haiman 1983a）。
2 定式与非定式的动词形式：如果使因和结果在时 / 体 / 情态 / 示证和 / 或处所等方面都一致，其中一个动词可能是非定式的（即，在时 / 体等方面未标记，参见 9.3 节）。
3 受使者的形态格：如果受使者对受使事件保持着较高的控制度，它会出现在通常与施事相关的格位中，如主格或作格。如果受使者保持的对受致使事件控制极少或完全没有，它会出现在通常与受事相关的格位中，如宾格或通格。

下面将对这三种“使成式编码原则”加以讨论和举例说明。

使成式编码原则 1：结构距离。对于那些拥有不止一种使成式形式类型的语言来说，"相对小"的使成式形式（即，使因和结果在形式上结合得最紧密的使成式）会用于更直接的因果关系；而"相对大"的使成式形式（即，形态句法规模相对大的使成式形式）会用于不太直接的因果关系。

这一原则 Haiman（1983a）曾用"象似性金字塔"来加以说明。在该金字塔中，处于顶端的是使因和结果由单个词汇形式表达的结构式。该结构式即我们所说的"词汇型使成式"（详上）。形态型使成式以及处于最后的分析型使成式出现在金字塔上较低的层级。在这些结构式类型中，使因在形态句法上距离结果越来越远。渐增的形态句法距离同更大的概念距离相关联。

（16）

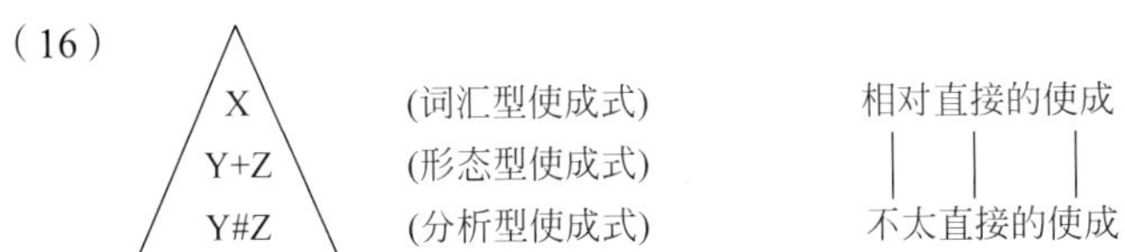

Haiman 的金字塔并没有对不同语言中词汇型和分析型使成式的语义做出任何断言，他 183
所讨论的只限于那些具有一种以上的使成结构来表达本质上相同的意思的语言。下面的讨论，包括例子，主要是对 Haiman 这篇重要文章的一个概括。

相对长的语言距离（按照 Haiman 的金字塔）总是同相对大的概念距离相关联。因此，分析型使成式通常"要求"一个有生的受使者（causee）。相对长的分析型使成式暗示的相对大的概念距离，表示致使者（causer）对受使者没有直接的物理性（physical）控制；相反，受使者对受使事件仍有一定的控制。这种控制与一个无生的受使者是不相容的。

在英语中，没有要求分析型使成式的受使者是有生的这样的语法限制。不过，如果受使者不是有生的（或由于其他原因对受使事件缺乏控制），这个分析型使成式听上去就有点怪：

（17）I caused the tree to fall.　　"我使树倒了。"
the chicken to die.　　"我使鸡死了。"
the cup to rise to my lips.　　"我使杯子上升到我的嘴边。"

所有这些似乎隐含了由使因和结果之间的概念距离而产生的魔力。而与之对应的词汇型成式则并非如此：

（18）I felled the tree.　　"我砍倒了树。"
I killed the chicken.　　"我杀死了鸡。"
I raised the cup to my lips.　　"我把杯子举到我的嘴边。"

这些例子隐含了使因和结果之间的一种密切关联，如直接的身体接触以及致使者对受使者的完全控制。

在日语中，当受使者对事件保留着一些控制时，允许使用形态型使成式（19a），但对于无生的受使者，则要求使用词汇型使成式（19b，c）：

（19） a. Taroo-wa　Ryoko-o　ori-*sase*-ta.
T.-TOP　R.-ACC　descend-CAUS-PAST
T.－话题　R.－宾格　下降－使成－过去
"Taroo made Ryoko come down."
"太郎使良子下来。"

b. Taroo-wa　nimotu-o　oros-ta
T.-TOP　baggage-ACC　bring:down-PAST
T.－话题　行李－宾格　拿：下－过去
"Taroo brought the baggage down."
"太郎把行李拿下来。"

184 c. *Taroo-wa　nimotu-o　ori-*sase*-ta.
T.TOP　baggage-ACC　descend-CAUS-PAST

阿姆哈拉语（Amharic）甚至在一种使成式类型范围内就体现了这一原则。阿姆哈拉语拥有两种形态型使成式：一种标以前缀 *a*-，另一种标以前缀 *as*-。其中，相对短的前缀用于直接使成，而相对长的前缀 *as*- 总是用于间接使成。

（20） a. Abbat　lëgun　sëga　*a*-bälla
father　boy　meat　CAUS-eat
父亲　男孩　肉　使成－吃
"The father fed the boy the meat."（direct physical control）
"父亲喂男孩吃肉。"（直接的身体控制）

b. Abbat　lëgun　sëga　*as*-bälla
father　boy　meat　CAUS-eat
父亲　男孩　肉　使成－吃
"The father forced the boy to eat the meat."（indirect control, e.g., by threat）
"父亲逼迫男孩吃肉。"（间接控制，例如通过威胁）

朝鲜语的形态型和分析型使成式证明了这一原则：

（21） a. ip-*hi*-ta　"给某人穿衣服"
b. ip-*key ha*-ta　"劝说某人穿衣服"

（22） a. ket-*I*-ta　　“强迫……行走”

b. ket-*key ha*-ta　　“使……能行走”

在这些例子中，第一个小句包含致使者直接的、身体的行为，而第二个小句包含更远的、不太直接的使成。这些例子也说明，间接使成通常具有另外的语义蕴涵，如“使……能”“允许”“劝说”“吩咐”等。

最后，米兹特克语（Miztec）也说明了这一原则——在形态型和分析型使成式中，形态句法距离与概念距离相互关联：

（23） a. *s*-kée

CAUS-eat（potential）(= put food in his mouth）

使成－吃（潜在的）(= 把食物放进他嘴里）

“Feed him.”“喂他。”

b. sá:à	hà	nà	kee
CAUS	NOM	OPT	eat（= prepare food for him to eat）
使成	主格	祈愿	吃（= 为他准备吃的食物）

“Make him eat.”“使他吃。”

使成式编码原则 2：定式与非定式（non-finite）的动词形式。使因在时间或空间上跟结 185
果的距离越远，表达结果的动词的有定性就越高。例如，在西班牙语中，直接使成是由动词 *hacer*（“使 / 做 / 致使”）以及一个非定式动词形式来表达的（例 24a）。相对间接的使成则用一个定式动词形式来表达（例 24b）：

（24）

a. Moctezuma	hizo	*comer*	pan	a	Cortez.
M.	CAUS:3SG:PERF	eat:INF	bread	DAT	C.
M.	使成：3 单：完整	吃：不定式	面包	与格	C.

“Moctezuma made Cortez eat bread.”

“蒙特苏马使科尔特斯吃面包。”

b. Moctezuma	hizo	que	Cortez	*comiera*	pan
M.	CAUS:3SG:PERF	that	C.	eat: 3SG:SUB	bread
M.	使成：3 单：完整	那	C.	吃：3 单：主语	面包

“Moctezuma made Cortez eat bread.”

“蒙特苏马使科尔特斯吃面包。”

c. Moctezuma se hizo comer pan.

“Moctezuma made himself eat bread.”

“蒙特苏马使他自己吃面包。”

d. *Moctezuma se hizo que comiera pan.

在例（24a）中，其含意是，蒙特苏马直接地并且以身体动作（physically）使科尔特斯吃面包；而例（24b）则意指蒙特苏马安排科尔特斯吃面包，如杀死所有的牲口。在这种情况下，例（24b）中使因（杀死牲口）和结果（科尔特斯吃面包）在时间和空间上的距离比（24a）中的大得多。如果致使者和受使者相同，则定式动词形式不能用于表述结果（例 24d）。在这种情况下，使因和结果中参与者的同一性，要求一个非定式的动词形式。
使成式编码原则 3：受使者的格位。如果受使者对受使事件保留着较高的控制度，它会出现在通常与施事相关的格位中，如主格或作格。如果受使者保留的对受使事件控制很少或完全没有（即受使事件完全由致使者操纵），它会出现在通常与受事相关的格位中，如宾格或通格。例如，在英语中，当受使者对行为保留一定程度的自由权时，则以主格形式出现：

（25） a. I asked that he leave.　“我要求他离开。”（要求，受使者保留拒绝的权利。）
　　主格
b. I asked him to leave.　“我要求他离开。”（命令，受使者不太可能有拒绝的选择权。）
　　宾格
186 c. I made him leave.　“我使他离开。”（受使者没有任何控制权。受使者以宾格形式出现，且补足语中没有“*to*”。结果和使因谓语高度整合。）
　　宾格

在匈牙利语中，当受使者对事件不具有控制权时，它以宾格形式出现（例 26），但当它保留着一定的控制权时，则以工具格形式出现（例 27）：

（26） En　köhogtettem　a　gyerek-et.
I　caused:to:cough　the　child-ACC
我　使咳嗽　那个　孩子－宾格
“I made the child cough.”（e.g.,by slapping him/her on the back.）
“我使那个孩子咳嗽。”（如，通过拍打他 / 她的背。）

（27） En　köhogtettem　a　gyerek-kel.
I　caused:to:cough　the　child-INST
我　使咳嗽　那个　孩子－工具
“I got the child to cough.”（e.g.,by asking him/her to do so）
“我使孩子咳嗽。”（如，通过要求他 / 她这么做。）

思考题

在该语言中，使成式是如何构成的？这个问题主要有三个可能的答案：
（a）词汇型。　kill　“杀死”
（b）形态型。　die+cause　“死＋致使”

（c）分析型 / 迂说型。　cause to die　“使……死”

分别列举由不及物动词构成的使成式（如 *He made Shin Jaa laugh*“他使申贾笑了”）和由及物动词构成的使成式（如 *He made Shin Jaa wash the dishes*“他使申贾洗碗”）。

每一种使成式类型中受使者有什么变化？

使成式形态句法是否还具有其他功能（如，允许、升宾、受益、工具等等）？

该语言的使成式有没有其他任何值得注意或不同寻常的现象？

补充参考文献：Comrie（1989，第 8 章），Givón（1984），Haiman（1983a）。

8.1.2　升宾式

有些语言有这样的操作，在动词上标记某个直接宾语的语义角色。在这里我们将把这种操作称为**升宾式**（applicative），尽管它们也被称作“提升”（advancement）或“升级”（promotion）至直接宾语。在大多数情况下，升宾式可以被富有洞见地描述为一种增价操作，它通过使一个边缘性的参与者成为直接宾语从而将它带入中央舞台。这个“新”的直接宾语有时被称作**升用**（applied）宾语。对于已经有一个直接宾语的动词来说，升宾式要么产生一个三元（双及物）动词，要么“原先”的直接宾语不表 187
达出来。在后一种情形里，升宾式不能看作增价手段，因为原先的动词和后产生的动词具有的论元数相同；相反，升宾式只是把一个新的、原为边缘性的语义角色归为直接宾语。

亚瓜语（Yagua）有一种升宾式，确实能增价。升宾后缀 *-ta* 表示某个处所格或工具格参与者处在直接宾语的位置上：

（28） a. Sa-duu　　rá-viimú
　　3SG-blow　　INAN-into
　　3 单 – 吹　　无生 – 进去
　　“He blows into it.”
　　“他吹进它里面。”（配价 =1）

b. Sa-duu-*tá* -ra
　　3SG-blow-TA-INAN:OBJ
　　3 单 – 吹 – TA – 无生：宾语
　　“He blows it.”
　　“他吹它。”（配价 =2）

同一后缀 *-ta* 也可以用于及物动词，这种情况下它将配价从 2 增为 3：

（29） a. sį-įchití-rya　javanu　quiichi-*tya*
3SG-poke-INAN:OBJ　meat　knife-INST
3 单 – 刺 – 无生：宾语　肉　刀子 – 工具
"He poked the meat with the/a knife."
"他用这把 / 一把刀子刺肉。"（配价 =2）

b. sį-įchití-*tya*-ra　quiichiy
3SG-poke-TA-INAN:OBJ　knife
3 单 – 刺 – TA – 无生：宾语　刀子
"He poked something with the knife."
"他用刀子刺什么东西。"（配价 =3）

在例（29a）中，将一个名词性成分标记为*工具*这一语义角色的后置词，与升宾动词后缀同形（*-tya* 和 *-rya* 分别是 *-ta* 和 *-ra* 以音系为条件的语素变体）。在亚瓜语中，带升宾后缀的及物动词具有三元动词（如"给"或"送"义动词）的所有语法属性。

金亚旺达语（Kinyarwanda），卢旺达的一种班图语（例子来自 Kimenyi 1980），依据升用直接宾语的语义角色的不同，可以有若干个升宾操作符：

（30） a. Umugóre　a-ra-kor-*er*-a　umuhuungu　igitabo.
woman　she-PRES-read-BEN-ASP　boy　book
女人　她 – 现在 – 读 – 受益 – 体　男孩　书
"The woman is reading the boy the book."
"女人在给男孩读那本书。"（配价 =3，男孩 = *受益者*）

188 b. Umwáalimu　y-oohere-jé-*ho*　ishuuri　igitabo.
teacher　he-send-ASP-LOC　school　book
老师　他 – 送 – 体 – 处所　学校　书
"The teacher sent the book to the school."
"老师把书送到了学校。"（配价 = 3，学校 = 处所）

在例（30a）中，后缀 *-er* 表示动词后的第一个宾语具有*受益者*的语义角色。在例（30b）中，后缀 *-ho* 表示第一个宾语是*处所*成分。金亚旺达语有一些句法测试显示，这些成分的确是动词的句法直接宾语（Kimenyi 1980）。动词后缀指明了宾语的语义角色。

在诺马奇根加语（Nomatsiguenga）（秘鲁东部丘陵地带的一种阿拉瓦克语，属于阿拉瓦克语系 Maipuran 语族 Pre-Andine 语支）中，发现一种更为复杂的升宾式系统。在该语言中，至少有九个升宾后缀，表达各种语义角色。例（31）和（32）显示，普通及物动词的直接宾语由动词后缀来指称，阴性用 *-ro*，阳性用 *-ri*（所有诺马奇根加语的例子均来自 Wise 1971）：

（31） Pablo　i-niake-*ro*　inato

Paul　he-see-her　mother

保罗　他－看见－她　母亲

"Paul saw mother."

"保罗看见了母亲。"

（32） Pablo　i-pë-*ri*　Ariberito　kireki

Paul　he-give-him　Albert　money

保罗　他－给－他　艾伯特　钱

"Paul gave Albert money."

"保罗给了艾伯特钱。"

例（33b）显示，有两种方式表达方向性处所（至少动词 *areeka*"到达"是如此）：首先，它们可以用后置短语来表达（33a）；其次，它们可以表达为直接宾语（33b）。*Siointi* 是例（33b）的直接宾语，证据是它与一致关系后缀 *-ri* 共现：

（33） a. n-areeka　Siointi-kë

I-arrive　S.　-LOC

我－到达　S.　－处所

"I arrived at Shointi's."

"我到达 Shointi 处。"

b. n-areeka-ri　Siointi

I-arrive-him　S.

我－到达－他　S.

"I arrived at Shointi's."

"我到达 Shointi 处。"

既然例（33b）中动词 *areeka*（"到达"）具有直接宾语，那么它现在语法上就是及物动词，我们可以说它的配价增加了。但是，在动词上没有专门的形态来指明这一事实。至于其他语义角色的旁格成分提升至直接宾语地位，需要升宾后缀。如例（34）中，后缀 *-te* 189
指明直接宾语具有夺格的语义角色（一种处所格，是某些具有处所指向的行为的终点）

（34） 处所格－1

Pablo　i-hoka-*te*-ta-be-ka-ri　Ariberito　i-gotsirote

he-throw-*toward*-E-FRUST-REFL-him　Albert　his-knife

他－扔－向－增音－沮丧－反身－他　艾伯特　他的－刀子

"Paul threw his knife toward Albert."

"保罗把他的小刀扔向艾伯特。"

Aribertito 这一形式实际上是例（34）中的句法直接宾语，证据如下：（a）它直接出现在动词后，（b）它的前面是一个第三人称直接宾语后附形式 *-ri*。对于带其他升宾后缀的动词的直接宾语而言，这一结论同样成立，如例（35）–（42）所示：

（35）处所格 – 2

Pablo	i-kenga-*mo*-ta-h-i-ri	Arberto
	he-narrate-*in:presence:of*-E-FRUST-REFL-him	Albert
	他 – 讲述 – 当着……的面 – 增音 – 沮丧 – 反身 – 他	艾伯特

"Paul narrated it in Albert's presence."
"保罗当着艾伯特的面讲述它。"

（36）工具格

ora	pi-nets-*an*-ti-ma-ri	hitatsia	negativo
that	you-look:at-*INST*-FUT-FUT:REFL-him	name	negative
那	你 – 看 – 工具 – 将来 – 将来：反身 – 他	名叫	底片

"Look at it (the sun during an eclipse) with that which is called a negative."
"用那个叫作底片的东西看它（日蚀期间的太阳）。"

（37）伴随格

Juan	i-komota-*ka*-ke-ri	Pablo	otsegoha
	he-dam:stream-*ASSOC*-PAST-him	Paul	river:branch
	他 – 筑坝：水流 – 伴随 – 过去 – 他	保罗	河：分支

"John dammed the river branch with Paul."
"约翰和保罗在河的支流筑坝。"

（38）目的格

a.

Pablo	i-ata-*si*-ke-ri	Ariberito
	he-go-*PURP*-PAST-him	Albert
	他 – 去 – 目的 – 过去 – 他	艾伯特

"Paul went with Albert in mind (e.g., to see him)."
"保罗心系艾伯特而去（例如，去看他）。"

b.

ni-ganta-*si*-t-ë-ri	hompiki
I-send-*PURP*-E-TENSE-him	pills
我 – 派 – 目的 – 增音 – 时 – 他	药丸

"I sent him for pills."
"我派他去拿药丸。"

（39）原因格

a.

Pablo	i-kisa-*biri*-ke-ri	Juan
	he-be:angry-*REASON*-PAST-him	John

他－生气－原因－过去－他 约翰

"Paul was angry on account of John."

"保罗因为约翰非常生气。"

b. Pablo i-atage-*biri*-ke-ri Juan 190

he-go-*REASON*-PAST-him

他－去－原因－过去－他

"John was the reason for Paul's going."

"约翰是保罗离去的原因。"

（40） 受益格

Pablo i-pë-*ne*-ri Ariberito tiapa singi

he-give-*BEN*-him Albert chicken corn

他－给－受益－他 艾伯特 小鸡 谷子

"Paul gave the chickens corn for Albert."

"保罗为艾伯特给鸡谷子。"

诺马奇根加语及其他坎帕语（Campa）可能拥有地球上最高度发达的形态上清晰的升宾式操作系统。有两种升宾后缀，Wise（1971）分析为意指"包括"（included）和"关涉"（with respect to）。这些似乎说明，直接宾语同动词表达的活动之间具有某种未指明的关系：

（41） 包括（关涉）

a. Pablo i-samë-*ko*-ke-ro i-gisere

he-sleep-*INC*-PAST-it his-comb

他－睡觉－包括－过去－它 他的－梳子

"Paul went to sleep with reference to his comb."（e.g., he was making it and dropped it）

"根据梳子的情况，保罗睡着了。"（例如，他正在做梳子，梳子掉下来了。）

b. Pablo i-komoto-*ko*-ke-ri pabati otsegoha

he-dam:stream-*INC*-PAST-him father river:branch

他－筑坝：水流－包括－过去－他 父亲 河：分支

"Paul dammed the river branch with reference to father."（cf.37 above）

"保罗（包括父亲）在河的支流筑坝。"（试比较上文例 37）

（42） 关涉

a. Pablo i-pëna-*ben*-ta-h-i-ri yaniri kireki

he-pay-*WRT*-E-FRUST-REFL-him howler:monkey money[1]

他－支付－关涉－沮丧－反身－他 吼猴 钱

---

[1] 此处注解中的"WRT"为 with respect to（"关涉"）的缩写。——译者注

"Paul paid money for the howler monkey."
"保罗为吼猴而付钱。"

b. pi-ngaki-*ben*-kima-ri　yaniri
you-stay:awake-*WRT*-IMPER-him　howler:money
你－保持：清醒－关涉－祈使－他　吼猴
"Stay awake with reference to the howler monkey (e.g., because of him)."
"对吼猴保持觉醒（例如，由于他）。"

在某些语言中，工具格升宾式也可以分析为使成式。例如，在金亚旺达语（Kinyarwanda）中，使成式和工具格升宾式使用同一个语素 -*iiš*。这种同构的功能基础，在下面一组例子中是显而易见的（Kimenyi 1980:164）：

（43）a. Umugabo　a-ra-andik-*iiš*-a　umugabo　íbárúwa
man　3SG-PRES-write-CAUS-ASP　man　letter
男人　3 单－现在－写－使成－体　男人　信
"The man is making the man write a letter."
"这个男人正在让那个男人写一封信。"

191 b. Umugabo　a-ra-andik-*iiš*-a　íkárámu　íbárúwa
man　3SG-PRES-write-APL-ASP　pen　letter
男人　3 单－现在－写－升宾－体　男人　信
"The man is writing a letter with a pen."
"这个男人正在用钢笔写一封信。"

这两个小句之间唯一真正的差别在于受使者的生命度。两个例子中，致使者都作用于某物或某人，来完成某个行为。例（43a）中致使者作用的对象是另外一个人，而例（44b）中他作用的对象则是一支钢笔。其他具有这类同构现象的语言是亚瓜语（Yagua）（参见上文例 29）、马来语和迪尔巴尔语（Dyirbal）（Croft 1990：242）。在别的很多语言中，使成式和工具格升宾式是不同的语素。不过，这两种结构常常形式上相似，这一事实凸显了这些表面不同的功能类型之间的概念相似性。

在塞科巴当语（Seko Padang，一种西部南岛语）中，后缀 -*ing* 用于及物动词时有升宾式功能（例 44b）；但用于某些不及物动词时，则具有使成式功能（例 45b）（例子蒙 Tom Laskowske 惠示）：

（44）a. Yeni　mang-ala　kin-anne:
Jenny　TRANS-get　NOM-eat
珍妮　及物－得到　名词化－吃
"Jenny is getting rice."
"珍妮正在买米。"

b. Yeni mang-ala-*ing* kin-anne: adi-nna
Jenny TRANS-get-APL NOM-eat brother-3:POSS
珍妮 及物－得到－升宾 名词化－吃 兄弟－3：领属
"Jenny is getting rice for her brother."
"珍妮正在为她的哥哥买米。"

(45) a. jambu mi-rène'
guava INTR-fall
番石榴 不及物－落下
"Guava fell."
"番石榴掉了。"

b. Matius mar-rène'-*ing* jambu
Matthew TRNS-fall-APL guava
马修 及物－落下－升宾 番石榴
"Matthew dropped guava."
"马修扔下番石榴。"

思考题

有没有这样的操作：一个参与者具有某种通常由"旁格"短语表达的语义角色，而这种参与者可被"提升"到直接宾语地位？

哪些语义角色易受这些操作？这些结构式有多常见？

8.1.3 与格转移 192

很多语言在表达三价命题时有两种可选的形态句法手段。三价命题通常包括一个施事、一个受事（通常是从一个人传递至另一个人的物件）以及一个接受者。表达三价命题的某些英语动词是 *show*（"出示"）、*give*（"给"）和 *send*（"送"）。对于这些动词来说，接受者（或 *show* 情形中的经历者）有时以与格形式出现，用前置词 *to* 标记；有时没有格标记。接受者不带前置词的结构式称为**与格转移**（dative shift）结构式。

(46) a. 常规形式
Prudence gave her greatcoat to the curator.
"普鲁登丝给了她的大衣给馆长。"

b. 与格转移
Prudence gave the curator her greatcoat.
"普鲁登丝给了馆长她的大衣。"

我们把与格转移看作一种增价操作，因为它是一种将属于边缘语义角色（如接受者和受益者）的参与者带上“中央舞台”的手段，而不管别的什么参与者已经在舞台上。假如小句中已有其他非主语论元，它们就获得了“第二宾语”的地位。在这个位置上，它们可能保留也可能不保留直接宾语的形态句法特征。

升宾式和与格转移结构之间有两点非常细微的区别。这两点区别是:（1）升宾式涉及对动词做某种标记而与格转移结构没有;（2）与格转移结构通常只允许接受者和受益者变成直接宾语，而升宾结构通常提升工具成分，也有可能提升其他旁语成分。

思考题

有没有与格转移结构?

什么语义角色可以经历“与格转移”？

与格转移是否具有强制性?

8.1.4 利益与格

对于与事件在语法上有某种不明确关联的参与者，有些语言允许用与格代词来指称它。西班牙语就是一个著名的例子：

193 （47）

Se	*me*	quemó	la	cena.
REFL	1SG	burn:3SG:PAST	DEF:FEM:SG	dinner
反身	1 单	烧糊：3 单：过去	有定：阴：单	晚饭

“Dinner burned on me.”（valence=2）

“晚饭给我烧糊了。”（配价 =2）

这个小句也可以被译为“dinner burned with respect to me”（“关于我，晚饭烧糊了”）或“dinner burned for me”（“为我，晚饭烧糊了”）。利益与格（dative of interest）结构与升宾式以及与格转移结构有明显的区别，这表现在：利益与格结构中添加到命题的论元被例示（instantiate）为“与格”参与者，亦即三价结构中的第三论元；而在升宾式和与格转移结构中，被添加的论元是作为直接宾语出现的。对于及物动词而言，利益与格可以表明由与格代词指称的参与者是直接宾语的领有者：

（48）

Le	cortó	el	pelo.
3DAT	cut	the	hair
3 与格	剪	定冠	头发

“She cut the hair（with respect to/on/for）him.”（i.e., “She cut *his* hair.”）

“有关 / 涉及 / 为了他，她剪其头发。”（即“她剪了他的头发。”）

最后这个结构有时被称为**领有者提升**（possessor raising）、**领有者上升**（possessor ascension）或**外部领有**（external possession）。（Haspelmath，待刊）。不管怎样，所有这些术语都假定与格参与者在某个深层次上是直接宾语的句法领有者，就像在与其对等的英语译文里的一样。不过，就西班牙语而言，做这个假定并没有任何特别的理由，因为西班牙语具有一个十分能产的“利益与格”结构类型。实际上，在西班牙语大多数方言中，像例（49）中的宾语仍然有可能作为被领有的对象，尽管不太常见：

（49） Me cortó mi pelo.
1DAT cut my hair
1 与格 剪 我的 头发
“She cut my hair（on/to/for me）.”
“她剪我的头发（涉及 / 对于 / 为了我）。”

例（49）显示，与格代词并不是一个“被提升”的领有者，因为领有者仍旧留在其位置上，作为名词短语 *mi pelo* 的一部分。与例（45）一样，此例中的 *me* 在语法上是一个“利益与格”[1]。当然，在其他一些语言中，可能有形式上的证据表明，语法“领有者”被提升到主语、直接宾语或与格论元的地位。8.1.4 节讨论的是更典型的领有者提升结构。

在契卡索语（Chickasaw）语和乔克托语（Choctaw）（西部马斯科吉语组）中有一种特殊的结构，其中与格论元可以随意“提升”至主语地位。例如，例（50a）是一个 194
小句，它包含一个由 *-at* 标记的主语和一个与格论元。与格论元不带格标记，不过动词带一个“Ⅲ”前缀，表示这个未加格标记的名词应被理解为与格。在例（50b）中，*hattak*“男人”已经被提升至主语地位，这可以由以下事实得到证明：该成分出现在句首位置（契卡索语是一种 APV 语言），带主语格标记 *-at*，并且具有主语的其他一切特征（Munro 1984）：

（50） a. Chihoow-*at* hattak im-oktani-tok
God-SUB man Ⅲ -appear-PAST
上帝 – 主语 男人 Ⅲ – 出现 – 过去
“God appeared to the man.”
“上帝出现在这个男人面前。”

[1] 疑当为“与例（47）一样”，因为例（45）是塞科巴当语的一个形态型使成式的例子（见 8.1.2 节“升宾式”）。——译者注

b. Hattak-at　　Chihoow-*at*　　im-oktani-tok
man-SUB　　God-SUB　　Ⅲ -appear-PAST
男人－主语　　上帝－主语　　Ⅲ－出现－过去
"God appeared to the man."
"上帝出现在这个男人面前。"

例（50b）的特殊之处在于，它使一个通常属于边缘性的参与者成为一个"新"的主语。一般情况下，利益与格结构只将边缘性参与者提升至宾语地位。尽管如此，除了这些"双主语"结构，契卡索语和乔克托语还允许更典型的与格转移、利益与格和领有者提升结构，它们都将边缘性参与者提升至宾语地位。领有者提升结构将在下节讨论。

8.1.5 "领有者提升"或外部领有

有些语言中，领有者提升可能实际上是一个不同于利益与格或其他增价手段的过程。例如在契卡索语和乔克托语中，小句宾语的领有者可以"提升"至宾语位置，动词于是带上前一节讨论的与格前缀（注解为"Ⅲ"）：

乔克托语

（51）a. Naahollo　　i-tobi-ya　　apa-li-tok.　　没有领有者提升
Anglo　　Ⅲ -bean-NS　　eat-1SG-PAST
白人　　Ⅲ－蚕豆－非主语　　吃－1 单－过去
"I ate the white man's beans."（"white man's beans" = green peas）
"我吃了白人的蚕豆。"（"白人的蚕豆" = 绿豌豆）

b. Naahollo-ya　　tobi　　im-apa-li-tok　　领有者提升
Anglo-NS　　bean　　Ⅲ -eat-1SG-PAST
白人－非主语　　蚕豆　　Ⅲ－吃－1 单－过去
"I ate the white man's beans."
"我吃了白人的蚕豆。"

195

（52）a. Tali　　i-hina-ya　　ayska-li-tok　　没有领有者提升
rock　　Ⅲ -road-NS　　fix-1SG-PAST
石头　　Ⅲ－路－非主语　　修理－1 单－过去
"I fixed the railroad track."
"我修铁轨。"

b. Tali-ya　　hina　　im-ayska-li-tok　　领有者提升
rock-NS　　road　　Ⅲ -fix-1SG-PAST
石头－非主语　　路　　Ⅲ－修理－1 单－过去

"I fixed the railroad track."
"我修铁轨。"

在例（51a）中，*naahollo itobiya* 是一个名词短语，字面意思是"白人的蚕豆"，其中 *naahollo* 是领有者，整个名词短语带上了非主语后缀 *-ya* 标记。在例（51b）中，*naahollo*[1] 已经从宾语领有者地位被"提升"为自身充当宾语，这一点可以由它带上后缀 *-ya* 这一事实得到证明。例（51b）中的 *tobi*"蚕豆"，现在没有了Ⅲ前缀，显示它不再是领属短语的中心词。动词现在带上Ⅲ前缀，表明它现在具有一个"新"的与格论元。假如这是一个与上述西班牙语例（47）相当的利益与格结构，那么人们会认为可以将它解释成"我为白人吃了蚕豆"的意思。然而，这个意思是不恰当的。意为"白人的蚕豆"的这个名词短语是一个惯用语，意思是"绿豌豆"，哪怕像在例（51b）中领有者被提升至直接宾语的地位。该意义即使不再由一个被领属的名词短语表达，仍然有效；这一事实表明，*naahollo*[2] 在某种"更深"的层次上仍然是个领有者。除了惯用语"rock's road"意为"铁轨"之外，例（52a）（52b）与例（51a）（51b）完全平行。例（52b）不可能意指"我为岩石修路"。Munro（1984）另有一些论据表明，契卡索语和乔克托语中的领有者提升一定不同于更为一般性的"利益与格"结构式。

马赛语（Maasai）（肯尼亚和坦桑尼亚的一种尼罗河语）允许好几种类型的领有者提升。以下例示的是带一个领属宾语的及物小句（例 53a）和一个宾语领有者被"提升"至宾语地位的对应小句（例 53b）（例句来自 Barshi 和 Payne 1996）：

（53） a. N-é-ypid-óki　ɔltʊ́ŋání　emúrt　ây.
CN-3-jump-DAT　person　neck　my
连接－3－跳－与格　人　脖子　我的
"A person jumped on my neck."
"一个人跳到我的脖子上。"

b. N-áa-ypid-óki　ɔltʊ́ŋání　emúrt.
CN-3>1-jump-DAT　person　neck
连接－3>1－跳－与格　人　脖子
"A person jumped on my neck."
"一个人跳到我的脖子上。"

例（53a）中的动词标以前缀 *é-*，表明一个第三人称参与者作用于另一个第三人称参与 196
者。在例（53b）中，前缀 *áa-* 表示一个第三人称参与者作用于一个第一人称参与者。

[1] 原著为 nahollo，现改为 naahollo。——译者注

[2] 原著为 nahollo，现改为 naahollo。——译者注

此外，例（53b）中的宾语名词短语 *emúrt*“脖子”后面不带领属代词 *ây*。因此，例（53b）的字面意思应该是“一个人跳上我在脖子”（“A person jumped on me the neck”）。

下例中，带被领有主语的不及物动词变成领有者做宾语的及物动词：

（54） áa-bʊak-ɩtá　　ɔldía
3>1-bark-PROG　　dog:NOM
3>1－吠－进行　　狗：主格
“My dog is barking.”
“我的狗在叫。”

在这个例子中，原先的不及物动词 *bʊak*“狗叫，吠”带上了及物前缀，表明一个第三人称论元作用于一个第一人称论元。换句话说，人们可能认为这个小句的字面意思是“狗在冲我叫”。不过，唯一可能真实的意思是“我的狗在叫”。

8.2　减价操作

语言可以有形态型、词汇型和迂说 / 分析型手段来减少动词的配价。最常见的形态型减价操作是反身式、交互式、被动式和逆被动式。这些结构将在下面三个小节中讨论。这里，我们将用帕纳雷语（Panare）(委内瑞拉的一种加勒比语）的例子对减价操作做一个介绍。

加勒比语因其减价操作而著称。实际上，在帕纳雷语词库中，绝大多数不及物动词从及物动词派生而来，尽管有一些语义上决定的例外。玛雅语群语言（Mayan languages）也使用大量的去及物化（detransitivization）。

在帕纳雷语中，每一个及物动词只和某一个特定的去及物化前缀同现。即，没有一个动词可以有时与某一个去及物化前缀同现而其他时候与另一个去及物化前缀同现。不过，这并不是变价操作普遍可见的一般属性。表 8.1 依照所使用的去及物化前缀，分类列出的帕纳雷语中典型及物动词及其去及物化对应形式。

表 8.1　帕纳雷语的去及物化前缀

前缀	及物形式		去及物形式	
ch-/s-	incha	“当心”	chinchama	“思考 / 恐惧”
	ipa	“喂”	chipa	“暴食”
	ireema	“喂”	chireema	“吃”
	irepa	“触摸（及物）”	chirepa	“触摸（不及物）”
	amaika	“保持 / 放”	samaika	“坐下”
	an	“拿”	san	“上升”

续表

前缀	及物形式		去及物形式	
	ap-	“开始（名词性宾语）”	sap-	“开始（小句补足语）”
	awa	“打”	sawa	“打自己”
	-wachíka	“使打喷嚏”	s-wachíka	“打喷嚏”
	awant-	“忍受 X”	sawant-	“恶心 / 死亡”
	e’ka’	“带来”	se’ka’	“来”
	ï’nampa	“装饰 X”	sï’nampa	“自饰”
	ïnampa	“打斗 X”	sïnampa	“互斗”
	m-nka	“结束 X”	s-m-nka	“到达 / 结束”
	o’koma	“举起”	so’koma	“升起”
	o’nama	“移动 X”	so’nama	“移动自己”
	o’renka	“弄湿”	so’renka	“弄湿自己”
	ono	“嘲笑”	sono	“笑”
	uka’	“杀死”	suka’	“死亡”
	ukinka	“画 X”	sukinka	“画自己”
	uru	“抱怨”	suru	“烦恼”
	等等			
t-	-ka	“养肥”	t-ka	“胖”
	ani’	“填满”	taani’	“（河水上升时）满”
	aru’ma	“使摆动”	taru’ma	“摆动”
	-sa	“弄直”	t-sa	“直”
	aweika	“唤醒 X”	saweika	“觉醒”
	ayapa	“使叫喊”	tayapa	“叫喊 / 发出噪音”
	ïn	“要价”	tïn	“值”
	ïnaan	“隐藏 X”	tïnaan	“隐藏自己”
	iñan	“举起”	tiñan	“升起”
	u’	“给（及物）”	tu’	“捐助（不及物）”
w-	marapa	“追赶”	wï’marapa	“逃跑 / 消失”
	muku	“关 X”	wumuku	“关（不及物）”
	utu’	“打破 X”	wutu’	“破（不及物）”

减价前缀表现出的意义成分因动词而异，例如，“当心”和“思考”之间的概念差 197
别迥异于“喂”和“吃”之间的概念差别。在第一对动词中，两个动词的主语都是主

要施动者（primary actor），即经历某种特定心理状态的施动者。但在第二对动词中，
198 派生性不及物动词的主语是吃某物的参与者，而基础性及物动词的主语是致使其他某个人去吃的参与者，该及物动词的宾语是涉入吃的行为的参与者。

尽管在这些去及物化前缀背后确实存在一些一般的语义原则（如，*ch-/s-* 用于反身式，*t-* 用于“反使成式”），但存在大量的例外，且没有一种前缀是完全能产的。它们唯一的语义共同点是，都通过减少动词的一个论元从而减少了动词的价。在下面几小节中，我们将讨论几种不同类型的减价操作。

8.2.1 反身式和交互式

典型的**反身**（reflexive）结构中，主语和宾语是同一实体，如，英语 *She saw herself*（“她看见了自己”）。反身操作指明所涉及的并非两个不同的实体，而是由一个实体实现两种语义角色和 / 或语法关系，以此来减少及物小句的语义价。和许多功能操作一样，反身式可以通过词汇型、形态型或分析型的方式来表达。词汇型和形态型反身式，其语义价减少的同时语法价也相应地减少。

词汇型反身式（lexical reflexive）与某个特定的动词的词汇意义密切相关。比如，英语动词 *to get dressed*（“穿衣服”）、*wash*（“盥洗”）、*put on*（“穿上”）、*shave*（“刮胡子”）等，正常情况下都暗指施事和受事是同一个实体，例如：

（55） Edward shaved, washed, and got dressed.“爱德华刮了胡子，洗了脸，穿上衣服。”

这个小句隐含爱德华给自己刮胡子、给自己洗脸、给自己穿衣服。如果想表达的是另外某个对象，则它要被明确地提及：

（56） Edward washed Claire.“爱德华给克莱尔洗了脸。”

有些行为极有可能以反身形式来完成，这主要是些“梳洗整饰”活动，如 *wash*（“盥洗”）、*shave*（“刮胡子”）、*dress*（“穿衣”）等。这些概念通常由语言中可得到的最简（即语音上最简、成分最少）类型的反身操作来表达。这种结构通常是词汇型反身式。

形态反身式（morphological reflexive）由 2.2 节讨论过的某种形态变化过程来表
199 达。英语没有形态型反身式。形态型反身式最著名的例子大概来自那些罗曼语族语言。不过，这些语言的书写系统常常会掩盖这一事实：反身语素实际上是黏着的附着语素（bound clitic），而不是自由词。例如，西班牙语中反身式由及物动词加上一个前附形式 *se* 构成：

（57）非反身式

Matilde quemó la cena.

"Matilde burned dinner."

"玛蒂尔德烧煳了饭。"

（58）反身式

Matilde *se*-quemó.

"Matilde burned herself."

"玛蒂尔德烧伤了自己。"

在西班牙语中，所有语义上及物的动词都必须加上一个反身前缀才能被理解成反身式，而没有英语中的那种词汇型反身式：

（59）	a. Matilde lavó el carro.	"玛蒂尔德洗汽车。"
	Matilde se-lavó.	"玛蒂尔德洗（她自己）。"
	*Matilde lavó.	
	b. Matilde afeitó el tigre.	"玛蒂尔德给老虎刮毛。"
	Matilde se-afeitó.	"玛蒂尔德（给她自己）刮毛。"
	*Matilde afeitó.	
	c. Matilde vistió al niño.	"玛蒂尔德给那个男孩穿衣服。"
	Matilde se-vistió.	"玛蒂尔德穿上衣服。"
	*Matilde vistió.	

再来看俄语形态型反身式的例子。俄语反身式通过加后缀 *-sja* 构成：

（60）a. 非反身式

Boris	umïvát^j	d^{j}et^j-oj.
Boris	wash	child-PL:ACC
鲍里斯	洗	孩子－复数：宾格

"鲍里斯给孩子们洗了。"

b. 反身式

Nat́áša	umïvát-sja.
Natasha	wash-REFL
娜塔莎	洗－反身

"娜塔莎给自己洗了。"

英语具有**分析型反身式**（analytic reflexive）。这类结构通过 *myself*（"我自己"）、*yourself*（"你自己"）、*himself*（"他自己"）、*herself*（"她自己"）、*ourselves*（"我们

自己”)、*yourselves*(“你们自己”)、*themselves*(“他们自己”)、*itself*(“它自己”)等“反身代词”来表达。例如：

200 (61) McGovern burned himself. “麦戈文烧伤了自己。”

这是一个分析型反身式，因为反身操作的存在是通过一个与动词不同的词汇来表达的。从纯粹的句法的角度来看，英语的分析型反身操作不是一种减价手段，因为仍然有两个句法论元——*McGovern* 和 *himself*。不过，我们要说的是，这个小句在“语义上是不及物的”，因为这两个句法论元指的是信息世界中的一个单一的实体。

阿布哈兹语(Abkhaz)，使用于格鲁吉亚(Georgia)的一种高加索语(Hewitt1979)，具有一种形态型反身式和一种分析型反身式。描述“内在反身”(inherently reflexive)活动的动词采用形态型反身式(例 62)，其他的动词则采用分析型反身式(例 63)：

(62) l-çə-l-kʷabe-yt'
3FSG-REFL-3FSG-wash-ASP
3 阴单－反身－3 阴单－洗－体
“She washed (herself).”
“她(给自己)洗了脸。”

描述那些不常以反身形式完成的活动的及物动词，则使用基于“head:”(“头”)义词的分析型反身式。

(63)	a-sark'a-ç'ə	s-xə	z-be-yt'
	DET-mirror-LOC	1:POSS-head	1:ERG-see-ASP
	限定－镜子－处所	1：领属－头	1：作格－看见－体

“I saw myself in the mirror.”
“我在那个镜子里看见了我自己。”

例(63)字面的释义可能是“我在那个镜子里看见了我的头”。但是，这是阿布哈兹语表述“我在那个镜子里看见了我自己”的标准方式。内在反身活动由形态手段表达而其他反身活动由分析手段表达，这一事实与上文提及的象似性原则一致，即“相对小”的编码形式往往表达更内在的反身化。

阿布哈兹语的材料还表明反身式的另一个普遍属性。分析型反身式通常是以身体部位词语为基础的，在阿布哈兹语中通常是“头”，但也可以是“灵魂 / 自我”或其他身体部位，正如下面体育英语或军事英语的例子所显示的：

（64） Get your butt over here!　　“赶快滚过来吧！”[1]

交互（reciprocal）小句在概念上与反身式十分相似。正因为如此，交互式和反身式经常用相同的方式来表达。典型的交互式小句中，两个参与者平等地作用于对方，201 即两者同为施事和受事。例如，英语中 *they saw each other*（“他们互相看见了对方”）就是一个交互式。交互式与反身式在概念上的相似在于，两者都表明施事和受事是同指（coreferential）的，尽管同指的原因并不一样。

词汇型交互式（lexical reciprocal）指一些动词，其交互性是其意义内在的组成部分。英语中的词汇型交互动词包括 *kiss*（“接吻”）、*meet*（“遇见”）、*shake hands*（“握手”）等，如 *Matilde and Mary kissed* 表示的意思通常是“玛蒂尔德和玛丽互相吻了对方”。假如要交流的是其他某种情状，则宾语必须明确地说出来，如 *Matilde and Mary kissed Grandma*（“玛蒂尔德和玛丽吻了奶奶”）。

许多有形态型反身式的语言也有**形态型交互式**（morphological reciprocal）。这些语言往往用相同的形态操作符来表达反身式和交互式。这里我们举一些西班牙语和亚瓜语（Yagua）的例子。

西班牙语

（65）	Matilde	se-quemó.
	M.	REFL-burn:3SG:PAST
	M.	反身－烧伤：3 单：过去

“Matilde burned herself.”
“玛蒂尔德烧伤了自己。”

（66）	Matilde	y	María	se-conocieron	en	Lima.
	M.	and	M.	REFL-meet:3PL:PAST	in	Lima
	M.	和	M.	反身－见面：3 复：过去	在里面	利马

“Matilde and Maria met（each other）in Lima.”
“玛蒂尔德和玛丽亚在利马（相互）见了面。”

（67）	Matiled	y	María	se-quemaron.
	M.	and	M.	REFL-burn:3PL:PAST
	M.	和	M.	反身－烧伤：3 复：过去

“Matilde and Maria burned themselves.” or “Matilde and Maria burned each other.”
“玛蒂尔德和玛丽亚烧伤了他们自己。”或“玛蒂尔德和玛丽亚烧伤了对方。”

---

[1] 例（64）的字面义是“把你的屁股拿过来。”——译者注

严格地讲，这样的结构往往是有歧义的，如上举例（66）和（67）一样。不过有一些办法可以解决这个歧义问题。当主语是单数时，必须解释为反身式（如例 65）。然而当主语是复数时，解释为反身或者交互则都有可能。这种情况下，只有依靠语境来消除歧义。所以例（66）不太可能是“玛蒂尔德和玛丽亚遇见了他们自己”的意思，因为这在语用上是一种奇怪的解读。另一方面，脱离了语境，例（67）才是真正有歧义的。

亚瓜语是另一种形态型反身式与交互式同构（即它们具有相同的形式）的语言。在亚瓜语中，反身式 / 交互式后附形式（enclitic）是 *-yu*[1]：

202 （68） Suunumívachi*yu*.
sa-junumívay-sìy-yù
3SG-paint-PAST1-REFL
3 单 – 化妆 – 过去 1 – 反身
“He painted himself.”
“他给自己化妆。”

（69） Ruuvañúúyanú*yu*.
riy-juvay-núúy-janú-yù
3PL-kill-CONT-PAST3-REFL
3 复 – 杀死 – 延续 – 过去 3 – 反身
“They were killing each other.”
“他们正互相杀对方。”

在塞科巴当语（Seko Padang）中，反身式属分析型（例 70），而交互式则由动词前缀 *si-* 来表达（例 71）：

（70） 反身式

na-kale	mang-kakoang-i
3-body	TRANS-call-APL
3 – 身体	及物 – 呼叫 – 升宾

“He called himself.”
“他呼叫他自己。”

（71） 交互式
si-kakoang-i

[1] pro-clitic 是前附，即“于……之前附”，如前文的 se-。但如果 enclitic 也译为“前附”，即“附于前面的……”，就容易混淆，尽管也可以理解。我们将 enclitic 译为“后附”，以与将 pro-clitic 译为“前附”在结构上保持一致。——译者注

RECIP-call-APL
交互 – 呼叫 – 升宾
"They called each other."
"他们互相呼叫。"

在英语中，反身式和交互式都是分析型的，但二者并不同构。反身式使用反身代词，而交互式则使用专门的复指性操作符 *each other*（"互相"）：

（72）交互式
Melinda and Stephanie saw each other. "梅琳达和斯蒂芬妮互相看见对方。"

在有些语言中，尤其是那些具有形态型反身式的语言中，反身 / 交互形态也出现在名词短语中，用来表明名词的领有者和动词的一个论元同指。关于这种现象，尤比克爱斯基摩语（Yup'ik Eskimo）有个现成的例子（Reed 等 1977：105）：

（73）Cenir-ta-a　　maurlu-*ni*.
visit-TRANS-3SG　　grandmother-REFL
看望 – 及物 – 3 单　　奶奶 – 反身
"He is visting his own grandmother."
"他在看望自己的奶奶。"

亚瓜语有一个相关现象的例子：

（74）Suumutyǫ　　jɨɨta　　naandaanúyu.
sa-jumutyǫ　　jɨɨta　　naana-daa-nú-yù
3SG-answer　　JIITA　　3DL-little-person-REFL
3 单 – 回答　　JIITA　　3 双 – 小 – 人 – 反身
"Her$_i$ son answered her$_i$."
"她$_i$的儿子回答了她$_i$。"

这个例子中，反身标记 *-yu* 指明小句宾语和主语名词短语的领有者具有同指关系。假如 203
这个儿子属于其他某个人，则使用常规的第三人称宾语后附形式。英语中没有直接与此相似的现象。在下列小句中，反身标记 *own*"自己的"与领有者同现（就像爱斯基摩语的 *-ni* 一样）：

（75）Her own son answered her. "她自己的儿子回答了她。"

在亚瓜语中，反身标记和宾语同现。也就是说，假如是在英语中我们似乎可以这样说：

（76） *Her son answered herself. “* 她的儿子回答了她自己。”

反身形态的这一用法并不减少小句的配价。这是由于，其主要功能是表达一个领有者和一个核心小句论元之间的同指关系，而并不削减小句中核心论元的数目。

反身／交互形态句法另一种常见的“引申”用法是表达一种特殊的**强调**（emphasis）。例如在英语和其他一些语言中，反身代词用来强调其所指是某个特定的参与者本身：

（77） Edsel washed the car *himself*. “埃兹尔本人清洗了汽车。”
Porsche *herself* washed the car. “波尔舍自己清洗了汽车。”
Mercedes washed the car all by *herself*. “梅塞德丝独自一人清洗了汽车。”

（78） The car *itself* is worth $10,000. “汽车本身价值 10,000 美元。”
Celica paid $10,000 for the car *itself*. “塞利卡为汽车本身支付了 10,000 美元。”

思考题

反身式是如何表达的？

（a）词汇形式？

（b）形态形式？

（c）分析形式？

反身式和交互式形式上是否相同？

反身／交互形态句法有没有什么“异乎寻常”的用法？例如，反身标记是否出现在名词短语中，用来表明该名词短语的领有者与小句的主语相同？

反身／交互形态是否指明跨小句的同指关系？

反身或交互形态句法有没有其他“引申”用法？

204
8.2.2 被动式

这里使用的**被动**（passive）小句的定义是基于原型的（Comrie1989，Givón 1984：164，Shibatani 1985）。典型的被动小句可以从形态句法形式以及话语功能的角度来描述。从形态句法上看，被动式是个语义上的及物小句（两个参与者），具有以下三种属性：

1 施事（或最像施事的参与者）要么省略（不是“零形代词化”，参本章引言），要么降级为旁语。
2 另一个核心参与者（“P”）具有与该语言整体上相关的主语的所有特征。
3 动词具有特定语言中不及物动词的任何以及所有形式特征。

从话语功能上看，典型的被动式用于这样的语境：A 论元的话题性较 P 论元为低。这不是一个严格的定义；相反，它界定了一个原型，可以将各种像被动式的结构式（passive-like constructions）与之进行比较。一个结构式可以表现出很多或很少这样的形态句法特征。同样，有些语境中使用被动式会出人意料，但鉴于上面的定义，一个像被动式的结构式有时则可用于这样的语境。尽管如此，具有被动式形态句法特征的结构通常也表现出上述的话语功能特征，这也是事实。Givón（1982b，1984：164，1990）根据与我们这里相似的定义，为各种像被动式的现象提出了一个比较全面的分类。在下面几小节中，我们将讨论人称被动式和无人称被动式。在人称被动式部分，我们将列举词汇型、形态型和分析型被动式的一些例子。

8.2.2.1　被动式的种类

人称被动式（personal passive）指这样一些结构式：它们隐含某个特定的施事，但要么不予表达，要么以旁语的形式表达。人称被动式可以是词汇型的、形态型的，或者是迂说型 / 分析型的。下面给出每一种类型的例句。

词汇型被动式（lexical passive）指以具有内在被动意义的动词为核心的小句。一个动词要具有内在的被动意义，它就必须表达这样的场景：存在一个使因性的施事 205
（causing agent），但受事必须是语法主语。像英语中 *break*（“破”）这样的动词不是词汇型被动，因为用如不及物动词时，它并不是自然而然地表达某个施事作用于某个受事这样的场景，如 *The window broke*（“窗子破了”）。另一方面，亚瓜语中的动词 *báárył*，的确明确断言主语是由某个有意识的施事发出的杀戮行为的宾语：

（79） Sa-báárył-máá.
3SG-be:killed:in:battle-PERF
3 单 - 是：杀：在：战斗 - 完整
“He was killed in battle.”
“他在战斗中被杀了。”

假如我们想象一下，将英语中像 *murder*（“谋杀”）这样的动词归入和 *break*（“破”）相同的词类，我们就会对这个亚瓜语动词的意义有所了解，即 *he murdered* 可能意指“他被谋杀了”。真正的词汇型被动式显然是非常罕见的。

形态型被动式（morphological passive）十分普遍。它们通常使用与完成体相同或相似的形态（详本章引言）。被动语素也常常来源于系词或构成动词受事的名词化的词

缀 / 小词。例如：

凯拉语（Kera，亚非语系乍得语族）

（80）及物式

Hùlúm	gà-ng	hàrgá-ng	gìdè	hiúw-a.
man:DEF	put-PAST	goat-DEF	womb	pen-LOC
男人：有定	放 – 过去	山羊 – 有定	圈	圈 – 处所

"The man put the goat in the pen."

"男人把山羊放进了羊圈。"

（81）被动式

Hàrgá-ng	*dè*-gà-gè	gìdè	hiúw-a	（kás	hùlúm-a）.
goat-DEF	PASS-put-REDUP	womb	pen-LOC	hand	man-LOC
山羊 – 有定	被动 – 放 – 重叠	圈	圈 – 处所	手	男人 – 处所

"The goat was put in the pen（by the man）."

"山羊（被男人）放进了羊圈。"

犹他语（Ute）（被动式的施事可以不表达出来）

（82）及物式

Ta'wóci	tûpęyci	tïráabi-kya.
man	rock	throw-PAST
男人	石头	掷 – 过去

"The man threw the rock."

"男人掷了石头。"

（83）被动式

Tûpęyci	tïráabi-*ta*-xa.
rock	throw-PASS-PAST
石头	掷 – 被动 – 过去

"The rock was thrown" or "Someone threw the rock."

"石头被掷了"或"某人掷了石头"。

206 英语有**分析型被动式**（analytic passive）。英语的被动式是由一个系动词加上主动态动词的"过去分词"（受事的名词化形式）构成：

（84）

The	city	was	destroy-ed	（by	the	enemy）.
		COP	-NOM			
定冠	城市	系词	毁坏 – 名词化	（被	定冠	敌人）

"这个城市（被敌人）毁坏了。"

无人称被动式。**无人称被动式**（impersonal passive）的功能与基本被动式（basic passive）本质上一致：它们淡化施事的中心性。不过，人称被动式和无人称被动式的一项区别是，无人称被动式除了可以由及物动词构成，还可以由不及物动词构成。例如，在像德语“Yesterday there was dancing”（“昨天有人跳舞”）这样的一个不及物无人称被动小句中，跳舞活动中的参与者是谁，并不是说话者交际目标的中心；其中心仅仅是发生跳舞事件这一事实。下列英语例句在功能上很接近一些语言中的无人称被动结构。不过，这些英语例子是以其他小句模式为基础的，即例（85a）中“正常的”主动态动词加上第三人称复数主语，以及例（85b）中的存在结构：

（85） a. *They* say that by 2000 there will be no more trains in America.
“他们说到 2000 年美国不会有更多的火车。”
b. *There* will be dancing in the streets.
“街上将有人跳舞。”

其他一些语言，如德语和立陶宛语，当施事未指明时，使用被动形态：

（86） 德语

Es	wird	hier	ge-tanzt.
it	be	here	PASS-dance
它	是	这儿	被动－跳舞

“Dancing takes place here.”
“在这儿跳舞。”

（87） 立陶宛语（表示不确定性、怀疑，等等。）

Jo	čia	per	griovį	šokta.
3SG:GEN	here	over	ditch	jumped
3 单：属格	这儿	过	沟	跳

“（Evidently）he jumped over the ditch here.”（lit: By him here the ditch was jumped over.）
“（显然）他在这儿跨过了沟。”（字面义：这儿沟被他跨过去了。）

西班牙语在一种无人称被动式中使用反身形态：

（88） 西班牙语
Se caen mucho acá.　“They fall a lot here.”　“他们常在这儿摔跤。”

我们不知道有哪种语言采用专门的形态来表达无人称被动式。这并不很奇怪，人 207
称被动式在大多数情况下也是这样。如上所述，无论是形态型还是分析型的人称被动式，往往都使用一些形式结构，这些结构要么是黏着语素，要么是自由词，视具体情况而定，其“基本”功能为如下之一：（1）完成体标记，（2）系词，（3）受事名词化标记。同样，无人称被动式也常常与以下结构采用共同的形态：（1）反身 / 交互结构，（2）存在结构，（3）第三人称复数标记。下面的马赛语（Maasai）例句中，第三人称复数主语标记用作无人称被动式（承 Jonathan Ololoso 惠例）：

（89） a. 及物式
é-bol-í
3-open-PL
3－打开－复
“It will be opened.”
“它将被打开。”
b. 不及物式
ɛ-tɔ́n-ɪ
3-sit-PL
3－坐－复
“People are sitting/staying.”
“人们在坐着 / 待着。”

这些是无人称结构而不是普通的主动态小句，证据是，一个独立的（free-standing）施事无法被表达出来。

其他类型的被动式。许多语言都有一种以上的被动结构。例如，英语就既有常见的 *be* 型被动式（见上文）和不太常见的 *get*（“得到”）型被动式：

（90） John *got* hit by a car.
“约翰被一辆汽车撞了。”

这两种被动式意义上的差别很难做出令人满意的说明。在其他语言中，不同被动式之间的功能差别不那么细微。例如，在尤比克语（Yup'ik）中，至少有三种形态被动式，如下例所示（Reed 等 1977）：

（91） 不幸被动式（adversative）：

tuntuva-k	nere-*sciu*-llru-u-q	（carayag-mun）
moose-ABS	eat-PASS-PAST-INTRNS-3SG	bear-OBL
驼鹿－通格	吃－被动－过去－不及物－3 单	熊－旁格

“The moose was eaten（by a bear）.”
“驼鹿（被熊）吃了。”

（92）表能被动式（abilitative）： 208

keme-k　　ner-*narq*-u-q　　（yug-nun）

meat-ABS　　eat-PASS-INTRNS-3SG　　person-OBL

肉－通格　　吃－被动－不及物－3 单　　人－旁格

“Meat can be eaten by people.”

“肉能被人吃。”

（93）否定表能被动式（negative abilitative）：

tauna　　ner-*nait*-u-q　　（yug-nun）

this:ABS　　eat-PASS-INTRNS-3SG　　person-OBL

这个－通格　　吃－被动－不及物－3 单　　人－旁格

“This one cannot be eaten（by people）.”

“这个不能（被人）吃。”

不幸被动式（例 91）表达一个对主语论元不利的事件。在这个例子中，被吃对驼鹿来说绝对是件不利的事情。

日语和其他一些语言允许被动形态出现在语义上不及物的动词之上。这一操作的结果在日语语法中被称为“不幸被动式”（adversative），尽管这种被动式在类型上与尤比克语的不幸被动大不相同。例（94b）显示的是常规的形态型被动式，由语素 *-rare* 表达：

（94）a. 及物式

Taro-ga　　Hanako-o　　nagut-ta

Taro-NOM　　Hanako-ACC　　hit-PAST

太郎－主格　　花子－宾格　　打－过去

“Taro hti Hanako.”

“太郎打了花子。”

b. 被动式

Hanako-ga　　（Taro-ni）　　nagu-*rare*-ta.

　　-OBL　　hit-PASS-PAST

　　－旁格　　打－被动－过去

“Hanako was hit by Taro.”

“花子被太郎打了。”

例（95b）显示，*-rare* 加在一个不及物动词上，表明所发生的事件对主语有害，有害行为的施事用旁格表达，就像常规被动小句的施事一样：

（95）a. 不及物式

Tomodachi-ga　　ki-ta

friend-NOM　　come-PAST
朋友－主格　　来－过去
"His friend came."
"他的朋友来了。"

b. 被动式

Taro-ga　　tomodachi-ni　　ki-*rare*-ta
　　　　　friend-OBL
　　　　　朋友－旁格
"Taro was arrived by his friend (to Taro's disadvantage)."
"太郎被他的朋友到访了（对太郎不利）。"

209　在芬兰语中，当动词出现于被动式时，P 论元可以保留宾格形式。在这类被动式中，A 论元不能表达出来。这种被动式有时被称作**非提升被动式**（non-promotional passive），因为 P 论元没有被"提升"至主语地位，证据是它仍取宾格（例子蒙 Kari Valkama 惠示）：

（96）a. 及物式

Maija　　jätti　　hän-et　　kotiin
Maija:NOM　　leave:PAST　　3SG-ACC　　home:LOC
麦加：主格　　留下：过去　　3 单－宾格　　家：处所
"Maija left him at home."
"麦加把他留在家里。"

b. 被动式

Hän-et　　jätettiin　　kotiin
3SG-ACC　　leave:PASS　　home:LOC
3 单－宾格　　留下：被动　　家：处所
"He was left at home."
"他被留在家里。"

芬兰语还有一种更典型的被动式，在该结构中，P 被提升至主格，而 A 以旁格角色出现。

思考题

该语言具有哪一种或哪几种被动结构？列举每一种类型，并描述其功能。

（a）词汇型？

（b）形态型？

（c）分析型？

有没有“无人称”被动式，即，由不及物动词构成的被动式，或是不一定隐含一个施事的被动式？

被动结构是否强制性地用于任何特定语境，例如，当受事在某种语用界定的等级上高于施事时？

有没有其他类型的被动式？

8.2.3 逆向式

逆向（inverse）结构严格地说是配价“重新排列”（valence rearranging）的手段，因为它们并没有在小句中增加或移除论元。相反，它们“颠倒”及物小句中语义角色及其语法表达之间的常规或“正向”（direct）配列（alignment），小句的论元数目（通常为2）与对应的正向结构式（direct construction）保持相同。典型逆向结构的语义效应是，淡化施事性参与者（agentive participant）相对于更像受事的参与者（more 210
patient-like participant）的中心性。因此，逆向操作属于减价的功能范围。

这里是一个来自罗科特语（Nocte）（也称纳加语，印度的一种藏缅语）的初步的例子。下面将列举各种类型的逆向式的例子。

（97） a. nga-ma　　ate　　hetho-ang
1-ERG　　3　　teach-1SG
1－作格　　3　　教－1单
“I will teach him.”
“我将教他。”

b. ate-ma　　nga-nang　　hetho-*h*-ang
3-ERG　　1-ACC　　teach-INV-1SG
3－作格　　1－宾格　　教－逆向－1单
“He will teach me.”
“他将教我。”

例（97a）是基于动词 *hetho*（“教”）的一个常规的或“正向”的小句。在这个例子中，动词带上后缀 *-ang*，该后缀指向第一人称施事“我”。在例（97b）中，动词仍带有指向第一人称论元的后缀 *-ang*，但是现在这个第一人称论元是受事而不是施事。为了使语义角色与语法表达之间的这种重排更加明确，动词带上了一个专门的“逆向”后缀 -h。该后缀主要是表明“注意！与动词一致的论元是受事而不是施事！”

人们可能想知道例（97b）是不是一种形态型被动结构。例（97b）不是被动结构的证据是，这个例子中施事“他”取作格。这说明逆向结构中的施事仍是动词的一个论元。回忆一下，在被动式中施事要么被省略，要么被指派为旁语。

Givón（1994）强烈主张，逆向式主要是一个功能概念。这一观点植根于 Givón 的一个总体看法：即 Givón 认为，研究语态现象的类型，唯一富有洞见的方法是，首先从功能角度界定语态，然后确定在任何一种特定语言中这一功能在语法上是如何实现的。从这个视角来说，“逆向语态”（inverse voice）是对相对于受事而言的施事的中心性的削减，但这种削减的程度没有被动语态高。并不是在所有语言中这一特定功能都已经语法化，但是所有语言都以这样或那样的方式来实现这一功能，有时是以被动式或
211 某种其他功能语态等更为正向的表达形式来实现的。Givón 主编（1994）在考察若干语言在语法上如何处理**功能性逆向**（functional inverse）这一概念上提供了详尽的信息。

不过，确实存在语法上清晰明显的逆向结构的例子。本节我们将描述已知存在于世界语言中的**语法逆向**（grammatical inverse）结构的类型。并非所有语言都拥有一种或多种这样的结构类型，但是，至少在主要从功能角度来定义语态的这些学者看来，所有语言都拥有某种结构来实现淡化（但不是消除）与 P 论元相对的 A 论元的中心性这一任务。

逆向结构在某种句法条件下可能是强制性的，或者可能是语用上可选的。Gildea（1994）沿用 Harris（1990）的术语，指出如果逆向结构是强制性的，那它就不能被看作一种语态，因为语态一般是指“可选性”的结构式，取决于相对话题性或其他话语目的等因素。在 Harris 的术语中，强制性的逆向式更适合与组织语法关系的“作/通格”或“主/宾格”系统等“配列”系统进行比较。尽管如此，如果逆向式是一种语用条件决定的可选性的变体，那么它还是可以被富有洞见地描述为一种语态。

8.2.3.1　正向式和逆向式均被明确标记

我们要讨论的第一种语法逆向结构式，是首先引出逆向概念的类型（Howse 1844）。在这种类型中，“正向”动词形式和“逆向”动词形式都被明确标记。这种逆向结构式见于阿尔贡金语（Algonquian）（北美洲语言）：

（98）普莱恩斯克里语（Plains Cree）（一种阿尔贡金语，来自 Dahlstrom 1991）

a. ni-se:kih-*a*-wak
1SG-frighten-DIRECT-3PL
1 单 – 恐吓 – 正向 – 3 复
“I frighten them.”
“我恐吓他们。”（正向式）

b. ni-se:kih-*ik*-wak
1SG-frighten-INVERSE-3PL
1 单 – 恐吓 – 逆向 – 3 复
“They frighten me.”
“他们恐吓我。”（逆向式）

在例（98a）中，前缀 *ni-* 指向第一人称施事，后缀 *-wak* 指向第三人称复数受事。在例
（98b）中，使用了相同的前缀和后缀，但现在它们是指向第一人称受事和第三人称复 212
数施事。语义角色（施事、受事）和语法表达形式（*ni-*、*-wak*）之间的配列已被倒置。这种倒置的唯一显性表达形式是例（98a）中“正向”后缀 *-a* 和例（98b）中“逆向”后缀 *-ik* 的出现。

在克里语（Cree）中，正向形式与逆向形式之间的交替取决于下列等级：

第二人称 > 第一人称 > 第三人称近指 > 第三人称另指

当及物小句中的施事在该等级上的位置高于（往左更远于）受事时，就使用正向结构式。当施事在该等级上的位置低于受事时，就使用逆向结构式。在例（98a）中，施事是第一人称，而受事是第三人称，因此使用正向结构式。在例（98b）中，施事是第三人称，而受事是第一人称，因此使用逆向结构式。如果这一点有效，你就可以认为这一系统要求在该等级上居较高位置的论元由一个前缀来指涉，而不管其语义角色如何。因此，逆向 / 正向结构式的后缀只是使动作的方向得以明确。

近指（proximate）和**另指**（obviative）这对术语指两个语法上不同的名词短语范畴。在克里语中，另指性名词（obviative noun）标以后缀 *-ah*，而近指性名词（proximate noun）则是无标记的。这些范畴的功能区别是，近指性名词在话语中往往比另指性名词更具有话题性。第一和第二人称的等级地位总是高于第三人称。但是当两个第三人称相互作用时，其中一个必须是近指成分，而另一个必须是另指成分。假如近指性论元，即更具话题性的论元，作用于另指性论元，就使用正向动词形式（例 99a）。假如另指性论元作用于近指性论元，则使用逆向动词形式（例 99b）：

（99）a.

piyisk	mihce:t	nipah-*e*:-wak	ya:hciyiniw-*ah*
finally	many	kill-DIRECT-3PL	Blackfoot-OBV
最后	许多	杀死 – 正向 – 3 复	黑脚族人 – 另指

“At last they had killed many Blackfoot.”
“最后他们杀死了很多黑脚族人。”

b.

ta:pwe:mac-a:yi:siyiniwe:sah		nipah-*ik*-0	o:hi	ihkw-*ah*
truly	bad-person	kill-INVERSE-3SG	this:OBV	louse-OBV
真的	坏 – 人	杀死 – 逆向 – 3 单	这个：另指	寄生虫 – 另指

“Truly the louse killed the evil man.”
“寄生虫真的杀死了这个恶人。”

例（99a）中，*ya:hciyiniw*“黑脚族人”一词用后缀 *-ah* 标记为另指成分，就像例（99b）
中 *ihkw*“寄生虫”一样。不过，例（99a）中的另指名词是受事，而例（99b）中另指 213

名词是施事。断定例（99b）并非表示"这个恶人真的杀死了这个寄生虫"的唯一方法是动词上的逆向标记 *-ik*。

既然确定哪种参与者表达为另指成分、哪种参与者表达为近指成分，是基于说话人对哪个参与者更具话题性的（无意识的）估测的一种语用选择，那么在这些情况下，阿尔贡金语（Algonquian）系统可以被描述为一种"语态"。这种决断同说话人必须选择使用主动结构还是被动结构时的决断是相同的。③不过，在阿尔贡金语中，当第一人称或第二人称论元出现时，这种选择就不再可行。在那种情况下，各论元的相对话题性是固定的，是使用正向结构式还是逆向结构式不是一种选择，而是百分之百的语法化了的规则。

8.2.3.2 有标记的逆向式

有些语言标记逆向结构式，但并不标记正向结构式。我们已在罗科特语（Nocte）中看到了一个这样的例子（例 97）。另外的例子来自嘉戎语，中国的一种藏缅语：

（100） a. nga　mə　nasno-ng
　　1　3　scold-1SG
　　1　3　责骂－1 单
　　"I will scold him."
　　"我会责骂他。"

b. mə-kə　nga　*u*-nasno-ng
　　3-ERG　1　INV-scold-1SG
　　3－作格　1　逆向－责骂－1 单
　　"He will scold me."
　　"他会责骂我。"

在正向结构式例（100a）中，动词用后缀 *-ng* 表达第一人称施事，动词上没有出现其他形态成分。在例（100b）中，动词以同一后缀 *-ng* 表示与第一人称受事的一致关系，但动词上出现逆向前缀 *-u*。

最后，库特奈语（Kutenai）（美国蒙大拿州、爱达荷州和加拿大英属哥伦比亚省东部的一种孤立语）（Dryer 1994），是一种标记逆向式的语言，该语言也采用一种与阿尔贡金语类似的近指 / 另指区别（参见上文）：

（101） a. wu:kat-i　palkiy-s　titqat'
　　see-IND　woman-OBV　man
　　看见－陈述　女人－另指　男人
　　"The man saw the woman."（direct）
　　"男人看见了女人。"（正向式）

b. wu:kat-*aps*-i	titqat'-s	palkiy	214
see-INV-IND	man-OBV	woman	
看见－逆向－陈述	男人－另指	女人	

"The woman saw the man."（inverse）
"女人看见了男人。"（逆向式）

在库特奈语中，逆向结构式用动词后缀 *-aps* 标记，正向结构式则无标记。并且，当名词为另指成分时，用 *-s* 标记，而当它们为近指成分时，则没有标记。库特奈语和阿尔贡金语系统的主要区别是，在库特奈语中，当涉及第一或第二人称时，不使用逆向式。因此，库特奈语中的逆向式总是一个受语用影响的选择，因而可以毫不犹豫地看作一种语态。

8.2.3.3　逆向情状专用的动词一致关系标记

在南美洲以及其他地区的一些语言中可以见到一种类型迥异的逆向结构式。这些语言将逆向标记（inverse marking）合并到其参与者指称的词形变化系统之中。当一种语言采用这种策略时，就不需要专用的动词标记了。例如，瓦扬皮语（wayampi），巴西的一种图皮－瓜拉尼（Tupí-Guaraní）语言（例子蒙 Cheryl Jensen 惠示），用一个单一的前缀指称施事和受事。在正向情状和逆向情状中使用不同的前缀。

（102）

正向式		逆向式	
a-pota	"我喜欢他。"	e-pota	"他喜欢我。"
oro-pota	"我们喜欢他。"	ore-pota	"他喜欢我们。"
ere-pota	"你喜欢他。"	ne-pota	"他喜欢你。"

同样，帕纳雷语，委内瑞拉的一种无亲缘关系的加勒比语，使用一套专门的逆向前缀，但只用于过去完整体：

（103）

正向式	逆向式
tamayaj chu	yámayaj kën
1SG	3SG
1 单	3 单
"I knocked it down."	"He/she knocked me down."
"我把它击倒。"	"他 / 她把我击倒。"
mamayaj amën	ayamayaj kën
2SG	"He/she knocked you down."
2 单	"他 / 她把你击倒。"
"You knocked it down."	
"你把它击倒。"	

促使瓦扬皮语和帕纳雷语系统可描述为逆向式的特征是，动词随人称等级上居较高位
215 置的论元而变化，而不管这个论元是施事还是受事，这与我们在阿尔贡金语及其他语言中见到的情形相似。在图皮－瓜拉尼语系和加勒比语系中，人称等级如下：

1
 >3
2

在这些语言中，当第一和第二人称相互作用时，一般使用专门的**并合语子**（portmanteau）形式，该形式因施事和受事两个论元而有所不同。因此，像库特奈语一样，仅当涉及第三人称时，这些语言的逆向系统才起作用。这些语言没有语法上标记的第三人称之间的近指 / 另指的区别。不过，可以认为在帕纳雷语中，至少某种类似近指 / 另指的区别是通过语序来表达的：居动词前的论元为近指成分，居动词后的论元为另指成分（关于语序逆向式的讨论，参看下文）。

8.2.3.4 语序（“功能性”逆向式）

有时，语序变异可以看作一种“功能性逆向式”（Givón 1994）。例如，在宿务语（Cebuano）中，目标－焦点（或作格）结构可以表现为 VAP 语序（例 104a），也可以表现为 VPA 语序（例 104b）：

（104） 宿务语（西部南岛语，用于菲律宾）

a. gi-higugma	niya	ang	bata		
GF-loved	3:ERG	ABS	child		
目标－焦点－爱	3：作格	通格	孩子		

“She loved the child.”（A > P）
“她爱这个孩子。”

b. gi-higugma	kini	niya
GF-loved	this:one:ABS	3:ERG
目标－焦点－爱	这：一个：通格	3：作格

“She loved this one.”（P > A）
“她爱这一个。”
（被动式－供比较）

c. gi-laylay	siya	sa	usa	ka	sakit
GF-afflicted	3:ABS	OBL	one	LNK	sickness
目标－焦点－折磨	3：通格	旁格	一个	连接	疾病

“She was afflicted by illness.”（P >> A）
“她被疾病折磨。”

对这些结构在话语中用法的研究（Payne 1994）表明，VAP 结构（例 104a）用于 A 的话题性高于 P 时；这是主动态及物小句正常的话语功能。另一方面，VPA 结构（例
216 104b）用于 P 的话题性略高于 A 时；这是在那些具有语法上清晰的逆向结构的语言中

逆向式经常使用的话语环境。不过，请注意，动词上没有区分正向结构式和逆向结构式的标记。唯一的形式区别是动词后论元的顺序。

例（104c）用于说明，当P的话题性比A高得多时，就会出现同样的“目标–焦点”动词形式。这是通常同被动小句相关联的话语情状（参8.2.2节）。宿务语中这种功能性被动式在语法上和逆向式不同，因为这种被动式的施事要么被省略，要么被指派为旁语，由 *sa* 来标记。因此，在宿务语中，逆向结构和被动结构是可以区分的，但不是通过动词上明确的标记来区分的。

思考题

该语言有没有语法上例示的逆向结构？

如果有，它是什么类型？

8.2.4 中动结构

中动式（middle）或**中动语态**（middle voice）这一术语在不同语言传统中有不同的用法。这类结构的共同之处是它们都涉及去及物化（detransitivization）。这一术语的得名之由是这些结构既非被动式，也非主动式，它们介于二者之间，或者说“中间”。我们认为中动结构指的是这样的结构：它表达一种语义上的及物情状，这是就受事所经历的一个过程而非施事所实施的一种行为而言的。不要把中动结构（middle construction）和“中间小句”（medial clause）或“中间动词”（medial verb）（参11.4节）混淆起来。

典型的中动结构是由某种显性的、通常是形态型操作符来表达的结构式（例句详下）。不过，很多语言有这样一些动词，它们可以作为中动意义来使用，但并不添加任何显性的操作符。我们使用**中动动词**（middle verb）这一术语，意在强调由这类动词构成的不及物结构与其他语言中形态型“中动”结构之间在功能上的相似性。英语动词 *break*（“打破”）是中动动词的一个好例子。有时这类动词被称作**易变动词**（labile verbs）。用作及物时，*break* 是一个标准的及物动词。而当它用作不及物时，受事而非施事充当主语，其情状表现为一个过程（Chafe 1970）而不是一种动作。例如：

（105） 及物 217

The workers broke the vase. “工人们打破了花瓶。”

（106） 中动态

The vase broke（*by the workers）. “花瓶（*被工人们）破了。”

这种属性把像 *break*（“打破”）这样的动词与其他一些及物、不及物两用的动词（英语中大概绝大多数动词如此）区别开来。例如：

（107）及物式
I hit the vase.　“我打了花瓶。”

（108）“中动式”
The vase hit.　“ 花瓶打了。”

被动式与中动结构在功能上唯一的区别是，被动式将情状视为由某个施事实施的动作，但施事本身被淡化了；而另一方面，中动结构则将情状视为一种过程，即它忽略施事这一角色。由于被动式和中动式在功能上如此相似，许多语言用相同的形态表达这两种结构。例如在希腊语中，除不定过去时外，中动和被动态结构在所有的时 / 体中都是一样的：

（109）古希腊共通语（Koiné Greek）
“松开”（现在时）
主动：lúo　“我使（某人）松开”
被动：lúomai　“我被（某人）松开”
中动：lúomai　“我松开了 / 我使自己松开”
“松开”（不定过去时）
主动：élusa　“我使（某人）松开”
被动：elúθēn　“我被（某人）松开”
中动：elusámen　“我变得松开” / “我让自己松开”

不过，玛雅诸语言和加勒比诸语言中总是把中动结构和被动式清楚地区别开来：

（110）基切玛雅语（K’iche’ Mayan，England 1988：74）
“打”
主动：ch’ay　“打”
被动：xch’aay　“被（某人）打”
中动：xch’aayik　“变得打”

218（111）帕纳雷语（加勒比语）
“保持”
主动：amaika　“保持”
被动：amaikasa’　“被保持”
中动：samaika　“停留 / 坐 / 保留”

通常，中动结构表达这样的概念：主语既是控制者，又是受影响的参与者。不过，这个描述并不能把中动结构的功能同反身式的功能区别开。实际上，许多语言中反身式和中动式就是用同一种形态句法来表示，但情况并非总是如此。为了将中动式和反身式的功能区别开，我们必须采用过程（process）和动作（action）这一组相对应的概念。中动结构表达的场景是一种过程，而反身式和被动式表达的场景是一种动作。

有时候形态型中动结构也称**反使成式**（anticausative），这是因为它们在逻辑上正好是使成结构式的反面。使成式的生成是在一个非使成动词的基础上添加一个语素；与此相反，中动结构则是在一个使成动词的基础之上产生出一个非使成动词。看下面亚瓜语的例子：

（112） a. Sa-supatá-ra
3SG-pull.out-INAN
3 单 – 拉 . 出 – 无生
"He yanked it out."
"他把它拉了出来。"

b. Rá-supáta-y.
INAN-pull:out-MID
无生 – 拉 . 出 – 中动
"It came out."
"它出来了。"

这个简单的动词词干（112a）将一个致使的概念作为其词条的一部分包含进去，也就是说，可以将此词释义为"致使……出来"。形态型中动结构（112b）添加了一个语素，从而有效地将这个动词词汇意义中的致使概念削减掉。从上文列举的其他中动结构也能得出类似的观察结果。

思考题

有没有语法上例示的中动结构？

延伸阅读： Kemmer（1993）

8.2.5 逆被动式 219

跟被动式一样，**逆被动式**（antipassive）是一种减价操作。也就是说，它淡化场景中一个参与者的中心性，采用的方式是降低（downgrade）指称该参与者的动词论元的句法地位。不过，与被动式不同的是，逆被动式淡化的是受事或"P"论元的中心性，而不是施事或“A”论元的中心性。典型的逆被动式具备以下形式属性：

1 P 论元被省略或者以旁格出现，通常是工具格。
2 动词或动词短语包含某种显性的不及物标记（例如依据该语言中不及物动词的形式属性，它可以带一个明确的不及物标记，或者像不及物动词那样的屈折变化，等等）。
3 A 论元取通格。

下面的例子来自尤比克（Yup'ik）语（阿拉斯加中部的一种爱斯基摩语）：

（113） 及物式：

Yero-m　　keme-q　　nerre-llru-a.
Y.　-ERG　　meat-ABS　　eat-PAST-3SG/3SG
Y.　–作格　　肉–通格　　吃–过去–3 单/3 单
“Yero ate the meat.”
“耶罗吃了肉。”

（114） 逆被动式：

Yero-q　　（kemer-meng）　　nerre-llru-u-q.
Y.　-ABS　　meat-INST　　eat-PAST-INTRNS-3SG
Y.　–通格　　肉–工具　　吃–过去–不及物–3 单
“Yero ate（meat）.”
“耶罗吃了（肉）。”

在例（114）中，受事 *kemermeng*（“肉”）以工具格出现，动词带上了不及物后缀 *-u*，主语变成了通格。

逆被动式最明晰的例子见于那些形态型作格语言，这些语言都具有从形态上界定的通格。在非作格语言中，宾语降级（object demotion）或省略（见下文）基本上可实现与形态型作格语言中的逆被动式相同的功能。如果必须将宾语降级/省略和逆被动式区分开来的话（比如某种特定的语言同时具备这两种结构），二者最重要的区别是，逆被动式中动词带有某种专门的逆被动化标记或不及物性标记，而在宾语降级/省略结构中，并没有这样的动词标记出现。

220 **思考题**

有没有明确起逆被动式功能的语法结构？

当 P 的话题性极低时，有没有其他结构用于表达及物概念？

8.2.6　宾语降级和省略

和逆被动式一样，**宾语降级**（object demotion）是一种淡化P论元中心性的操作。事实上，有些语言学家（如Heath 1976）便把宾语降级和宾语省略当作逆被动化（antipassivization）的类型。宾语降级有时表示P在由动词表达的事件中"较少涉入"（less involvement）。例如：

贝兹杜克语（Bzhedukh，一种西北高加索语）

（115）及物式

čʔaalya-m　čʔəgʷo-ər　ya-žʷoa
boy-ERG　field-ABS　3SG-plows
男孩－作格　田地－通格　3单－犁
"The boy plows the field."
"那个男孩耕那块地。"

（116）宾语降级

čʔaalya-r　čʔəgʷo-əm　ya-žʷoa
boy-ABS　field-OBL　3SG-plows
男孩－通格　田地－旁格　3单－犁
"The boy is trying to plow the field."
"那个男孩正试图耕那块地。"

例（115）的解读是那块地事实上就是在被耕，而例（116）的解读则是那块地事实上可能受到、也可能没受到那个男孩的动作的影响。因此我们可以说，例（116）的P论元比例（115）P论元"较少涉入""耕"这一活动。我们大概不想把例（116）称作逆被动式，唯一的原因是动词不包含任何显性的去及物化的表现形式。

宾语降级和省略也见于非作格型语言。例如：

（117）及物式

The hunter shot the deer.　"猎人射鹿。"

（118）宾语降级

The hunter shot at the deer.　"猎人射向鹿。"

（119）宾语省略

The hunter shot.　"猎人射击。"

像上文引用的高加索语一样，英语的宾语降级结构常常表达这样一种情形：参与者P

221 较少卷入动词所表达的动作或者受该动作影响的程度很低。同样，宾语省略表明 P 论元的身份完全无关紧要。

8.2.7 宾语并入

名词并入（noun incorporation）是指小句的一个核心论元（主语或宾语）变得“附着于”动词或“并入”动词。并入显示了 5.1 节讨论的复合词的所有特征，即：（1）具有词而非短语的重音模式，（2）可能是非常规的语序，（3）具有词而非短语的形态音位过程，（4）可能有特殊的形态，（5）意义比其个别组成部分的意义更为特指（specific）。

宾语并入（object incorporation）比主语并入常见得多。在英语中两者都存在，但都不是很能产。英语中的并入形式要么是词汇化的词语，如 *babysit*（“代人临时照看小孩”）；要么其句法可能性受到严格限制，如 *fox-hunt* 只能用于进行体形式：*We went fox-huning*（“我们去猎狐”），而不能是 **I fox-hunted all morning*（“* 我整个早上都猎狐”），或 **I fox-hunt for a living*（“* 我为了生计而猎狐”）。不过，在进行体中，几乎所有描述惯常性活动的及物动词都可以将一个直接宾语并入，如：*girl-watching*（“照看女孩”），*car-washing*（“洗车”），等等。偶尔我们会听到一个主语并入的例子，如：*The medicine is doctor-recommended*（“这个药是医生推荐的”）。该结构同宾语并入的非词汇化（nonlexicalized）的例子一样，是非常受限制的，只出现于被动语态，试比较 **He went doctor-recommending last week*（“* 上星期他去医生推荐”）或 **She doctor-recommended aspirin for my headache*（“* 她为我的头疼医生推荐了阿司匹林”）。在这种情况下，英语反映了一个普遍倾向，即宾语并入比主语并入更常见。

从形式上看，宾语并入是一种减价操作，因为宾语不再充当一个独立论元，而是变成形式上不及物动词的一部分。宾语并入在世界上许多地方都很常见，美洲印第安语言和西伯利亚语言中尤为常见。例如：

楚克奇语（Chukchee）（西伯利亚）

（120）及物式

Tumg-e	na-ntəwat-ən	kupre-n
friends-ERG	3SG-set-TRANS	net-ABS
朋友们 – 作格	3 单 – 放置 – 及物	网 – 通格

“The friends set the net.”
“朋友们布了那张网。”

222 （121）并入形式

Tumg-ət	kupra-ntəwat-g’at

friends-NOM net-set-INTRNS
朋友们－主格 网－放置－不及物
"The friends set nets."
"朋友们布网了。"

不同类型的宾语并入见于美洲及其他地方的一些语言中。在帕纳雷语中，宾语并入最常见的类型只用于涉及切断或除去事物某些部分的动词。并入结构与非并入的对应形式的区别在于，并入形式隐含该物体被完全除去：

（122）帕纳雷语（加勒比语，委内瑞拉）

a. y-ipu-n yï-kïti-ñe amën 未并入形式
3-head-POSS TRNS-cut-NONPERF.TRNS 2SG
3－头－领属 及物－切－未完整：及物 2单
"You cut its head."
"你切它的头。"

b. y-u'-kïti-ñe amën 并入形式
3-head-cut-NONPERF:TRNS 2SG
3－头－切－未完整：及物 2单
"You cut off its head."（lit.: You head-cut it.）
"你切下它的头。"（字面义："你切－头它"）

例（122b）[1]中，并入形式*u'*与非并入形式*ipu*毫无相似之处，但它们通过常规的形态音位过程发生关联。下面是帕纳雷语的其他例子：

（123）t-ipo-kïti-yaj chu 并入形式
1 > 3-feather-cut-PPERF1 1SG
1 > 3－羽毛－剪－过去完整1 1单
"I cut off his feathers/body hair."
"我剪下了他的羽毛／体毛。"

（124）n-u'-pétyaka-yaj kën 并入形式
3DIR-head-split-PPERF1 AN:INVIS
3方向－头－劈开－过去完整1 有生：看不见
"He_i split his_j head."（i.e., divided it into two separate pieces）
"$他_i$劈开$他_j$的头。"（即，他把它分成两个独立的部分）

[1] 原著为"121 b"，误，现予改正。——译者注

人们可能会认为，宾语并入只是更广义的名词并入范畴的一个实例。名词并入的其他例子，见 5.1 节。

思考题

该语言有没有（与逆被动式不同的）宾语降级或宾语省略结构?

参考文献： Sapir（1911），Green（1981），Mithun（1984），Sadock（1986）。

第九章
动词和动词短语的其他操作

本章我们将讨论一系列有可能用动词或动词短语来表达、但在其他章节中未论及 223
的操作。首先有两项：名词化（nominalization）和复合（compounding），是典型的派生操作（见2.0节）。另外四项，即（1）时/体/情态（TAM）、（2）处所/方向、（3）参与者指称和（4）示证性（evidentiality），则是典型的屈折操作。在任何给定的语言中，这些操作中的很多项彼此之间不能明确区分。不过，由于长期以来具有将它们分开描写的传统，在本章中将它们这样处理会比较方便。但要记住的是，在大多数情况下，这些形态句法操作"家族"（families）内部及相互之间存在重要的语义与形态句法的重合（overlap）。

9.1 名词化

每一种语言都有一些改变某个词根语法范畴的方法。例如，一个名词可以通过动词化过程变成一个动词（参5.2节）。本节的重点是允准一个动词用作名词的操作。这类操作称为**名词化**（nominalization），可描写为一个简单的公式：

$V \rightarrow [V]_N$

或简化为：

$V \rightarrow N$

名词可以通过多种不同方式与动词发生关系。例如，一个名词可以指称由动词描 224
述的行为的施事，而另一个名词可以指称由动词描述的行为的结果。一般说来，一种语言会根据所产生的名词跟原动词的语义关系来使用各种功能不同的名词化操作。在下面几节中，我们对名词化的主要类型进行描写和例析。

9.1.1 行为名词化

行为名词化指称由动词词根表达的行为（通常是抽象动作）。行为名词化可公式化为：

$V \rightarrow N_{\text{由 V 标示的行为}}$

英语行为名词化策略尤为丰富。例如，人们可以认为词根 *walk*（“行走”）根本上是一个动词：

（1）I *walk* to school. “我走到学校。”

不过，由这个动词构成一个行为名词化有很多种方法。最简单的方法是带一个“零形”操作符（operator）。跟本书其他章节一样，零形派生（zero derivation）可视为一种词汇过程：

（2）Let's go for a *walk*. “我们去散个步吧。”

在这个例子中，词根 *walk* 用作一个名词，指称一次特定的行走实例。

在英语中，有时动词加介词也可以构成词汇型名词化（lexical nominalization）：

（3）That was a significant *breakthrough*. “那是一个重大的突破。”（< break through “突破”）
He has a *hangup*. “他有个困难”（< hang up “拖延，中止”）
She gave him a *talking to*. “她给了他一顿训斥。”（< talk to “训诫，斥责”）
They gave her a *makeover*. “他们给她做了个美容。”（< make over “化妆”）

除了带零形操作符的词汇手段，英语中行为名词化也可以由形态方式构成：

（4）*Walking* is good for you. “散步对你有益。”
I'm looking for *employment*. “我正在找工作。”（< employ “雇用，使用”）
He worked in *construction*. “他在建筑业工作。”（< construct “建筑，构造”）
That's a new *procedure*. “这是一项新的程序。”（< proceed “进行”）
The *process* wore me out. “过程使我精疲力竭。”（< proceed “进行”）
Economic *growth* is down. “经济增长在下降。”（< grow “增长”）

225

上面所有这些形态策略都受到词汇限制。例如，甚至像 *-ing* 这样常见的方式，对于某些动词来说通常也不适用：

（5）*Employing is good for you.　　“*雇佣对你有益。”
　　*I like the water's *spewing.*　　“*我喜欢水喷。”

其他的策略，如 -*ess*，-*th* 和 -*ure*，不像基于动词的名词化标记那么能产；因此，它们只是大致具备词汇型名词化过程的资格。

萨摩亚语（Samoan）具有形态型名词化标记 -*ga*，可以用作行为名词化标记：

（6）萨摩亚语（波利尼西亚语；例句来自 Mosel 和 Hovdhaugen 1992：84）

galue	“工作”（动词）	galue-ga	“一些工作”
fai	“做”	fai-ga	“行为”

名词化也可以是分析型的（analytic）。例如，汉语普通话采用小词“的”来构成很多种名词化，包括行为名词化（例句来自 Li 和 Thompson 1981）：

（7）我们合作的问题很简单

分析型名词化策略的使用跟汉语普通话的分析型形态类型是一致的。汉语普通话中由“的”构成的名词化的不同类型，将在后面的相关章节中进行讨论。

9.1.2　参与者名词化

参与者名词化（participant nominalization）是基于动词的名词化策略，所产生的名词指称动词词根的参与者之一：

$V \rightarrow N_{\text{动词 V 的参与者}}$

语言一般采用不同的参与者名词化策略。通常，各种参与者名词化策略的功能差别同它指向哪个参与者有关，例如，某种策略构成指称动词施事的名词化，而另一种则构成指称受事的名词化。下面几个小节对参与者名词化做一个大致的分类。

9.1.2.1　施事名词化 226

指向被名词化动词的施事的名词化是**施事名词化**（agent nominalization）：

$V \rightarrow N_{\text{动词 V 的施事}}$

英语的词汇型施事名词化具有相当的特异性（即它并不适用于所有的动词）：

（8） a *pickpocket* “扒手” （< someone who picks pockets “捡到钱包的人”）
a *scarecrow* “稻草人” （< something that scares crows “惊吓乌鸦的东西”）
It was a *flop*. “这是一次大失败。” （< something that flopped “失败的事物”）
Left turn yield to oncoming traffic. （< drivers who plan to turn left）
“左拐弯的给迎面驶来的车辆让路。” （< “打算左转弯的司机”）

英语中，后缀 *-er/or* 的功能之一是用作形态型施事名词化标记：

（9） employer “雇主” （< employ “雇用”）= someone who employs “雇用者”
tax collector “税务员” （< tax collect “收税”）= someone who collects taxes “收税者”

在英语中，施事名词化一般指称的是与特色活动（characteristic activities）有关的事物，而不是与特指事件（specific events）有关的事物。例如，名词化形式 *builder*（“建筑者”）一般是指某个以建筑为生的人，而不是某个恰巧（也许是首次）在建筑某物的人。不过，在其他很多语言中，施事名词化可以用来指称特指事件：

（10） 亚瓜语（Yagua）
dapų́ų́-ñu
hunt-NOM
狩猎－名词化
“hunter/one who is hunting”
“狩猎者 / 某个正在狩猎的人”

在这个例子中，名词化形式指称任何此刻恰巧正在狩猎的人，而不一定是某个以狩猎为特征的人。

汉语普通话采用小词“的”来构成分析型施事名词化（Li 和 Thompson 1981）：

（11） 种水果的很难过活。

227 （12） 卖汽车的大半都是好人。

9.1.2.2 受事名词化

指称名词化动词的受事的名词化是**受事名词化**（patient nominalization）。

$V \rightarrow N_{\text{动词V的受事}}$

跟施事名词化一样，英语中词汇型受事名词化也是边缘性的，大多情况下和修饰

语 *good*（“好”）和 *bad*（“坏”）一起使用：

（13） This book is a good *read*.　　“这本书是一本好的读物。”
That’s a bad *buy*.　　“那是一桩吃亏的买卖。”

形态型受事名词化有时被称作**过去分词**（past participles）。英语中的后缀 *-ee* 是一个来自法语过去分词的受事名词化标记：

（14） He is a new *employee*.　　“他是一个新雇工。”（< employ“雇用”）
He is a Vietnam *returnee*.　　“他是一个由越南归来的回国人员。”（< return“回，归”）
a *retiree*　　“退休者”
a *divorcee*　　“离婚者”
an *escapee*　　“逃亡者”

帕纳雷语具有两种受事名词化标记。后缀 *-sa*’ 构成一个真正的“过去分词”，因为派生的名词性成分指称的某个实体，其所依据的某个事件是该实体过去曾涉及的：

（15） yï-petyu’ma-*sa*’
TRNS-hit-PAST:PART
及物－打－过去：分词
“The hit one.”
“被打的那个。”

此外还有由后缀 *-se’ña* 表达的“将来分词”（future participle），这类名词化指称的某个实体，所依据的某个事件是该实体在将来“注定”要涉入的：

（16） ejke　mën　y-onpa-*se’ña*　*wï*-ch-ireemë-në-to’
NEG　INAN:DIST　TRNS-eat-FUT:PART　INTR-DETRANS-feed-INC-PURP
否定　无生：分配　及物－吃－将来：分词　不及物－去及物－供食－包括－目的
“There is no food for us to eat.”（lit: there is no food destined to be eaten.）
“没有供我们吃的食物。”（字面意义：没有任何注定要被吃的食物）

（17） Mo　ka　n-aj　y-apanawa-*se’ña?* 228
EXIST　QM　3SG-AUX　TRNS-rub-FUT:PART
存在　疑问标记　3 单－助动　及物－擦－将来：分词
“Do you have something to rub on it? ”
“你有在它上面擦的东西吗？”

汉语普通话采用小词“的”来构成分析型受事名词化。由于带“的”的名词化形式在汉语普通话中如此常见，有时只能靠语境确定表达的是哪一种类型的名词化：

（18）那种植物可以当作吃的。

（19）我卖的是中国货。

9.1.2.3 工具名词化

工具名词化（instrument nominalization）是指一个由动词构成的名词，该名词指称的是用来完成动词所表达行为的工具：

$V \rightarrow N_{\text{动词 V 的工具}}$

工具名词化和施事名词化在形式上常常相同。英语即是如此，英语中后缀 *-er* 既用于施事名词化，也用于工具名词化：

（20）coffee grinder“咖啡研磨机”，can opener“开罐器”，等等。

西班牙语采用一种能产的复合策略来构成及物动词的工具名词化形式：

（21）para-brisa-s
stop-wind-PL
阻挡－风－复
“windshield”“挡风玻璃”

abre-lata-s
open-can-PL
开－罐－复
“can-opener”“开罐器”

saca-punta-s
take:out-point-PL
拿：出－尖端－复
“pencil-sharpener”“铅笔刀”

229 9.1.2.4 处所名词化

很多语言具有的一些名词化策略，一般指称与动词词根相关的某个实体。这些名词化常指称由动词描述的活动通常发生的处所：

（22） 尤比克语（*Yup'ik*）-vik

cali-vik
work-NOM
工作－名词化
"workshop""车间，工场"

ner-vik
eat-NOM
吃－名词化
"restaurant, eating place""饭馆，吃饭的地点"

kumarr-vik
burn- NOM
燃烧－名词化
"fireplace""壁炉"

mis-vik
alight-NOM
飞落－名词化
"landing strip""着陆带"

（23） 亚瓜语 -jo

músá-jo
descend-NOM
下降－名词化
"port"（place where one descend to the river to get water）
"港口"（"人下到河边取水的地方"）

jasúmiy-jo
ascend-NOM
上升－名词化
"ladder, stairway""梯子，阶梯"

我们在上文见到的萨摩亚语名词化标记 *-ga*，其另一功能是构成处所名词化：

（24） moe "睡觉" moe-ga "床"
a'o "学习" a'o-ga "学校"

9.1.2.5 产品名词化

英语具有词汇型和形态型构造名词的手段，所构成的名词指称的是动词词根所描述事件的产品或结果：

（25） 词汇型

It’s only *a scratch.* “这不过是轻微的抓痕。”

230 这里，名词化形式 *a scratch*（“抓痕”）指称由“抓 / 挠”这一事件产生的某物。这是一种词汇型策略，因为该名词化形式未用任何显性形态手段来标示。

（26） 形态型

We had to buy a *pérmit.* “我们必须购买一个许可证。”

This donut is a *réject.* “这个炸面圈是个弃的。”

He is a recent *cónvert.* “他是一个新近的皈依者。”

He has a *growth* on his neck. “他的脖子上有个赘生物。”

上述这些例子中，前三个是形态型名词化，因为它们每一个都通过向左的重音转移同词根相关联。*growth*（“赘生物”）是通过一种通常由形容词构成名词（如，*width*“宽度”，*length*“长度”，*strength*“强度”等）的颇为能产的过程，由 *grow*（“生长，发育”）派生而来的。

产品名词化不同于受事名词化。例如，某物是一种“赘生物”（*growth*），并不是因为它经历了生长，而是因为它是生长事件的结果。人们不会将一个孩子视为“赘生物”（*growth*），因为她已经历了许多次生长发育过程。同样，*pérmit*（“许可证”）的存在，是因为一个“许可”事件的存在。它并不是被许可了（即经历了许可）的事物。

9.1.2.6 方式名词化

下面是英语中词汇型方式名词化的例子：

（27） a. He has a mean *slice.* “他有一个薄的切片。”

b. I can’t hit his *curve.* “我不能击中他的曲线球。”

在这些例子中，名词化所依据的某个动词，用来指称所描述行为的方式，例如，（27b）指称棒球中曲线球的投球方式。这类名词化在世界语言中似乎并不常见。

思考题

描述由动词构成名词的（能产或不能产的）过程。至少包括：

（a）行为名词化

（b）施事名词化

（c）受事名词化

指称特色活动的施事名词化（如 *teacher*“教师”）和指称特指事件的施事名词化（如 *the one who is teaching*“某个正在教课的人”）之间，是否存在区别？

请描述一下其他的参与者名词化策略（如，工具名词化、处所名词化、产品名 231
词化或方式名词化）。

补充阅读： Comrie 和 Thompson（1985）

9.2 复合（包括并入）

名词并入（noun incorporation）中，一个名词变得依附于动词。并入可能体现了 5.1 节中所讨论的复合的所有特征，即（1）具有词而非短语的重音模式，（2）异常的语序，（3）形态音位过程，（4）特殊的形态或缺乏形态，（5）意义比其个体组成部分的意义更为特指。名词并入最常见的类型是宾语并入。例（28b）显示了萨摩亚语（Samoan）中的宾语并入：

（28） 萨摩亚语（Mosel 和 Hovdhaugen 1992）

a.

Na	fa'atau	e	le	tama	le	pua'a
PAST	sell	ERG	ART	boy	ART	pig
过去	卖	作格	冠词	男孩	冠词	猪

"The boy sold the pig."

"那个男孩卖了那头猪。"

b.

Na	fa'atau-pua'a	le	tama
PAST	sell-pig	ART	boy
过去	卖－猪	冠词	男孩

"The boy sold pigs." "那个男孩卖猪。"

例（28a）例示了萨摩亚语中基于动词 *fa'atau*（“卖”）的一个简单明了的及物小句。在（28b）中，名词 *pua'a*（“猪”）已被并入动词。（28b）的字面翻译可能是“这个男孩猪－卖”，尽管很蹩脚。并入已经发生的证据是，施事不带作格标记 *e*，这一事实表明，该小句形式上是不及物的。同样，动－名复合形式 *fa'ataupua'a* 读作一个单独的词而非两个独立的词。

很多不同的语法成分都可以被并入到一个动词中去以改变动词的意义。直接宾语尽管是进入这类结构的常见的参与者形式，但可能只是其中一种而已。下面是英语中一些由直接宾语以外的并入成分构成的复合动词的例子：

（29） a. You must pay the amount to the service desk within the next thirty days or you will be *pay-deducted*.
“你必须在三十天内向柜台支付这笔金额，否则将从你的工资中扣除。”

232 b. Jeremy *kick-started* his motorcycle.
“杰里米用脚踏启动他的摩托车。”

c. After pinning the pattern, *feather-cut* along the indicated lines.
“图案固定之后，沿着标示的线条剪成羽状。”

d. Node A is *Chomsky-adjoined* to node B.
“节点 A 乔（姆斯基）式附接于节点 B。”

有关宾语并入的一些特殊的句法和语义特征，详见 8.2.7 节的讨论。

动－动并入（verb-verb incorporation）。有时，几个动词词根组合以构成更复杂的词干。位移动词常常进入这类复合形式。例如，亚瓜语（Yagua）中，动词 *jasúmiy* 意为“上升，升起”。在该语言中，该动词可以同任何其他动词复合，表示以上升方向实现的动作：

（30） Sa-súúy-*asúmiy*
3SG-shout-rise
3 单－喊叫－上升
“He shouts rising.”
“他高声喊叫。”

Baka 语（扎伊尔东部的一种中部苏丹语），采用类似的动－动复合（例句蒙 Douglas Sampson 惠予）：

（31） a. ndá’ba “回去” + ógu “来” → ndá’baógu “回来，返回”
b. óto “放置” +ómo’ “丢下，留下” + lígi（无独立意义）→ ótoómolígi “忘记”

自由进入这类复合形式的动词（通常是位移动词）一般失去其动词特征，并最终变为派生词缀。例如，盖丘亚语（Quechua）中，印加（Inca）帝国时期有一个动词 *-kacha*，意为“着手做”。在现代霍拉加河克丘亚语（Huallaga Quechua）（Weber 1989：150）中，有一个动词后缀 *-ykacha*，意思是“反复的”或“漫无目的地摇摆”。成分 *y* 是一个本来可能出现于其前动词之上的古老的无定标记：

（32） kuku-*ykacha*:-chi-shun
move-ITER-CAUS-3PL:IMPER
移动－反复－使役－3 复：祈使

"Let's make it move (back and forth) ."
"让我们使它（来回）移动。"

这个例子从前的意义可能是"让我们着手移动它"。

有时很难甚至不可能将复合动词跟连续动词形式（参 11.1 节关于连动式的讨论）、 233
动词加补足语（参 11.2 节）、助动词加主要动词或者动词带派生词缀客观地区分开来。一般地，下面的经验法则（rules of thumb）可能对选择合适的术语有一些用处：

1 如果在可疑的结构（suspect structure）中，某个词根本身在当代不是一个动词，那么，这是一个动词加一个派生词缀的形式。
2 如果其中一个词根的形式和它作为独立动词的形式本质上不一样，并且如果动词词根的意义发生"虚化"（bleached），即，其意义不如作为独立形式的同一词根的意义那么具体，那么，你可以考虑把它称作派生词缀。
3 如果各个词根都可以用作独立动词，并且如果两个词根之间可以插入其他成分（例如，屈折形态或宾语名词形式），那么这是一个连动式或补足语结构（complementation）。进一步的信息可参见 11.1 节和 11.2 节。
4 如果两个词根本身都是可识别的动词，但其间不能插入其他成分，且整个结构的意义发生"虚化"，即，和两个词根的词汇意义的组合略有不同，那么，这是一个动－动复合形式。

根据这些经验法则，可以确认亚瓜语的例子为动－动复合形式，因为在该语言中 *jasúmiy* 仍是一个可用的动词；可以确认盖丘亚语的 *-ykacha* 为派生后缀，因为 *-kacha* 不再用作一个独立的动词。

当然，由于某些派生词缀是由动词经过连续的历时发展过程而形成的，在复合和词缀化之间没有绝对的分界线。尽管如此，在大多数情况下，可以基于上述建议做出合理的判断。

思考题

主语、宾语和/或其他名词是否能被并入动词？

有没有导致动词产生的动－动复合过程？

补充阅读：Sapir（1911），Green（1981），Mithun（1984，1986），Sadock（1986）。

9.3 时/体/情态

时（tense）、**体**（aspect）和**情态**（mode）（简称 TAM）是从序列（sequential）、时间（temporal）以及主观认识（epistemological）等角度给小句表达的信息进行定位

234（anchor）或使之入场（ground）的操作。时与事件在真实时间中的先后顺序相关，体与某个情状的内部时间“结构”相关，而情态则与说话人对情状的态度或者说话人对情状为真之可能性的认可度相关。除了配价（见第八章），体是最常见的与动词相关的句法操作。Bybee（1985：31）发现在她随机选用的语言样本中，有74%的语言中动词具有体的形态表征。情态作为动词的屈折操作属于第三常见，出现于68%的语言。时排在第七，只见于50%的所考察的语言。不过，TAM与配价不同，它们几乎都更倾向于使用屈折手段。Bybee的语言样本中，只有6%的语言在配价上具有屈折形态表现。因此，尽管总体上配价更常见，但TAM却是最常见的屈折操作。

时、体和情态有时很难截然分开。事实上，语言学家之所以把这三个范畴区分开来，很可能只是因为它们主要在一些古典语言和印欧语中颇有不同。出现在动词或动词短语的TAM区域中的操作符，其语义范围的界限似乎并不明晰；它们的意义似乎随其所依附的动词而变化，或是随着小句中核心名词短语（主语和宾语）的格标记或其他特点而变化。TAM的构形成分似乎兼有时、体、情态、示证（3.4.4节）和/或处所/方向这些概念（参见3.4.3节）。有些语言更关注时范畴（如英语），另一些语言更关注体范畴（如南岛语言和非洲语言），还有一些语言更关注情态范畴（如爱斯基摩语），另外一些语言则更关注处所和方向范畴（如很多美洲语言、大洋洲语言和巴布亚语言）。此外，有些动词词干不允许某些句法操作，但偏爱另外一些句法操作。最后，TAM操作符的某些组合会更高频地共现，而其他一些逻辑上可能的组合却很少或根本不出现。常常聚合在一起的成组（通常是成对）的操作符有时称之为**超语素**（hypermorphemes）。

正因为很多TAM操作的相互关联和不确定性，所以切勿轻易草率并自信地给TAM操作进行注解。举例说，在引得法（elicitation）中，某个特定的TAM操作符出现在对英语过去时提示的回答中，这是很正常的情形。人们很容易用“过去时”这个标签来注解这样一个操作符，却不去考察该操作符的意义与同一系统中其他TAM操作
235 符的相关性。很多语言就曾被分析为具有一个时系统，而实际上体才是更相关的参数。

一个语言的时/体/情态系统与名词格标记或参与者指称这类看似截然不同的子系统具有重要的互动关系，这并不罕见。例如，很多语言在包含现在时和非完整体的小句中，格标记和/或动词上的人称标记采用主格/宾格系统，但如果小句具有完整体或过去式形式时，格标记和/或动词上的人称标记则采用作格/通格系统（有关这些术语的讨论和例句，请参见7.1节）。另一些语言中，时、体和/或情态标记则有可能和人称标记发生溶合（fuse）。属于西部南岛语的塞科巴当语（Seko Padang）便是如此（例句承Tom Laskowske惠予）：

（33） a. ha-ni-aka-e:-da

NEG-PASS-do-FUT:1INC-1INC:VER

否定－被动－做－将来：1 包括－1 包括：真实
"Nothing will happen to us."
"对我们什么也不会发生。"

b. ha-ni-aka-o:-do
NEG-PASS-FUT:2-2VER
否定－被动－将来：2–2 真实
"Nothing will happen to you."
"对你们什么也不会发生。"

例（33a）和（33b）显示在塞科巴当语中将来时标记会根据宾语的人称而发生变化。

塞科巴当语还有一套"真实性"（veridical）情态标记（参见 9.3.3 节有关情态的讨论）。这些标记是"可选的"第二位置附着词（关于附着词，请参见 2.2 节），具有某种英语中用为副词的 *really*（"真的"）的语义效果。例（33a）和（33b）同时还显示了两个真实性标记，即（33a）中的 *-da* 和（33b）中的 *-do*。例（34a）和（34b）显示另外两个：

（34） a. mi-pana'-*da*　　ti-ampe-ku
INTR-sick-3VER　　T-grandparent-1SG
不及物－病－3 真实　　T－祖父－1 单
"My grandparent is really sick."
"我的祖父真的病了。"

b. ku-boro-mo-*ko*
"I am really full."
"我真的饱了。"

除了语言的小句层面的句法外，TAM 标记还时常以一种有趣的方式用于话语（请参见 12.1.3 节有关行为连续性的讨论）。例如，所谓的"现在时"常常被用来描述过去 236
事件，使叙述更生动：*Then he says to me...*（"那时他对我说……"）。

下面几节将更详细地讨论时、体和情态概念，并将给出更多的例子。

9.3.1　时

时是某个事件的时间与某个时间参照点之关系的语法表达，这个时间参照点通常是说话人说出小句的时刻。假如我们将时间设想为一条线，"现在"由从左向右移动的一个点来代表，我们便可将时用下图来概念化：

现在

不同的语言出于语法表达的目的，采用很多不同的方式来切分"时"这一概念。

一种常见的时系统是过去、现在和将来：

过去 | 现在 | 将来

不过，可能更常见的是两分法，要么是过去 / 非过去，要么是将来 / 非将来：

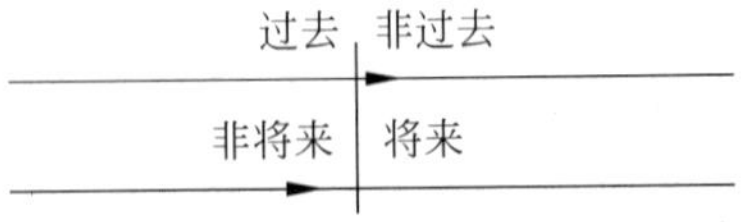

过去 | 非过去

非将来 | 将来

另一种据说业已出现的可能性是现在与非现在之间的两分法。这样的系统中“过去”和“将来”行为会以同一形式来编码：

非现在 | 现在 | 非现在

有些语言在时上做很多区分。尽管某些语言据称可以区分出多达 5 种的将来时，但似乎从未见过将来时的区分会多过过去时。亚瓜语（Yugua）区分出 5 种过去时和 2 种将来时：

237

远过去	一年以前	一月以前	一星期以前	今天 / 昨天	“现在”	近将来	将来

下面我们要讨论语言表达“时”的不同的方式。所有 TAM 操作几乎都与动词性词语（对多式综合语而言）或动词短语（对分析性更强的语言而言）相联系。仅在英语里，时就可以通过词汇型、形态型以及分析型方式来表达。

（35）“是”　is　> was　过去时：词汇型（异干交替）
“走”　walk > walked　过去时：形态型
“看见”　see　> will see　将来时：分析型

西班牙语具有“时”的词汇型和形态型表现：

（36）“去”　ir　> fue　过去时：词汇型
“说话”　hablar > habló　过去时：形态型

将来时标记历史上通常由义为“想要”“来”或“去”的自由动词演变而来：

（37）斯瓦希里语（*Swahili*）（东非的一种班图语）
a. a-taka　ku-ja

3-want　INF-come

3－想　不定式－来

"He/she wants to come."

"他/她想要来。"

b. a-taka-ye　ku-ja

3-want-REL　INF-come

3－想－关系化　不定式－来

"he/she who will come"

"将要来的他/她"

c. a-ta-ku-ja

3-FUT-INF-come

3－将来－不定式－来

"He/she will come."

"他/她将要来。"

例（37a）显示，这个小句中的*taka*是自由动词，义为"想要"。*taka*在关系小句中，词形不变，但其意义不再是"想要"（例37b），相反，它表达的是一种简单将来时。而在例（37c）中，*taka*已变为完全语法化了的形式*ta-*，成为附着于主要动词之上的表时前缀。*ku-*也不再用作不定式标记，而仅是原来多小句结构的反映形式（reflex）。

在班巴拉语（Bambara）以及其他很多语言中，将来时标记与义为"来"的动词 238
同形：

（38）班巴拉语（西非的一种尼日尔－刚果语）

a. a　bɛ　na

3SG　PRES　come

3单　现在　来

"He/she is coming."（"come"是自由动词）

"他/她正在来。"

b. a　na　taa

3SG　come　go

3单　来　去

"He/she will go."

"他/她将要去。"

c. a　na　na

3SG　come　come

3单　来　来

"He/she sill come."

"他/她将要来。"

例（38a）例示的是一个简单小句，以义为“来”的动词为核心。例（38b）显示 *na* 用作将来时标记。它的确已丧失“来”的词汇意义，证据是它与语义上不相容、义为“去”的动词 *taa* 搭配。例 38c 显示 *na* 既用为时标记，又用为主要动词。

在英语和其他很多语言中，义为“去”的动词语法化为将来时标记或助动词。例（39b）表明西班牙语动词 *ir*（第三人称、单数、现在时形式为 *va*）用作表将来的助动词：

（39） a. Fernando se va a Corvallis.
F. REFL go:3SG DIR C.
F. 反身 去：3 单 方向 C.
“Fernando is going to Corvallis.”（“go”用作主要动词）
“费尔南多在去科瓦利斯。”

b. Fernando va a venire
F. go:3SG DIR come
F. 去：3 单 方向 来
“Fernando is going to come.”（“go”用作表将来助动词）
“费尔南多将要来。”

9.3.2 体

体描述事件或状态内部的时间结构。下面的图示和英语例句会有助于我们理解一些语言中更常见的体的区分。不过要记住的是，这些体中的任何一种都不是哪种语言必然要将其语法化的；任何给定语言中业已语法化的体操作也不可能与这些概念完全
239 一致。尤应注意的是，英语对多种体概念都没有语法化。这并不意味着英语小句“没有体”，只是说表达不同体概念的那些高效的语法手段很少而已。例如，“完结”和“起始”在英语中就没有充分语法化，[①]它们是用分析型结构来表达的，包括一个母动词和一个分词补足语：*I finished working*（“我结束工作了”），*I started working*（“我开始工作了”）。

在下面的图示中使用了以下符号：> = 无界时间，| = 时间边界，] = 完结，[= 起始，x = 瞬时事件，即瞬间发生因而没有内部时间结构的事件。

（a）完整体（perfective）。完整体将情状作为一个整体来观察，而与时无关。“过去时”（preterit）和“不定过去时”（aorist）这两个术语经常指过去时加完整体。叙事体篇章中的主要事件通常用完整体来叙述，而一些附带性、解释性和描述性的材料则以各种不同的非完整体的形式出现（如未完整体、进行体、惯常体）：

[——] He wrote a letter. “他写了一封信。”

He wrote（“他写了”）这一小句可以是完整体、惯常体、反复体，或者甚至其他任何体形式。动词形式中只是对时进行了编码，体的区分则通过上下文来消解歧义。例如，*He wrote a letter*（“他写了一封信”）不太可能是惯常体或反复体，而更像是完整体，尽管小句中并没有专门的标记。另一方面，*He wrote letters*（“他写了许多信”）则很可能是反复体（尽管也可能是惯常体），尽管动词形式与前例是一样的。因此我们可以说，英语并非总是将体语法化的。这跟说英语中这些小句“没有体”是不一样的。

（b）未完整体（imperfective）。未完整体是从“内部”来观察情状，将情状视为一个正在进行的过程。惯常体（habitual）和进行体（progressive）是未完整体的次类。更详细的讨论见下文及 Comrie（1978b）。

←——→ He writes letters. “他写信。”

（c）完成体（perfect）。完成体通常描述一个与现时相关的状态，这个状态由动词所表达的情状（通常是一个事件）造成。

——|X He has come from Aqaba. “他已从亚喀巴来了。”

He has come（“他来了”）可能隐含“他现在在这儿”，而 *he came*（“他来过”）则不 240
是：他可能现在在这儿，也可能已经来了又走了。英语的简单过去时并不直接隐含内在的现时相关性。完成体与完结体（completive）不一样。*He has finished working*（“他已经结束工作了”）（完成结束体）隐含“他现在不在工作”，而完整结束体（perfective completive），*He finished working*（“他结束了工作”），则并不带有这样的隐含：例如，说 *He finished working at 12:00 and began again at 2:00*（“他在 12 点结束了工作，又在 2 点重新开始”），这在语用上是可接受的。然而，在完成体中，这听起来就很奇怪：??*He has finished working at 12:00 and began again at 2:00*（“他在 12 点已经结束工作了，又在 2 点重新开始”）。完成体和完整体这两个术语间存在相似性真是不幸，因为它们所指的是两个大相径庭的体范畴。不过这两个术语在文献中是非常标准的，绝对不能混淆。

（d）过去完成体（pluperfect）。过去完成体，像过去时（preterit）一样，指的是某种体和时的结合。过去完成体是完成体和过去时的结合。这种结合的效果是将指示中心（deictic centre，略作 DC）从“现在”转移到过去的某个时间点。也就是说，某个事件所产生的状态被呈现为在过去某个时间点出现：

———|DC———（现在） I had entered a congested zone.
“我进入到一个拥挤区域。”

（e）完结体（completive）。完结体表达一个事件的终结。有时完结体和起始体被称为阶段体（phasal aspect），因为它们指向动词所描述的事件的不同阶段。

>————————] She finished working.“她结束了工作。”

（f）起始体（inceptive）。同样，起始体表达事件的开始点：

[————————► She began working.“她开始了工作。”

（g）延续体（continuative）/ 进行体（progressive）。延续体或进行体隐含某个正在进行的、动态的过程。这与静态体（stative aspect）相反，后者意指不随时间而变化。延续体或进行体与惯常体的区别在于，延续体或进行体指称实际的事件，而惯常体则表达的是一个一般性事实，即某个事件不时地在发生着。惯常体并不指向任何特定的事件。

241 助动词 *be*（“是”）加上动词的现在分词，是英语中语法化了的进行体结构。

>————————► He is writing letters.“他正在写信。”

（h）瞬时体（punctual）。瞬时事件是那些没有内部时间结构的事件，因为它们的发生是在一瞬间。有时这种体被称为即时体（instantaneous）。

X He sneezed.“他打了个喷嚏。”

（i）反复体（iterative）。反复体指一个瞬时事件连续发生好多次。

> -x-x-x-x-x-x-x-x-x- x-x- > He is coughing.“他在咳嗽。”

对像 *cough*（“咳嗽”）这样的内在瞬间动词，进行体便意味着反复性。对像 *run*（“跑”）这样的“非瞬时”（持续）动词，进行体则意味着连续性。对像 *know*（“知道”）这样的静态动词，进行体是不适宜的，如 **Rudyard was knowing the answer*（“拉迪亚德正在知道答案”）。

（j）惯常体（habitual）。正如在前文“延续体 / 进行体”下提到的，惯常体表达的是一个断言，即某一类事件时常规律性发生（即由实际的事件所例示的那样），如拉迪亚德走着去学校。它并非指某次事件“现在”正在发生着。

←——————→ He drinks. “他喝酒。”

就像这里所定义的，对动态动词而言，英语中简单“现在时”动词形式并不指示现在时。也就是说，英语中的现在时形式并不将动态事件（随时间而变化的事件）定位在与说话时间（“现在”）同时发生。如 *He walks to school*（“他走到学校”）这样的小句，意味着（a）惯常体（“他每天走到学校”）；（b）“历史中的现在”（*So he gets out of bed, gets dressed, and has breakfast. Then he walks to school, see?* “因此他起床，穿衣，吃早餐。然后他走到学校，明白吗？”），这实际上把事件定位在过去某个时间点上；或者（c）“将来”（*Tomorrow he walks to school; I refuse to take him anymore* “明天他走到学校去；我不会再带他了”）。因为 *walk* 描述的是一个动态事件，如要把它定位在说话时间，则需用进行体形式：*He is walking to school*（“他正在走去学校”）。“静态”或 242
状态情状不随时间变化而改变。知觉动词和心理状态动词一般描述静态情状，如 *She knows the answer*（“她知道答案”），*He sees a bear*（“他看见一只熊”），*I wonder what happened to Jane*（“我想知道简怎么了”），等等。对这些动词而言，现在时形式实际上确实是把事件定位于说话时间。这些动词在正常意义上不常以进行体出现：?*She is remembering his name*（“她正在记得他的名字”）。

英语中体形式不是动词上的形态操作符；相反，它是通过谓语组合以分析形式表达的：

（40）	He has gone.	“他走了。”（完成体）
	I am going.	“我要走了。”（进行体）
	I used to walk to school.	“我过去常常走到学校去。”（未完整体）
	I finished working.	“我结束了工作。”（完结体）

英语中这些体的表达方式具有形态方面的构成成分，因为那些分词带上了特定的形态形式（*go* 的过去分词 = *gone*，*work* 的现在分词 = *working*，等等）。

西班牙语以及其他许多语言用形态来表达完整体和未完整体，而用形态性 / 分析性手段相结合来表达完成体：

（41）	habló > hablaba	“spoke” > “was speaking”	“说了” > “正在说”	完整体 > 未完整体
	haber hablado	“have spoken”	“已经说了”	完成体：形态性 / 分析性手段

汉语普通话用严格的分析手段来表达完整体：

（42）贼跑了。

体的标记经常位于小句中不同的位置。例如，在埃维语（Ewe）中，体标记可作为动词后缀（43a）、前缀（43b）、小句末的小词（43c）以及带有词序变化的助动词（43d）而出现：

（43）埃维语（属于尼日尔－刚果语系克瓦语族）

a. é-du-*a* mɔ́li.
3-eat-HAB rice
3 吃－惯常 米饭
"He/she eats rice."
"他 / 她吃米饭。"

b. é-*ga*-du mɔ́li.
3-REP-eat rice
3－重复－吃 米饭
"He/she repeatedly ate rice."
"他 / 她不停地吃米饭。"

243 c. é-du mɔ́li *vɔ*
3-eat rice COMPL
3－吃 米饭 完结
"He/she finished eating rice."
"他 / 她吃完了米饭。"

d. é-*le* mɔ́li du-*m*
3-be:at rice eat-LOC
3－是：在 米饭 吃－处所
"He/she is eating rice."
"他 / 她正在吃米饭。"

例（43d）同时也揭示了一个常见的事实：进行体结构历史上通常由处所结构发展而来。在埃维语中，表达进行体的助动词与用于处所小句（见第六章）的助动词是同形的。正因为如此，这里的动词带上了一个处所后置词。字面上看，这个小句可以翻译成"He/she is at rice-eating"（"他 / 她正在吃饭中"）。这种演变也见于英语的进行体：

（44）阶段 1：She is at walking. "她正在走路中。"
阶段 2：She is a-walking. "她正在走路。"（在某些方言中还能听到这种说法）
阶段 3：She is walking. "她正走路。"

名词的标记有时也影响到小句的体（比时或情态少见一些）。例如，英语中类指性（generic）直接宾语与特指性（specific）直接宾语之间的差别，可以传递出惯常体和完整体之间的差异：

（45）I built houses. “我建房子。”（过去时 / 惯常体）
I built a house. “我建了一所房子。”（过去时 / 完整体）

在芬兰语中，宾格直接宾语与部分格（partitive）直接宾语之间的差异，也常常表达出完整体与进行体之间的差异：

（46）a. Han　luki　kirjan.
he　read　book:ACC
他　读　书：宾格
“He read the book.”
“他读了这本书。”（过去完整体）
b. Han　luki　kirjaa.
he　read　book:PART
他　读　书：部分
“He was reading the book.”
“他正在读这本书。”（过去进行体）

正因为如此，格标记可能被误作 TAM 标记。例如，在瓜伊米语中，作格标记 *-gwe* 只出现在完整体小句中：

（47）a. Dorí-gwe　ti　dëma-íni 244
Doris-ERG　1SG　greet-PERF
多丽丝 – 作格　1 单　迎接 – 完整
“Doris greeted me.”
“多丽丝迎接了我。”
b. Dori　ti　dëma-e
Doris　1SG　greet-PRES
多丽丝　1 单　迎接 – 现在
“Doris greets me.”
“多丽丝迎接我。”

瓜伊米语最初的语法描写将 *-gwe* 分析为“时标记”，因为它只出现在作者所分析的过去时中。

处所和体。这里值得一提的是，体标记与处所 / 方向标记（见 9.4 节）之间，常常具有共时和 / 或历时的联系。英语的有些例子就足以说明这一点，尽管其他很多种语言也可以得出类似的结论：

（48）	I *came* to see...	“我开始明白……”	*come* = 起始体
	He cut *away* at the log.	“他向树枝砍去。”	*away* = 未完整体
	Tom drank the Pisco sour *down*.	“汤姆喝下了皮斯科酸酒。”	*down* = 完整体
	I ate *up* all the ugali.	“我吃掉了所有的玉米粉。”	*up* = 完整体
	They were *at* eating.	“他们正在吃。”	*at* = 进行体（带有古旧色彩）

9.3.3 情态

情态（mode）描述说话人对某种情状的态度，包括说话人对其真实性或可能性的相信度。它有时也描述说话人对该情状与他 / 她本人之相关性的评价。mode、mood 和 modality 这几个术语经常是交替着使用的，尽管有些语言学家也对这些术语做出区分。情态操作中最高层级的区分是现实（realis）与非现实（irrealis），不过，和大多数概念的区分一样，这两个术语描述的是一个连续统。原型的现实情态较强地断言某个特指事件或事态已经实际发生，或者实际为真。原型的非现实情态则根本不做这样的断言。非现实情态并不必然断言某个事件没有发生，或者将不会发生。它只是对所描述的事件或情状的现实性不做判断。否定小句确实是断言事件或情状不成立，但否定小句与肯定小句一样，都隶属于相同的现实 - 非现实连续统。例如，我可以断言 *He did not clean the kitchen*（“他没有清理厨房”）这个陈述的真实性，其断言的强弱度与断言它
245 相应的肯定式是完全一样的（关于否定断言，请参见 10.2 节）。不过，有些语言将所有的否定小句都视为非现实情态。

情态与时体之间存在着重要的互动关系（Wallace 1982）。例如，惯常体小句的现实性就不如完整体小句，因为惯常体描述的是一种由实际事件时常例示（instantiate）的事件类型。同样，情态跟与动词相关的名词短语的指称性和有定性之间存在着互动。例如，处于高度现实情态断言下的实体，比处于非现实情态断言下的实体更具有有指性：

（49） Rudyard ate the Cheerios that were in the cupboard.
“拉迪亚德吃了那些放在橱柜中的麦圈。”

然而，一个现实性更弱的情态与一个特指的指称对象在一起，听起来会很奇怪：

（50） ??Rudyard always eats the Cheerios that were in the cupboard.
“拉迪亚德经常吃那些放在橱柜中的麦圈。”

现实性更弱的情态与某个类指（无指）对象一起出现，听起来就好得多：

（51） Rudyard always eats Cheerios for breakfast.
“拉迪亚德早餐经常吃麦圈。”

非现实情态可以表示发生在可能世界的某个事件 / 情状。例如：

（52） *If you eat Wheaties*, you'll be like the big boys.
“假如你吃麦片，你就会像那些高大的男孩一样。”

这个小句中，条件部分 *if you eat Wheaties* 是非现实的。疑问小句和祈使小句也像是非现实的，因为这两类小句都不断言 X 业已发生，而是命令它发生，或者质疑它会否或是否已发生。因此，假如某种语言将非现实这一概念语法化，那么疑问和 / 或祈使小句可能会归入非现实范畴。不过，疑问和祈使本身并不是情态（见 10.3 节）。在现实 - 非现实连续统中，用于靠近非现实那一端的各类断言的术语，是如下这些：虚拟（subjunctive）、祈愿（optative，表愿望）、可能（potential，表示可能、有能力）、假设（hypothetical）/ 想象（imaginary）、条件（conditional，表示假如）、可能性（probability）、道义（deontic，表示应该、必须、必得）等。例如：

（53） 虚拟（subjunctive）（西班牙语）

Si	no	hubiera	sido	por	Anita,	mi	reloj	sería	perdido.
if	NEG	have:SUBJ	been	for	Anita	my	watch	would:be	lost
如果	否定	有：虚拟	是	为	阿妮塔	我的	手表	会：是	丢

“If it had not been for Anita, my watch would be lost.”
“要不是阿妮塔，我的手表就丢了。”

246

（54） 祈愿（optative）
I wish I had a million dollars. “但愿我有一百万美元。”
I want to earn a million dollars. “我想挣一百万美元。”

（55） 可能（potential）
I might earn a million dollars. “我也许能挣一百万美元。”
I can/am able to earn a million dollars. “我能够挣一百万美元。”

（56） 假设（hypothetical）
Let's suppose that I had a million dollars...
“让我们假定我有一百万美元……”

Now if it were possible to earn a million dollars as a college professor...
“作为一个大学教授，假如可能挣一百万美元……”
If you had eaten your Cheerios as a child, you would be doing better in school today.
“假如幼儿时期你吃了麦圈，那你现在在学校的表现会好得多。”

（57） 条件（conditional）
If you eat your Cheerios, you will be strong. “如果你吃麦圈，你会很强壮。”
If you come home before six, we can go to the movie.
“如果你六点以前回家，我们就能去看电影。”

（58） 道义（deontic）（obligation “义务”）
I have to earn a million dollars this year. “我今年必须挣一百万美元。”
We should send out a Christmas letter. “我们应该寄出一封圣诞信。”
There ought to be a law. “应该有一部法律。”
They must have dinner with us. “他们必须和我们一起吃饭。”

“deontic”（道义）这个术语源自与英语 *debt*（“债务”）一词相同的词根。道义情态表达主语实施动词所表达的非现实行为的责任或义务。有时会有好几个道义操作符来表达不同程度的义务强度，如英语中 *must*（“必须”）要强于 *should*（“应该”）。我称为“可能”情态的，有时被当作道义情态连续统的一部分，表达非常弱的义务。

（59） 认识（epistemic）（probability “可能性”）
They must have left already. “他们一定已经离开了。”（我从时间或其他事实推断出来的。）
They will have left already. “他们大概已经离开了。”
They should have left by now. “此时他们应该已经离开了。”
They might have left by now. “此时他们可能已经离开了。”

“epistemic”（认识）与说话人对命题真实性的承诺程度相关。例（58）和（59）显示英语中 *must* 和 *should* 两词既有认识义，也有义务义。助动词 *might* 和 *will* 也具有多
247 种功能，主要取决于小句的体。示证性（evidentiality）和确认性（validationality）这类认识范畴通常都是语言情态系统的一部分。假若所调查的语言具有这些范畴，那么它们应置于描写语法的同一部分来讨论。不过，因为这些范畴通常与情态有所区别，我们将在这本概要里单列一节（9.6 节）来讨论。

TAM 标记还常常与动词的人称标记互动。例如，语言有时会在完整体小句里采用作格 / 通格系统来组织语法关系，而在未完整体小句中采用主格 / 宾格系统来组织语法关系（见 7.3.2.2 节）。塞科巴当语（Seko Padang）将现实情态和非现实情态的区分语

法化，其方式仅仅是使用一套不同的人称标记。例（60a）和（61a）例示的是直陈语气小句，而（60b）和（61b）例示的是相应的非现实情态：

（60） a. *ku*-mu-tole'
1SG-INTR-smoke
1 单－不及物－吸烟
"I smoke."
"我吸烟。"　　　　现实

b. ha-mu-tole'-*ka'*
NEG-INTR-smoke-1SG
否定－不及物－吸烟－1 单
"I don't smoke."
"我不吸烟。"　　　　非现实（否定）

（61） a. *0*-mammu-lao
3-INTR-go
3－不及物－走
"He walks."
"他走路。"　　　　现实

b. i-mammu-lao-i
COND-INTR-go-3
条件－不及物－走－3
"If he walks..."
"假如他走路……"　非现实（条件）

除了具有语法化的时、体和情态系统之外，语言还常常将时间和情态的概念以迂说方式（periphrastically）来编码。时间副词就是时间关系的迂说式标记，但这些并不构成时体系统的一部分。例如：

（62） "I see the doctor tomorrow." "我明天看医生。"（"时"：将来）
"I see the doctor every day." "我每天看医生。"（"体"：惯常）

很显然，英语的 *tomorrow*（"明天"）和 *every day*（"每天"）不是时标记，但那显然只是因为我们有另一个标记，其功能明显是指示时范畴（*-ed*）。在其他语言中，这一点
不会有这么清楚。例如，跟岛屿东南亚和大陆东南亚的其他许多语言一样，印度尼西 248
亚语只对很少的"体"概念进行了语法化，而没有任何"时"的差别被语法化，这个语言促使"时"概念明确化的唯一方式就是利用副词或超小句的迂说式手段。

思考题

有没有时系统？如果有，它是怎么操作的？将来 / 非将来，过去 / 非过去，过去 / 现在 / 将来，或是其他？（你可以分别处理这些概念，或是将它们放在一起处理，这取决于语言如何运行。）

体是怎么样表达的？

时 / 体和情态之间是否存在明确的分界线（也许没有）？

情态是些什么？

格标记模式是否完全受到时 / 体 / 情态的影响？

补充阅读： DeLancey（1982），Givón（1984），Hopper（1979，1982），Hopper 和 Thompson（1980）。

9.4 处所 / 方向

正如时态在时间上使一个情状入场（ground）一样，处所标记和方向标记在空间上让一个情状入场。在语言学文献中，空间上的入场（spatial grounding）尚未被给予像时、体、情态那样显著的关注。这可能是因为希腊语、拉丁语和其他欧洲语言并没有表达空间入场的动词操作。不过，很多别的语言确实已将空间入场语法化。实际上，对于某些语言来说，空间直指（spatial deixis）之于动词系统比时间直指（temporal deixis）更为重要。趋向构形成分在语源上常常与基本位移动词（“去”“来”或“到达”“返回”“离开”“上升”和“下降”）相关联。有些语言只有一个基本位移动词，依靠趋向构形成分来区分该位移是离开某个参照点（“到彼处”）还是朝向某一参照点（“到此处”）。拉祜语和其他很多藏缅语即是如此（Matisoff 1973）。

动词处所标记系统常常对语言使用者的文化和 / 或环境敏感。例如，使用于南美洲安第斯（Andes）山脉的很多盖丘亚语（Quechuan），具有表示动作“往山上”“往山下”和“在同一高度”的动词处所后缀。亚瓜语（Yagua），秘鲁低地河流沿岸使用的一种语言，具有类似的后缀，一般是指在河流上游或下游实施的行为：

249 （63） Sąąna-a suuti-*imu*-níí.
2DL-IRR wash-DR-3SG
2 双 – 非现实 洗 – 在下游 – 3 单
“Wash him/her downriver.”
“在下游给他 / 她洗。”

（64） Sį-įryi-*chá*-ra.
3SG-get-UR-INAN
3 单－得到－在上游－无生
"She/he gets it upriver."
"他 / 她在上游得到它。"

很多巴布亚语（用于巴布亚新几内亚和伊里安查亚）的动词上具有复杂的处所标记系统。下面是来自奥利亚语（Orya，山湖平原语族（Tor-Lake Plain stock），伊里安查亚）的例子（例句蒙 Phil Fields 惠示）：

（65） esek-gul-bla-*in-hal-za*
slide-NOM:SG > ACC:F-DAT:MASC-down-away-to:here
滑动－主格：单 > 宾格：阴－与格：阳－向下－远离－到：这儿
"Slide it down and away to me."
"把它推过来推到我这边。"

在亚瓜语中，后缀 *-nuvïï*，*-nuvaa* 以及其他几个后缀所指示的是，这些后缀所附着的动词，其所述动作的发生与某个特定的处所场景和位移轨迹有关（T. Payne 1992）：

（66） a. Naani-ipeni-yąą-*nuvïï*.
3DL-dance-DIST-on:arrival1
3 双－跳舞－分配－上：到达 1
"They dance all over on arrival."（current scene）
"他们一到，就四处跳舞。"（当前场景）
b. Naani-núú- *ñuvaa*.
3DL-look-on:arrival2
3 双－看－上：到达 2
"They look on arrival."（new scene）
"他们一到，就开始看。"（新场景）[1]

-nuvïï 和 *-nuvaa* 都表示，由动词表达的动作一到达某种场景下就发生。这两者之间的对立取决于该场景是当下激活（currently activated）的还是隐含地表示激活了一个新场景。亚瓜语中其他类似的处所后缀包括 *-rïï*"经过"，*-ja*"水平移动，经过水域或陆地"，*-jasúmiy*"向上移动"，*-siy*"离开"。

[1]（66a）句表明，在他们没有到之前，已经有人在跳舞了，即"他们一到那儿，就随人们四处跳舞"。而（66b）句表示"看"是在他们到达后才开始的。感谢李可胜教授指出这一点。——译者注

在奥托米语（Otomí）(属于奥托－曼吉（Oto-manguean）语系，用于墨西哥）中，动词短语包含一个助动词成分，该成分在主语的人称和数、动词的体以及动作是远离某个指定的指示中心（离心）还是朝向某个指定的指示中心（向心）等方面发生屈折变化。指示中心通常是（但并非必然是）说话者在说话时刻所在的位置（例句蒙 Henrietta Andrews 惠示）：

（67） ʔbü　x-*tí*　tzon　nìr　ngû
when　FUT1-2:EXO　arrive　your　house
当……时　将来 1–2：离心　到达　你的　屋子
"When you arrive at your house（over there）..."
"当你到达你的屋子（那里）时……"

250 （68） ngû　g-*rí*　ʔúni
as　FUT-2:CENT　give
当……时　将来－2：向心　给
"As you give（it）(here）..."
"当你给（它）(这里）时……"

思考题

这种语言是否采用动词词缀或动词短语的语法功能成分（functor）来指明情状的空间定位和入场？

参考文献： Matisoff（1973），T. Payne（1984）。

9.5 参与者指称

如果动词上的参与者指称标记特别复杂，你在这里可能只想描写直陈式、完整体的主要小句中参与者指称标记的词形变化，而其他情况下参与者指称标记的词形变化在哪里进行描写则另有提示。因此，务必要在合适的章节中对其他这些词形变化进行描写。例如，在有关情态的一节中描写与虚拟语气有关的参与者指称标记的词形变化，在有关否定一节中描写与否定有关的参与者指称标记的词形变化，这些都是很有用的。

动词上的参与者指称有时称作**交互指称**（cross-reference）、**动词一致关系**（verb agreement）、**动词编码**（verb coding）或**协调**（concord）。最后一个术语在非洲语言研究专家中尤为常见。由这些术语描述的所有这些不同系统的共同之处是，它们都从情状的主要参与者的角度来将动词所描述的情状置入场景（ground）。参与者指称既可以是复指性的（anaphoric），也可以是语法性的（grammatical）。当动词性参与者指称是小句中一个论元的唯一指称时，它就是复指性的（参上文及 3.13 节）。例如，西班牙语中的词 *hablo* 是一个完全合语法的小句，意思是“我说话”。后缀 *-o* 自身足以构成对主语论元的指称。因此我们说，*-o*（以及西班牙语中一般的动词性参与者指称）是复指性指称。像西班牙语这类具有复指性动词一致关系的语言，有时被称作**代语脱落**（pro-drop）语言或**代名词论元**（pronominal argument）语言（Jelinek 1988）。另一方面，在英语中，像 *am* 这样的动词形式不是一个完全合语法的小句，即使它的确对第一人称单数主语有所指涉。在英语中，动词性参与者指称必须伴以对主语参与者的自由形式的指称，如，*I am*（“我是”）。有时，非复指性参与者指称被称作**语法一致关系**
（grammatical agreement），或简称为**动词一致关系**（verb agreement）。广泛采用非复指 251
性一致关系的语言有时被称作**词汇论元**（lexical argument）语言（Jelinek 1988）。

通过动词上的人称标记表示的论元，被认为与动词具有**语法关系**（grammatical relation）（参第七章），但并非所有具有语法关系的论元必然会在动词上来表征。参与者指称（不论是否复指性的）可由 2.2 节中提到的任何一种形态过程来表达，如添加前缀、添加后缀、词干改变等等。不论是复指性的参与者指称，还是语法性的参与者指称，其语法标记几乎总是源自一个历时过程，这个过程从自由代词开始，经过复指性附着词，最后发展为语法一致关系标记。正因为如此，参与者指称标记在形式上常常与自由代词相似（参 3.13 节）。

有时，动词上标记的是小句受话人的复数，而不是小句中任何其他语法论元的复数。塞科巴当语（Seko Padang）即是如此：

（69）ku-luma-a-ko-sse,　　na？
1SG-go-FUT-1SG:VER-PL　　OK
1 单 – 去 – 将来 – 1 单：真实 – 复　　好吗
“I'm really going to go, OK？”（plural addressee）
“我真的打算去，好吗？”（复数受话人）

在这个例子中，复数标记 *-see* 出现是因为说话者在对不止一个人说话。在塞科巴当语的动词中，复数总是一个可选范畴，但在其他语境中它可以表示动词论元的复数性。

思考题

这种语言是否在动词上标记动词论元的人称和 / 或数，或者言语事件参与者的人称和 / 或数？

请提供各种词形变化表。

9.6 示证性、可确认性及意外性

示证性（evidentiality）跟语言如何表达对真实性（truth）的相对确认性有关。它被称作“认识论的语言编码”（Chafe 和 Nichols 1986）。**认识论**（epistemology）是指人们如何获得和评价知识。人们对于知识具有不同的态度，部分是因为他们从不同的来源获取知识。例如，我对我直接经历或具有可靠证据的事情更为确定；对于从他人那
252 里听来的或具有不确定证据的事情稍微不那么确信。语言通常提供一些形态句法手段来表达对知识的一系列态度。例如，像 *It's raining*（“正在下雨”）这样的语句所提供的信息无疑是真实的。英语中，副词通常用来表达信息的可靠性或信息为真的可能性，例如，*It's probably raining*（“很可能在下雨”）或 *Maybe it's raining*（“可能在下雨”）。基于间接证据的推断可以用情态助动词来表达：*It must be raining*（“一定正在下雨”）。或者，推论所基于的确切证据可由一个独立动词来表达：*It sounds like it's raining*（“听起来像是正在下雨”）（Chafe 和 Nichols 1986）。

这些类型的例子说明，在英语中，示证性没有语法化；相反，它往往通过小句并合或状语表达式等迂说式来表达。其他语言可能采用动词形态来区分示证性和其他认识情态，在这样的语言中，示证系统几乎总是与时 / 体 / 情态（TAM）系统相联系。

有些语言学家（如 Weber 1986）区分**示证动力**（evidential force）和**确认性**或**真实性动力**（validational or veridical force）。按照这种看法，示证标记严格限于指明小句所述信息的来源，而确认性或真实性标记则指明说话人对断言的真实性所做承诺的程度。无疑，这两项参数彼此平行，因为人们很可能强烈确信源自直接经验的信息的真实性，而对间接获得的信息的真实性不那么确信。不过，Weber 指出，至少对盖丘亚语来说，即使说话人对他未直接目睹的命题的真实性绝对确信，他也不会使用直接证据示证性标记。例如，在盖丘亚语中，我不能毫不回避地说“我母亲祖父的名字叫亨德森”，除非我本人遇见过我母亲的祖父。

还应该明确，示证性与时、体、情态密切相关。我们很可能对过去事件的确信程度要高于未来事件，对完整体事件的完结的确信程度要高于仍在进行中的事件的完结，对现实断言的确信程度要高于非现实断言。正如处所和方向标记一样，示证性和确认性通常很难跟 TAM 系统分开，并且二者之间可能存在复杂的历时和共时关系。

语言中示证标记最常见的类型似乎是**传闻**（hearsay）小词。尤比克语（Yup'ik）提供了一个简单的例子（Reed 等 1977）：

253 （70）

Tua-llu-*gguq*	nunaa-t	uku-t	uita-lri-it
then-and-HSY	village-ABS	DEM-ABS	be-PAST-3
然后－和－传闻	村庄－通格	指示－通格	是－过去－3

"And then there was this village, they say."
"然后就有这个村庄，他们说。"

假如没有 *-gguq*，这个小句可能隐含说话人对所描述的村庄具有直接的经验。

尤比克语还有一种**推断性**（inferential）示证后附词，同 *-gguq*"传闻"以及 *-0*"直接"形成对比。这个推断性后附词是 *-ggem*：

（71） Ak'a-*ggem*　　ayag-llru-uq
already-INFER　　leave-PAST-3
已经－推断　　离开－过去－3
"It seems he already left."
"似乎他已离开了。"

例（71）可能用于这样的情状：说话人没有亲自看到此人离开，也未被别人告知此人业已离开，相反，说话人可能是注意到此人不再出现并据此推断此人业已离开。

在尤比克语（以及爱斯基摩语和印努皮耶特语（Iñupiat））中，示证小词是"第二位置后附词"（参 2.2 节）。示证操作（evidential）和确认操作（validational）通常作用于小句，而不是动词短语层面。

瓦亚加河盖丘亚语（Huallaga Quechua）有三种明显表示证性的后附词。这些后附词出现在表达新信息或断言信息的小句成分之后（Weber 1986：419 页以下）。在一个小句中，示证性理所当然地跟新信息相关联，因为相较于已知信息，人们更可能去质疑新信息的来源和地位。这些后附词是 *-mi*"直接证据"，*-shi*"传闻"和 *-chi*"推断"：

（72） Qam-pis　maqa-ma-shka-nki　a.-*mi*
b.-*shi*
c.-*chi*
you-also　hit-1-PERF-2
你－也　打－1－完整－2
"You also hit me."
"你也打了我。"
a. 我看见 / 感觉到你打了我，我是有知觉的。
b. 我醉了，有人告诉我你打了我。
c. 一群人把我痛打了一顿，我想你可能是他们中的一员。

在将来时或其他非现实性语境中，示证性更多地是表达确认（validational）、情态或修辞的语力（force）：

254 （73）Noqa a.-*mi* chaya-:-man aywa-r-qa

b.-*shi*

c.-*chi*

1SG arrive-1-COND go-ADV-TOP

1 单 到达－1－条件 去－副词－话题

"I would（-*mi*）/ could（-*shi*）/might（-*chi*）arrive, if I were to go."

"如果我去的话，我就会（-*mi*）/ 准能（-*shi*）/ 可能（-*chi*）到达了。"

跟时 / 体 / 情态标记一样，示证性标记和确认性标记可以编码为动词词缀、小句合并或副词成分。在英语中，我们用母句动词来表达确认性概念和情态概念，例如 *I think*（"我认为"）、*I believe*（"我相信"）、*I know*（"我知道"）表示确认性，而 *I must*（"我必须"）、*I should*（"我应该"）、*I might*（"我可能"）表示情态。其他的母句动词表示示证性，如 *they say*（"他们说"）、*it seems*（"看起来，似乎"）、*I see*（"我看见"）。

帕纳雷语显示了示证性和时、体之间的相互影响。最近过去完整体（immediate past perfective）后缀 -*yai*，往往表达**第一手示证性**（first-hand evidentiality）。在这一方面，它和非特指体（non-specific aspect）标记形成对比：

（74） a. Ti-yaj kën Kamána-pana

go-PPERF1 AN:INVIS Camana-toward

去－过去完整 1 有生：看不见 卡马纳－向

"He left for Camana（and I saw him go）."

"他动身去卡马纳了（我看见他去了）。"

b. Y-u-të-n kën Kamána-yaka

3-INTRNS-go-NON:SPEC AN:INVIS Camana-to

3－不及物－去－非：特指 有生－看不见 卡马纳－往

"He went to Camana（at some unspecified time; I may not know when because I didn't see him go）"

"他去卡马纳了（在某个不确定的时间；我可能不知道他何时去的，因为我没有看见他去）。"

另外还有两个完成体后缀。其中一个是 -*sa'*，一般表达第一手示证性，而另一个后缀 -*jpë*，表达推断示证性：

（75） a. wë-të-*sa'* këj kën

INTRNS-go-PERF1 AN:PROX AN:INVIS

不及物－去－完整 1 有生：近指 有生：看不见

"He has left（I saw him go）."
"他已经离开了（我看见他去了）。"

b. wë-të-*jpë*　　këj　　kën
INTRNS-go-PERF2　　AN:PROX　　AN:INVIS
不及物－去－完整 2　　有生：近指　　有生：看不见
"He must have left（e.g., all his clothes are gone）."
"他一定离开了（如，他所有的衣服都不在了）。"

有些语言具有所谓的**真实性**（veridical）标记。严格地说，真实性标记（或"真实性"）和可确认性（validationality）是一样的。不过，有些语言区分一种情态，该情态表达命题真实性渐增的强度，有点像英语中 *really*（"实在地，真正地"）的副词用法。255
这是塞科巴当语（一种西部南岛语）中真实性的功能：

（76） a. mi-pana'-*da*　　tiampe-ku
INTR-sick-3VER　　grandparent-1SG
不及物－病－3 真实　　祖父－1 单
"My grandparent is really sick."
"我的祖父真的病了。"

b. ku-boro-mo-*ko*
1SG-swollen-PERF-1SG:VER
1 单－膨胀－完整－1 单：真实
"I am really full."
"我真的饱了。"

c. ha-ni-ake-e:-*da*
NEG-PASS-do-FUT:1INC-1INC:VER
否定－被动－做－将来：1 包括－1 包括 : 真实
"Nothing will really happen to us."
"没什么事会真的发生在我们身上。"

d. ha-ni-aka-o:-*do*
NEG-PASS-do-FUT:2-2VER
否定－被动－做－将来：2–2 真实
"Nothing will really happen to you."
"没什么事会真的发生在你身上。"

最后，有些语言具有语法化的手段，来表达一条信息是如何恰当地整合进说话人以往的知识储备的。这种对知识的态度被 Scott DeLancey（私下交流）称作**意外性**（mirativity）。

例如，在很多语言中，令人惊讶的信息表达形式和不令人惊讶或预期的信息表达形式之间存在区别。意指“令人惊讶的”的形式可以注解为“意外的”(mirative)。

(77) 土耳其语

a. Kemal gel-di
“Kemal came.”
“凯末尔来了。”

b. Kemal gel-mIš
MIR
意外
“Kemal, surprisingly, came.”
“凯末尔，令人惊讶地，来了。”

(78) 拉萨藏语

a. ngar dngul tog = tsam yod
1SG:DAT money some EXIT
1单：与格 钱 一些 存在
“I have some money. ”
“我有一些钱。”(预期的)

b. ngar dngul tog = tsam ’dug
EXIST:MIR
存在：意外
“I have some money! ”
“我有一些钱！”(出乎意料的)

256 例(78a)和(78b)的差别是,(78a)中，言者是在告知听者他自己有钱，而(78a)则是人们在这样的情况下会使用的表达形式：言者把手伸进钱包，意外地发现他有一些钱。类似的区别见于帕纳雷语：

(79) a. y-anï-ñe këj mëj
TRANS-bite-TENSE SPEC 3SG
及物－咬－时 特指 3单
“It bites.”(I inform you)
“它咬。”(我告诉你)

b. anï-në mëj
bite-INF 3SG
咬－不定式 3单
“It bites!”(I just found out)
“它咬！”(我刚发现)

为了对有关示证性、可确认性和意外性的讨论做个小结，我将介绍吐优卡语（Tuyuca）（哥伦比亚的一种图卡诺安（Tucanoan）语系的语言）的一些例子。这种语言的示证性系统是我所见过的最复杂的示证性系统之一。它有更多的复杂因素：示证性和动词性参与者指称系统以及时态系统交织在一起。吐优卡语的相关区别似乎是，该情状是不是言者亲眼目睹的，该情状是常识、推断抑或只是传闻（材料来自 Barnes 1990）。

（80） a. kiti-gï　　　　　tii-gí
chop:trees-MSG　　AUX-NONVISIBLE:PRESENT:3MSG
砍：树－阳单　　　助动－看不见：现在：3 阳单
"He is chopping trees."（I hear him）
"他正在砍树。"（我听见他）

b. kiti-gï　　　　　tii-í
chop:trees-MSG　　AUX-VISIBLE:PRESENT:3MSG
砍 : 树－阳单　　　助动－看得见：现在：3 阳单
"He is chopping trees."（I see him）
"他正在砍树。"（我看见他。）

c. kiti-gï　　　　　tii-hɔ̀i
chop:trees-MSG　　AUX-INFERRED:PRESENT:3MSG
砍 : 树－阳单　　　助动－推断：现在：3 阳单
"Apparently he's chopping trees."（I can't really tell what he's doing）.
"看来他正在砍树。"（实际上我不能断定他在做什么）

d. kiti-gï　　　　　tii-tí
chop:trees-MSG　　AUX-NONVISIBLE:PAST:3MSG
砍 : 树－阳单　　　助动－看不见：过去：3 阳单
"He was chopping trees."（I heard him）
"他那时正在砍树。"（我听见他）

e. kiti-gï　　　　　tii-yigï
chop:trees-MSG　　AUX-HEARSAY:PAST:3MSG
砍：树－阳单　　　助动－传闻：过去：3 阳单
"They say he chopped trees."
"他们说他砍了树。"

吐优卡语中整个示证范畴的词形变化见表 9.1。

表 9.1　吐优卡语示证范畴的词形变化 257

	可见	－可见	推断	传闻	常识
过去时					
1/2	-wï	-tï	-yu	-yiro	-hɔ̀yu

续表

	可见	－可见	推断	传闻	常识
3 阳单	-wï	-ti	-yi	-yigï	-hiyi
3 阴单	-wo	-to	-yo	-yigo	-hïyo
3 复	-wa	-ta	-ya	-yira	-hɔ̀ya
现在时					
1/2	-a	-ga	—	—	-ku
3 阳单	-i	-gi	-hɔ̀i	—	-ki
3 阴单	-yo	-go	-hɔ̀o	—	-ko
3 复	-ya	-ga	-hɔ̀ra	—	-kua

思考题

有没有语法化了的示证性、确认性或意外性的标志（indicators）？

9.7 其他杂类

动词或动词短语的某些典型的杂类操作包括：

（a）词汇型时间指称（与时态相对），如“昨天、明天”。例如，科育空语（Koyukon）采用动词前缀 *ee-*，该词缀表示动作“仅一次”实施。亚瓜语的动词后缀 *-jásiy*“今天早些时候”和 *-jay*“昨天”已经被视为具有某种程度的“时态”性质（9.4.1 节，D. Payne 和 T. Payne 1990），但是可以被分析为其他类型的派生语素，因为：（1）它们根本不为动词系统所需要，（2）似乎（尽管还没有做过统计学研究）*-jay* 和英语中 *yesterday*（“昨天”）这类时间副词一样常见，（3）这些后缀表达的信息非常具体（specific），即，意义更具有词项特征而非语法语素的特征。

（b）分配（distributive），如“所有地方”“来回运动”。

（c）环境（environmental），如“在晚上”“越过水”（over water）（关于运动动词）。

（d）言者态度（speaker attitude），如“抱怨”“受挫”“厌恶”。

智利的马普都根语（Mapudugun，也称为阿劳卡尼亚语（Araucanian）和马普切语（Mapuche）），具有一些标示言者态度的有趣的动词操作。在下面的例子中，第一个句子是无标记形式，第二个和第三个句子则分别表示“抱怨”和“厌恶”（例子蒙 María Catrileo 惠示）：

（81） a. θalílaenew　“He/she didn’t greet me.”“他 / 她不和我打招呼。” 258
b. talílaenew　“Poor me; he/she didn’t greet me.”“可怜的我；他 / 她不和我打招呼。”
c. t̯al̯íl̯aen̯ew　“That fool didn’t greet me.”“那个傻瓜不和我打招呼。”

（82） a. al^{y}kə́tulay　“He/she didn’t listen.”“他 / 她不听。”
b. alkə́tulay　“Oh dear; he/she didn’t listen.”“天哪；他 / 她不听。”
c. al̯kət̯ul̯ay　“That fool didn’t listen.”“那个傻瓜不听。”

阿萨帕斯卡语（Athabaskan languages）诸语言中，我们只能描述为“其他杂类”的动词操作符（verbal operator）尤为丰富。将它们称之为“其他杂类”，不仅是由于它们表达的语义概念并未体现在大多数语言学家所熟悉的语言的动词形态中，还因为它们的功能易变，很难用单一的总括性陈述来描述。也许进一步的研究将有助于阐明这些形式更明确的功能。这些语素的出现或彼此之间的选择，通常取决于动词语义、动词词干形式和句法配价等复杂因素。这类操作在世界其他语系中的确也存在，并且，绝大多数动词形态表现出一定程度的随意性和可变性；只是阿萨帕斯卡语诸语言似乎是将这一特点发挥到了极致。因此，这里有必要简要介绍一种阿萨帕斯卡语系统。下面的科育空语材料全部来自 Thompson（1989）。

某些动词语素或动词短语小词可能没有明显的或能产的语义作用。它们可能只是为某些大致界定的动词词类所需要，如位移动词、操控动词、及物动词等。阿萨帕斯卡语以其具有“动词分类词”（verb classifier）而著称。科育空语具有四种动词分类词语素：*0-*、*t-*、*di-* 和 *li-*。在下面的例子中，分类词（classifier）的选择是无法由动词词干的语义或音系形式来预测的：

（83） na-ghonh
2S:SUB-make:PL[0 classifier]
2 单：主语－做：复 [0 分类]
“You are making them.”“你正在做它们。”

（84） ni-*t*--tsee
2S:SUB-CL-make:SG
2 单：主语－分类－做：单
“You are making it.”“你正在做它。”

（85） *di*-bits
CL-wide
分类－宽阔
“It is wide.”“它很宽阔。”

259 （86） *li*-ts’ut
CL-clean
分类－干净
“It is clean.” “它很干净。”

有时，一个特定的动词词根可以同一个以上的这种操作符同现，在这种情况下，操作符由一个次类的动词“派生”出另一个次类的动词。在科育空语有这样一种倾向：分类词 *t*- 往往用于及物动词，并且通过将其他分类词转换为 *t*- 就可以将任何不及物动词变成及物动词：

（87） a. atsah
cry[0 classifier]
哭 [0 分类]
“He/she is crying.” “他 / 她在哭。”
b. ni-*t*-tsah
2S:SUB-CL-cry
2 单：主语－分类－哭
“You are making him/her cry. ” “你给他 / 她弄哭了。”

科育空语（以及阿萨帕斯卡语诸语言）的动词分类词在本书前面章节所描述的很多功能系统范围内起作用，例如使役式（causation）（87b）、被动式（例 88b 和 89b）和升宾式（applicative）（例 90b）：

（88） a. 主动态
y-ee-to-ts’iyh
3S:DO-once-FUT-pinch[0 classifier]
3 单：直宾－一次－将来－捏 [0 分类]
“He/she will pinch him/her once.” “他 / 她将捏他 / 她一下。”
b. 被动态
ee-to-*di*-ts’iyh
once-FUT-CL-pinch
一次－将来－分类－捏
“He/she will be pinched once.” “他 / 她将被捏一下。”

（89） a. 主动态
n-ee-to-*t*-dzis
2S:DO-once-FUT-CL-hit
2 单：直宾－一次－将来－分类－打
“He/she will hit you once.” “他 / 她将打你一下。”

b. 被动态

ee-ta-gh-ee-*l*-dzis

once-FUT-PROG-2S:SUB-CL-hit[*li*-classifier]

一次－将来－进行－2 单：主语－分类－打 [*li*- 分类]

"You will be hit once." "你将被打一下。"

（90）a. 普通及物式 260

li-*tt*-baats

PERF-1SG:SUB:CL-boil

完整－1 单：主语：分类－煮

"I boiled it." "我把它煮了。"

b. 升宾式（"自我受益"）

daa-l-*gi*-baats

THM-PERF-1SG:SUB:CL-boil

主题－完整－1 单：主语：分类－煮

"I boiled it for myself." "我为自己把它煮了。"

这些例子也例释了阿萨帕斯卡语诸语言中被称作"主题"语素的形式。这些语素只是某些词干才需要的。

思考题

该语言是否具有别的"其他杂类"动词或动词短语操作？

对于这类"其他杂类"操作，请论述为什么没有将它们当作时 / 体 / 情态标记或处所 / 趋向标记。

261 第十章 语用有标记的结构

10.0 语用身份

语用学是语句解释的实践（Levinson 1985）。语句（utterance）是使用中的语言的实际例子，因此它们总是出现在语境中，并且其解释总是影响语境和受语境影响。我们所谓的**语用身份**（pragmatic status）同说话者如何有效地调整其语句使之适合语境——包括假定的受话人的"心理状态"（mental state）——所做的选择有关。同语义角色一样，语用身份通常（但不总是）被视为名词性成分的特征。但是，语义角色是话语内容（content）的特征（参见 3.2.0 节），而语用身份则将这种内容跟语境联系起来。已用于描述各种语用身份的术语（label）有：**已知信息 / 旧信息**（given）、**新信息**（new）、**预设**（presupposed）、**焦点**（focus）、**话题**（topic）、**可识别**（identifiable）或**有定**（definite）、**有指**（referential）。这些术语将在以下各小节加以描述。但首先我们将勾勒这些语用概念的概念背景（conceptual background）。

人们总是被各种感观印象所包围，但只有其中一小部分感观印象能在任何特定的时候引起注意。因此，哪些印象要注意、哪些印象要忽视，我们必须具有选择性。当同其他人交流时，我们作为说话者通常：（1）估计受话人目前的心理状态，如，他们已经知道什么，他们当前正注意什么，他们对什么感兴趣，等等，同时（2）构建我们的信息以便帮助受话人朝着我们希望的方向调整其心理状态。比如，我们可以突显（highlight）我们想要某人注意的内容，以及我们觉得他 / 她并不注意的内容。同
262 样，我们有可能在那些我们认为受话人已在思考或注意的信息上花费极少的交际能量（communicative energy）。有关这类突显和淡化工作如何影响语言交流的结构的研究一般被称为语用学。

应当指出的是，语法关系是表达话语中名词性成分语用信息的主要手段之一（参见第七章）。例如，在主语范畴充分语法化的语言中，主语往往是可识别的、已知的、记忆中可提取的信息。直接宾语或为已知信息或为新信息，二者比例大约相等。旁语（跟动词没有语法关系的名词性小句成分）往往表达新信息和 / 或对话语的继续发展不很重要的信息（Givón 1983b，Thompson 待刊）。此外，名词性成分的语用身份受包括

语义角色在内的很多因素的影响。因此，人们可能选择施事作为其话语的主要话题。这是因为，人类往往关注那些行使权力和控制的事物，而非不行使权力和控制的事物。

除了语法关系给小句中名词性成分所赋予的语法化的语用身份，语言还常常利用特定的形态句法手段表达各种语用身份，其中某些手段通常被称作“焦点”或“强调”手段。然而，语言研究者不应使用这些术语，除非它们有非常明确的界定。这些术语很可能是语言学中被滥用和误用得最多的术语。作为替代，我们将使用非专业（non-technical）的术语“语用身份”。对术语的这一选择出于两个原因：（1）在该领域内几乎没有术语的标准化（如，术语“焦点”和“话题”在一些传统中是反义词，而在另一些传统中则是同义词！）；（2）同一手段可能在不同语言中起不同的作用。不过，10.1节描述的各种手段是一致的，因为它们通常都是将某种不同寻常的语用身份归因于某个小句成分。至于是哪种特定身份则因语言而异。

本节后面的部分将对各种常用来表示语用身份的术语做简要的介绍。各语言处理这些区别的方法将从 10.1 节开始介绍。

10.0.1　可识别性和指称性 263

在多数语言的语法中起显著作用的两种语用身份是**可识别性**（identifiability）和**指称性**（referentiality）。某些名词短语指称说话者认为受话者应该**可识别**（identifiable）的实体。小词 *the* 是英语中表达可识别性的手段之一：

（1）The Duke of Wimple trod on the princess' toe.
“温帕尔公爵踩了这个公主的脚趾头。”

该例中 *the* 的使用提示（instruct）读者，有一个说话者正在指称的、独一无二的温帕尔公爵和公主。而且，假如这是一个真实的交流情境，说话者可能会假定受话者知道温帕尔公爵和公主是谁。也就是说，如果说话者假定受话者已获取该信息，说话者就会将谈及的参与者当作可识别的。如果用小词 *a* 来代替 *the*，结果将会是，这些词语没有独一无二的所指（referent）。也就是说，可能存在受话者可以识别的很多温帕尔公爵和公主，至于该活动涉及的是哪些特指的人则是未知的或不重要的。在传统英语语法中，术语**有定**（definite）已用于描述我们称为“可识别的”的这种语用地位。

名词短语可以通过几种方式被**识别**（identified）（即，使之可识别）。专有名词的使用通常意味着说话者假定受话者能识别该所指：

（2）George embraced Saddam.
“乔治拥抱萨达姆。”

此处，说话者假定，没有必要说“有个名叫乔治的人……，”或是“你还记得上周末我们在派对上遇到的乔治这个人吗？……”以确定被称为乔治的这个参与者的身份。同样，在听到例（2）这类小句后，任何受话者都会假定说话者提及的是某个可识别的所指，并且会尽可能快地将这个名字与一个所指对象联系起来。如果一个可能的所指未被识别，受话者很可能抗议：“嗨，等等。乔治是谁？”

一个名词短语常常通过它与其他业已识别的名词短语的联系而被识别。例如：

264 （3）George's wife embraced Saddam.
“乔治的太太拥抱萨达姆。”

该小句中，名词 *wife*（“太太”）的所指是通过它同专有名词 *George*（“乔治”）的联系而被确定的。因为乔治是可识别的，并且很可能乔治只有一位太太，所以他的太太应该也是可识别的。因此，语法上被可识别名词短语所领有的名词短语也是可识别的。

可识别性不一定是明确的。真实语言中的可识别性总是只有与交际情境相关时才显得有意义。也就是说，如果某一实体的所指就说话者当前的目的而言是足够明确的，那么它就被看作是可识别的。例如：

（4）I got mad at Hosni for writing on the living room wall.
“我对胡斯尼发脾气，因为他在起居室墙上写字。”

此处，*the living room wall*（“起居室墙壁”）这一短语被当作可识别的，尽管大多数起居室不止一面墙。在该情境中，区分被提及的是起居室哪一面墙，则与说话者的意图无关（详细的讨论可参看 Du Bois 1980）。同样，即便是例（3）中的“乔治的太太”，本身也不能确指一个特指的信息世界的实体（即，在一个已知的乔治有好几位太太的情境中）。但是，例（3）这类小句仍是可接受的，条件是（a）此事件涉及的是哪位太太并不重要，或是（b）这位特定的太太可凭语境而加以识别，例如，乔治的太太中只有一位拜访了萨达姆，因而拥抱萨达姆的只能是那位太太。

指称性与可识别性相似而不等同。这里我将简要对比一下有关“指称性”概念的两种研究路子（approach）：第一种研究路子我称之为**客观指称性**（objective referentiality），第二种路子是**话语指称性**（discourse referentiality）（Givón 1979，Du Bois 1980）。

如果某一实体作为一个有界的个体化实体存在于信息世界，那么它是客观有指的。有时这种意义上的指称性被称为**特指性**（specificity）。如下小句中使用斜体的名词短语指的是客观有指的参与者：

（5） *Those men* are ridiculous.
“那些男人很可笑。”
Someday I’d like to buy *your cabin* by the seashore.
“有朝一日我想买下海边的你那座小屋。”

这一定义排除了下列句子：

（6） 类指（generics） 265
All men are diriculous.
“所有的男人都很可笑。”
非特指（non-specifics）
Someday I’d like to buy *a cabin* by the seashore.
“有朝一日我想在海边买一座小屋。”

请注意，客观有指性与可识别性并不一样。类指性的指称对象，尽管没有指向任何特定的个体，但也可以是可识别的（identifiable），因为说话者可以假定受话者能识别相关的类概念（genera）（如例 6 中的 *all men*“所有的男人”）。这一事实在英语语法中得到体现，因为小词 *the* 可以标记通指名词短语：

（7） *The elephant* is a huge mammal.
“大象是一种大型哺乳动物。”

这里，说话者提示受话者识别 *elephant*（“大象”）的所指是一个通指的类（generic class），而不必挑选出任何一头个体的（客观有指的）大象。

同样，不可识别的（non-identifiable）实体不一定是无指的（non-referential）。例如：

（8） Arlyne would like to marry a Norwegian.
“阿尔林想要嫁给一个挪威人。”

在英语中这个小句是有歧义的。它可能是指阿尔林想嫁给任意一个挪威人；也可能指阿尔林心目中有一个特定的挪威人，只是说话者假定受话者不能识别这个挪威人。在这两种情境中 *Norwegian*（“挪威人”）都被视为不可识别的（正如小词 *a* 所表达的）。在第一种情境中是无指的（或非特指的），第二种情境中则是客观有指的（或特指的）。

西班牙语将指人直接宾语的指称性差别语法化。有指的（referantial）指人直接宾语带前置词 *a*（例 9a），而无指的指人直接宾语不带任何前置词（例 9b）：

（9） a. Estoy　buscando　*a*　una　empleada.
be:1SG　look:for　REF　one　housekeeper
是：1单　寻找　有指　一个　管家
"I'm looking for a（specific）housekeeper."
"我在找一位（特定的）管家。"

b. Estoy　buscando　una　empleada.
be:1SG　look:for　one　housekeeper.
是：1单　寻找　一个　管家
"I'm looking for a（any）housekeeper."
"我在找一位（任意的）管家。"

266 与客观指称性形成对比，话语指称性与一个实体在某一部分语篇中的持续重要性有关（Du Bois 1980）。一般说来，这是一个比客观指称性更有限制性的概念，即，客观有指的实体通常不是话语有指的，但话语有指的实体不是客观有指的情况则很难想象。例如，故事中任何道具都可能是客观有指的，例如：

（10） She came in through *the bathroom window*.
"她从那个浴室窗户进来。"

该小句中 *the bathroom window*（"那个浴室窗户"）被视为客观存在于话语中构建的场景。但是，如果这个窗户不再被提起，按照 Du Bois（1980）的说法，它就不会是话语有指的，因为它在话语舞台中并不继续出现。

很多语言已显示出对话语指称性概念的敏感度高于对客观指称性的敏感度。例如，在帕帕戈语（Papago）中，首次被引入话语的词项如果"注定"在接下来的语篇中扮演显著角色（话语有指的），就位于动词之前；但如果它们在语篇中只是昙花一现，就位于动词之后（Doris Payne 1992a）。这跟这些词项的客观指称性无关。Wright 和 Givón（1987）已指出，英语口语中的指示代词 *this*（"这，这个"）除其他功能之外，还是一个话语指称性的指示标记。在口语叙述体中，由 *this* 引介的词项比由 *the* 或 *a* 引介的词项更有可能持续，即被反复提及：

（11） I was just sitting there minding my own business when *this guy* walks up.
"当这人走上来时我正坐在那儿专心于自己的事。"

例（11）中，说话者很可能会继续讨论 *this guy*（"这人"）这一语词的所指。在这个意义上，*this* 是一个话语指称性标记。用于这一概念的其他术语有**可展开性**（deployability）（Jaggar 1984）、**可操控性**（manipulability）（Hopper & Thompson 1984）和**重要性**（importance）（Givón 1990）。但是，需记住的重要事实是，不论话语指称性被称作什么，自然语言对这种身份往往比对由经典哲学界定的客观指称性更为敏感。

10.0.2 焦点

下面简要概述“焦点”这一术语（以及该术语的各种扩展）在近期语言学文献中不 267
同的使用方式。这种分类基于 Chafe（1976）、Watters（1979）和 Dik（1981）修改而成。

关于这一术语，有三种一般性研究路子。它们是：

1 “焦点”这个术语适用于某些形态句法操作或是其功能未被充分分析的范畴。
2 “焦点”这个术语适用于每个小句的某一成分。在这种研究路子中，“焦点”几乎等同于“新信息”或“所断言的信息（asserted informaiton）”。
3 “焦点”描述某些语用上有标记小句的一种状况。其他小句可以是“焦点中性的”（focus-neutral）或“无焦点的”（unfocused）。

对该术语的第一种研究路子，这里不打算详尽讨论。这在“语序因焦点化意图（focusing purpose）而变异”这类措辞中反映得很明显。这可能暗示着作者不理解被描写语言的各种语序的功能。

对焦点的第二种研究路子源自**布拉格学派**（Prague School）**功能句视角**（Functional Sentence Perspective）语言学家的著作（如 Mathesius 1939）。按照这些学者的看法，每一个句子（我们术语体系中的“小句”）包含两个组成部分：指称假定受话者已知的信息的部分，以及增加某些新信息的部分。有些小句可能完全由新的素材（material）组成。尽管早期的布拉格学派语言学家不使用“焦点”这一术语，但普遍认为是他们提出了“焦点”的概念，并将其视为小句中表达新信息的那个部分。用于这一概念的其他术语有**述位**（rheme）、**断言**（assertion）、**新信息**（new information）。

确定小句的哪一部分在该概念化过程中被焦点化的一种启导性方法（heuristic）是，将该小句设想成对一个特指问句的回答（参见 10.3.1.2 有关特指问句的内容）。焦点是答句中填充提问句（prompting question）里所问信息的那个部分：

What happened?	Billy pushed Johnny off the porch.（whole clause）
“发生什么事了？”	“比利将约翰推出门廊。”（整个小句）
What did Billy do?	He pushed Johnny off the porch.（predicate focus）
“比利做了什么？”	“他将约翰推出门廊。”（谓语焦点）
Who pushed Johnny off the porch?	Billy pushed Johnny off the porch.（subject focus）
“谁将约翰推出门廊？”	“比利将约翰推出门廊。”（主语焦点）
Who did Billy pushed off the porch?	He pushed Johnny off the porch.（object focus）
“比利将谁推出门廊？”	“他将约翰推出门廊。”（宾语焦点）

Where did Billy pushed Johnny?	He pushed him off the porch.（location focus）
“比利将约翰推到哪里？”	“他将约翰推出门廊。”（处所焦点）

268 有关术语“焦点”的第三种观点认为，焦点是一种特殊的语用身份，但并非在所有小句中都很明显。有时这种观点的焦点被称为**有标记的焦点**（marked focus）。“焦点化”的小句，或者在这一意义上具有“焦点化的成分”的小句，是**语用上有标记的**（pragmatically marked）。也就是说，在语用的细微差别上它们偏离了该语言中大多数其他小句类型。许多作者（如 Chafe 1976, Givón 1979）使用**对比**（contrast）这一术语描述这一语用功能。

“有标记的焦点”类型内部的主要差别被归入“焦点辖域”（scope of focus）的标题之下。一个小句的焦点辖域是整个小句的真值（就具有真值的小句而言）或者该小句的某一成分：

焦点辖域
整个小句 = 真值焦点（TVF）
某一特定成分 = 成分焦点（CF）

真值焦点可以取消“整个小句的真值是可怀疑的”这一假定的预设。巴哈萨印尼语（Bahasa Indonesia）里用存在小词（existential particle）*ada* 来将 TVF 语法化（语料引自 Dik 1981）：

（12） a. Ali pergi ke pasar.
Ali go to market.
阿里 去 向 市场
“Ali went to the market.”
“阿里去了市场。”
b. Ali ada pergi ke pasar.
Ali EXIST go to market.
阿里 存在 去 向 市场
“Ali DID go to the market.”
“阿里的确去了市场。”

例（12a）是印尼语中一个焦点中性的小句，而（12b）是一个真值被焦点化的小句。请注意，在英语译文中，同一功能是由语义虚化的助动词 *do* 和一个非定式主要动词实现的。（12b）可能是在说话者有理由认为受话者相信阿里未去市场的情境中说的，也就是说，（12b）是一个与其否定形式的预设形成**对比**（contrast）的断言。有时真值焦点（TVF）被称作**极性焦点**（polar focus）。

法语有一个特殊的肯定小词（affirmation particle），只用于同原先的否定性断言对立的情形：

（13） Speaker A: Il n'a pas mangé la pomme.　　"He didn't eat the apple." "他不吃那个苹果。"

Speaker B:	**Si,**	il l-a	mangé.	"Yes he DID eat it."
	CONTR	3 it-AUX	eat	
	对比	3 它－助动	吃	"不，他确实吃它。"

当然，法语中非对比性（non-contrastive）肯定小词是 *oui*。 269

假如一个特定小句的焦点辖域是该小句的某一成分（CF），那么它可以是如下焦点类型的任意一种：

（a）断言性焦点（Assertive focus）。说话者 S 认为听话者 H 不知道该信息。

（14） They brought me a bowl of *this thick, green, mushy stuff.*
"他们给我带来一碗稠的绿玉米糊。"

（b）反预设焦点（Counter-presuppositional focus）。该焦点形式最接近 Chafe（1976）和 Givón（1979）传统中的对比焦点（contrastive focus）（详下）。T. Payne（1987）称之为"排他性对比"（exclusive contrast）。

（15） Sally and Robbert came over last night, but SHE got drunk.
"萨莉和罗伯特昨晚过来了，但她喝醉了。"
（预设：你以为罗伯特可能喝醉了，但他并没有。）

（c）穷尽列举性焦点（Exhaustive listing focus）。说话者 S 所断言的信息是唯一的，因为该小句的其余部分只有相对于这个信息才是真的，而相对于其他所有可能的信息都是假的。

（16） I drank only Pepsi at the party.
（在聚会上我只喝了百事可乐。）

阿格姆语（Aghem，喀麦隆的一种班图语）采用一种包含语序和小词的复杂系统来表达上述及其他一些焦点类型（Watters 1979）。参见 10.1.1 节对阿格姆语材料的简要介绍。

已用于描述类似焦点（focus-like）现象的其他术语有：**对比**（contrast）或**对比焦点**（contrastive focus）。这里我们将对 Chafe（1976）所讨论的那种对比焦点做一描述。

典型的对比焦点小句预设（presuppose）：

（a）一个特定的事件 E（宽泛地指任何事态）出现；
（b）存在一组有可能已在事件 E 中扮演一个角色 R 的实体；
（c）受话者“不正确地”（在说话者看来）认为这些实体中的某一项事实上具有角色 R。

然后对比焦点小句断言：

（a）依据说话者的理解，相关实体的“正确”身份；
（b）“受话者认为具有角色 R 的实体实际上并不具有该角色”这一命题。

例如，英语的小句 *SALLY made the salad*（“萨莉做了这些沙拉”）（重音在 *Sally* 上）隐含：

270 （a）有一群人——也许只有萨莉和哈丽——可能已做了这些沙拉；
（b）说话者有理由认为，受话者不正确地认为是哈丽做了这些沙拉。

然后，通过说出这个句子，说话者断言：

（a）萨莉就是做这些沙拉的那个人，且
（b）哈丽并没有做这些沙拉。

并非每个对比焦点的例子都具有上述全部特点，但具有这些特点的是典型的对比焦点。通常，语言会采用夸张的重音（exaggerated stress）和某种**分裂**（cleft）构式来标示对比焦点。从 10.1 节开始，我们将描述这些不同的形态句法结构。

10.0.3　话题

跟术语“焦点”一样，学界对“话题”这一术语也基于几种宽泛的研究路子进行了描述：

1 话题是一种发生偏置（dislocated）的小句成分（参见 10.1.1 节有关左 / 右偏置结构的讨论）。有时这类成分称为“话题化的”成分，将编码这类成分的语用上有标记的结构称为“话题化”（topicalization）。
2 话题是一种可诠释为“该小句要谈论什么（what the clause is about）”的小句层面的概念。从这个意义上说，每一个（或几乎每一个）小句都有一个话题（Reinhart 1982）。
3 话题是一种可诠释为“该话语要谈论什么”的话语层面的概念。从这个意义上说，话语中并非每个小句都可能提到话题。
4 话题是“谓语陈述在其中得以持续展开的 [概念或指称] 框架”（Li 和 Thompson 1976）。
5 话题性（topicality）是一个梯度（scalar）的话语概念。每个名词性参与者在一定程度上都

具有话题性。话题性的强弱可由某段语篇中各种参与者被提及的频率而推断出来。（Givón 1983a）

左 / 右偏置结构是形式手段，因此在不同语言中发挥的功能不同。既然我们试图将“话题”界定为语用概念，使用“话题化”（topicalization）这样一个密切相关的术语去指称一种形式手段可能会产生混淆。因此在这里我们不再进一步讨论这一用法。

“话题”作为一种小句层面的概念可能源于布拉格学派语言学家的著作（参见上 271
文）。跟“焦点”一样，“话题”这一术语早期语言学家也未使用。然而，他们提出了这样的观念：每一个（或几乎每一个）小句的一部分是旧信息或已知信息。小句中的这一组成部分被布拉格学派语言家称为**主位**（theme）。它被定义为与**述位**（rheme）（即小句中表达新信息或断言信息的那一部分）相对立（参见上文 10.0.2 节）。这一概念区别最终发展为小句层面的话题 / 焦点的区别。

10.1　焦点、对比和“话题化”的形态句法

调整特定信息片段语用身份，最为普遍的方法可能是**语调**（intonation）。例如，我们可以把我们语句中的某一部分念得声音更大或音调更高，以此来给予这部分语句以特别的关注。调整语用身份的其他方法还有语序、形态句法操作符（词缀或小词）以及各种**分裂**（cleft）构式。下列各节将叙述和举例说明其中每一种方法。

语调的作用是相当显而易见的——说话者通过不同的洪亮程度（degrees of loudness）和音高等级（level of pitch）调整其小句中各组成部分的语用身份。有时出于语用目的也使用语速（tempo）和发声（vocalization）。例如，英语中慢而不连贯的说话方式可能暗示一种加强语气的断言：*We...have...no...more...money*!（“我们再也没有钱了！”）尖叫和耳语是通过发声类型实现特殊语用效果的明显方式。

这里我们不再进一步讨论语调或发声类型。下列各节我们将举一些语序、构形成分（formatives）和分裂构式的例子。

10.1.1　语序

要确定用于表达语用身份的语序，第一步是判定该语言是否具有基于语法关系的基本语序（参见 4.1 节）。如果基本语序不取决于语法关系，那么语序很可能是直接对话语指称性或可识别性等语用身份敏感（参见 10.0.1 节及 12.1.1 节）。

如果语序主要基于语法关系，那么名词性成分相对于动词的异常语序可能是标记 272
语用身份的极有力的标示者。例如因为英语是一种 AVP 语言，小句句首位置和紧靠动词前（immediately preverbal）的位置是适合于语用上有标记的论元 P 的位置。英语只选用小句句首位置来实现这一目的：

（17） a. Beans I like. “大豆我喜欢。”
b. *I beans like. “* 我大豆喜欢。”

因为紧靠动词后（immediately postverbal）的位置是 P 论元出现的常规位置，因此这个位置并没有赋予 P 论元任何超出一般宾语的特殊的语用身份。同样，在英语中，紧靠动词前的位置是 A 论元的常规位置，因此该位置也没有赋予 A 论元任何超出一般主语的特殊的语用身份。其他逻辑上可能的位置在英语中完全不被利用：

（18） a. *Like I beans. “* 喜欢我大豆。”
b. *Like beans I. “* 喜欢大豆我。”
c. *Beans like I. “* 大豆喜欢我。”

阿格姆语（喀麦隆的一种尼罗－刚果语）采用两种紧靠动词的位置（动词前或后）来表达各种语用身份。跟西非的很多语言一样，阿格姆语表现出 A AUX V P 的基本语序。阿格姆语中，紧靠动词后位置的功能是表达诸如断言（asserted）信息或新信息这类的焦点（参见 10.0.2 节中焦点类型的第 2 条描述）：

（19） 问句： “Who ran?” “谁跑？”
答句：à mɔ̀ ñíŋ *éná*? “INAH ran.” “伊娜跑。”
it AUX run Inah
它 助动 跑 伊娜

（20） 问句：fíl á mɔ̀ zí *kwɔ̀*? “What did the friends eat?”
friend SM AUX eat what “朋友们吃什么？”
朋友 主语标记 助动 吃 什么
答句：fíl á mɔ̀ zí *kí-bɛ́*? “The friends ate FUFU.”
friend SM AUX eat fufu “朋友们吃富腹薯。”
朋友 主语标记 助动 吃 富腹薯

（21） 问句：fíl á mɔ̀ zí *ghɛ́* bɛ́-’kɔ̀? “Where did the friends eat fufu?”
where fufu “朋友们在哪儿吃富腹薯？”
哪儿 富腹薯
答句：fíl á mɔ̀ zí *án ’sóm* bɛ́-’kɔ̀? “The friends ate fufu on the farm.”
on farm “朋友们在农场吃富腹薯。”
在农场

273 （22） 问句：fíl á mɔ̀ zí *zín* bɛ́-’kɔ̀? “When did the friends eat fufu?”
when “朋友们什么时候吃富腹薯？”
什么时候

答句：fíl á mɔ̀ zí *á'zɔ̀ɔ* bɛ́-'kɔ̀?　　“The friends ate fufu yesterday.”
　　　　yesterday　　　　　　“朋友们昨天吃富腹薯。”
　　　　昨天

上述各例，包括问句在内，焦点化成分（focused constituent）紧靠动词后。不及物动词的主语通常居动词前，但在例（19）中焦点化的主语居动词后。同样，在其余各例中，与问句中的疑问词相应的成分出现在紧靠动词后的位置。

阿格姆语中，紧靠动词前的位置用于对比焦点（或反预设焦点）（参见 10.0.2 节对焦点类型的第 3 条描述）：

（23）　　　　　　　　　　“The friends ate futu...　　“朋友们吃富腹薯……
fíl á mɔ̀ bɛ́-'kí *án'sóm* zí　　in the farm（not the house）.　　在农场（而非屋里）
　　á'zɔ̀ɔ　　yesterday（not two days ago）.　　昨天（而非前天）
　　áŋ 'wó　　with hands（not spoons）.”　　用手（而非汤匙）。”

（左 / 右）**偏置结构**（dislocation）是指将某个小句成分置于该小句的句法界限之外。偏置有时被称作**外置**（extraposition），左偏置有时被称作**前置**（preposing），右偏置被称作**后置**（postposing）。在生成语法和其他自主句法（autonomous syntax）传统中，“话题化”这一术语指的就是左偏置结构。右偏置有时被称作**追加话题化**（afterthought topicalization）。上述这些术语都假定，左偏置结构中左向的名词性成分占据了小句之外某个成分结构的位置，但在更高的层次上它仍与该小句相邻接。在生成语法传统中，该位置通常被称作话题位置。采用生成标语法的符号（generative notation），这种情形通常表现为如下方式：

（24）S′ → TOPIC S

此处 S′ 读作“S 撇号”（“S Prime”）或“S 杠”（“S bar”），指一个大于小句的语法结构（生成语法传统中的“句子”）。S 指一个简单的小句，而 TOPIC（“话题”）指一个位于 S 之外而语法上仍与之相关的结构位置。

然后，话题位置就充当从 S 小句中被复制而来的各种成分的落脚点：

（25）a. My father, he likes Beethoven. “我父亲，他喜欢贝多芬。” 274
b. Beethoven, now I enjoy his music. “贝多芬，我现在喜欢他的音乐。”

话题严格而言是一种结构概念。在这一传统中，任何与话题化构式相关的功能（即交际）特征，都与它们的结构地位不相干。换言之，说话者为什么要将某一成分“拷贝”

至话题位置，或者语言究竟为什么会具有话题位置，这些问题在该框架内未加论述。

显然，所有语言都采用左偏置结构作为一种业已语法化的构式。有一些也采用右偏置结构。左偏置很难同下列结构区分开来：（1）将自由名词短语与小句**并置**（apposition）在一起，（2）小句范围内某一成分的**前置**（fronting），以及（3）**分裂**（clefting）（参见 10.1.3 节）。右偏置结构也存在相应的困难，但下文的讨论将限于左偏置结构。问题是，移至主要谓语左边的成分在语法上是否为述谓结构的组成部分，也就是说，居于小句开头位置、语用上显著的名词短语具有下面三种可能的语法地位：

（26） a. [NP] [S]　　并置

b. $[\text{NP S}]_{S'}$　　左偏置

c. $[\text{NP...}]_{S}$　　前置（假如在中性语序中名词短语不居首位）

换言之，被置于小句起首位置的名词短语，语法上可以分离于后面的小句（26a），或者语法上邻接于该小句但又不是其内在组成部分（26b），或者是该小句的内在组成部分（26c）。①

除了上述这些语法地位，一个名词短语也可以被分裂。分裂构式的语法结构可图解如下：

（27） $[\text{NP}_i]$（COP）$[\text{...NP}_i\text{...}]_S$

分裂构式在 10.1.3 节将有更详细的讨论。

下列经验法则将有助于判定我们正在讨论的是什么类型的构式（这些规则已做整理）：

1 如果该结构式在正常情况下只有一个单一的语调曲拱（intonation contour），即在起首的名词
275 短语之后通常没有停顿语调，且在起首的名词短语和该小句其余部分之间无特殊小词，又且起首的名词性成分在该小句内未被提及（除了语法一致关系之外），它就是前置（fronting）。

2 如果起首名词短语在小句内被一个自由指称形式（free referring form）（即包括语法一致关系在内的任何形式）重述（recapitulate），并且停顿或特殊的小词（而非系动词）可以自然地插入起首名词短语和小句之间，则它可能是左偏置。

3 如果起首名词短语在小句内没有任何语义角色，并且/或者状语成分可以插入起首名词短语和小句之间，则它很可能是并置（apposition）（有时被称作**并列**，juxtaposition）。

4 如果居于起首名词和该小句其余部分之间的那个成分是一个系动词形式（如 *be*“是”；参见 6.1 节），并且/或者主要谓语具有关系小句形式，则它是一个分裂构式。

例如：

（28）前置：　Beans I like. “大豆我喜欢。”

左偏置：Beans, I like them. “大豆，我喜欢它们。”

As for beans, I think they’re great. “至于大豆，我觉得它们很不错。”

并置：　Beans.Why do we always have leftovers? “大豆。为什么我们总是吃些剩下的呢？”

分裂句：Beans are what I like. “大豆是我喜欢的。”

What I like is beans. “我喜欢的是大豆。”

The ones I like are beans. “我喜欢的那种是大豆。”

许多语言在偏置构式中采用的特殊小词历史上通常来源于更古老的系动词形式。这一事实说明，分裂式和偏置结构之间的差别是连续的（continuous）而非绝对的（absolute）。不过，为了说明的方便，一旦将左偏置成分分开的那个小词不再用作名词述谓性结构中的系词，那我们就可以在此划出界限来（区分分裂式和偏置结构）。以下是一些语言采用特殊小词来分开偏置名词短语的例子：

（29）他加禄语（Tagalog）

Ang	babae	*ay*	humiram	ng	pera	sa	bangko.
ABS	woman	LD	A:borrow	OBL	money	OBL	bank
通格	女人	左置	A：借进	旁格	钱	旁格	银行

“The woman, she borrowed money from a bank.”

“这个女人，她从银行借了钱。”

在他加禄语中，小词 *ay* 的功能类似于其他语言中的停顿语调。它不会出现在名词谓语性构式中（除非该名词谓语的主语是左偏置的）。此外还有不采用 *ay* 的前置构式以及一种截然不同的分裂构式（参见 10.1.3 节）。在左偏置结构中采用特殊小词的其他语言包括马 276
尔加什语（Malagasy）（南岛语系）和阿坎语（Akan）（尼罗河－刚果语系克瓦语族）：

（30）马尔加什语

izahay	*no*	tia	anao.
we	LD	love	you
我们	左置	爱	你

“WE love you.” “我们爱你。”

（31）阿坎语

kòfí	nà	ɔ́wɔ́	Engìrési.
Kofi	LD	be:in	England
科菲	左置	是：在	英格兰

“KOFI is in England.” “科菲在英格兰。”

10.1.2 构形成分

一些语言使用词缀或小词来赋予小句中的名词短语以特殊语用身份。在形态格标记（参见 5.4 节）和语用身份标记之间存在一个功能连续统。该连续统可粗略地划分如下：

语用身份标记	英语的冠词，阿格姆语的焦点小词，等等
覆盖系统	日语和朝鲜语的“话题标记”
格标记	拉丁语、爱斯基摩语、俄语、盖丘亚语等

在整个讨论中必须切记的是，这些结构形式实际上体现的是一个连续性等级。原则上很难将语法关系、语义角色和语用身份分开，因为很大程度上它们都互相影响。但是，可以就某些结构形式最普遍或最典型的功能做出概括。通常，格标记是那些最直接地表达语法关系（即语法化了的语义角色和语用身份）的语法手段（参见第七章“语法关系”）。英语的冠词是语用身份标记的极好例子。通常，语用身份标记与语法关系有部分联系。例如在英语中，具有主语语法关系的名词短语同样可能具有可识别的语用身份。假若这一统计学的关联成为百分之百的概括（对英语来说，目前尚无此种可
277 能），那么语用身份标记 *the* 将成为一个主语格标记（参见 Shibatani 1991 有关语用范畴如何语法化为语法关系的讨论）。

阿格姆语使用动词形态和焦点小词来表达各种语用微别。例如，在表达真值焦点（TVF）的完整体（perfective aspect）小句中使用一个特殊的助动词形式。例如（32a）是一个中性的完整体小句，而（32b）则是一个真值焦点（TVF）的完整体小句：

（32） a.

énáʔ	*mɔ̀*	fúo	kí-bɛ́	â	fín-ghɔ́
Inah	AUX	give	fufu	to	friends
伊娜	助动	给	富腹薯	给	朋友

“Inah gave fufu to his friends.”“伊娜给了富腹薯给他的朋友们。”

b.

énáʔ	*má’á*	fúo	kí-bɛ́	â	fín-ghɔ́
Inah	AUX:FOC	give	fufu	to	friends
伊娜	助动：焦点	给	富腹薯	给	朋友

“Inah DID gave fufu to his friends.”“伊娜确实给了富腹薯给他的朋友们。”

阿格姆语中还有一个出现于焦点化成分之后的“焦点小词”*nò*。有时，选择语序还是小词 *nò* 来实现一个特定的焦点任务似乎是完全自由的（参见 10.1.1 节有关阿格姆语中以语序为焦点化手段的例子）：

（33）a.

fú	kí	mɔ̀	ñíŋ	*nò*	á	kí-'bé
rat	SM	AUX	run	FOC	in	compound
老鼠	主语标记	助动	跑	焦点	在	院子

"The rat RAN（i.e., did not walk）in the compound."
"老鼠在院子里跑（即，不是走）"

b.

fú	kí	mɔ̀	ñíŋ	á	kí-'bé	*nò*
rat	SM	AUX	run	in	compound	FOC
老鼠	主语标记	助动	跑	在	院子	焦点

"The rat ran in the COMPOUND（not in the house）."
"老鼠在院子（而非屋子）里跑。"

阿坎语中（Schachter 1985：37）有一个"焦点"小词 *na*（例（34））和一个"对比"小词 *de*（例（35））：

（34）

Kwame	*na*	ɔbɛyɛ	adwnma	no.
Kwame	FOC	he:will:do	work	the
夸梅	焦点	他：将：做	工作	定冠

"It's Kwame who will do the work."
"将要做这项工作的是夸梅。"

（35）

Kwame	*de*	ɔbɛkɔ,	na	Kofi	*de*	ɔbɛtena	ha.
Kwame	CONTR	he:will:go	and	Kofi	CONTR	he:will:stay	here.
夸梅	对比	他：将：去	而	科菲	对比	他：将：留下这儿	

"KWAME will go, but KOFI will stay here."
"夸梅要走，而科菲要留在这儿。"

标记名词性成分语用地位的**覆盖**（overlay）系统是形态格标记系统和语用身份标 278
记系统的结合。覆盖系统的实质是，当一个名词性成分被挑选用作特殊语用处理时，一个或多个"基本的"格标记被语用身份标记替代（"覆盖"）。日语和朝鲜语都具有"话题标记"的覆盖系统（基于特定语言意义上的界定）。日语中的话题标记是 *wa*。它既可以覆盖主语标记 *ga*（例 36b），又可以覆盖宾语标记 *o*（例 36c），或其他名词性格标记：

（36）a. 无标记的

taroo	ga	hon	o	katta
Taro	SUB	book	OBJ	bought
太郎	主语	书	宾语	买了

"Taro bought a book.""太郎买了一本书。"

b. taroo *wa* hon o katta
TOP
话题
"As for Taro, he bought a book." "至于太郎，他买了一本书。"

c. hon *wa* taroo ga katta
TOP
话题
"As for the book, Taro bought it." "至于那本书，太郎买了它。"

在语言学论文中，日语小句中有 *wa*- 所标记的名词性成分时，其英语译文通常采用"As for X..."（"至于 X……"）的左偏置构式。实际上，日语的 *wa* 具有各种不同的功能，并且是一个仍然存在某种争议的问题（参见如 Hinds，Maynard 和 Iwasaki 1987）。

10.1.3 分裂构式

分裂构式（cleft construction）是一种名词谓语成分，它由一个名词短语（NP_i）和关系小句组成，该关系小句中关系化的名词短语与 NP_i 同指（参见 11.5 节有关关系小句的内容）。NP_i 一般被称作"被分裂的成分"，并且一般见于该小句其余部分的左边，尽管它可能出现在其他位置。分裂构式可表示如下：

（37） NP_i（COP）$[...NP_i...]_{S\ rel}$

S_{rel}（关系小句）的形式取决于该语言采用哪种关系化手段，也就是说，它可以是名词化、分词小句或更典型的关系小句（参见 11.5 节）。同样，系动词（COP）出现与
279 否，取决于该语言中名词谓语构式的一般结构。如上所述，系动词（COP）的出现清楚地表明，我们所处理的是一个分裂构式。假如该语言准许名词谓语构式不带系词成分，那么，即使系词空缺，该构式可能仍是一个分裂式（参见 6.1 节）。在这种情况下，该分裂式同普通偏置式的差别在于，出现在被偏置的名词短语之后的小句，是一个关系小句或其他类型的参与者的名词化（participant nominalization）。有很少数的语言，它们既准许名词谓语成分不用系词，同时也准许关系小句不用关系化标记（relativizer）或其他特殊形态，在这些语言中，有一些结构可能难以确定是看作左偏置式还是分裂式为好。德拉语（乍得语族）显然就是这样的语言：

（38） wuni wun kapa kurei
They ones plant corn
他们 某些人 种植 玉米
"THOSE ONES plant corn" or "Those are the ones who plant corn."
"那些人种玉米"或"那些是种玉米的人。"

英语中分裂式的某些例子包含如下情形：

（39） a. Home is [where the heart is 0]$_S$. “家是心安处。”

NP_i COP REL NP_i

NP_i 系词 关系化 NP_i

（cf. “The heart is at home.”） （试比较：“心在家里。”）

b. Lucretia is [whom I love 0]$_S$ “柳克丽霞是我所爱的人。”

NP_i COP REL NP_i

NP_i 系词 关系化 NP_i

（cf. “I love Lucretia.”） （试比较：“我爱柳克丽霞。”）

英语至少有两种分裂构式，它们传统上被称作分裂式和**假分裂式**（pseudo-clefts）：

（40） 分裂式（it 系词 名词短语 关系小句）

a. It is Lucretia who grimaced.
“扮鬼脸的人是柳克丽霞。”

b. It's the duke whom Lucretia disdains.
“柳克丽霞所蔑视的人是这个公爵。”

c. It's the duke who trod on poor Lucretia's watermelon.
“踩了可怜的柳克丽霞的西瓜的人是这个公爵。”

（41） 假分裂式（名词短语 系词 关系小句）

a. Lucretia is the one who grimaced.
“柳克丽霞就是扮鬼脸的那个人。”

b. The duke is the one whom Lucretia disdains.
“这个公爵就是柳克丽霞所蔑视的那个人。”

c. The duke is the one who trod on poor Lucretia's watermelon.
“这个公爵就是踩了可怜的柳克丽霞的西瓜的那个人。”

d. Home is where the heart is.
“家是心安处。”

（42） 假分裂式（关系小句 系词 名词短语）

a. What happened was you blew a heater hose.（cf. “That you belew a heater hose happened.”）
“所发生的事是你烧断了一根热水器软管。”
（试比较：“你烧断了一根热水器软管这事发生了。”）

b. What John ate was beans. 280
“约翰吃的（食物）是大豆。”

c. The one who grimaced was Yassar.
“扮鬼脸的人是雅瑟。”

d. That which we have seen with our own eyes is what we are reporting to you. (both NPs contain relative clauses)
"我们已亲眼目睹的事即是我们正在向你报告的（事）。"（两个名词短语都包含关系小句）

事实上，按照我们的对分裂式的定义，即由一个名词短语和一个使该名词短语关系化的关系小句组成的名词谓语性结构，上述所有结构式类型都是分裂式。"it- 分裂式"（例（40））和"the one 分裂式"（例 41a、41b 和 41c）只代表英语为避免使用无核（headless）关系小句而采用的两种不同的方式（参见 11.5 节）。英语的分裂句最"自然"（从世界上多数语言的观点来看）的形式可能包括无核关系小句（41d、42a、b 及下例）：

（43） ? Lucretia is who grimaced.
"柳克丽霞是扮鬼脸的。"
? The duke is whom Lucretia disdains.
"这个公爵是柳克丽霞所蔑视的。"
? The duke is who trod on Lucretia's turnip.
"这个公爵是踩了柳克丽霞的萝卜的。"

很多语言的分裂式表现出"名词短语 系词 无核关系小句"模式。但是，英语中无核关系小句一般避免使用，至少在书面语以及其他有准备的言语中是如此。为此，"假位"（dummy）成分被用来充当主语（40 中的 *it*）或核心语（42c 中的 *the one*）。

Prince（1973）对英语中各种分裂构式的功能做了有趣而深刻的分析。研究其他语言中语用标记结构的功能时，该著堪为示范。但是，必须始终认识到，跨语言相似的结构并非必然具有相似的功能。因此，语言学研究者要谨防在缺乏某一语言内部充分的经验性证据的情况下，将 Prince 的发现照搬到这个语言的材料之上。

以下是其他一些语言中各种分裂式的例子（资料引自 Harries-Delisle 1978）：

无核关系小句

（44） 汉语普通话
约翰看见的是个男人（不是女人）。

281 （45） 印尼语

bukan	saya	yang	beladjar	bahasa	Indónésia
NEG	I	REL	study	language	Indonesian
否定	我	关系化	学习	语言	印尼语

"I am not who is studying Indonesian."
"我不是正在学印尼语的人。"

（46） 分词短语：德语

Der	segelt	das	ist	mein	Bruder.
the	sail:PP	that	be	my	brother
定冠	航行：分词短语	那	是	我的	兄弟

"The sailing（one）, that is my brother."
"航行的（人），那是我兄弟。"

（47） 名词化：阿姆哈拉语（Amharic）

əssu	naw	yamattaw
3SG	be	NOM:came
3单	是	名词化：来了

"He is who came."（lit.: "He is the 'comer'"）
"他是来的人。"（字面意思："他是'来者'。"）

以下是来自马拉亚拉姆语（Malayalam）的一些例子（引自 Andrews 1985：84–85）。例 48 是一个非分裂小句。例 49a–d 是以各种成分构成的分裂式。在马拉亚拉姆语中，被分裂的成分并不需要严格出现在小句左边：

（48）

Kutti	innale	ammakkə	aanaye	kotuttu
child:NOM	yesterday	mother:DAT	elephant:DAT	gave
孩子：主格	昨天	母亲：与格	大象：与格	给了

"The child gave an elephant to the mother yesterday."
"这个孩子昨天给了一头大象给这位母亲。"

（49） a.

Kutti-aanə	innale	ammakkə	aanaye	kotutt-atə
child:NOM-is	yesterday	mother:DAT	elephant:DAT	gave-it
孩子：主格－是	昨天	母亲：与格	大象：与格	给了－它

"The child is（he who）gave an elephant to the mother yesterday."
"这个孩子就是昨天给了一头大象给这位母亲的人。"

b.

Kutti	innale	ammakk-aanə	aanaye	kotutt-atə
child:NOM	yesterday	mother:DAT-is	elephant:DAT	gave-it
孩子：主格	昨天	母亲：与格－是	大象：与格	给了－它

"It is the mother that the child gave an elephant to yesterday."
"这位母亲就是昨天这个孩子给了一头大象的。"

c.

Kutti	innaley-aanə	ammakkə	aanaye	kotutt-atə
child:NOM	yesterday-is	mother:DAT	elephant:DAT	gave-it
孩子：主格	昨天－是	母亲：与格	大象：与格	给了－它

"It is yesterday that the child gave an elephant to the mother."
"就是昨天这个孩子给了一头大象给这位母亲。"

d. Kutti	innale	ammakkə	aanayey-aan	kotutt-atə
child:NOM	yesterday	mother:DAT	elephant:DAT-is	gave-it
孩子：主格	昨天	母亲：与格	大象：与格－是	给了－它

“The child gave an elephant to the mother yesterday.” [1]

“这个孩子昨天给了一头大象给这位母亲。”

思考题

在基本小句中，有没有特定的手段来标示语用身份，比如特殊语序、左和 / 或右偏置结构，或者表达有指性、特指性、话题、焦点、对比的词缀或小词？

请描述分裂式。如有可能，对其话语功能进行描述。

282 该语言的语法对哪些不同的语用身份敏感？

10.2 否定

否定（negative）小句是断言某个事件、情状或事态不成立的小句，它们通常出现在某些预设的语境中，起否定或反驳（counter-assert）该预设的功能。例如，如果我说 *Jorge didn't clean up the kitchen*（“乔治没打扫厨房”），我可能假定受话者预设乔治打扫了或者本应该打扫厨房的。在这方面，否定小句功能上接近于对比焦点小句（参见 10.0.2 节），因此否定小句和对比焦点小句常常形式上接近。本节将讨论和例示语言表达否定性断言的各种不同的方式，例句除他加禄语（Tagalog）、帕纳雷语（Panare）和特内特语（Tennet）之外，均引自 Horn（1978）。

任何语言中最普遍的否定策略是那些用于否定整个命题的否定手段，我们将其描述为**小句否定**（clausal negation），如：*I didn't do it*（“我不做这件事”）。其他否定形式与小句中的特定成分相联系，如：*I have no bananas*（“我没有香蕉”），我们将它称为**成分否定**（constituent negation）。尽管成分否定的语义效果非常类似，甚至等同于小句否定，但作为一种语法手段成分否定总是不如小句否定普遍。本节我们将主要讨论小句否定，结束之前将简要论述成分否定。

小句否定的一个值得注意的特征是，大多数语言拥有一种以上的形式。有时各种不同否定操作之间的功能差别跟“对存在的否定”与“对事实的否定、对不同的体 / 情态 / 言语行为的否定”这一对立有关（例如“拒绝”与“简单否定性断言”的对立）。在下列各段，我们将描述词汇性、形态性及分析性否定表达形式。然后我们将描述小

[1] 原文的英语翻译同例 48，可能有误。前文提到，49d 是一个分裂式，根据 -aan(ə) 所在的位置，被分裂的成分应该是 aanayey（“大象”）。因此，本句的意思应该是“一头大象正是这个孩子昨天给了这位母亲的（东西）”或“这个孩子昨天给了这位母亲的是一头大象”。——译者注

句否定的一些功能和形式特征。

词汇性否定（lexical negation）。正如所期望的那样，词汇性否定描述的是这样的情形：否定概念是某一特定动词词汇语义的主要部分。例如，英语动词 *lack*（“缺乏，没有”）可以看作对 *have*（“有”）的词汇性否定。但是，有时很难分离出一个特定的动 283
词来作为其他动词的词汇性否定。例如，*stand*（“站”）是对 *sit*（“坐”）、*lie*（“躺”）、*succumb*（“屈从”）的词汇性否定呢，还是这些都是截然不同的动词呢？

形态性否定（morphological negation）。表达小句否定的语素通常与动词相联系。很多语言采用简单的动词词缀，如例（50a）和（50b）显示的波斯语（Farsi）：

（50） a. *na*-xar-am
NEG-buy-1SG
否定－买－1单
“I didn’t buy.” “我不买。”

b. *na*-mi-xar-am
NEG-PRES-buy-1SG
否定－现在－买－1单
“I’m not buying.” “我不会买。”

就像波斯语例子所显示的那样，否定词缀普遍来源于原先的否定小词（参见下文“分析性否定”的有关内容）。

否定常与其他动词屈折形式联系在一起。例如，纳乃语（Nanai）(属于通古斯语族）的否定小句采用特殊的时态标记（51c 和 d）。也请注意的是，否定形式中动词词干的元音被延长了：

（51） a. xola-j-si
read-PRES-2SG
读－现在－2单
“You are reading.” “你现在正在读。”

b. xola-xa-si
read-PAST-2SG
读－过去－2单
“You were reading.” “你那时正在读。”

c. xola:-*si*-si
read-NEG:PRES-2SG
读－否定：现在－2单
“You aren’t reading.” “你现在不在读。”

d. xola:-*ci*-si
read-NEG:PAST-2SG
读－否定：过去－2 单
"You weren't reading." "你过去不在读。"

分析性否定（analytic negation）。分析性否定有两种类型：否定小词（negative particles）和定式否定动词（finite negative verbs）。有时否定小词从否定动词发展而来（参见下文特内特语的例子）。

284 否定小词通常与小句的主要动词相联系。但是，它们同时也是小句层面的附着形式（clitics）。否定小词可以是不变形的（invarant），如英语的 *not* 及其语素变体 *-n't*，或俄语的 *ne*：

（52） a. on　n^{j}e　igraet
he　NEG　play
他　否定　玩
"He doesn't play." "他不玩。"

b. n^{j}e　igraj
NEG　play:IMP
否定　玩：祈使
"Don't play!" "不要玩！"

c. on　n^{j}e　durak
he　NEG　fool
他　否定　傻瓜
"He is not a fool." "他不是傻瓜。"

其他否定小词可能因不同的否定类型、小句类型（祈使句与陈述句）、时态、体等而有所变异。有关不同的否定小词的说明，详见下文特内特语、他加禄语、汉语普通话、阿拉伯语的例子。

复合的否定式表达（multiple expression of negation）。一种相当常见的情形是，否定式包含多重操作符：或是一个词缀加一个小词，或是两个小词，或是一个小词 / 词缀加上语序变化。人们可能推断，既然否定性断言在交际方面迥异于相应的肯定式，语言往往就会发展出非常强大且而易于感知的手段来表达这一差别。这一推断存在的问题是，同样存在一些语言，其否定小句标记难以感知。例如，英语中否定小词的缩略形式几乎常常是难以感知的，尤其是在某些场景中，如，*I can talk*（"我能谈"）与 *I can't talk*（"我不能谈"）的对立。无论如何，语言的确通常具有复合的否定表达。

法语即是一例，其否定小句中使用两个小词：

（53） a. 肯定式

Il　y-a　une　réduction　pour　les　étudiants.
3SG　EXIST　INDEF　discount　for　the:PL　students
3 单　存在　无定　折扣　为　定冠：复　学生们
"There is a discount for students." "对学生有折扣。"

b. 否定式 285

Il　*n'*-y-a　*pas*　de réduction　pour les　étudiants
3SG　NEG-EXIST　NEG
3 单　否定 – 存在　否定
"There is no discount for students." "对学生没有折扣。"

（53b）中，两个否定小词 *ne*（在存在动词前弱化为 *n-*）和否定小词 *pas* 对构成小句否定都是必需的。

同样，豪萨语（Hausa）中，否定小词 *ba* 在一个否定小句中出现两次。如果其中一个 *ba* 省略，则会导致不合语法或意义有别：

（54） a. 肯定式

yara　ne
children　3PL
孩子们　3 复
"They are children." "他们都是孩子。"

b. 否定式

ba　yara　*ba*　ne
NEG　children　NEG　3PL
否定　孩子们　否定　3 复
"They are not children." "他们都不是孩子。"

c. 肯定式

mace　zatahura　wuta
woman　will:start　fire
女人　将：开始　火
"The woman will start the fire." "那个女人将开始点火。"

d. 否定式

mace　*ba*　zatahura　wuta　*ba*
woman　NEG　will:start　fire　NEG
女人　否定　将：开始　火　否定
"The woman will not start the fire." "那个女人不会开始点火。"

不同种类的否定（different kinds of negation）。很多语言中，否定小词或词缀因时、体、情态或其他因素而发生变异。例如，否定祈使式（negative imperative）采用不同于否定性断言的小词，这是非常常见的。在汉语普通话（详下）、希伯来语（参见 10.3.2 节）和特内特语（属于尼罗－撒哈拉语系苏尔米克语支；蒙 Scott Randall 惠例）中情况就是如此：

（55） a. *ma* a-dúli táttôk
NEG IMPERF-break door
否定 未完整－打破 门
"Don't break the door." "不要打破那个门。"

286 b. *ma* a-ʊ́dâ írá
NEG IMPERF-drink milk
否定 未完整－喝 牛奶
"Don't drink the milk." "不要喝那个牛奶。"

特内特语中标准断言（standard assertions）的否定小词是 *ɪrɔ́ŋ* 和 *ŋanní*（参见下文例 66 和 67）。

否定小词的另一典型差异是普通否定和存在否定（negatives of existence）之间的区分。例如，他加禄语及其他大多数南岛语系语言中，有两种说"no"（"不"）的方式。在他加禄语中，相应的小词是 *wala* 和 *hindi*。*Wala* 是对存在的否定，它可以对与某个项目（item）存在或出现相关的是非问句做出恰当的否定性回答：

（56） a. Mayroon ka bang pera? "你有钱吗？"
b. Wala "没有。"
*hindi

另一方面，*hindi* 则是对非存在命题做出否定回答的标准手段：

（57） a. Pupunta ka ba sa sayawan? "你去跳舞吗？"
b. Hindi "不。"
*Wala

除了充当疑问句的否定式回答，*hindi* 和 *wala* 也是构成否定小句的小词。毫不奇怪，这两个小词的区别在于，*wala* 否定存在命题（例 58a，b），*hindi* 否定其他形式的命题（例 59a，b）：

（58） a. Wala akong pera "我没有什么钱。"
b. Wala akong alam "我什么也不知道。"（字面意思"我没有了解。"）

（59） a. Hindi ako papasok sa eskwela “我不会去上学”
b. Hindi ko alam “我不知道”

汉语普通话至少有三个否定小词。最普通的是“不”（例 60a）。存在句否定词是“没”（例 60b），祈使否定小词是“别”（例 60c）：

（60） a. 他不喝酒。
b. 他没有哥哥。 287
c. 别走！

很多语言，其中包括伊拉克阿拉伯语（Iraqi Arabic），在动词谓语（以动词为核心的谓语）中使用的一种不变形的否定小词（如 61a），在无动词谓语（如名词谓语、处所结构、存在句等）中采用另一种不变形的否定小词，如（61b，c 和 d）：

（61） 伊拉克阿拉伯语

a. ʔəli	*ma:*	ra:h	lidda:ʔire
Ali	NEG	went	to:office
阿里	否定	去	向：办公室

“Ali didn’t go to the office.” “阿里不去办公室。”

b. ʔubu: jə	*mu*:	muha:mi
father:my	NEG	lawyer
父亲：我的	否定	律师

“My father is not a lawyer.” “我父亲不是律师。”

c. haðə	ššati	*mu*:	rəmli
this	beach	NEG	sandy
这个	海滩	否定	含沙的

“This beach is not sandy.” “这个海滩不含沙。”

d. lwəktu: b	*mu*:	ʔili
the:letter	NEG	for:me
定冠：信	否定	给：我

“The letter is not for me.” “这封信不是给我的。”

分析性否定的第二种类型包含一个定式否定动词和一个补足语小句（参见第十一章导言及 11.2 节）。测试表达否定的某一形式是动词还是小词，要看其是否具有该语言里定式动词常有的形态句法特征。例如，否定动词会带上定式动词的屈折形态，并会出现在动词的常规位置。肯定动词（affirmative verb），即表达该小句主要语义内容的动词，会被看作一个补足语动词（complement verb）。也就是说，它可以由一个标补词

（complementizer）引导，或者带上非定式动词的形态或非现实（irrealis）动词的形态。这一否定策略主要见于动词居首或动词居末的语言。以下是不同语言使用定式否定动词的一些例子：

288 （62）汤加语（Tongan）

a. Na'e-alu 'a Siale
COMPL-go ABS Charlie
完结－去 通格 查利
"Charlie went."
"查利去了。"

b. Na'e-*'ikai* [ke 'alu 'a Siale]
COMPL-NEG IRR go ABS Charlie
完结－否定 非现实 去 通格 查利
"Charlie didn't go."
"查利不去。"

小句 62b 中括号内部分是一个补足语小句，被标记为非现实情态（汤加语中的一种非定式范畴）并且否定词干 *'ikai* 带上了主要动词普遍具有的屈折形态。该补足语小句也出现在主要动词特有的位置。

（63）斯阔米什语（Squamish）（撒利希语族）：

Ha'u-č-0-ap qaly-c'ic'a'p'
NEG-AUX-PAST-2PL COMP-work
否定－助动－过去－2 复 标补－工作
"You（pl.）didn't work."
"你们不工作。"

该小句中，负载否定意义的词干 *ha'u,* 具有所有的动词屈折变化，即，时态和人称标记。它也出现在主要动词的常规位置。另一方面，义为"work"（"工作"）的动词显然从属于标补词 *qaly-*。

汤加语和斯阔米什语都是动词居首型语言。下面是一些动词居末型语言以定式否定动词为主要否定手段的例子：

（64）迪涅语（Diegeño，尤马语）

ʔnʸa:-č ʔ-aʔm-x ʔ-*ma:w*
1-SUB 1SG-go-IRR 1SG-NEG
1－主语 1 单－去－非现实 1 单－否定

"I didn't go."
"我不去。"

在迪涅语中，定式动词和补足语动词都带有人称屈折词缀。但在该例中，义为"go"（"去"）的动词显然是从属的，因为它标有非现实情态后缀 *-x*。而且，否定词干 *ma:w* 出现在主要动词预期出现的小句末的位置。

虽然鄂温克语（Evenki）是一种动词居末的语言（如例 65a 所示），但否定动词并不出现于句末位置，至少当被否定的小句含有一个显性的直接宾语时是如此（65b）：

（65）鄂温克语（西伯利亚的通古斯语） 289

a. Bi	dukuwu:n-ma	duku-ca:-w		肯定句
1SG	letter-ACC	write-PAST-1SG		
1 单	信－宾格	写－过去－1 单		

"I wrote a letter."
"我写了一封信。"

b. Bi	dukuwu:n-ma	ə-cə:-w	duku-ra	否定句
1SG	letter-ACC	NEG-PAST-1SG	write-PART	
1 单	信－宾格	否定－过去－1 单	写－分词	

"I didn't write a letter."
"我没有写一封信。"

但是，因为表达否定意义的词干 *ə* 像动词一样发生屈折变化，并且其他动词像分词一样发生屈折变化，因此将该策略称之为定式否定动词仍然是适合的。

特内特语依据小句的体的不同采用两个不同的否定小词。其中一个小词 *ɪrɔ́ŋ*，用于未完整体（例 66b），而另一个小词 *ŋanní* 则用于完整体（例 67b）：

（66）

a. k-á-čín-ɪ	anná	Lokúli	íyókó	nɛ́kô	肯定式
1-IMPERF-see-1	1SG	（name）	now	DEM	
1－未完整－看见－1	1 单	（人名）	现在	指示	

"I see Lokúli now."
"我现在看见洛丽了。"

b. *ɪrɔ́ŋ*	anná	k-á-čín-ɪ	Lokúli	íyókó	nɛ́kô	否定式
NEG	1SG	1-IMPERF-see-1	（name）	now	DEM	
否定	1 单	1－未完整－看见－1	（人名）	现在	指示	

"I don't see Lokúli now."
"我现在没看见洛丽。"

（67） a. k-í-čín-ι　　anná　　Lokúli　　balwáz　　肯定式

1-PERF-see-1　　1SG　　（name）　　yesterday

1－完整－看见－1　　1 单　　（人名）　　昨天

"I saw Lokúli yesterday."

"我昨天看见洛丽了。"

b. *ŋanní*　　anná　　kι-čín　　Lokúli　　balwáz　　否定式

NEG　　1SG　　3:SUBJ-see　　（name）　　yesterday

否定　　1 单　　3：虚拟－看见　　（人名）　　昨天

"I didn't see Lokúli yesterday."

"我昨天没看见洛丽。"

特内特语的否定式有两个显著特征。首先，两种形式的小句否定的语序都是从 VS 变为 SV。请注意，（66a）和（67a）中第一人称单数代词位于动词之后，但在否定式中则居于动词之前。这是特内特语中否定小句的一个必需的语法特征，并且在其他语言中也不罕见（详下）。其次，在完整体中（如例 67）动词变成虚拟语气。这是一种见于某些补足语小句的语气（参见 11.2 节）。这一事实证明，至少小词 *ŋanní* 来源于定式否定动词。但是，在今天的特内特语里它显然不是一个动词，因为它不具有动词所普遍具有的任何屈折形式。它是一个不变形的小词。

290 次要改变（secondary modifications）。到目前为止，我们已讨论了语言用来表达否定命题的主要手段。除了这些主要手段以外，有时还有一些与之相伴的次要手段。下列这些手段中，至今尚未发现有在小句中充当唯一的否定标记的。

交替语序（alternative word order）。很多 VO 语言在否定小句中采用特殊语序。例如，克鲁语（Kru）在肯定小句中使用 SVO 语序（68a）而在否定小句中则采用 SOV 语序（68b）：

（68） 克鲁语（象牙海岸的一种尼日尔－刚果语系语言）

a. ɔ　　tẽ　　kɔ́

he:COMPL　　buy　　rice

他：完结　　买　　米

"He bought rice."

"他买了米。"

b. ɔ　　se　　kɔ́　　tẽ

he:COMPL　　NEG　　rice　　buy

他：完结　　否定　　米　　买

"He didn't buy rice."

"他不买米。"

也可参见上文特内特语的例子。

声调变化（Change in tone）。很多尼日尔－刚果语系语言对否定小句的动词或助动词使用一种不同的声调。例如，伊博语（Igbo）的非完结体（incompletive）助动词在肯定式小句中带低声调（69a），但在否定小句（69b）中则带高声调：

（69）伊博语（尼日尔－刚果语系克瓦语族）

a. ò　nà　àsá　akwà

she　INCOMPL　do　wash

她　非完结　做　洗

"She is doing the wash."

"她正在洗衣服。"

b. ò　*ná-ghí*　àsá　akwà

She　INCOMPL-NEG　do　wash

她　非完结－否定　做　洗

"She has not done the wash."

"她还没洗衣服。"

时体区别的中和（*Neutralization of tense-aspect distinctions*）。有时否定式中的时体区分要少于肯定式。例如，科米语（Komi）的肯定式中具有现在时（present）和将来时（future）的区分（70a，b），而否定式中则无类似区分（70c）：

（70）a. gižö　"他写字。"

b. gižas　"他将要写字。"

c. *oz* giž　"他不写字。"或"他将不写字。"

291

同样，本贝语（Bembe）的肯定式小句准许两种将来时标记，即 *ká* 和 *kà*, 而否定式小句中则只用 *kà*：

（71）本贝语（赞比亚境内的一种班图语，属尼日尔－刚果语系）

a. n-kà-boomba

1SG-FUT:1-work

1 单－将来：1－工作

"I am about to work."

"我打算工作了。"

b. n-ká-boomba

1SG-FUT:2-work

1 单－将来：2－工作

"I will work（later）."
"我一会儿要工作了。"

c. n-shi- kà-boomba
1SG-NEG-FUT:1-work
1 单 - 否定 - 将来：1 - 工作
"I won't work."
"我不打算工作。"

d. *n-shi- ká-boomba
1SG-NEG-FUT:2-work
1 单 - 否定 - 将来：2 - 工作

特殊屈折形式（special inflection）。有些语言的否定小句中动词采用特殊的人称 / 数或时 / 体 / 情态标记。这些通常是该语言里相对古老的结构的反映形式（reflexes）（参见上文所举特内特语的例子）。否定小句（连同其他非基本小句类型）保留相对古老的形态句法模式，这是一种很典型的情况。例如，卡瓦伊苏语（Kawaiisu）中，在过去时的肯定小句中后缀是 *-kïdiine*（72a），在否定式小句中后缀则是 *-keneeneene*（72b）：

（72） a. taʔnipuzi-a　pïkee-*kïdiine*　momoʔo-na
man-SUB　see-PAST　woman-OBJ
男人 - 主语　看见 - 过去　女人 - 宾语
"Man saw woman."
"男人看见了女人。"

b. taʔnipuzi-a　*yuweatï*　pïkee-*keneeneene*　momoʔo-na
man-SUB　NEG　see-PAST:3->3　woman-OBJ
男人 - 主语　否定　看见 - 过去 :3->3　女人 - 宾语
"Man didn't see woman."
"男人没看见女人。"

交替的格标记模式（alternative case-marking pattern）。在一些语言中，否定式小句中出现特殊的格标记模式。例如俄语中，有些及物动词，宾语在肯定式小句中以宾格出现（73a），在相应的否定式中则以属格出现（73b）：

（73） a. on　zabudʲet　tot　večer
he　forget:FUT　that:ACC　evening:ACC
他　忘记：将来　那个：宾格　晚上：宾格
"He will forget that evening."
"他将忘记那个夜晚。"

b. on　*n'e*　zabud'et　togo　večera 292
he　NEG　forget:FUT　that:GEN　evening:GEN
他　否定　忘记：将来　那个：属格　晚上：属格
"He will not forget that evening."
"他不会忘记那个夜晚。"

非小句否定（non-clausal negation）。到目前为止我们已讨论了各语言表达命题式否定断言的各种方式。下列几段我们将讨论对特定小句成分进行否定的各种方式。我们将从派生否定开始，然后讨论否定量化词，最后简要讨论否定辖域概念。

派生否定（derivational negation）。有时，语言会允许一个词干通过使用某些派生形态从而转变为其"对立面"（opposite）。这种情形可称作**派生否定**。英语使用前缀 *un-*、可能还有 *non-* 来实现这一目的：

（74）*un*happy　"不快乐的"　*non*-smoker　"不吸烟者"
*un*selfish　"不利己的"　*non*-past tense　"非过去时"
*un*reasonable　"不合理的"　*non*entity　"不存在"

在英语中，*un-* 主要限于形容词词干，而 *non-* 则限于形容词或名词性词干。而且，上述这些都不是很能产的。但在其他语言中，派生否定可能更为普遍。例如，在帕纳雷语（Panare）中，很多动词词干由一个词根加上一个否定词缀 *-(i)ka* 构成。由此产生的词干体现的概念在宽泛意义上可理解为原词根表达的概念的对立面。例如：

（75）a. t-ama-yaj　chu
1:3-throw:out-PAST　1SG
1:3－扔：出－过去　1 单
"I threw it out." "我把它扔出去了。"

b. t-ama-*ika*-yaj　chu
1:3-throw:out-NEG-PAST　1SG
1:3－扔：出－否定－过去　1 单
"I kept it/stored it/placed it." "我把它保留 / 保存 / 安放着。"

（76）a. y-otawë-yaj
3-get:dark-PAST
3－变得：黑－过去
"It got dark." "天黑了。"

b. y-otawë-*ika*-yaj　kën
3-get:dark-NEG-PAST　3SG
3－变得：黑－否定－过去　3 单
"He/she woke up." "他 / 她醒了。"

293 这种派生操作与标准的屈折否定相关而又迥异。在帕纳雷语中标准的否定是由一个动词后的小词 *ka*（反预期）或 *pï*（与预期一致）表达的。

否定量化词（negative quantifiers）。很多语言都使用否定量化词，这些否定量化词或者本身固有否定意义（如英语的 *none, nothing*），或者独立于小句否定之外被否定（如 *not many*）。多数语言准许或要求否定量化词同时伴有小句否定。例如，俄语中的 *nikto* 形式（“无人”），当指向一个小句的主语时，必须由一个小句否定伴随出现：

（77） a. *nikto* nʲe prišol
nobody NEG came
无人 否定 来了
“Nobody came.” “没有人来。”
b. *nikto prišol

标准英语不准许这种“双重否定”用法，这显得颇为异常：

（78） a. Nobody came. “没有人来。”
b. Nobody didn’t come.（means “everybody came”, not “nobody came” as in Russian）
“没有人不来”（意指“人人都来了”，而非像俄语那样表示“没有人来”）

否定辖域。有时成分否定和小句否定相互作用而导致**否定辖域**（negation scope）的变化。辖域是指小句中能被否定的可变部分。小句否定的辖域是整个小句。成分否定的辖域是小句中某一特定成分。以下有关否定辖域变化的例子来自英语：

（79） a. Not many people like Vonnegut. 辖域：仅主语量化词
“并非很多人喜欢冯内古特。”
b. Many people do not like Vonnegut. 辖域：整个小句
“很多人不喜欢冯内古特。”

（80） a. I deliberately didn’t bump into her. 辖域：整个小句
“我故意没有碰见她。”
b. I didn’t deliberately bump into her. 辖域：仅为副词
“我没有故意碰见她。”

（81） a. I won’t force you to marry Zelda. 辖域：整个小句
“我不会强迫你嫁给泽尔达。”
b. I will force you not to marry Zelda. 辖域：补足语小句
“我会强迫你不要嫁给泽尔达。”

思考题

该语言构成否定小句的标准手段是什么？

有哪些次要策略？它们在怎样的情形下使用？

有无成分否定和派生否定？

与否定相关联的形态成分通常是怎样创造性地用于话语中的？ 294

补充阅读：J. Payne（1985）

10.3　非陈述性言语行为

各语言通常具有不同的形态句法手段来表达所施行的是哪种言语行为（Searle 1970）。所有语言都有一些语法化的手段来表明一个小句是断言（陈述式）、请求（疑问式）还是命令（祈使式）。这些手段通常具有情态性质（参见 9.3.3 节有关情态的语言学定义）。例如，疑问句和命令句在情态上属于非现实（irrealis），因此与非现实断言相关的形态成分常常见于疑问句和命令句。但是，“陈述式－疑问式－祈使式”本质上并没有描写一个情态参数（modal parameter）。本节我们将研究语言用以表达这些言语行为值（value）的各种规约化手段。

传统语法中，术语“陈述式”（declarative）指纯粹断言信息的小句。术语“直陈语气”（declarative mode）通常见于这类文献。在本书及大多数语言学书籍中，陈述式不是一种语气（mode）。在言语行为理论的传统中，术语“断言”（assertion）最接近传统的“陈述式”概念。

陈述小句通常是标准的、无标记的小句类型。如果言语行为类型具有专门标记，那么陈述式通常是由零形标记表达的。藏语是这一概括的一个例外。在藏语中，陈述小句和疑问小句都有一个专门的标记（以下用例蒙 Scott DeLancey 惠予）：

（82） yoqöö　mɔɔmɔɔ　sɛɛ-pə-*ree*　　陈述式
servant　dumplings　eat-PAST-DECL
仆人　汤团　吃－过去－陈述
“The servant ate dumplings.”
“那个仆人吃了汤团。”

（83） yoqöö　mɔɔmɔɔ　sɛɛ-pi-*ree*　　陈述式
servant　dumplings　eat-FUT-DECL
仆人　汤团　吃－将来－陈述
“The servant will eat dumplings.”
“那个仆人将要吃汤团。”

（84） yoqöö　mɔɔmɔɔ　sɛɛ-pə-*repɛɛ*　疑问式 I
servant　dumplings　eat-PAST-QP
仆人　汤团　吃－过去－疑问小词
“Did the servant eat dumplings?”
“那个仆人吃了汤团吗？”

295 （85） yoqöö　qhare　sɛɛ-pə-rɛɛ ?　疑问式 II
servant　what　eat-PAST-INTER
仆人　什么　吃－过去－疑问
“What did the servant eat?”
“那个仆人吃了什么？”

由于陈述式小句通常是标记最少的小句类型，本节剩下的部分将探讨各种非陈述性言语行为以及语言中已知的用以表达它们的方法。

10.3.1　疑问句

语言总是具有一些语法化手段，用以指明某一特定语句要被理解为对信息的求取而非一个断言。这类语法结构我们将称作**疑问**（interrogative）小句。传统英语语法中，术语“疑问式”同陈述式、祈使式一起被描述为一种“语气”（mode）。

在疑问小句这个类别中，语言通常区分两个子类：一个子类是被求取的信息是一个简单的肯定或否定（“是”或“否”），另一子类是被求取的信息是一个更为详细的语句（locution）——一个短语、一个命题或整个话语。如下两小节中将讨论疑问小句的这两种普遍类型。

10.3.1.1　是非问句

我们将使用**是非问句**（yes/no question）这一术语来指称其所预期的回答为“是”或“否”的疑问小句。如下各段讨论各语言中已知的构成是非问句的方式。任何一种特定的语言都可以采用这些手段的一种或多种。

语调（intonation）。是非问句通常都涉及不同的语调模式。是非问句中使用的语调模式通常是升调，如英语的是非问句；但有时是降调，如俄语的是非问句。疑问语调可以是标示该小句为疑问句的唯一标记，也可以与下文所列其他手段中的任意一种一起使用。

语序（word order）。很多语言，尤其是 VO 型语言，在是非问句中采用特别的语序。通常，这种特别的语序包括主语与动词次序的“倒置”（inversion）或“颠倒”（reversal）。这在南岛语系和欧洲语言中极为常见。例如：

马来语 296

（86） 断言（assertion）

bapak	datangkah	nanti
father	come:FUT	later
父亲	来：将来	后来

"Father will come later."
"父亲一会儿会来。"

（87） 疑问（question）

Datangkah	bapak	nanti
come:FUT	father	later
来：将来	父亲	后来

"Will Father come later?"
"父亲一会儿会来吗？"

英语是非问句使用一种有点异常的倒置系统。不是颠倒主语与主要动词的次序，英语颠倒的是主语和助动词的次序（88a 和 b）。假如相应的断言不含助动词，则需插入"假位"助动词 *do*（88c）：

（88） a. Will he arrive on time?
"他会准时到达吗？"
b. Can they bite corn nuts?
"他们能吃玉米粒吗？"
c. Do you want to subsume these clause types?
"你想对这些小句类型进行归类吗？"

在美式英语中，简单的主语 – 动词倒置出现在名词谓语句、存在句和处所小句（89a，b 和 c）中；而在英式英语中，该形式扩展到领属结构（89d）：

（89） a. Is he a ringmaster? "他是马戏演出指挥吗？"
b. Are there cats under your flowerpots? "你那些花盆里有猫吗？"
c. Were you in the butterscotch pudding? "你在奶油布丁里吗？"
d. Have you a match?（chiefly British）"你有比赛吗？"（主要在英式英语里）

疑问小词（interrogatives particle）。除了语调，最常见的构成是非问句的手段是疑问小词。该手段在 OV 语言中最为常见，但也确实出现在 VO 语言中。疑问小词（QP）可以附着于该小句的第一个成分（在其前或其后），或者小句末尾。疑问小词常常可以省略，只剩下语调和交际情境的语用现象（pragmatics of situation）将该小句区别为一个疑问句：

他加禄语（Tagalog）

（90）断言

mabait si Pilar.

"Pilar is kind." "皮勒很和蔼。"

297 （91）疑问式

mabait（*ba*）si Pilar?

"Is Pilar kind?" "皮勒很和蔼吗？"

拉丁语

（92）

erat-*ne*	te-cum
he:was-QP	you-with
他：是－疑问小词	你－跟

"Was he with you?"

"他跟你在一起吗？"

萨巴特克语（Zapotec）

（93）

（*nee*）	nuu	bisoze-lu
QP	is	father-your
疑问小词	是	父亲－你的

"Is your father there?"

"你父亲在那儿吗？"

亚瓜语（Yagua）

（94）

Jidyeetu-*víy*	júnaa-chara?
Your:daughter-QP	cry-HABIT
你的：女儿－疑问小词	哭－惯常

"Does your daughter cry?"

"你女儿哭吗？"

（95）

Sa-ya-*víy*	Quityo-mú-jų?
3SG-go-QP	Iquitos-LOC-DIR
3单－去－疑问小词	伊基托斯－处所－方向

"Did he go to Iquitos?"

"他去了伊基托斯吗？"

汉语普通话

（96）他喜欢吃苹果吗？

瓦波语（Wappo）

（97） eephi　mansana　paʔukh　hak'sheʔ　*heʔ*
3SG　apple　eat　like　QP
3单　苹果　吃　喜欢　疑问小词
"Does he like to eat apples?"
"他喜欢吃苹果吗？"

在加拿大英语以及英语的其他一些变体中，疑问小词是主语－助动词倒置的交替形式：

（98） You want to feed my sled dogs, eh? "你想喂我的雪橇狗，嗯？"

附加问句。**附加问句**（tag questions）是由一个陈述小句加上一个要求对该陈述小句进行确认（confirmation）或不确认（disconfirmation）的"尾句"（tag）组成的是非问句。通常，附加问句是一种次要的是非问手段。也就是说，在使用附加问句的语言里，总是有某种另外的、语法化程度更高的是非问手段。不过，附加问句中的尾句往往是疑问小词的历史来源（参见上文）。英语口语在特定的语用情境中使用附加问句。298
例如：

（99） 英语
She's leaving, isn't she? "她要离开了，是吗？"
She's leaving, right? "她要离开了，对吗？"

这些疑问句似乎隐含说话者期待一个肯定的回答。基本的是非问策略则不具有这样的语用期待（pragmatic expectation）。下面补充一些附加问句的例子：

（100） 俄语
tï　jevo　slušil,　*pravda*?
you　him　heard　true
你　他　听见　对
"You heard him, didn't you?" "你听见他了，对吗？"

（101） 拉马尼语（Lamani）
u　jan-wa　cha,　*koni*　*ka*?
he　goes-he　PRES　NEG　QP
他　去－他　现在　否定　疑问小词
"He's going, isn't he?" "他要走了，是吗？"

附加问句有时是一个并列选择小句（conjointed alternative clause）的减缩形式：

（102） 汉语普通话

a. 你们是九点钟开门的，对不对？

b. 我们去吃水果，好不好？

功能（function）。以上我们讨论了语言构成是非问句的各种不同的方式。在大多数语言里，是非问句的形态句法以几种不同方式用于话语。本小节剩下的部分我们将简要考察一下是非问句已知的一些功能表达方式。因为这些功能表达方式中很多在英语中至少可以少量出现，我们将主要以英语为例说明这些功能。但须牢记，其中一些功能在英语中只是少量出现（如强化），但在其他语言中则是使用更充分的（well installed）
299 的话语手段。而且，是非问结构可能还有其他尚未证实的创造性的用法。

1 求取信息（*solicit informaion*）。这是是非问的基本用法：

（103） “Is it time for class?” “上课时间到了吗？”

2 请求行为（*request action*）。这与求取信息截然不同：

（104） “Could you close the window?” “你能关上窗户吗？”

西班牙语可以显示用法 1 和用法 2 之间的差别，该语言有两种不同的词汇动词来描述这两种意义的“发问”（asking）：

（105） preguntar “求取信息”

pedir “请求某物或某种行为”

（106） Me preguntó qué hora fue. “他问我几点了。”

* Me pidió qué hora fue.

（107） Me pidió un Bolívar. “他请求我给一个玻利瓦尔山。”

*Me preguntó un Bolívar

（108） Me pidió escribir una carta. “他请求我写一封信。”

*Me preguntó escribir una carta

3 为了某种修辞效果。修辞性问句（rhetorical question）不期待回答：

（109）“Are you always so messy?”　　“难道你总是这么乱糟糟的？”

4　对说话者已获取的信息加以证实：

（110）“You’re going, aren’t you?”　　“你要出发了，是吗？”
“Aren’t you going?”　　“你不是要出发了吗？”

5　强化（*intensification*）：

（111）“Did he ever yell!”　　“他真的喊叫了！”

尽管例（111）所举的小句类型通常并没有疑问语调，但它确实体现了是非问句普遍具有的主语－助动词倒置现象。

10.3.1.2　疑问词（信息，内容）问句

期待更详细的回答而不是简单的肯定／否定的问句称为**疑问词问句**（question-word question）、**内容问句**（content question）、**信息问句**（information question）或 **wh- 疑问句**（wh-question）。最后一个术语反映了书面语英语里疑问词几乎都包含一个 *w* 和一个 *h* 这一事实。虽然这一帮助记忆的手法可能对操英语者有帮助，但本书中我们不打算用这一术语。作为替代，我们将采用术语“疑问词问句”。

所有的语言都有一套用于疑问词问句的专门词语。这些词通常与用于该语言 300
别处的一套代词——如关系代词或用于指称非特指（non-specific）、不可识别（non-identified）的实体的代词——相似或相同。例如，英语中的疑问词系列实际上等同于关系代词系列（参见表 10.1）。

表 10.1　英语的疑问词

疑问词	关系代词	意义
who	who	人类，主语
whom	whom	人类，非主语
what	—	非人类
where	where	处所
why	why	原因
how	—	方式
when	when	时间
which	which	通指

在英语的一些方言中，有可能将 *what* 和 *how* 用作关系代词，如：*the house what I saw*（“我所看见的这座房子”），*the way how you did it*（“你做这件事的方式”）。但在

“标准”英语中，通指的标补词（generic complementizer）*that* 在这类情境中更为典型。

疑问词通常与不定代词（indefinite pronoun）相似：

（112） 塔芒语（Tamang）

khaima　khaima　klang-pa
when　when　play-INDEF
何时　何时　玩 - 不定
“Sometimes he plays.” “他有时玩。”

疑问词实现两项任务：（1）将小句标记为一个疑问句；（2）标示所索求的信息是什么。例如，113b–f 是在 113a 的陈述小句基础上构成的英语疑问句：

（113） a. Zebedee threw stones at the herring. “西庇太朝着青鱼掷石头。”
b. Who threw stones at the herring? “谁朝着青鱼掷石头？”
c. What did Zeb throw 0 at the herring? “西庇太朝着青鱼掷了什么？”
d. What did Zeb throw stones at 0? “西庇太朝着什么掷石头？”
301 e. What did Zeb do to the herring? “西庇太朝着青鱼做了什么？”
f. Why did Zeb throw stones at the herring? “西庇太为什么朝着青鱼掷石头？”

特殊疑问词在小句首的出现将该小句标记为一个疑问句。所选的实际的疑问词，加上小句中某处的一个“缺位”（gap）（在例 113c 和 d 中由一个零标示）或代动词（pro-verb）*do*（113e），指明了说话者要求受话者填入什么样的信息。

在 VO 语言如英语中，疑问词通常出现于小句之首。这一事实在格林伯格（Greenberg 1966）的“共性”第 11 和 12 条中已有讨论。下面这些例子来自非印欧语，其中疑问词居于小句之首：

（114） 萨巴特克语（Zapotec）（属于墨西哥境内的萨巴特克语群）

a. *tu*　biiya-lu
who　saw-you
谁　看见了 - 你
“Whom did you see?” “你看见谁了？”
b. *zhi* bi'ni-lu?　“What did you do?” “你做了什么？”
c. *tu* najii Betu?　“Who loves Betu?” “谁爱百图？”

有时疑问词留在原先的“正常”位置（留在原位）而不是移至前面。这在日语和藏语这类 OV 语言中尤为常见：

（115） 日语（Maynard 1987）

Zentai　　*doko*　　itteta　　da?

in:the:world　　where　　have:been　　COP

在：定冠：世界　　哪儿　　有：是　　系词

“Where in the world have you been?” “你到底去哪儿了？”

（116） 藏语

yoqöö　　*qhare*　　sɛɛ-pə-rɛɛ？

servant　　what　　eat-PAST-INTER

仆人　　什么　　吃－过去－疑问

“What did the servant eat?” “那个仆人吃了什么？”

但在大多 OV 语言中，疑问词既可以留在原处也可以移至前头：

瓦波语（Wappo）

（117） a. *may*　　ce　　chici　　hak’she?

who　　that　　bear　　like

谁　　那个　　熊　　喜欢

“Whom does that bear like?” “那只熊喜欢谁？”

b. ce chici *may* hak’she?　　302

“Whom does that bear like?” “那只熊喜欢谁？”

（118） a. *ita*　　miʔ　　yok’-okh　　hak’she?

where　　you　　sit-INF　　like

哪儿　　你　　坐下－不定式　　喜欢

“Where would you like to sit?”

“你喜欢坐在哪儿？”

b. miʔ　　yok’-okh　　hak’she　　*ita*?

you　　sit-INF　　like　　where

你　　坐下－不定式　　喜欢　　哪儿

“Where would you like to sit?”

“你喜欢坐在哪儿？”

某些 VO 语言准许或要求疑问词留在原位：

（119） 汉语普通话

a. 谁看你？

b. 你看谁？

c. 他到哪里去？

下面是一些巴布亚新几内亚的曼加布昂语（Mangga Buang）中的例子（蒙 Joan Healey 惠例）：

（120） a. 宾语

ataak	vu	*vaati*	vu	hong?
mother	gave	what	to	you
妈妈	给了	什么	给	你

“What did mother give you?”“妈妈给了你什么？”

b. 与格

ataak	vu	vaahes	ti	vu	*lati*?
mother	gave	string:bag	one	to	who
妈妈	给了	线：袋子	一个	给	谁

“Who did mother give a string bag to?”“妈妈给了一个线袋子给谁了？”

c. 处所

ga-la	*tana*	vasêên?
you-went	where	yesterday
你－去了	哪儿	昨天

“Where did you go yesterday?”“你昨天上哪儿了？”

东非的很多 VO 语言都要求疑问词留在原位。

303 疑问词通常可以带格标记和 / 或附置词。当一个处于旁语角色的疑问词被前置（有时是**被提取**）时，附置词可以仍与“缺位”一起居原位，或者也可以随疑问词一起前移：

（121） a. *What* did you eat with 0?“你吃东西用什么？”

b. *With what* did you eat 0?“你用什么吃东西？”

随迁（pied-piping）是用于（121b）所示现象的一个非正式的术语。

10.3.3 祈使式

祈使式（imperative）是用来直接命令受话者实施某一行为的动词形式或构式类型，如：*Eat this!*（“把这个吃了！”）祈使式通常被理解为指向第二人称主语。因为祈使小句中意指的主语（intended subject）通常是而且可以预期是受话人，对主语的指称不是必需的，所以主语常被省略。祈使式允许的时 / 体 / 情态（TAM）对比通常少于其他构式类型。这是因为命令某人实施带有某种时 / 体 / 情态操作的行为，这在语用上是不可能的，如：**Ate this!*（“把这个已经吃了！”），**Be having a baby!*（“正在怀孕！”），等等。下列几段我们将讨论并举例说明祈使构式的某些形式特征。

祈使式有时具有特殊的动词形式。在格陵兰印努皮耶特语（Greenlandic Iñupiat）中，陈述小句和祈使小句的区别是由动词后缀 *-v* 和 *-gi* 之间的形态差别来标示的：

（122）格陵兰语（Greenlandic）

a. iga-*v*-o-t
cook-DECL-INTRNS-2
做饭－陈述－不及物－2
"You are cooking（something）." "你正在做饭。"

b. iga-*gi* -t
cook-IMP-2
做饭－祈使－2
"Cook（something）!" "做饭！"

祈使式有时具有特殊的否定。在格陵兰语中，否定操作符（negative operator）*-na* 用于祈使式（123a）和依附（dependent）小句（123b）：

（123）a. Attor-*na*-gu 304
disturb-NEG-IMP:3SG
干扰－否定－祈使：3 单
"Do not disturb this." "别干扰这个。"

b. Attor-*na*-gu　　iser-p-o-q
disturb-NEG-INF:3SG　　enter-DECL-INTRNS-3SG
干扰－否定－不定式：3 单　　进入－陈述－不及物－3 单
"Without disturbing him, he came in." "没有干扰他，他进来了。"

这个 *-na* 有别于独立小句中所用的否定标记。也请注意，第三人称单数非定式动词后缀 *-gu* 与祈使标记相同，但仅限于宾语是一个可识别的第三人称论元时才这样。

祈使式通常与其他非现实情态相关联（参见 9.3.3 节）。例如，在现代以色列希伯来语（modern Israeli Hebrew）中有一个特殊的用于祈使式的动词形式（例 124a）。但将来时态也可以理解为一个祈使式（例 124b）。构成否定祈使式的唯一方式是使用动词的将来时形式加一个特殊的否定小词：

（124）现代以色列希伯来语

a. Shev
sit（IMP）
坐下（祈使）
"Sit down!" "坐下！"

b. Teshev
sit（2SG.FUT.INDIC）
坐下（2 单 . 将来 . 直陈）
“Sit down!” or “You will sit down.” “坐下！” 或 “你将要坐下。”

c. Hu lo’ yoshev
he NEG sit（MASC.SG.PRES.INDIC）
他 否定 坐下（阳 . 单 . 现在 . 直陈）
“He is not sitting.” “他不坐下。”

d. *Lo’ shev

e. Lo’ teshev
NEG sit（2SG.FUT.INDIC）
否定 坐下（2 单 . 将来 . 直陈）
“You will not sit down.” “你将不会坐下。”

f. ’Al teshev
NEG sit（2SG.FUT.INDIC）
否定 坐下（2 单 . 将来 . 直陈）
“Do not sit down!” “别坐下！”

在亚瓜语中，祈使句和将来时完全相同：

305 （125） a. Y- ą-maasa
2SG-IRR-sit
2 单 – 非现实 – 坐下
“Sit down” or “You will sit down.” “坐下！” 或 “你将要坐下。”

b. Vuryą - ą-murray
1PL-IRR-sing
1 复 – 非现实 – 唱歌
“Let’s sing” or “We will sing.” “我们唱歌吧！” 或 “我们将要唱歌。”

有时祈使句会影响格标记。例如，在芬兰语中论元 P 通常出现在传统所称的“宾格”这一形态格中（126a），但在祈使式中论元 P 出现在“主格”中（126b）：

（126） a. Maija soi kala-*n*
Maija:NOM ate fish-ACC
麦加：主格 吃了 鱼 – 宾格
“Maija ate fish.” “麦加吃了鱼。”

b. Syö kala
eat fish:NOM
吃 鱼：主格
“Eat fish!” “吃鱼！”

最后，在某些语言里存在不同类型的祈使句。例如，在帕纳雷语（Panare）中，不同类型的祈使句由是否涉及位移来辨别。后缀 *-kë* 标示普通的祈使句（127a），而后缀 *-ta'* 则表达涉及位移的祈使句（127b）：

（127） a. akuíjkë
a-kupi-*kë*
NEU-bathe-IMPER
中性－洗澡－祈使
"Bathe yourself!" "给你自己洗个澡！"
b. y-o'kooma-*ta'*
TRNS-lift-IMP:MVMT
及物－升起－祈使：位移
"Go lift it!" "去把它举起来！"

思考题

是非问句是如何构成的?

信息问句（information questions）是如何构成的?

祈使句是如何构成的?

有没有跟比较直接的祈使句相对的"礼貌"祈使句?

有没有"第一人称"祈使句（如 *Let's eat* "我们吃东西吧"）？若有，它们是如何使用的?

306 第十一章 小句连接

在前面几章，我们讨论了动词和名词改变形式来体现其所表达概念的语义力量的几种手段。此外，每种语言还具有不同的方式将基本词汇项（如动词）组合成更为复杂的表达式。本章将讨论涉及动词组合的几种结构类型。

本章所描述的绝大多数的多动（multi-verb）结构均牵涉至少两个小句：一个**独立**（independent）小句和一个或多个**依附**（dependent）小句。独立小句是指具有完全的屈折变化且可以在话语中独立使用的小句（参阅 2.2 节关于屈折形态的讨论）。依附小句是指至少其部分屈折信息依赖于其他小句的小句。例如，在下面的结构中，小句（1b）依赖于小句（1a），因为小句（b）的主语和时态只能凭借小句（a）的主语和时态才能得到理解：）

（1）（a）He came in,（b）locking the door behind him.
“（a）他进来了,（b）锁上了他后面的门。”

（b）句并非能独立用于话语、完全屈折的小句。有时完全屈折的动词被称为定式（finite）动词，依附动词被称为非定式（non-finite）动词。不过，这种区别应被视为一个连续统，因为某些动词在一个方面是依附的，但在另一方面则可能是独立的。因而我们可以说某个动词比另一个动词具有更多定式性或更少定式性。

本章依次讨论以下六种普遍的多动结构类型：（1）连动式（serial verbs），（2）补足语小句（complement clauses），（3）状语小句，（4）小句链（clause chains），（5）关
307 系小句和（6）并列式（coordination）。这些结构类型的排序方式是，越靠前的结构式表示两个动词之间的语法融合（grammatical integration）越紧密，越靠后的结构式表示两个动词间的语法融合越松散。这种排列也可以从连续统角度采取另外一种描述方式，即在这个连续统中，一端是个单一小句（single clause），另一端是两个语法上截然不同的小句。一种特定的语言可能会拥有处于连续统两极之间的一种或多种结构。这里我们将主要讨论六种常见的多动结构。

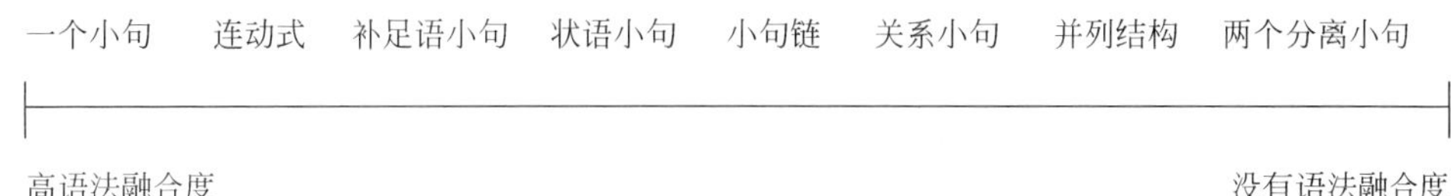

11.1 连动式

连动式包含两个或更多的动词词根，它们既非复合关系（参阅 9.2 节），也非单独（separate）小句的成员。连动式几乎见于所有类型的语言，但可能在那些缺少甚至没有动词形态的语言（孤立语，参阅 2.1 节）里出现得更为普遍。英语在以下结构中偶尔会使用连动式：

（2） Run go get me a newspaper. “跑去给我拿份报纸。”

在很多其他语言里，连动式是一个更为普遍的语法特征。一般说来，连动式中的动词会表达一个复杂事件的不同侧面。比如英语动词 *bring*（“拿来”）表达的概念至少可以分为两个组成部分，拾起或拿起某物以及将其转移至指示中心（deictic center）。在很多语言里，包括在约鲁巴语（一种主要用于尼日利亚的克瓦语）里，这个复杂概念都是由类似（3a）这样的连动式表达的：

（3） 约鲁巴语（Bamgbose 1974）

a. mo *mú* ìwé *wá* ilé
I take book come house
我 拿 书 回来 屋子
“I brought a book home.”
“我带了一本书回家。”

b. mo *mú* ìwé; mo sì *wá* ilé 308
I take book I and come house.
我 拿 书 我 和 回来 屋子
“I took a book and come home.”
“我拿了一本书并回家。”

（3b）例示的是两个并列小句，它们使用的是跟（3a）所示的连动式一样的两个动词词根。判定（3a）为连动式的形式因素（formal factor）有如下诸端：

1 第二个动词的主语没有独立的标记形式。
2 第二个动词没有独立的时 / 体标志。

3 语调显示的是一个单句的语调特征。

以下的例子表明，在约鲁巴语连动式里，时 / 体 / 情态信息都是由第一个动词携带的：

（4）

mò	*n*	mú	ìwé	*bɔ*	(*wá)
I	PROG	take	book	come:PROG	come:PERF
我	进行	拿	书	回来：进行	回来：完整

"I am bringing a book."
"我正带来一本书。"

例（4）中，表达进行体的助动词出现在第一个动词之前，而这个助动词并没有在第二个动词前重复出现。不过，意为"来"的动词形式上必须与进行体 *bɔ* 而非完整体 *wá* 保持一致。

例（5a）显示否定小词与第一个动词有关联，但否定辖域却是整个小句（参看 10.2 节对否定辖域的论述）。例（5b）显示否定小词不能与第二个动词发生联系：

（5）a.

èmi	*kò*	mú	ìwé	wá
I.NEG	not	take	book	come
我 . 否定	不	拿	书	回来

"I did not bring a book."
"我没有带来一本书。"

b. *èmi mú ìwé *kò* wá.

与这些连动式相反，在并列结构里每个小句都有自己的时、体和情态。

典型连动式的另一个有趣的形式特征是，当第二个动词成分因语用目的而发生分裂（clefted）时，它就会移至整个连动式的前面（参阅 10.1.3 节关于分裂式的讨论）。例（6a）显示的是，同样的约鲁巴语小句带有被分裂成分"to the house"（"到这间屋子"）；例（6b）则显示，当该结构包含两个独立小句时类似的前置现象则无由发生：

309 （6）a.

ilé	*ni*	mo	mú	ìwé	wá
house	is	I	take	book	come
屋子	是	我	拿	书	回来

"It was to the house that I bought a book."
"我带来一本书的是这间屋子。"

b. *ilé ni mo mú ìwé mo sì wá
I and come[1]
我 和 回来

某些连动式不太典型，因为两个动词都可以携带屈折信息。例如在阿坎语（Akan）里，连动式中的两个动词必须具有同样的主语，但主语冗余地在两个动词之上被加以指明：

（7）阿坎语（Schachter 1974）

mede	aburow	migu	msum
I:take	corn	I:flow	water:in
我：拿	玉米	我：流动	水：里

"I pour corn into the water."
"我把玉米倒进水里。"

苏皮雷语（Sùpyìré）和米扬加语（Minyanka）是非洲西部马里（Mali）境内两个有亲缘关系的塞努福语（Senufo）。苏皮雷语中，连动式的两个动词都可能包含一个主语的指称形式，如（8）；而在米扬加语中，第二个小句的主语指称形式被省略，如（9）（本节所有苏皮雷语的例句均由 Bob Carlson 惠予；米扬加语的例句则由 Dan Brubaker 惠予）：

（8）苏皮雷语

pi-a	yì	yàha	*pí-á*	kàrè	fó	Bàmàko	e.
they-PERF	them	leave	they:SUB-PERF	go	till	Bamako	to
他们－完整	他们	离开	他们：主语－完整	去	直到	巴马科	到

"They let them go to Bamako."
"他们让他们去巴马科。"

（9）米扬加语

pá	yì	yáhá	kárì	fó	Bàmàkò	nì.
they:ASP	them	leave	go	till	Bamako	to
他们：体	他们	离开	去	直到	巴马科	到

[1] 原著此处"I"难以理解，很可能是位置放错了，似应放到第二个 mo 下，全句可注解为：

b. *ilé	*ni*	mo	mú	ìwé	mo	sì	wá
house	is	I	take	book	I	and	come
屋子	是	我	拿	书	我	和	来

——译者注

“They sent them to Bamako.”（lit：“let them go”）
“他们派他们去巴马科。”（字面义：“让他们去”）

有人可能会说，米扬加语连动式在从完全独立小句到复合动词的历时演变路径上“走得更远”。

在拉祜语（Lahu）里，连动式和小句链（参看 11.4 节）的不同是，在小句链中，非终结动词（non-final verb）可以带一个特定的小词 -*lɛ*。该小词不能出现在终结动词（final verb）上：

（10） 拉祜语（Matisoff 1973）

lâ	pɔʔ（-*lɛ*）	chèʔ（-*lɛ*）	câ（*-*lɛ*）	pə...
tiger	jump（-NF）	bite（-NF）	eat（*-NF）	finish...
老虎	跳（-非定式）	咬（-非定式）	吃（*-非定式）	完成

“The tiger jumped（on them）, bit into（them）, and ate（them）up...”
“那只老虎跳（上它们），咬进（它们），然后吃完（它们）。”

310 另一方面，在连动式里，没有任何动词可以带非终结小词（non-final particle）：

（11）

šúqhu	nîqhu	kə	lɔ̀ʔ	chï ve
pipes	three	put:into	be:enough	roll?
管子	三	放：进	是：足够	卷

“He rolls enough to put into three pipes.”
“他卷好后足以放下三根管子。”

作为一个整体的连动式，其实际意义如果脱离了具体的语境，则常常具有歧义。请看以下由 Foley 和 Olson（1985）提供的来自泰语（Thai）的例子：

（12）

John	khàp	rót	chon	khwaay	taay
John	drive	car	collide	buffalo	die
约翰	驾驶	汽车	碰撞	水牛	死

a. John drove the car into a buffalo and it（*buffalo*）died.
“约翰开车撞上一头水牛，然后它（水牛）死了。”
b. John drove the car into a buffalo and it（*car*）stalled.
“约翰开车撞上一头水牛，然后它（车）毁了。”
c. John drove the car into a buffalo and he（*John*）died.
“约翰开车撞上一头水牛，然后他（约翰）死了。”

脱离了语境后，该小句有如上所示的三种歧义。在话语中，只有情境的语用功能可以消除歧义。

语义上，相比在独立小句里，同样的动词在连动式里常表达一些不同的意思。但是，如果语义变化太大，连动式里的一个动词极有可能已被重新分析为助动词了。事实上，连动式是助动词的一个主要历时来源。在拉祜语里，某些动词对（verb pairs）脱离语境后就会造成歧义：它们既可识解为一个内部平等的连动系列，也可分析为一个助动词加上一个主要动词。只有语义可以揭示它们间的所有区别：

（13）lɔ̀　chê　a. beg to be there（verb series）"恳求在那儿"（动词系列）
beg　be:there　b. is begging（verb + auxiliary）"在恳求"（动词 + 助动词）
乞讨　是：那儿

（14）ga　kì　a. is busy getting（verb series）"忙着得到"（动词系列）
get　be:busy　b. must be busy（auxiliary + verb）"肯定忙"（助动词 + 动词）
得到　是：忙

（15）ta　ša　a. easy to begin（verb series）"容易开始"（动词系列）
begin　be:easy　b. begin to be easy（auxiliary + verb）"开始容易"（助动词 + 动词）
开始　是：容易

在很多语言里，连续动词（serial verbs）承载了体（aspectual）意义。这样一来，在那些具有典型的助动词语法范畴的语言里，这些连续动词具有助动词的功能。但在语法上，它们还是应该被看作连续动词，也就是说，每个动词都还有平等的语法地位，没有哪个动词明显在语法上依附于另一个。请看皮钦语（Tok Pisin）的例子（Givón 311
1987）：

（16）"结束"表完结体
...em　wokim　paya　pinis...
she　make　fire　finish
她　使产生　火　结束
"She got the fire started."
"她生了火。"

（17）"是"表延续体
...em　brukim　i-stap
he　break　PRED-be
他　破坏　述谓 – 是
"He keeps breaking（it）."
"他一直在破坏（它）。"

再看苏皮雷语的例子：

（18）“来”表始动（inchoative）

...fó　kà　pi-í　m-*pá*　lyɛ

till　and　they-SEQ　CN-come　be.old

直到　和　他们－顺序　连接－来　是.老

“...till they become old.”

“直到他们开始变老。”

（19）“做”表分配

u-a　cì　cyán-á　*mà*　hà

she-PERF　them　drop-NF　do　DIST

她－完整　它们　扔下－非定式　做　远指

“She dropped them all over the place.”

“她将它们四散扔下。”

这些苏皮雷语结构并非典型的连续动词，因为其中一个动词带有表先后顺序或非定式的语法标记，也就是说，两个动词在语法上具有某种不对称性。然而，这种动词对（pairs）更像连续动词（serial verbs），而不太像助动词，原因在于：（a）助动词是一个小的封闭的成分类，它们的分布不同于例（18）（19）的非定式动词，（b）非定式或顺序标记常出现在更为显明的连续动词结构里，即那些语义尚未发生变化的连动结构（如上例 8）。

运动动词（verbs of motion）在连动式里非常有用。它们常用来表达时、体和情态意义（values）。因此，它们很容易演化为助动词。例如，“去”义动词演变为将来时标记是很常见的，这种情况就发生在英语（*he's going to get mad*“他要变疯了”）、西班牙语和其他很多语言里。在某些语言里，如苏皮雷语，导致动词“去”这种用法出现的结构类型正是连动式：

312　（20）Zànhe　sí　dùfugé　kɛ̀ɛ̀gɛ̀.

rain　go　maize.DEF　spoil

雨水　去　玉蜀黍.有定　破坏

“The rain will spoil the maize.”

“这场雨水将要破坏这个玉蜀黍。”

在藏语里，类连动式（serial-like construction）中的运动动词为其他动词所描述的行为提供方向定位（directional orientation）：

（21）藏语（DeLancey 1990）

q^{h}ó　p^{h}oo　（cɛɛ）　čĩ　pəréè

he:ABS　escape　NF　went　PERF.DISJUNCT

他：通格　逃跑　非定式　去　完整.析取

"He escaped away."
"他跑开了。"

连续动词也可能会演变为附置词（adposition）。例如，在约鲁巴语（Yoruba）里，标示接受者（recipient）的前置词明显跟"给"义动词相关：

（22）约鲁巴语（Stahlke 1970）
mo sɔ *fún* ɔ...
I say give you
我 说 给 你
"I said to you."
"我说给你（听）。"

在埃菲克语（Efik）里，"给"义动词变成受益格（benefactive）前置词：

（23）埃菲克语（Welmers 1973）
nám útom ɛ̀mì *nɔ̀ɔ* mì.
do work this give me
做 工作 这个 给 我
"Do this work for me!"
"给我做这项工作！"

在苏皮雷语以及其他一些语言中，"使用"义动词演变成工具角色的标记。在苏皮雷语中，它变为后置词：

（24）U-a lì *tàha-a* ɲùŋke pwɔ̀.
she-PERF it use-NF head.DEF tie
她－完整 它 用－非定式 头.有定 扎
"She tied her hair with it."
"她用它扎了头发。"

思考题

这种语言是否存在连动式（或东亚传统所说的"动介词"，co-verbs）？

哪些动词最容易出现在连动式中？

是否有些动词进入连动式后就逐渐失去其语义内容，变得更像助动词、附置词或时/体/情态标记？

313 11.2 补足语小句

典型的**补足语小句**（complement clause）是指充任其他小句论元（主语或宾语）的小句（Noonan 1985）。**主句**（main clause）或**母句**（matrix clause）是指有其他小句（补足语小句）充任其一个核心论元的小句。不过，文献中被称为“补足语”的小句，范围甚广。有时候，补足语小句被认为是**嵌套**（embedded）于另一小句之内的任何小句（Foley 和 Van Valin 1984）。

本章讨论的补足语小句可以是主句的主语，也可以是主句的宾语。例如：

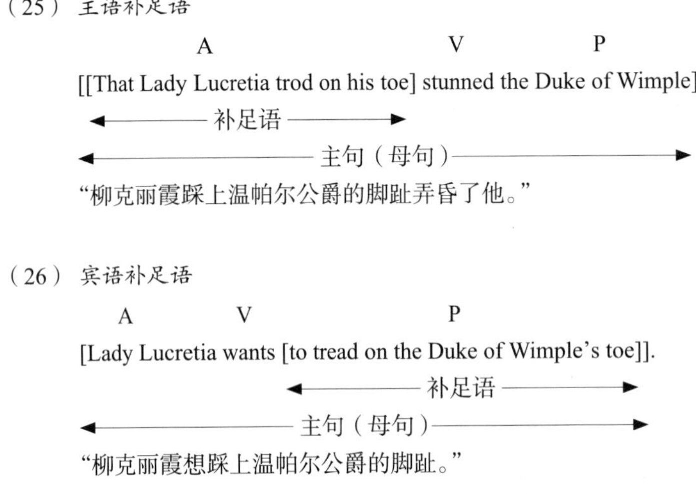

（25） 主语补足语
A V P
[[That Lady Lucretia trod on his toe] stunned the Duke of Wimple].
补足语
主句（母句）
“柳克丽霞踩上温帕尔公爵的脚趾弄昏了他。”
（26） 宾语补足语
A V P
[Lady Lucretia wants [to tread on the Duke of Wimple’s toe]].
补足语
主句（母句）
“柳克丽霞想踩上温帕尔公爵的脚趾。”

英语里，我们常把主语补足语置于动词的后面，并用中性代词 *it* 替代主语，这就是所谓的主语补足语**后置**（postposing）：

（27） It stunned the Duke of Wimple that Lady Lucretia trod on his toe.
“柳克丽霞女士踩在温帕尔公爵的脚趾上弄昏了他。”

一个小句既可以是补足语，又可以是母句，也就是说，它可能是一个小句的论元，但同时又有第三个小句充任它自己的核心论元。例如：

（28） [Lucretia wants [to believe [that that oaf is the Duke of Wimple]]]

← *believe* 的补足语 →

← *want* 的补足语 →

that oaf is... 的母句

← 主句 →

“柳克丽霞想相信那个呆子是温帕尔公爵。”

补足语小句可被描述为居于一个连续统的某个位置，这个连续统由其两极来界定。如下图所示：

"非定式补足语"　　　　　　　　　　"定式补足语" 314

我们将把这个连续统称为"复杂性连续统"。[①] 它将引导我们在下文介绍各类补足语。就像我们从前面使成式的讨论（参阅 8.1.1 节）中所看到的，补足语和主要动词之间的结构整合度越紧密，它们所表达的概念间的整合度也就可能越紧密。

典型的**定式补足语**（finite complement）类似于一个独立小句，具有如下特征：

1 它们带有自己的时、体标记。
2 它们直接表达自己的主语，其主语的指称不一定跟母句的主语相同。

典型的定式补足语的母句动词是言说动词和认知动词（参阅 Givón 1980）。例如：

（29） 英语定式宾语补足语
a. I know *that it's raining.* "我知道正在下雨。"
b. I emphasized *that she knows Swahili.* "我强调她懂斯瓦希里语。"

（30） 英语定式主语补足语
a. *That it had rained* surprised me. "天下了雨使我惊讶。"
b. It's well know *that she is terribly rude.* "她十分粗野众所周知。"

除了标句词 *that*，（29）（30）里每个强调的补足语小句在英语里都能独立充当一个完整的、可理解的语句。每个小句都独立地标记时态和主语指称。

正如我们所预料的，在 VO 语言里宾语补足语通常位于母句动词后面：

（31） 汉语普通话
我知道那个人吃了三碗饭。

补足语动词的完整体（perfective）标记显示这是一个定式的补足语。

在 OV 语言里，宾语补足语小句倾向于居于母句动词的前面：

（32） 瓦波语（Wappo，Charles Li 和 Sandra Thompson，私下交流） 315

ʔah	ce	*k'ew*	*ew*	*tum-tah*	hatiskhiʔ
1SG	that	man	fish	buy-PAST	know
1单	那个	男人	鱼	买－过去	知道

"I know that man bought fish."
"我知道那个男人买了鱼。"

此外,(32)中的补足语小句也是定式补足语，因为它包含了这个语言中独立小句必需的所有屈折信息。

与定式补足语相比，**非定式补足语**(non-finite complement)与母句结合得更紧密，更依附于母句，更不像是一个独立于母句的单独小句。非定式补足语通常具有以下特点：

1 主语身份受到高度限制。它通常应与母句动词的主语相同。
2 时、体和情态受到高度限制或完全不予指明。补足语动词往往是非定式的。

非定式补足语的例子如下：

(33) 英语非定式主语补足语
a. *To cook a meal like that* requires a lot of patience. "像那样做顿饭需要很大耐心。"
b. It isn't so easy *to do linguistics.* "搞语言学不是那么容易的。"

(34) 英语非定式宾语补足语
a. I enjoy *washing my car.* "我喜欢洗我的车。"
b. She likes *to do linguistics.* "我喜欢搞语言学。"

(35) 汉语普通话非定式宾语补足语
我要念(*了)书。

在汉语普通话里，特定母句动词(如"要")的补足语小句里，动词带有完整体标记是不合语法的。

(36) 瓦波语

ʔah	ce	*k'ew*	*ew*	*tum-unk*	hak'seʔ
1SG	that	man	fish	buy-INF	want
1单	那个	男人	鱼	买-不定式	想

"I want that man to buy fish."
"我想要那个男人买鱼。"

在瓦波语这个小句里，补足语动词并没有带独立的时/体标记，代之而用的策略是，补足语动词带上不定式后缀(infinitive suffix)，从而被标注为非定式动词。

316 **间接问句**(indirect question)是补足语小句的一个次类。英语用 wh- 类标补词来引导间接问句：

（37）英语间接问句－主语补足语

a. *Whether they're here* is not known. “他们是否在这儿还不清楚。”

b. It is a mystery to me *who saw you*. “谁看见了你对我来说还是个谜。”

Whether 对应于是非问句，而 *what*（“什么”），*when*（“什么时候”），*where*（“哪儿”），*who/whom*（“谁”），*how*（“怎么”），*why*（“为什么”）以及 *which*（“哪个”）则对应于特指问句（question-word question）。

（38）英语间接问句－宾语补足语

a. I wonder *whether they're here*. “我想知道他们是否在这儿。”

b. I wonder *who saw you*. “我想知道谁看见了你。”

间接问句与疑问小句或关系小句有可能享有共同的形式特征。例如在约鲁巴语（Yoruba）里，*ti* 是用于关系小句的标补词，*woni* 则是一个疑问词。但在间接疑问句里，是 *ti* 而非 *woni* 用作标补词：

（39）

Tale	mo	okunrin	*ti*	obinrin	na	lu
Tale	know	man	that	woman	the	hit
Tale	知道	男人	标补	女人	定冠	打

“Tale knows which man the woman hit.”

“塔尔知道那个女人打了哪个男人。”

而英语两种方式均可：

（40）a. I know *the year that Mary was born*. “我知道玛丽出生的年份。”

b. I know *which year Mary was born*. “我知道玛丽出生于哪年。”

在例（40a）里，被强调的部分类似一个关系小句。它表达的意思本质上跟（40b）里对应的部分相同，只不过后者的补足语更像一个特指问句。

思考题

该语言有哪些类型的补足语小句？

某些特定类型的带补足语的动词，是否通常具有特定类型的补足语？

该语言是既有主语补足语又有宾语补足语，还是只有宾语补足语？

11.3 状语小句

状语小句（adverbial clause）是充当“状语”功能的小句（Longacre 和 Thompson
317 1985），它们修饰动词短语或整个小句。它们不是小句的论元。状语小句有时被称为附接语（adjunct）（与补足语相对）。这是一个很好的术语，因为“补足语”这个术语含有“完整”（completion）的意思，一个述谓成分只有其所有论元位置被填满（即“完整了”）才会表达一个完整的命题。另一方面，状语是附加于已经完整的命题。状语只是为命题添加一些相关信息。

有时状语小句具有跟补足语相同的形式：

（41） a. He ran *to get help*. （目的）
“他跑走去寻求帮助。”
b. We're sorry *that you feel that way*. （原因）
“我很难过你那样认为。”
c. She went out, *locking the door behind her*. （顺序）
“她出来，锁了身后的门。”

这些例子中的状语小句都具有同英语中特定补足语类型相同的形态句法。但它们不是补足语，因为它们不充当主要动词的逻辑论元。相反，它们只是简单地添加“状语”信息，即分别是目的、原因和顺序。

状语小句表达的信息类别与副词表达的信息一致，如时间、地点、方式、目的、原因、条件，等等。以下各节提供了几种语言里不同类型状语小句的一些选例。这些例句大多引自 Longacre 和 Thompson（1985）：

1 时间：*We'll go when Sandy gets here*“桑迪到这儿时我就走”（又如 *before*“在……之前”，*after*“在……之后”，等等）

（42） 巴莱语（Barai，巴布亚新几内亚）

Bae-*mo*-gana	e	ije	bu-ne	ke.
ripe-PAST:SEQ-DS	people	these	3PL-FOC	take
成熟－过去：顺序－不同主语	人们	这些	3复－焦点	拿

“When it was ripe，these people took it.”
“当它成熟了的时候，这些人就摘取它。”（采用了多个“顺序”标记中的一个）

2 处所：I'll meet you *where the statue used to be*.“我将在那个雕塑过去所在的地方跟你见面。”

（43）土耳其语

Sen　Erol-un　otur-dug-u　*yer*-e　otur.
you　Erol-GEN　sit-OBJ-POSS　place-DAT　sit
你　埃罗尔－属格　坐－宾语－领属　地方－与格　坐
"You sit where Erol was sitting."（要求表示"地方"的词语）
"你坐在埃罗尔正坐着的地方。"

3　方式 318

a. She talks *like she has a cold*; "她像感冒了似地说话。"
b. Carry this *as I told you*. "如我告诉你那样带着这个。"

（44）盖丘亚语（Quechua）

Alista-pan　kuura　ni-*shan-naw*-qa
prepare-BEN3　priest　say-REL-MAN
准备－受益 3　牧师　说－关系－方式
"They prepared it for him like the priest said."
"他们像牧师所说的那样为他准备了它。"

盖丘亚语的方式状语小句除了描述方式的后缀外，还带有关系小句标记。该小句的直译是"...the way that the priest said"（"牧师所说的方式"）。

4　目的：He stood on his tiptoes *in order to see better*. "他踮起脚尖站起来，以便看得更好。"

（45）帕纳雷语（Panare）

T-yen-che'　e'ñapa　tu'ñen　i'ya-ta-*tópe*
IRR-take-GNO　people　medicine　shaman-INCHO-PURP
非现实－拿－格言　人们　药　巫医－始动－目的
"People take medicine in order to become a shaman."
"人们吃药，以便成为一名巫医。"

在帕纳雷语里，屈折后缀 *-tópe* 的主要作用是将一个小句标记为目的状语。

5　原因：He got here early *because he wanted to get a good seat*. "他早早就到了这儿，因为他想占个好座儿。"

绝大多数语言将目的状语和原因状语一同看待，如约鲁巴语：

（46）

Vəru	*gàadà*	dà	shi	səma
go:out:PERF	PURP	IRR	drink	beer
走：出：完整	目的	非现实	喝	啤酒

"He went out to drink beer."
"他出去喝啤酒了。"（目的）

（47）

A-ta	abən	*gàadà*	aci	ngaa
eat-PERF	food	REASON	he	well
吃－完整	食物	原因	他	健康

"He ate because he was well."
"他吃了，因为他很健康。"（原因）

约鲁巴语里，目的小句和原因小句之间形式上的差别仅在于目的小句含有非现实（irrealis）标记 *dà*。

6　环境：He got into the army *by lying about his age*. "他瞒着年龄参了军。"（这类小句类型学上罕见。）

319　　7　同时

（a）*While (we were) eating*, we heard a noise outside the window.
"（我们）正在吃饭时，我们听到了窗外的噪音。"
（b）He woked up *crying*. "他哭着醒过来了。"

（48）亚瓦派语（Yavapai）

Kwawa	'-chkyat-a-k	vak	'-unuu-*t*-m	swach'skyap-ch	vqaov-k	yuny
hair	1-CUT[1]-IRR-SS	here	1-INCOMPL-SIM-DS	scissors-SUB	break-SS	TNS
头发	1-剪-非现实-相同主语	这儿	1-非完结-同时-不同主语	剪刀-主语	断-相同主语	时

"While I was cutting my hair the scissors broke."
"正在我剪着头发时，剪刀断了。"

8　条件句

简单条件句：

[1]　根据本书的标注体例，此处的 CUT 似应为 cut。——译者注

（a） *If it's raining outside*, then my car is getting wet.
“如果外面在下雨，那我的车就要湿。”

（b） *If you step on the brake*, the car slows down.
“如果你踩上刹车，车就慢下来。”

（c） *If you were at the party*, then you know about Sue and Fred.
“如果你参加了聚会，那你就认识休和弗雷德了。”

假设条件小句：*If I (were to see) David*, I would speak Quechua with him.
“要是我（看见）戴维，我会跟他说盖丘亚语。”

违实条件小句：*If you had been at the concert*, you would have seen Ravi Shankar.
“你要是去了音乐会，你就看到申卡尔了。”

让步条件小句：*Even if it rains*, we'll have our picnic.
“即使下雨，我们也会去野餐。”

大多数语言都在让步条件小句中使用一个类似 if 的从属语素，但有些语言使用的语素则跟其他类型条件句中所出现的语素不同：

（49） 汉语普通话
就是他送给我，我都不要。

在北美英语口语里，条件小句的形式常被用来表达非条件概念。这些小句可以非正式地称为“言语行为”条件句，因为它们实施了“许可”这类言内行为（locutionary act）：

“言语行为”
If you're thirsty there's Coke in the refrigerator. “如果你渴了，冰箱里有可口可乐。”

这不是一个标准的条件小句，因为即使听话人不渴，主句表达的情状大概也能成立。320
相反，这个复杂小句隐含有这样的命题：“冰箱里有可口可乐且我允许你喝一点，知道这种情况对你是有益的。”

9 否定条件句：*Unless it rains*，we'll have our picnic “除非下雨，否则我们会去野餐”（也就是说，当且仅当天不下雨时，我们才去野餐）。

10 让步小句

（a） *Although she hates Barrok*, she agreed to go to the concert.
“尽管他讨厌巴洛克，但她答应去音乐会。”

（b） *Even though it's still early*, we'd better find our seats.
“虽然天还早，但我们最好找到座位。”

11 替代：We barbecued chicken *instead of going out to eat*. “我们在家烤了鸡肉而非出去吃。”

12 添加：*In addition to having your hand stamped*, you also have to have your ticket stub. “除了你的签名盖章，你还要有票根。”

13 “独立结构”（“absolutive”）

（a） *Having told a few bad jokes*, Harvey introduced the speaker.
“说了几个冷笑话，哈维介绍了说话人。”

（b） *Seeing me*, Harvey hid behind his mother’s skirt.
“看见我，哈维躲到他妈妈裙子后。”

“独立结构”状语小句的显著特征是它们只是简单地为主句所表达的情状提供一般性背景。如果一种语言广泛使用这种“独立结构”小句，你就应该考虑它们被更为合理地分析为中间小句（medial clause，参阅11.4节）的可能性。英语里这些动名词小句（gerundive clause）实际上介于状语小句和中间小句之间。不过，英语中没有典型的中间小句，而且这些动名词性小句又不常见，因此，出于类型学考虑将这类“独立结构”看作状语小句的一种，无疑更为合适。

思考题

状语小句是如何构成的？

状语小句有哪些类，比如，时间、方式、目的、原因、结果、顺序、条件？

状语小句可以在一个小句中不止一个位置上出现吗？如果可以，不同的位置是否具有不同的意义？

321 条件小句有无次类？比如，违实类（***If I had done it differently***, *that wouldn't have happened* “要是我换一种方式来做，那就不会发生了”），假设类（***If I were you***, *I'd do it differently* “我要是你，我就会换一种方式去做”）？

条件小句的时/体/情态标记有什么限制？

11.4 小句链、中间小句和换指

自20世纪60年代中期以来，已有很多有关**小句链**（clause-chaining）语言的研究成果（特别是McCarthy 1965；Healey 1966；Hetzron 1969，1977；Longacre 1972；Olson 1973；Thurman 1975；Gerdel和Slocum 1976）。虽然小句链是大洋洲（Austin 1980）和美洲（Longacre 1985）语言公认的语言现象，但小句链语言的范例主要见于新几内亚

（New Guinea）高地的伊里安查亚（Irian Jaya）和巴布亚新几内亚（Papua New Guinea）（Elson 1964）。在描写这些语言时，通常会有“终结”（final）小句和“非终结”（non-final）小句的区分。使用这对术语的原因是，正如以往的研究所指出的，在小句链语言中，一个小句链中顺序在后的小句在时或体范畴上会有屈折变化，而其他小句则无。Longacre（1985：264 及脚注 6）认为，尽管屈折变化更为完整的小句位于小句链之首这样的语言在逻辑上有可能存在，但实际上这类语言的无争议的实例至今未得到证实。然而，自 1985 年以后，这种类型的语言已得到证实（如帕纳雷语），虽然屈折程度更高的小句居于小句链之尾的语言仍占多数，且一般使用更长的小句链（T. Payne 1991）。

最近，在小句链结构的描写中，术语**中间**（medial）小句已开始取代术语“非终结”（non-final）小句（Haiman 1987）。[②]“中间小句”反映的事实是，这种小句类型出现于小句链的“中间”。正如 Longacre（1985：263）所界定的，中间小句有以下特点：（a）相比于“终结”小句，中间小句表达时体的可能性较小，（b）通常依据终结小句的主语来确定其自身“主语”的所指（与终结小句的主语是相同还是不同），（c）通常直接表达与序列中其他小句之间的时间关系，如“重合”（overlap）关系或“相续”（succession）关系。由此可见，小句链语言是这样一种语言：它采用由终结小句来结束的中间小句序列来作为主要的构建话语策略。

典型的**换指**（switch-reference）系统是一种动词屈折变化，以此表达某一动词的主 322
语是否与某些其他动词的主语同指（即相同）。例如在马利柯帕语（Maricopa）这类尤马语群（Yuman languages）里，动词后缀 *-k* 表示该动词的主语与序列中下一个动词的主语相同，后缀 *-m* 正好相反，表示二者不同（承 Lynn Gordon 惠例）：

（50）马利柯帕语（尤马语，美国西南部）

a. Nyaa　'-ashvar-*k*'　-iima-k.
I　1-sing-SS　1-dance-ASPECT
我　1－唱歌－相同主语　1－跳舞－体
“I sang and I danced.”
“我唱歌来我跳舞。”

b. Bonnie-sh　0-ashvar-*m*'　-iima-k.
Bonnie-SUB　3-sing-DS　1-dance-PERF
Bonnie－主语　3－唱歌－不同主语　1－跳舞－完整
“Bonnie sang and I danced.”
“邦尼唱歌我跳舞。”

在马利柯帕语里，换指标记不同于动词一致标记，也就是说，它们属于不同的屈折范畴（注意：两个动词都通过前缀同它们的主语获得“一致”关系），因此存在冗余。但有时，同指（coreference）标记被并入动词的一致系统。在这种情形里，“第三人称”范畴被分为两种，一种用于同指，另一种则用于换指。文献中有不同的术语用来指称这种系统，如反身式（reflexive）、第四人称（fourth person）、复现人称（recurrent），等等。尤比克语（Yup’ik）就具有这样的系统：

（51） a. Dena-q　　quay-u-q　　Toni-aq　　cinga-llra-*0*-ku.
-ABS　　happy-INTRNS-3　　-ABS　　greet-because-3/3-DEP
－通格　　高兴－不及物－3　　－通格　　打招呼－因为－3/3－依附
“Dena$_i$ is happy because she$_j$ greeted Tony.”
“德娜$_i$很高兴，因为她$_j$跟托尼打了招呼。”
b. Dena-q　quay-u-q　Toni-aq　cinga-llra-*mi*-ku.
-SS
－相同主语
“Dena$_i$ is happy because she$_i$ greeted Tony.”
“德娜$_i$很高兴，因为她$_i$跟托尼打了招呼。”

（51a）的第二个小句的状语小句采用了标准的动词一致标记，即将第三人称行为标记于第三人称及物动词之上。（51a）只能解释为两个小句中提及的施动者（actor）是不同的。另一方面，（51b）的第二个小句采用了一个特别后缀 -*mi*，表示此小句的施动者与前一小句的施动者是相同的。有时这个后缀被称为“第四人称”。

323 **表 11.1　凯特语（Kâte）换指标记**

	重合（“while”）	相续（“then”）
相同主语（SS）	-huk	-ra
不同主语（DS）	-ha	-0

更为复杂的转指系统见于巴布亚新几内亚岛高地的语言。例如凯特语（见表 11.1）有一个包含四个标记的换指系统（Longacre 1972）。

（52） a. Fisi-*huk*　　na-wek
arrive-SS　　ate-3SG
到达－相同主语　　吃了－3 单
“As he$_i$ arrived，he$_i$ was eating.”
“他$_i$到的时候，他$_i$正在吃。”
b. Fisi-*ra*　　na-wek

arrive-SS　　　　　　ate-3SG
到达 – 相同主语　　　　吃了 – 3 单
"He_i arrived，then he_i ate."
"他 $_i$ 到了，然后他 $_i$ 吃。"

c. Mu-*ha*-pie　　　　　kio-wek.
speak-DS-3PL　　　　weep-3SG
说话 – 不同主语 – 3 复　哭泣 – 3 单
"As they spoke，he was weeping."
"他们说话时，他正在哭。"

d. Mu-*0*-pie　　　　　kio-wek.
speak-DS-3PL　　　　weep-3SG
说话 – 不同主语 – 3 复　哭泣 – 3 单
"After they spoke，he swept."
"他们说完话后，他哭了。"

有些系统甚至比这更复杂。例如在帕纳雷语里，表明两个小句之间同指或换指关系的操作符同时还可以表达几种时间或逻辑关系。表 11.2 显示了这些操作符及它们表达的各种关系（T. Payne 1991）。

表 11.2　帕纳雷语换指标记

操作符	时间关系	指称关系	表达的其他关系
-séjpe	相续	施动者 = 施动者	目的
-sé'ñsape	相续	通格 = 受事	结果
-ñépe	相续	施动者 ≠ 施动者	位移 / 目的
-npan	重合	施动者 = 施动者	无
-tááñe	重合	施动者 = 施动者	无
-jpómën	居先	施动者 = 施动者	原因

表 11.2 表明，小句间的同指标记不一定只基于主语这一种语法关系。有些语言，324
特别是那些以形态作格范畴作为基本的格标记策略的语言，具有复杂的换指系统，在这类系统中有些操作符以主语为先行语，另一些则以宾格或通格成分为先行语。这种现象已在澳大利亚土著语（Ausitin 1980）和美洲印第安语（参见 Jones 和 Jones 1991 对巴拉萨诺语的研究）中得到证实。

以下例句来自卡尼特语（Kanite，一种巴布亚语言）。这种语言不仅使用一个专门标注不同主语的语素 *ke*，而且每个中间小句还会为下一个小句的主语发生屈折变化（Longacre 1972）：

（53） a. his-u'a-*ke*-'ka

do-we-DS-you

做 – 我们 – 不同主语 – 你们

"If we do this,"

"如果我们做这件事，"

b. naki	a'nemo-ka	hoya	ali-'ka,
so	women-you	garden	work-you
这样	女人们 – 你们	园子	工作 – 你们

"you women work the garden,"

"你们女人做园子里的活儿，"

c. naki	ali	ha'anoma	hu-ne'atale-'ka,
so	work	finish	do-COMPL-you
这样	工作	完成	做 – 完结 – 你们

"when the work's finished,"

"当这个活儿干完了，"

d. popo	hu-'ka,（e.）	inuna	kae-'ka
hoe	do-you	weeds	burn-you
锄	做 – 你们	野草	烧 – 你们

"hoe and burn the weeds"

"锄草并烧草"

f. naki	ha'no	hu-talete-*ke*-ta'a[1]
so	finish	do-COMPL-DS-we
这样	完成	做 – 完结 – 不同主语 – 我们

"when that is finished,"

"当那个活儿干完了，"

g. 'naki	viemoka-ta'a	keki'yamo'ma	ha'noma	ne-his-i-*ana*
so	men-we	fence	finish	FUT-do-it-1PL
这样	男人们 – 我们	篱笆	完成	将来 – 做 – 它 – 1 复

"we men will finish building the fence."

"我们男人将结束筑篱笆。"

小句 g 里的 *-ana* 是小句链结束的标志。

小句（53a）标有 *u'a*，用来表明本句的主语；然后，*-ke* 表明下一个小句会有不同
的主语；最后，*-'ka* 表明下一个主语将是第二人称。接下来标有 *-'ka* 的四个小句均表
325 明之后的小句都有一个第二人称主语。同样的主语标以零形式。在 f 小句里，我们再
次看到 *-ke* 标记，它表明结尾小句将有一个不同的主语。*-ke* 后的 *-ta'a*，表明结尾小句

[1] 本句和下一句的序号原文分别作 f 和 g，前面没有 e 句。译文从之。——译者注

将以“我们”作为其主语。g 小句是这一系列小句中仅有的结尾动词，其他各句都是中间小句，也就是说，它们作为完全命题并不自足。原因可能在于标记 -*'ka*。请注意例（53g）有一个时标记，而其他动词皆无此标记。

思考题

这种语言是否具有业已语法化的手段明确显示一个小句的参与者同另一个小句的参与者相同或不同？如果有，请回答下列问题：

（a）依附性是顺着哪个方向的？也就是说，一个标记是指明与将要提及的参与者同指，还是与已经提及的参与者同指。（也许二者皆然，取决于另外因素）

（b）什么成分可以作为这些标记之一的“先行语”？也就是说，同指关系总是关涉“主语”参与者，还是也可以关涉非主语的施事，或者其他语法关系的名词性成分也可以充当一个同指形式的先行语？

（c）在哪些成分（如动词、名词、连词，等等）上可以使用这类标记？

某一小句是否可以为另一小句主语的人称或数而产生屈折变化？

小句间的同指标记是否也可以负载两句间的时 / 体或语义关系等方面的信息？

这类现象的范围有多广泛？

补充阅读：Haiman 和 Munro（1983）。

11.5　关系小句

关系小句（relative clause）是充当名词修饰语的小句（Keenan 1985），例如：

（54）The oaf *that* [*0 trod on Lady Lucretia's toe*]...
“踩着柳克丽霞女士脚趾的那个呆子。”

关系小句有以下几个相关的部分：

1 **核心语**（head），即受小句修饰的名词短语，如（54）中核心语是 *the oaf*。
2 **限制性小句**（restricting clause），即关系小句本身，如（54）中限制性小句由方括弧括在一起。
3 **关系化名词短语**（relativized noun phrase; NP_{rel}），即限制性小句内与核心名词同指的成分，326
（54）中 NP_{rel} 为 0（空缺成分）。
4 **关系化标记**（relativizer），即引发限制性小句变为关系小句的语素或小词。比如（54）中 *that* 就是关系化标记。假如关系化标记反映了限制性小句内 NP_{rel} 成分的某些特性（如限制性小句内的人类属性、语法关系等），那么它就可以被称为**关系代词**（relative pronoun）（详下）。

我们可以根据几个类型学参数来给关系小句分类。本节将要讨论和例示的参数是（1）关系小句相对于核心名词的位置，（2）关系化名词短语的表达方式（有时也被称为“格恢复策略”），以及（3）什么样的语法关系可以被关系化。

关系小句发生变异的第一个类型学参项是关系小句相对于核心名词的位置。关系小句可以是**前置于名词型**（prenominal）（关系小句在核心语前面）、**后置于名词型**（post-nominal）（关系小句在核心语后面），也可以是**核心内置型**（internally headed）（核心语居于关系小句内部）或者**无核型**（headless）。既然关系小句是名词的修饰语，我们有理由期望，关系小句出现的位置跟其他名词修饰语（如描写形容词、数词）相同。尽管关系小句相对于核心名词的位置确实常常同于描写性修饰语的位置，但关系小句却有明显的居于核心名词之后的倾向，这种倾向甚至也见于那些描写性修饰成分前置于核心名词的语言。这个倾向可能源于“重成分”后移这种普遍的语用原则，即线性结构长、音系复杂的信息在小句的后部分出现。这也是促使英语的主语补足语后置的原则（参看 11.2 节）。以下的例子可以说明不同语言中的各个类型。

后置于名词的关系小句是最常见的类型。主句成分以 VO 为优势语序的语言总是具有后置于名词的关系小句。英语就是这样的语言。以下例子来自卢干达语（Luganda），扎伊尔境内的一种班图语：

（55） a. omukazi　ya-kuba　omusajja
woman　she-hit　man
女人　她－打　男人
“The woman hit the man.”
“那个女人打那个男人。”

b. omusajja　[omukazi　gwe-ya-kuba]
man　woman　REL-she-hit
男人　女人　关系化－她－打
“The man that the woman hit.”
“那个女人打的那个男人。”

327 例（55a）是一个平常的及物小句。而该小句在例（55b）里充任的却是修饰名词 *omusajja*“男人”的关系小句。这些都是 VO 语言的典型表现，即关系小句居于核心名词之后。

前置于名词的关系小句见于某些 OV 语言：

（56） 日语

a. Yamada-san　ga　sa'ru　o　ka't-te　i-ru.
Yamada-Mr. NOM　monkey　ACC　keep-PART　be-PRES
山田－先生 . 主格　猴子　宾格　饲养－分词　是－现在

"Mr. Yamada is keeping a monkey."
"山田先生正养着一只猴子。"

b. [*Yamada-san ga ka'tte iru*] sa'ru
"The monkey that Mr. Yamada is keeping"
"山田先生正养着的那只猴子"

c. [*sa'ru o ka'tte iru*] Yamada-san
"the Mr. Yamada who is keeping a monkey"
"正养着一只猴子的那个山田先生"

例（56b）和（56c）是基于独立小句（56a）的两个关系小句。在这两个关系小句中，限制性小句都居于核心语之前。

例（57）显示的是一个完整的土耳其语小句，其中有一个关系小句修饰一个名词性成分：

（57） Eser　[*uyuy-na*]　kadïn-ï　tanyor.
Eser　sleep-PART　woman-ACC　knows
埃瑟　睡觉－分词　女人－宾格　认识
"Eser knows the woman who is sleeping. "
"埃瑟认识那个正在睡觉的女人。"

土耳其语是一种 OV 语言，它信守其类型，采用的是前置于名词的关系小句。（57）中关系小句的核心语是 *kadïn*"女人"。这个名词的前面是方括弧括起来的关系小句。注意，关系小句内的动词标有分词形式，这是关系小句非常常见的特征，特别是在那些具有丰富的动词形态的语言（多式综合语）里。甚至英语也有边缘性的分词关系小句策略：

（58） a. Eser knows the [sleep-*ing*] woman. "埃瑟认识那个正在睡觉的女人。"
b. Eser sat on a [fall-*en*] log. "埃瑟坐上一根倒下来的圆木。"
c. Eser ripped up her [reject-*ed*] novel. "埃瑟撕碎她的被拒小说。"

以上例子中所有采用斜体的语素都是由这样那样的动词（分词性动词）派生而来的形容词的标记。虽然传统的英语语法完全不把这些动词形式称作"小句"，但它们符合关系小句的界定。对很多语言（如土耳其语）而言，与上例类似的结构是用任何像小句的成分来修饰名词短语的唯一手段，这些像小句的成分，即使形式上不是太像小句，328
但它们所起的作用也跟关系小句相似。

核心内置型关系小句是指那些核心语居于关系小句之内的小句。一些 OV 语言，包括班巴拉语（Bambara），非洲西部的一种尼日尔－刚果语，就有这种核心内置型关系小句：

（59）a. ne　ye　so　ye.
1SG　PAST　horse　see
1单　过去　马　看见
"I saw a horse."
"我看见了一匹马。"

b. ce　ye　[ne　ye　so　*min*　ye]　san.
man　PAST　1SG　PAST　horse　REL　see　buy
男人　过去　1单　过去　马　关系化　看见　买
"The man bought the horse that I saw."
"那个男人买了我看见的那匹马。"

（59b）中，关系化标记 *min* 是将方括弧里的小句标记为关系小句的唯一形式。核心名词保持在关系小句内的原位；也没有像上述其他例子那样，在关系小句外被重复。核心内置型关系小句可被视为另一种避免语音和语义复杂的修饰语先于核心名词的手段，它可以使受话人不必"等到"整个关系小句说完才能知晓这个小句到底修饰哪个名词。

无核关系小句是指那些本身就指涉其所修饰的名词的小句。一般来说，那些名词修饰语本身即为名词的语言，比那些具有确定无疑、成员较多的形容词范畴的语言，更有可能将无核关系小句作为一种主要的关系化策略。比如在英语以及其他一些语言中，当核心名词是非特指名词时就可以采用这种无核关系小句：

（60）a. [Whenever I'm afraid], I call her.
（cf. "*Any time* that I am afraid..."）
"[无论我什么时候害怕]，我都叫她。"
（比较："任何时候我害怕……"）

b. [Whoever goes to the store] should get some water balloons.
（cf. "*Any person* who goes to the store..."）
"[无论谁去买东西]都要买些水球。"
（比较："去买东西的任何人……"）

某些语言，只要核心语的具体所指清楚明确，就会使用无核关系小句。通常，关系代词的具体所指必要时需表达清楚，比如，"who went to the store" = "the person who went to the store"，"where I live" = "the place where I live"，等等。恩杜卡语（苏里南克里奥尔语）显然采用无核关系小句来表达非特指和特指所指对象（承 George Huttar 惠例）：

（61）a.

[Di	o	doo	fosi]	o	wini.	主语，非特指 329
REL	FUT	arrive	first	FUT	win	
关系化	将来	到达	首先	将来	赢	

"Whoever arrives first will win."

"任何先到达的人将会赢。"

b.

A	mainsi	ya	a	[di	e	tan	a	ini	se]	主语，特指
the	eel	here	COP	REL	CONT	stay	LOC	inside	sea	
定冠	鳗鱼	这儿	系词	关系化	延续	停留	处所	在里面	大海	

"This eel is what（the one that）lives in the sea."

"这条鳗鱼就是生活在大海里的那条。"

c.

A	daai	go	anga	[di	a	be	puu]	宾语，特指
3SG	turn	go	with	REL	3SG	ANT	remove	
3单	转向	去	带	关系化	3单	完成	移开	

"He turned and returned with what（the ones）he had removed."

"他转身将他已移开的那个东西带回来了。"

无核关系小句有时和补足语小句难以区分，但至少在语义层面上二者是不同的。以下是英语无核关系小句（HRC）以及相应的补足语小句（CC）的实例：

（62）a. HRC: *That which John said* annoyed her.

"约翰所说的惹恼了她。"

b. CC:*That John said it/something/anything* annoyed her.

"约翰说了它/什么事情/任何事情惹恼了她。"

请注意，（62a）的语义表达式是 ANNOY（x，y），也就是说，是约翰所说话语的内容惹恼了她。另一方面，（62b）比较恰当的表达式应是 ANNOY（P，y），也就是说，惹恼她的并非约翰所说的话，而是他说了什么这一事实，换言之，令人恼火的是他说话的行为而非他说的特定的事物。再看其他例句：

（63）a. HRC: I hate *where I live*.（可接受度是不是较低？）

"我讨厌我住的地方。"

b. CC: I know *where I live*.

"我知道我住在哪儿。"

（63a）的语义表达式应该是 HATE（x，y），其中 y 是指某种事物，也就是我在这个世界上居住的某个特定的地方。另一方面，（63b）的语义表达式应是 KNOW（x，P），其中 P 是一个命题，即"the place I live is located somewhere（我居住的地方位于某处）"，这里的 *know*（"知道"）的用法同"I know your brother"（"我认识你哥哥"）里的 *know*

（“认识”）的用法不同。

（64） a. HRC：*Whoever goes to the store* has to buy me some rice.
“任何去买东西的人都必须给我买点米。”
b. CC：I don't know *whether she'll go to the store.*
“我不知道她是否去买东西。”

例（64a）在功能上与（条件）状语小句（参阅 11.3 节）非常相似：***If someone goes to the store***, *she has to buy me some rice*（“如果有人去买东西，她必须给我买点米”）。在某些语言里，这种条件小句同关系小句在形态句法上几无区别。例（64b）里含有一个
330 内嵌问句（embedded question），可以被解释为“I don't know the answer to the question 'Will she go to the store？'”（“我不知道‘她去买东西吗？’这个问题的答案”）。

关系小句变异的第二个主要参项是 NP_{rel} 的表达方式。这个参项有时又被表述为格可恢复性（case recoverability）问题（Keenan 1985）。也就是说，任何一个关系小句中都必须有某种方式来识别关系小句内核心名词所指对象的角色。核心名词本身在另一个小句（“主句”）内起作用[1]，不过它在关系小句中总有一个同指形式（coreferent）（即我们所说的“NP_{rel}”）。NP_{rel} 的角色可能跟主句里的核心名词的角色不同。例如（65a）中核心名词是主句动词 *ate*（“吃”）的主语，同时也是关系小句动词 *saw*（“看见”）的主语；而在（65b）里，*the alligator*（“那条短吻鳄”）虽仍是 *ate*（“吃”）的主语，但同时是关系小句动词的宾语：

（65） a. The alligator [that saw me] ate Alice.
“[看见我的] 那条短吻鳄吃了艾丽斯。”
b. The alligator [that I saw] ate Alice.
“[我看见的] 那条短吻鳄吃了艾丽斯。”

这些小句可以视为以下两个抽象结构减省的结果：

（66） a. The alligator that [the alligator saw me] ate Alice.
核心名词　　　关系化名词
b. The alligator that [I saw the alligator] ate Alice.
核心名词　　　　　关系化名词

因为在这些小句（65a、65b）的表层结构中关系化名词（NP_{rel}）都被省略，这就出现

[1] 原著此处为 The head noun itself functions in another clause（the “main”）clause，应为 ...in another clause（the “main” clause）。——译者注

一个问题，即听话人如何确定括弧内小句中看不见的名词短语的语法关系。英语对此的解决方式是留下一个显著空位（gap），假如 NP_{rel} 要明确表达的话，那么该空位就是 NP_{rel} 占据的位置。这种解决方法被称为**空位策略**（gap strategy）。这个策略对那些具有固定语序的语言（即语法关系主要由小句中核心名词的位置来表达的语言）颇为有效。在这类语言中，论元的缺失是非常明显的。但是，如果某种语言允许多种语序，并且/或者语法关系是通过语序之外的某种手段来指明，那么这种空位策略会导致关系小句产生歧义。

而且，空位策略只对动词居中语言中 NP_{rel} 的语法关系恢复有效。例如，地峡萨巴特克语（Isthmus Zapotec）是一种 VAP 语言，该语言允许 NP_{rel} 编码的空位，但该空位不能作为格恢复策略来使用：

（67）a. najii Juan junaa 331
loves John woman
爱 约翰 女人
"John loves a woman."
"约翰爱一个女人。"
b. najii junaa Juan
"A woman loves John."
"有个女人爱约翰。"
c. junaa ni najii Juan 0
woman REL loves John
女人 关系化 爱 约翰
"A woman that John loves"
"约翰爱着的一个女人。"
d. junaa ni najii 0 Juan
"A woman that loves John."
"爱着约翰的一个女人。"

例（67a）及（67b）表明，语序实际上是确定及物小句中论元 A 和 P 语法关系的一种方法。例（67c）显示，当 NP_{rel} 是关系小句的宾语时，该空位就出现在宾语位置，即主语之后。例（67d）表明，当 NP_{rel} 是关系小句的主语时，该空位就出现在主语位置。不过，应该注意，（67c）和（67d）是相同的。空位只是一种抽象的符号，实际上没有任何的语音实现（虽然有时会有某种语调暗示某处有空位出现）。事实上，NP_{rel} 的语法关系在这些脱离语境的小句里是完全不能恢复的。当然，在具体语境里，情境的语用信息通常会消除歧义。这些例子表明，虽然格可恢复性是关系小句的一个重要属性，但偶尔出现的一些歧义还是可以容忍的。然而，空位策略在萨巴特克语（Zapotec）这类对语法关系没有明确标记手段的 VAP 型语言里有可能产生歧义，这一事实可以解释为什么这种策略在这类语言中罕见。APV 型语言也是如此。

在某种语言中，如果空位策略不充分，它就可能采用更为明确的手段来表达 NP_{rel} 的语法关系。我们要讨论的下一个手段可谓之**代词保留**（pronoun retention）。这一策略是，一个通过其位置或形式（或二者兼具）清楚地表达 NP_{rel} 语法关系的代词被保留在关系小句之内。代词保留在英语口语中的多种关系小句内都有使用：

（68） That's the guy who [I can never remember *his* name].
“那就是我永远记不住他的名字的那个人。”

在这个小句中，NP_{rel} 是由代词 *his*（“他的”）来编码的。

332 （69） We've got sixteen drums here that we don't even know what's in *them*.
（heard on a television news interview）
“我们这儿有我们甚至并不知道它们里面有什么的 16 个鼓。”
（从一个电视新闻访谈上听到）

下面是现代以色列希伯来语的代词保留策略的例子（Keenan 1985：146）：

（70）

ha-sarim	she	[ha-nasi	shalax	*otam*	la-mitstraim]
DEF-ministers	REL	DEF-president	sent	them	to-Egypt
有定－公使们	关系化	有定－总统	派	他们	到－埃及

“The ministers that the president sent to Egypt”
“那个总统派去埃及的那些公使”

在这个关系小句中，指称公使的代词 *otam*“他们”以直接宾语所要求的位置和形式被保留在关系小句内。

萨摩亚语（Samoan）在 NP_{rel} 具有除施事和受事以外的语义角色时才使用代词保留策略：

（71）

'o	le	mea	sa	nofo	**ai**	le	fafine...
PRES	ART	place	PAST	stay	PRN	ART	woman
现在	冠词	地方	过去	停留	代词	冠词	女人

“The place where the woman stayed.”（lit.:The place the woman stayed there.）
“那个女人待着的那个地方。”（字面意思：那个女人待在那儿的那个地方。）

在这个例子中，代词 *ai* 以一个处所成分相对于动词 *nofo*（或可译为“在 / 位于”）通常具有的位置和形式来表达 NP_{rel}。

采用代词保留这种策略来对关系小句的主语进行关系化，这在任何语言中都是罕见的。例如，在希伯来语中，下例中的关系小句是不合法的：

（72） *ha-ish　she　[*hu*　makir　oti]
DEF-man　REL　he　knows　me
有定－男人　关系化　他　认识　我
"*The man who he knows me."
"* 他认识我的那个男人。"

Keenan（1985）宣称，乌尔霍波语（Urhobo，属于尼日尔－科尔多凡语系克瓦语族；分布于尼日利亚）和意第绪语（Yiddish）是仅见的两种明显使用代词保留策略来对主语位置进行关系化的语言。

很多语言采用一个被称之为**关系化标记**（relativizer）的专门形式来将一个小句确定为关系小句。关系化标记的形式通常同于标补词（参见 11.2 节）。例如，英语可以采用关系化标记 *that*（通常不重读）：

（73） The man *that* I saw. "我看见的那个男人。"
The man *that* saw me. "看见我的那个男人。"
The bed *that* I slept in. "我睡在里面的那张床。" 333
?The house *that* I went to. "？我去的那个屋子。"

典型的关系化标记不会构成对 NP_{rel} 的指称，因此它本身不能帮助恢复关系小句中 NP_{rel} 的语义角色。证据是，标补词不允许指明 NP_{rel} 语义角色的前置词居于其前：

（74） *The bed *in that* I slept.
*The house *to that* I went.

在这种情况下，必须采用一种不同的形式来引导关系小句，这种形式就是**关系代词**（relative pronoun）：

（75） The bed *in which* I slept. "我在里面睡觉的那张床。"
The house *where* I went. "我去的那个屋子。"

英语中关系代词通常与其他代词相似，疑问词或代词用来指称非特指、无定的成分（参看 10.3.1.2 节关于英语关系代词和疑问词之间平行性的讨论）。关系代词可以被认为兼有两种功能：一般关系化标记以及指称被关系化的名词短语（relativized NP）的句内代词。英语允许关系代词策略（Rel Pro）、关系化标记加空位策略（Rel+gap）以及无标记的“无关系化标记”（“no relativizer”）加空位策略（No Rel）。有时这三种结构可以都在同样的环境中出现，因此很难确定这些不同的结构传递出什么样的细微语义差别。下面的例子表明了英语中可能和不可能的用法：

（76） a. Rel Pro　the man who saw me.（“看见我的那个男人”）
b. Rel+gap：the man that saw me.
c. No Rel：*the man [0 saw me]

（77） a. Rel Pro　the man whom [I saw]“我看见的那个男人”
b. Rel+gap　the man that [I saw 0]
c. No Rel　the man [I saw 0]

（78） a. Rel Pro　the place where I live“我住的那个地方”
b. Rel+gap　*the place that I live
c. No Rel　the place I live

334 （79） a. Rel Pro　the reason why I came“我来的原因”
b. Rel+gap　the reason that I came
c. No Rel　the reason I came

（80） a. Rel Pro　? the way how he did it“? 他做它的方式”（有些说话人可接受）
b. Rel+gap　the way that he did it
c. No Rel　the way he did it

（81） a. Rel Pro　the table which he put it on“他把它放上去的桌子”
b. Rel+gap　the table that he put it on
c. No Rel　the table he put it on

朗戈语（Lango，用于乌干达；属于尼罗－撒哈拉语系尼罗河语支）采用不变形的（invariant）*àmɛ̂* 作为关系化标记，而不管 NP_{rel} 的内在特征或语法关系是什么（Noonan 1992）。以下各关系小句中，不同的 NP_{rel} 分别为主语（82a）、宾语（82b）和旁语（82c）：

（82） a. lócə　*àmɛ̂*　márô　gwôk
man　REL　3SG:like　dog
男人　关系化　3 单：喜欢　狗
“the man that likes the dog”
“喜欢那只狗的那个男人”

b. lyècc　　*àmɛ̂*　　rwòt　　àmìttò　　wìllò
elephant　　REL　　king　　3SG:want　　buy:INF
大象　　关系化　　国王　　3 单：想　　买：不定式
"the elephant that the king wants to buy"
"那个国王想买的那头大象"

c. dákô　　*àmɛ̂*　　rwòt　　òlɛ̀gò　　òbáŋá　　pìrɛ̀
woman　　REL　　king　　3SG:pray:PERF　　God　　because:of
女人　　关系化　　国王　　3 单：祈祷：完整　　上帝　　因为
"the woman that the king prayed to God because of"
"国王因为她而向上帝祈祷的那个女人"

与英语的关系化标记 *that* 和朗戈语的关系化标记 *àmɛ̂* 相反，契卡索语（Chickasaw）引导关系小句的成分可以因关系小句内 NP_{rel} 的语义角色而有相应的屈折变化。下面的例子显示，当 NP_{rel} 是关系小句的主语时（*the woman saw the dog*），*yamma* "that" 就带有主语标记 *-at*（例 83a）；而当 NP_{rel} 是关系小句的宾语时，*yamma* "that" 就带宾语标记（例 83b）：

（83）契卡索语（Munro 1983：230）

a. ihoo　　*yamm-at*　　ofi'　　pĩs-tokat　　illi-tok.
woman　　that-SUB　　dog　　see-PAST:DEP:SS　　die-PAST
女人　　关系化－主语　　狗　　看见－过去：依附：相同主语　　死－过去
"The woman that saw the dog died."
"看见那条狗的那个女人死了。"

b. ihoo-at　　ofi'　　*yamma*　　pĩs-tokã　　illi-tok.
woman-SUB　　dog　　that　　see-PAST:DEP:DS　　die-PAST
女人－主语　　狗　　关系化　　看见－过去：依附：不同主语　　死－过去
"The woman that the dog saw died."
"那条狗看见的那个女人死了。"

这些例子证明，契卡索语中的 *yamma* 构成对 NP_{rel} 的指称，因此可被看成关系代词，而 335
非单纯的关系化标记。

最后，在概述一个语言的关系小句类型时，要做的一项重要的工作是，对所见到的每种类型的关系小句要指明其哪种成分可以被关系化。Keenan 和 Comrie（1977）观察到，任何给定的关系小句策略都允许对下面等级序列中连续部分的关系化：

主语 > 直接宾语 > 间接宾语 > 旁语 > 领属语

例如，根据 Keenan 和 Comrie，没有任何语言在使用单一策略时允许主语和间接宾语关系化，但不允许直接宾语关系化。另外，Keenan 和 Comrie 断言，在任何给定的语言里，如果上述等级序列上的某一位置可以关系化，那么其左边所有的位置也都可以关系化，尽管不一定使用相同的关系化策略。例如，有些语言允许主语关系化，但其他小句论元则不可。但没有任何语言允许直接宾语关系化而主语不被允许。不同的格恢复策略（如空位、代词保留，等等）可能为不同位置关系化时所用，但没有一种语言允许某一位置的关系化而不允许其左边位置的关系化。例如，在上述关系化等级序列上，标准的书面英语允许除领属语以外所有位置的关系化：

（84） a. I hate the alligator that 0 ate Mildred. 主语
“我讨厌 0 吃了米尔德雷德的那条短吻鳄。”
b. I hate the alligator that Mildred saw 0. 直接宾语
“我讨厌米尔德雷德看见 0 的那条短吻鳄。”
c. I hate the alligator that Mildred threw the ball to 0. 间接宾语
“我讨厌米尔德雷德朝着 0 扔了球的那条短吻鳄。”
d. I hate the alligator that Mildred rode on 0. 旁语
“我讨厌米尔德雷德骑上 0 的那条短吻鳄。”
e. I hate the alligator that Mildred is bigger than 0. 旁语
“我讨厌米尔德雷德大于 0 的那条短吻鳄。”
f. *I hate the alligator that 0 teeth are huge. 领属语
“* 我讨厌 0 牙齿巨大的那条短吻鳄。”

对于语法概要中提到的每种关系小句策略，务必指明哪个“位置”（即语法关系）可以用那种策略来将其关系化。一种很可能的情形是，沿着关系化等级序列（往右端）越远的论元，对其进行关系化的策略就越明确（如关系代词、代词保留、核心内置等）。例如英语中领属语可以使用明确的关系代词策略来关系化（如 85a），但通常不能采用空位（85b）或关系化标记（85c）等策略来将其关系化。

336 （85） a. I hate the alligator that whose teeth are huge. “我讨厌牙齿巨大的那条短吻鳄。”
b. *I hate the alligator that 0 teeth are huge.
c. *I hate the alligator that（’s）0 teeth are huge.

当然，对关系化等级的描述依赖于一个颇有问题的假设，即每个语言都有主语、宾语和间接宾语这类可以确认的语法关系。在那些语法关系是按照某种其他系统（如作格 / 通格）来组织或者语法关系完全无法清楚确认的语言中，关系化等级的概念可能不是非常有用。不过，对于很多语言来说，确定 Keenan 和 Comrie 的预测是否适用、如何运用，这是有可能的，也是富有洞见的。

思考题

该语言具有哪种或哪些关系小句？

（a）前置于名词型？

（b）后置于名词型？

（c）核心内置型？

（d）无核型？

（e）相互关联型？

下面关系化等级序列上的哪些位置可以被关系化？

主语 > 直接宾语 > 间接宾语 > 旁语 > 领属语

哪种关系小句类型或“格恢复策略”可以用于每个位置？

11.6　并列式

语言通常都有某种形态句法手段将两个具有相等语法地位的小句连接起来。这样的连接形式被称为**并列式**（coordination）。并列式跟**主从式**（subordination）不同，因为在主从式中一个小句在语法上依附于另一个小句。所有前面讨论过的各类依附（dependent）小句（如补足语小句、状语小句、关系小句）均可视为主从式的实例。但是，在这个宽泛的句类集合中，除了语法上的依附性外，实际上并没有多少其他共同点。因此，“从属小句”（subordinate clause）这个概念作为一个普遍的语言学范畴并不是很有用（参看 Haiman 和 Thompson 1984）。

在话语中，并列式有时与纯粹的小句并置（juxtaposition of clauses）很难区分开 337
来。事实上，口头话语中某种形态句法上的小句连接，无论是并列式还是主从式，在几乎所有的小句渡连（juncture）上都可能是显而易见的。很多读者可能都熟悉英语口语叙述风格的话语中常在每个小句后插入 *and*... 或者 *and then*...。通常，两个小句在语法上属并列组合这一事实只是断言：（1）就语篇中的事件结构而言，两个小句大致具有相同的功能（即它们或都表达事件，或都表达非事件，或都表达前景信息，或都表达背景信息，等等）；（2）它们以某种方式表现出概念上的相关联。

并列小句之间的命题间（逻辑）关系包括合取（conjunction）、析取（disjunction）和排除（exclusion）三类。本节将讨论一些用来区分上述逻辑关系的并列手段（coordinating device）。不过，需要注意的是，在话语中，小句间的几乎任何语义关系都有可能体现在并列结构之中。12.1.2 小节描述了一个用于分析语篇中命题间关系的框架。

连接小句的某些策略常常跟连接名词短语的策略是相同的。例如，英语可以使用连接词 *and*（“和”）来连接短语或小句：

（86） John *and* Mary　　名词短语 + 名词短语
“约翰和玛丽”
John cried *and* Mary laughed.　　小句 + 小句
“约翰哭了而玛丽笑了。”

不过，只能用于连接小句而不能用来连接短语的专用策略也很常见。例如，英语中的 *but*（“但是”）不大能用作名词短语的连接词：

（87） *John *but* Mary　　名词短语 + 名词短语
“* 约翰但玛丽”
John cried *but* Mary laughed.　　小句 + 小句
“约翰哭了，但玛丽笑了。”

连接两个小句的最简单的方法是 J. Payne（1985）所说的**零形策略**（zero strategy）。这是两个短语或小句简单并置的方法。根据 J. Payne 的研究，绝大多数语言都可能允许零形策略至少作为一种风格变体存在。不过，相对而言，有些语言用得更为广泛。越南语就是一种在短语和小句并列式中广泛使用零形策略的语言（例子来自 Watson 1966：170；转引自 J. Payne 1985：26）：

338 （88） a.

Nháng	tiráp	[tilêt,	callóh,	acôq]
we	prepare	basket	spear	knife
我们	准备	篮子	矛	刀子

“We prepare baskets, spears, and knives.”　　名词短语并列
“我们准备篮子、矛、刀子。”

b.

Do	chô	[tôq	cayâq,	tôq	apây]
she	return	to	husband	to	grandmother
她	返回	到	丈夫	到	祖母

“She returns to（her）husband and to（her）grandmother.”　　介词短语并列
“她返回到（她的）丈夫身边也到（她的）祖母身边。”

c.

Do	[chô	tôq	cayâq,	chô	tôq	apây]
she	return	to	husband	return	to	grandmother
她	返回	到	丈夫	返回	到	祖母

“She returns to（her）husband and returns to（her）grandmother.”　　动词短语并列
“她返回到（她的）丈夫身边也返回到（她的）祖母身边。”

标示合取关系最常用的方式是使用英语中 *and*（“和”）那样的**并列连词**（coordinating conjunction）。就VO语言来说，这种连词通常位于两个被连接的小句之间：

（89） Robespierre fell out of favor *and* the revolutionaries killed him.

“罗伯斯庇尔失去支持，革命者杀了他。”

但有时在 VO 语言里，并列连词会置于第二个小句的句首成分之后：

（90） 约鲁巴语

mo　mú　ìwé;　mo　**sì**　wá　ilé.

I　take　book　I　and　come　house

我　拿　书　我　和　来　屋子

“I took a book and I came home.”

“我拿了一本书，我回家了。”

至于 OV 语言，并列连词要么位于两个被连接成分之间，如波斯语（Farsi）(91a、b、c)，要么居于最后一个成分之后，如瓦拉派语（Walapai）(93)：

（91） 波斯语（引自 J. Payne 1985：28）

a. Jân　[xandid　*va*　dast　tekân　dâd]$_{VP}$

John　smiled　and　hand　sign　gave

约翰　笑　和　手　手势　给

“John smiled and waved.”　　动词短语并列

“约翰微笑并挥手。”

b. Jân　[puldar　*va*　mašhur]$_{AP}$　bud

John　rich　and　famous　was

约翰　有钱　和　有名　是

“John was rich and famous.”　　形容词并列

“约翰有钱又有名。”

c. [Jân　raft　*va*　Meri　dast　tekân　dâd]$_{CL}$

John　left　and　Mary　hand　sign　gave

约翰　离开　和　玛丽　手　手势　给

“John left and Mary waved.”　　小句并列

“约翰离开而玛丽挥手。”

连接两个成分的形式通常跟表达 *with*（“跟”）这种伴随意义的操作符是相同的。339
在瓦拉派语（尤马语系）里，工具成分和伴随成分均被标以后附成分（enclitic）*-m*。例（92）显示，这个 *-m* 一般的角色是工具格标记（Redden 1966：160–61，转引自 J. Payne 1985：30）：

（92）

ɲa-č	ɲikwáì-č-a	avon-a-*m*	taθ-k-wíl
1SG-NOM	clothes-PL-DEF	soap-DEF-with	wash-1SG-CONT
1单－主格	衣服－复－有定	肥皂－有定－用	洗－1单－延续

"I washed the clothes with soap."
"我用肥皂洗那些衣服。"

这个操作符 *-m* 也可以充任短语和小句的并列连接标记（coordinator）：

（93）

Wàlpáìkwáùk	háìkùkwáùk-*m*	íče
Walapai:speech	white:man:speech-with	we:speak
瓦拉派：语	白：人：语－和	我们：说

"We speak Walapai and English."
"我们说瓦拉派语和英语。"

工具、伴随和并列等操作符之间的同构（isomorphism）在世界语言中是极其常见的。

拉丁语除了肯定性连词 *et* 外，还有一个"否定连接"（negative conjunctive）小词 *nec*。这种否定连接小词的意义在英语中可被描述为"and not"（"也不"）（Kühner 和 Stegmann 1955：48，转引自 J. Payne 1985：37）：

（94）

eques	Romanus	[*nec*	infacetus	*et*	satis	litteratus]$_{AP}$
knight	Roman	and:not	dull	and	moderately	literate
骑士	罗马	和：不	迟钝	和	普通地	有文化的

"a not dull and moderately literate Roman knight"
"一个不迟钝的并具有普通文化水平的罗马骑士"

不像英语的译文是"not...and"，拉丁语否定连接小词的辖域并非整个被连接的短语。换言之，在上面拉丁语例子中只有"迟钝"被否定；而英语的译文则有歧义，因为可以认为 *moderately literate*（"普通文化水平的"）也被否定了。

在下面几段里，我们将简要讨论合取和析取的逻辑关系。

合取（conjunction）主要是命题之间一种逻辑关系。如果两个命题的合取为真的话，则构成的两个命题各自都为真。依照这个定义，话语中几乎任何两个命题都可以被视为合取关系。

同合取关系一样，**析取**（disjunction）也是两个命题间的逻辑关系。如果两个命
340 题的逻辑析取关系为真，那么其中一个命题或两个命题可能为真。一种语言没有任何特别的理由会精确地将析取概念语法化，也极少见有语言为此目的而专门使用一种手段。英语 *or*（"或"）在两个构成小句都是肯定的情况下，通常表达一种更具排除性的（exclusive）析取概念：

（95） He came in through the window or he broke down the door.
“他破窗而入，要不就是破门而入。”

也就是说，例（95）在正常情况下断言被连接的两个命题中一个是真的，另一个不是。单词 *either*（“或”）可以强化这种解读。事实上，话语中这种用法的 *or* 不带上 *either* 是非常少见的。相反，当构成命题中一个或两个都被否定时，几乎只用 *or* 而不出现 *either*，而这时的 *or* 已不再表达逻辑上的析取关系了：

（96） I didn’t break the window or the door.
“我没有打破窗户或门。”

在任何自然语境下，这个小句表达的都是 *I didn't break the window*（“我没有打破窗户”）和 *I didn't break the door*（“我没有打破门”）的合取关系。因此，将英语的 *or* 描述为析取小词，那是完全错误的。表达逻辑上的析取关系仅是 *or* 这个小词的一种相对罕见的功能。

在其他语言里，逻辑析取关系具有专门的形态句法形式的情形同样罕见。如果确实要表达析取关系，通常需要借助某种迂说式手段来表达，比如“I might have broken the window and I might have broken the door”（“我本来应该打破窗户的，我本来又应该打破门的”）。亚瓜语（Yagua）里有一种情况很有趣，其析取关系通过使用对比代词来表达：

（97） a. Ra-dyéétya-ręę-kyey,
1SG-know-POT-EVID
1 单 – 知道 – 可能 – 示证
“I want to know”
“我想知道”

b. níí-numáá-tiy　　vátan-tán-dyé-ryéy,　　munuñú-niy,
3SG:PRN-now-COND　　curse-cause-DAY-1SG　　savage-NIY
3 单 : 代词 – 现在 – 条件　　诅咒 – 引起 – DAY – 1 单　　野蛮人 – NIY
“if HE cursed me, the savage, ”
“是他诅咒了我，那个野蛮人，”

c. ráñiy　　vátan-tán-dye-ryéy.
1SG:PRN　　curse-cause-DAY-1SG
1 单：代词　　诅咒 – 引起 – DAY – 1 单
“or I cursed myself.”
“还是我诅咒了自己。”

在这种情形里，说话人并没有断言要么是那个野蛮人要么是说话人自己做出诅咒的行
341 为，而只是宣称其中一个人做了而另一个人没有做。只要单独使用对比代词就可以表
达（97b）和（97c）之间的析取关系。

思考题

小句之间的下列各种逻辑关系通常如何表达？

（a）合取关系（a 和 b）/（既非 a 也非 b）？

（b）析取关系（a 或 b）？

（c）排除关系（a 而非 b）？

第十二章 342
结语：使用中的语言

12.0　话语分析与语言分析

话语是人与人之间有目的的信息交流。人类的许多信息交流都涉及语言，因而话语的研究通常涉及到对语言的研究。但是，话语和语言是两个可能独立的研究领域。因为它们相互独立，所以彼此能为对方所做的一些断言提供证据。如果说它们相同，或者说它们只是同一现象的符号变体，那么，根据某个领域提供的证据而在另一个领域里做出概括，这些概括是没有意义的。

比如说，施事是人类信息交流（话语）中的一个有用的概念。施事的存在相当程度上独立于语言（参看 3.2.0 节）。另一方面，主语（像本书定义的）却是一个语言学概念。主语若脱离了它在语言结构中所承担的语类（category）角色，那它就不会存在。如果施事和主语只是同一概念的两种名称，那么“在这个句子中，施事就是主语”，或者“施事是主语资格（subjecthood）的首要候选者”这类概括，就会产生同义反复。我们不能从主语角度来对施事做出任何有意义的解释，反之亦然。

话语分析（discourse analysis）这一术语被语言学家、人类学家、社会学家和哲学家用在不同的方面（关于话语分析研究模式的介绍，请参看 Schiffrin 1994）。在这一节，我将对话语的语言分析（linguistic analysis）和话语解释（interpretation）做出重要的区分。在本节描述中，以往文献中被称作话语分析的很多概念被归在话语解释这一标题之下。比如，如果我考察一个篇章（text），并且根据我对这个语篇中命题信息 343 （比如说话人何时结束谈论一件事，何时开始谈论另一件事）的理解来划分“段落”，那么我就是在解释语篇。但是，如果我看的是同样的语篇，并且根据某些小词、指称手段、停顿、语调类型的使用来划分段落，那么我就在为这个篇章做语言分析。

解释在语言分析上的确有其作用。但是解释和分析不是一回事。比如说，我可以单独基于命题内容来解释语篇的分段。此外，我也可以依据语篇内零星出现的形态句法的线索来分析这个篇章。如果我可以成功地保持我的解释与分析的相互独立，那么就能得出一些有意义的、有科学依据的概括，如“小词 X 标记段落边界。”但是，如果我把解释掺杂到分析之中，比如我将小词 X 界定为段落边界的标记，或者通过寻找小词 X 来提前确定段落边界的位置，那么就不可能做出任何有意义的概括。

一个研究话语的社会学家变成一个研究语言的社会语言学家的关键在于，他 / 她以经验性的语言资料为证据做出具有科学依据的概括（预测、解释）。对形态句法手段功能的许多理解是以解释为基础的；而许多假设则是通过解释性判断而产生的。然而，语言学作为一门学科，其独立性源于其特殊的经验方法和独有的视角。如果解释是他们仅有的关注，那么社会学家及文学研究者就不需要语言学家。

在这一章，我们首先描绘话语通常反映在语言中的一些普遍特点。在 12.2 节，我们将介绍各种不同的话语语体。最后在 12.3 节，我们将提出几个有可能会在语法描写的结语一节中探讨的话题。

12.1 连续性（连贯性）与非连续性

话语（discourse）是人与人之间的信息交流。**语篇**（text）是语言的人工制品（linguistic artifact），即对一部分话语过程中使用的语言所做的一段记录，也就是说，语篇通常是由小句串（strings of clauses）（即命题的语言学例示）组成。但是，并不是
344 每个小句串都是篇章。一串小句要成为语篇，它们就必须以某种可定义的方式结合在一起。这是因为话语是结合在一起的。如果一个篇章没有反映出话语的连贯性特征，那它就是功能有障碍的（dysfunctional），这正如篇章没有反映出话语的指称特征或者时间特征一样。因而我们说篇章具有**连贯性**（cohesion）或**连续性**（continuity）。

这里有三种连续性值得注意：**话题连续性**（topic continuity），**行为连续性**（action continuity），**主题连续性**（thematic continuity）（Givón 1983a）。这一区分在一定程度上具有任意性，因为范畴在很大程度上是彼此交叠和相互影响的。此外，可能还有一些连续性类别没有被归入这些标题之下。不过，这种三分法是相当清晰的，可以作为一种方便实用的分析框架，田野语言学家可以基于该分析框架，对一种语言构建话语的各种手段进行观察，并将观察结果组织起来。

话题连续性指的是话语倾向于反复唤起（evoke）某些相同的所指对象。代词及其他指称手段是用来表达这种连续性以及与之相反的话题非连续性（discontinuity）（即引入新的、意料之外的所指对象）的形态句法手段。

行为（或事件、情状）连续性是指话语通常沿着某些参数逐步展开，比如处所（X 发生在这里，Y 发生在那里）、时间（首先 X 发生，然后 Y 发生，然后 Z 发生）、逻辑 / 因果关系（X 发生是因为 Y，Y 发生导致 Z）。不同种类的话语或**语体**（genres）（参看 12.2 节），程度不同地依赖于不同的组织参数。前景（foregrounding）和背景（backgrounding）的界定通常跟所使用的特定的参数相关。比如，前景小句表示事件顺着主要的组织参数向前发展；而背景小句提供辅助性、支持性的信息（Longacre 1976，Hopper 和 Thompson 1980）。时 / 体标记及小句连接成分等形态句法手段，都可以用来

帮助说话人及听话人表达和恢复（recover）这种连续性。

主题连续性是指话语倾向于以反复出现的“主题”（theme）为中心来展开，比如，“如何做吹箭”（how to make a blowgun）或者“最新时尚”（latest styles）。推论（Inference）可能是恢复主题连续性的主要过程。但是，通常表达其他类型的连续性的手段，也可以通过扩展用来表达或强化主题连续性。对于语言学家来说主题连续性是
最难精确处理的一种话语连续性，因为存在太少的经验证据来确定它。截至目前，最 345
有希望的结果来自于实验研究（比如 Tomlin 1995）。不幸的是，这类研究中发展起来的方法论在田野调查情形中不是特别经得起实践检验。不过，这种研究有可能即将形成一些重要的普遍原则。

必须注意的是，术语“主题”（theme）及其相关表达形式“主题的”（thematic）和“主题性”（thematicity），已经被语言学家在多种涵义上使用。我们将在 Jones（1977）的意义上使用这个术语，即指的是篇章或部分篇章的“中心思想”（main idea）。在这种意义上，主题经由近似于标题的命题来表达，而不是通过指称词语（referring expressions）来表达。“主题”的这一用法，显然跟 Mathesius、Halliday、Grimes 以及其他语言学家使用这个术语的方法大相径庭。对于这些语言学家而言，主题被认为是命题的出发点（point of departure）。也就是说，它是一个在小句层面发挥功能的信息片段，而不是跟整个篇章或部分篇章相关的“中心思想”。有些语言学家沿袭 Mathesius 等人的传统，甚而至于完全依靠形式将主题定义为“一个句子最左边的成分”（Brown 和 Yule 1983：126）。对于描写派语言学家而言，保持形式范畴与功能范畴定义的相互独立性是极为重要的。否则，对形式结构的功能做出陈述时就会出现“同义反复”（参见上文）。

12.1.1　话题（指称）连续性

可能在话题连续性领域起作用的结构类型有：

1 零形复指；
2 动词编码（或复指 / 语法一致关系）；
3 非重读（附着）代词；
4 重读（独立）代词；
5 指示代词；
6 实义名词短语；
7 特指的名词短语；
8 被修饰的名词短语；
9 特殊的成分语序，如前置；
10 “语态”的交替形式，如主动、被动、逆被动和倒置；
11 “换指”系统。

346 当然，除了话题连续性和非连续性，这些结构对功能上的影响也很敏感。然而，对一种语言全面的话题连续性研究，应该需要考虑存在于这种语言中的任何以及所有的相关选项。

在最高层面上，指称手段在话题连续性领域内具有两项功能中的一项：或者对某一所指对象（referent）在话语舞台上的初次出现进行编码，或者对已出现于话语舞台的某一所指对象进行编码。换句话说，当一个所指对象在篇章中被提及时，它要么已经出现“在舞台上”，要么就是刚被带“到舞台上”。可以稳妥地说，语言总是具有不同的结构来为这两种功能进行独特的编码。任何一本语法概要都应该至少描绘出指称系统的这一方面。那些已被用来表示这些区别的术语有：

初现（*initial appearance*）	后现（*subsequent appearance*）
进入舞台（coming onto stage）	已在舞台（already on stage）
新信息（new）	旧信息（given）（Halliday 1967）
转换（switch）	连续（continuing）
此前未被激活（previously inactivated）	激活（activated）（Chafe 1987）
非连续的（discontinuous）	连续的（continuous）（Givón 1983a）

这种区别在小句或更高层级单位的内部也可能存在。比如说，换指系统（参看 11.4 节）通常表示一个所指对象同相邻小句的某一所指对象是否相同，即使就整个话语而言，所有的所指对象都“在舞台上”。非常不同的结构用来表明一个重要的所指对象在话语中被首次提及（按照 Prince 1981 的说法，这是“全新”信息）。

应该注意的是，最重要的标准是看这个所指对象是否“在舞台上”，而不是看它是否已在篇章中被提及。一个所指对象，可以有不同的方式将其在不必明确提及的情况下带到话语舞台上。因此，篇章中对某一所指对象的首次实际的提及不一定是对该所指对象的引入（introduction）。当所指对象被首次提及时，它们经常被当作“旧信息”。所指对象在没有明确提及的情况下被带“到舞台上”的方式有：

出现在话语语境中：

I hope he’s not vicious.

“我希望他不邪恶。”（当一只大狗走过来时，某个行人对另一行人说的话）

347

永远可以出现的情况：

The sun was out.

“太阳出来了。”（没必要说“有个太阳有时出来”）

I love you.

“我爱你。”（言语行为参与者总是“在舞台上”。）

话语“框架”的组成部分：
We had dinner at Fat City last night. The waitress spilled coffee on me.
“我们昨晚在肥城吃晚饭了。女服务员把咖啡溅到我身上了。”
（餐馆框架包含“男 / 女服务员”）

修辞悬念（rhetorical suspense）：
The executioner smiled.
“刽子手笑了。”（见于短篇小说的第一行）

尽管有很多超语法的方式可以让所指对象登上话语舞台，但所有的语言也会提供形态句法手段来明确地实现这个功能。而且，一个早先已在篇章中出现的所指对象有可能后来被移出话语舞台。在这种情况下这个所指对象就需要被“重新引入”。

除了首次提及（initial mention）与后来提及（subsequent mention）这种基本的二元区别以外，还有许多已知的更具有功能性的原则对指称系统影响巨大。Prince（1981）提出了一个非常好的描写框架，利用这个框架可以对一个语言中与话题连续性相关的手段进行更为详细的描写。

有一个不是由 Prince 确立的功能是“可展开性”（deployability）或者说是“重要性”（importance）。这个概念反映了这么一个事实，并非所有的首次提及都“生而平等”。有些所指对象被“注定”要在随后的话语中扮演重要角色，而其他一些所指对象只是匆匆过客。语言通常具有一些交替的编码手段来反映这种区别。举一个明显的例子：Wright 和 Givón（1987）指出，在北美英语的口语中，一个由指示词 *this* 居前的名词短语，被用来引介那些被“注定”要在随后的话语中扮演重要角色的所指。比如，下面的例 1 听起来很奇怪，因为 *this guy* 的使用，使读者期待着后面的话语涉及这个被指出的所指：

（1）I was sitting there reading a newspaper when *this guy* walks up to me. It was the *New York Times*, and I was fascinated by a front-page story about linguistics. After I finished reading it I went home. <end>
“当这个人朝我走来时，我正坐在那儿读报纸。那是《纽约时报》，我被头版的一个语言学方面的故事迷住了。读完之后我就回家了。< 完 >”

例 2 是这种表达式的更为自然的使用：

（2）I was sitting there reading a newspaper when *this guy* walks up to me and says, “Hey lady, you 348
got a quarter for a cuppa coffee?” He looked familiar somehow, so I asked him...
“我正坐在那儿读报纸时，这个人朝我走来，说：‘嗨，女士，你能抽出一刻钟喝杯咖啡吗？’他看起来有点面熟，于是我让他……”

另一方面，使用冠词 *a* 的标准表达形式，通常指称一个新的、在后面的篇章中不会特别重要的所指（比较例 2 中 *a newspaper*"一份报纸"，*a quarter*"一刻钟"和 *a cuppa coffee*"一杯咖啡"）。

以上所有的观察都表明，语言中存在许多指称编码选择，而不仅仅是简单的"旧信息 – 新信息"的区别。

Givón（1983a，b，c）提出了话题连续性的**级差**（scalar）概念。也就是说，任何一个所指（Givón 术语中的"话题"）或多或少地比其他所指更频繁地被提到。所指被提到的次数越多越有助于感觉到篇章"衔接紧密"。经常被提到的所指，有时候被认为比其他所指更**具有连续性**（continuous）或者说更**具有话题性**（topical）。一个所指对象可以显示出话题性的程度，其中涉及多种因素。这些因素可以分成所指对象本身**固有**（inherent）特征和**语境赋予**（context-imparted）因素这两类。下面是对二者的简短概要：

1 固有话题性（具有话题价值）。在人类话语中，人类比非人类有更多的可能被提及，即人类具有内在的话题性或者说更具有话题价值。另外，控制事件的实体比被事件影响的实体更容易被提及，即更具有话题价值，等等。
2 语境赋予的话题性。言语行为参与者（第一人称及第二人称）在任何话语中都更容易被提及。在会话过程中，说话人或者听话人可见的实体比世界上任意的物体更容易被提及。已经被提及的所指对象比世界上任意的所指对象更容易被再次提及。

Givón 及其同事所建立的定量方法是，根据最后所提及的语境赋予的话题性来确定任何所指对象在某一篇章的给定阶段的话题性程度。尽管这种方法只能衡量某一类话题性，但它的优点是严格且避免循环论证。一旦话题性被测量出来，指称手段就可以按照它们所编码的所指对象的平均话题性的值进行排序。

补充阅读：Chafe（1980 及其中的一些论文），Hopper 和 Thompson（1984）。

349 12.1.2 主题连续性

言语必然是线性的，因为在一个连续语流中语音只能一次一个地发出。另一方面，思想（ideas）却是一个层级结构。它们依据话题聚集在一起，并且有些想法（thoughts）可以分解成许多"次想法"（subthoughts）或者一些观念（concept）。从概念上说，并非所有的思想都像语言单位在语流中那样地"从头到尾"相互关联。任何一种语言的语法必须处理的一个问题是，如何运用线性的语流来表征这种具有层级结构的思想。通常，出现于言语流中的形态句法手段，帮助说话人表达以及听话人恢复话语的层级性质。比如说，缩排（indentation）暗示着书面篇章中某一"高层次"的界限，就像章、节的标题，等等。这些都是出现在篇章形态中的形式手段（像口语中的形态手段一样是形式上的），用来给篇章的层级结构定界。自然口语篇章也经常以小词以及特殊语调的形式来展现出层级结构的形态句法标记。

尽管每一种语言都使用一些形态句法手段来表达层级性主题结构，但是最普遍的“手段”是推理。在某种意义上，从篇章中搜集到的所有信息都是由推理得出的。人们说话是为了交流，因此他们充分利用所能支配的资源，以使他们所要表达的信息更为明显，并且在头脑中将其他参与者试图说的话重构为一个连贯的说法。而共同语言的那些形态句法结构就构成一套工具来完成这些任务。但是，有关语境以及说话参与人的态度、理解和知识的假设也会帮助推进变化过程。推论是使用一切可利用的工具（包括但不限于语言结构）来重构其他话语参与者所要表达的意义的过程。信息不是词；词（及其他语言单位）只是在构建及重构意义的过程中起帮助作用的工具。

不过，当我们说主题结构通常是由推断而得的时候，我们并非是在如下这种一般意义上来使用“推理”这一术语的，即话语中所有意义都是由推理而得的；相反，我们认为主题结构常常不是由显性的形态句法的提示手段（cues）来表达的。听话人只能利用他们对篇章命题内容的知识来推断主题结构。比如在下面简短的篇章中，两部分之间没有显性标记来表明他们之间的语义关系：

（3） I'm hungry. Let's go to the Fuji gardens. “我饿了。咱们去富士园吧。” 350

但是大多英语说话人易于认为，第一部分表达了一个“问题”，而第二部分则是这个问题的“解决办法”（Mann 和 Thompson 1987）。我们是怎么知道这一点的？我们是通过对每部分信息内容的理解来推断的。这种推断类似于那种在语言中发生的推理过程（比如塞拉－波波卢卡语，参看 7.3.2 节），即很大程度上依靠语用学来区别语法关系（参看第七章）。更长的语篇能够基于这种推论来确定层级结构。比如 Mann 和 Thompson（1987），给一篇简短的新闻报道赋予了这种层级结构，如图 12.1。

这种图示在调查各种语法结构（包括句型、小词及语序）时非常有用。比如说，在亚瓜语（Yagua）中，某些呈现构式（presentative constructions）通常出现在主要层级的界限上（参看 T. Payne 1992）。有几种框架可以用来图示篇章信息内容的主题结构，这包括**修辞结构理论**（Mann 和 Thompson 1985，1987），以及**故事语法**（Story Grammar）（参看 Rumelhart 1975）。个体的语言、语体或者特定的篇章可能多多少少可以用这些框架中的一两个来处理。

当然，考虑到 12.1 节所提供的描述，这项工作可能被认为是话语解释而不是语言分析。这种将层级主题结构应用于篇章的解释性属性（interpretive nature）已被如下事实所证实，即不同的观察者会把不同的层级结构运用到相同的篇章中。但是，正如 12.1 节所提到的，话语分析中有一个明显的解释空间。比如对某一篇章图解之后，你

1 Farmington police had to help control traffic recently,
“近日，法明顿警方不得不帮助控制交通，”

2 when hundreds of people lined up to be among the first applying for jobs at the yet-to-open Marriot Hotel.
“成百上千的人在尚待开张的万豪大酒店第一批排队求职。”

3 The hotel’s help-wanted announcement-for 300 openings -was a rare opportunity for many unemployed.
“这家大酒店的招聘公告对众多待业者来说机会难得，上面有300个空缺。”

4 The people waiting in line carried a message, a refutation of claims that the jobless could be employed if only they showed enough moxie.
“排队以待的人们都带着拒聘声明：无业者唯有展示足够的勇气方可聘用。”

5 Every rule has exceptions,
“每个规则都有例外，”

6 but the tragic and too-common tableaus of hundreds or even thousands of people snake-lining up for any task with a paycheck illustrates a lack of jobs,
“但数百甚至数千人排成长龙，求取任何一份有薪水的工作，这一不幸而又司空见惯的场面表明紧缺的是工作，”

7 not laziness.
“而非懒惰。”

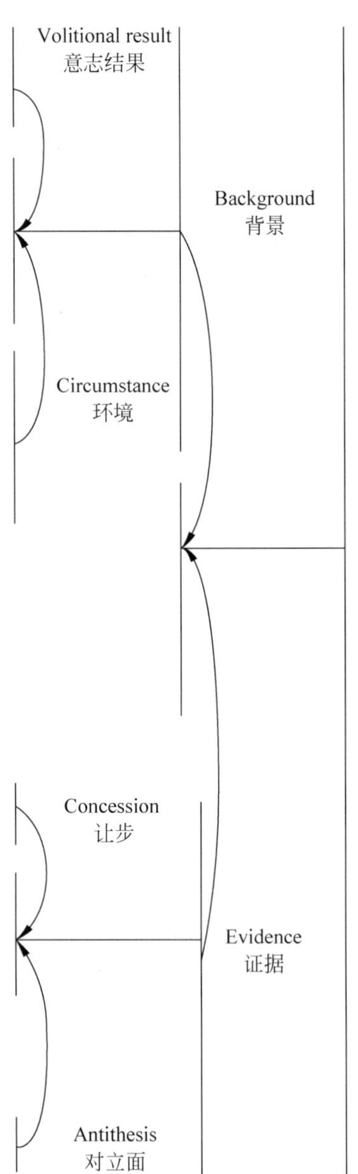

图 12.1　一篇新闻报道的修辞结构分析（Mann 和 Thompson 1987）

可能会着眼于那些意义未被充分确认的小词或者其他形态句法手段的分布。在许多种情况下，一个人对那种手段的功能的理解会通过解释的训练而大大加深。

在描写语法中，一个语言学研究者可能会描写篇章据以分层建构的一些语义原则，以及有助于解释那些层级结构的形态句法手段。最后，人们可能会想对各种语体的一些短小篇章进行主题结构的图解，而且会对如下问题给出一些清晰的、非循环论证的
351 答案：如果说这个篇章的主题结构已被编码，那么它到底是如何被编码的？这一节用具体的例子来支持论断，小心地论证非常重要。

12.1.3　行为连续性

不同种类的话语是按照不同的原则组织起来的。比如说，叙述体话语（参看 12.2.2 节）一般按照时间来组织：首先 X 发生，然后 Y 发生，等等。叙述体篇章中的**事件**（events）是那些前后相互关联的命题，也即那些起讫边界非常清晰的事件（参看 Labov 352
和 Waletzky 1967）。有时，叙述体篇章中表达事件的一系列命题，被称为篇章的“时间线”（time line）、“事件主线”（main event line）或者“主干”（backbone）。但是，一篇好的叙述篇章中总有大量的非常重要的信息不见于事件主线。比如说，下面摘录的叙述体篇章就被分成事件和非事件两类。非事件类型被加上一些标志，比如它们是表达描写的、评价的信息，还是非相续的（non-sequential）信息（基于 Grimes 1975 对 C. S. Lewis 的《沉寂的星球》（*Out of the Silent Planet*）第一页的分析）[1]：

描写的	The last drops of the thundershower had hardly ceased falling “雷阵雨还没有完全停止”
事件	when the Pedestrian stuffed his map into his pocket, “一个赶路人就把地图塞进口袋，”
事件	settled his pack more comfortably on his tired shoulders “把行囊在疲倦的肩头调整得更舒服一些”
事件	and stepped out from the shelter of a large chestnut tree into the middle of the road. “从他避雨的那棵大榛子树下出来，走到道路中间。”
描写的	A violent yellow sunset was pouring through a rift in the clouds to the westward. “西天上低垂的绛紫色的夕阳，正透过云层的缝隙射出余晖”
描写的	but straight ahead over the hills the sky was the colour of dark slate. “但是在前面群山之上的高空，却是青石板的颜色。”
描写的	Every tree and blade of grass was dripping, “每棵树、每根草上都滴着雨水，”
描写的	and the road shone like a river. “道路像河流一样闪闪发亮。”
非相续的	The Pedestrian wasted no time on the landscape “赶路人没有浪费时间欣赏风景”
事件	but set out at once with the determined stride of a good walker “立刻迈着矫捷而坚定的步子出发了”
描写的	who has lately realized that he will have to walk further than he intended. “他刚发现要走的路比原来想的更远。”
描写的	That indeed was his situation. “这就是他目前的处境。”

[1] 以下中译文来自《沉寂的星球》，马爱农译，译林出版社，2011 年。——译者注

非相续的	if he had chosen to look back, “如果他愿意回头看看，”
非相续的	which he did not, “但他没有，”
评价的	he could have seen the spire of Much Nadderby, “他会看到纳德比教堂的塔顶，”

如果有人要问这篇摘引中大致“发生了什么事？”，那么简单的回答则是：“一个行人把地图塞进口袋，把背包放在肩上，从他避雨的那棵大榛子树下出来，开始继续前进。”这些就是摘引中的小句所描绘的事件。这个事件序列可以被认为是**前景信息**（foreground information）。其他所有信息用来设置场景或者描绘其他的（有时是假设的）相关情形。这些支持性的材料经常被称为**背景信息**（background information）。

353 在程序体篇章中（参看 12.2.4 节），前景信息由表达程序步骤的小句组成。而背景小句则是对“为什么这么做”的评注以及材料、工具的描写，等等。在劝告体话语中，前景信息所包含的小句，表达说话人试图诱导听话人实施的行为（参看以下各种话语语体的描写）。

“前景”信息并不等于语篇中“最重要的”信息。可能更为精确的说法是，前景化的材料是一种框架，而最重要的信息就存在于这个框架里面。比如说，Linde 和 Labov（1975）对“编年体”（chronicle）和叙述体做出区分。编年体基本上是一种缺乏背景材料的叙述体篇章。这类篇章经常可以由家长式的问题“今天你干了什么？”引导出来：

I got up. I got dressed. I ate breakfast. I washed up. I walked to school. I played...
“我起了床。我穿了衣。我吃了早饭。我洗了碗。我走着去了学校。我玩了……”

假如没有评价性及支持性的材料，这个篇章除了满足好打听的家长之外，就没有多少“意义”。叙述体及其他各类篇章真正的重要性常常存在于“背景化”小句之中。比如说，许多寓言故事如果没有“故事的寓意”（“moral of the story”）那就不值得引用。

12.1.4 情节突显度

除了连续性和非连续性以外，话语同时也存在着多种突显度（prominence）。在第十章“语用标记性结构”中我们已经描写了一些用来突出（highlight）或突显小句成分的形态句法手段。在语法概要的“情节突显度”（episodic prominence）这一节，你可能想要描写一些可识别的（recognizable）、最好是语法化了的方式，说这种语言的人利用这些方式对某些跨度较长的话语给予特殊关注。

12.1.4.1 高潮 / 顶峰

叙述体篇章中的**高潮**（climax）描写的是修辞张力（tension）得以释放的时刻。高潮之前一定有张力逐渐积聚的过程，而高潮之后必定是某种张力的消退。“高潮”并不一定指话语的结尾。高潮时刻（climactic point）经常由一些异乎寻常的形态句法结 354
构来表现。比如，在“小红帽的故事”（Little Red Riding Hood）中，当小红帽（Little Red）感觉到由大灰狼（Big Bad Wolf）伪装的祖母有点奇怪时，紧张状态开始形成：

（4） a. LR: My what big eyes you have Grandma!
“小红帽：外婆你的眼睛怎么这么大呢！”
b. BBW: The better to see you with my dear.
“大灰狼：为了更好地看你，亲爱的。”
c. LR: My what big ears you have Grandma!
“小红帽：外婆你的耳朵怎么这么大呢！”
d. BBW: The better to hear you with my dear.
“大灰狼：为了更好地听你，亲爱的。”
e. LR: My what big teeth you have Grandma!
“小红帽：外婆你的牙齿怎么这么大呢！”
f. BBW: The better to EAT you with my dear!
“大灰狼：为了更好地吃你，亲爱的。”

在这个序列中小句 f 被描绘成一个高潮。而在小句 a 至 e 中，随着听众意识到“外婆”事实上是伪装的狼，并且可以预料到小红帽揭露出大灰狼的骗局，从而紧张状态上升。在这个例子中，标记高潮的唯一的形态句法手段是特殊的语调。在许多语言中，其他“强调的”（emphatic）或者风格上有标记的手段可能会出现。例如亚瓜语（Yagua）中，在情节高潮的时刻，会采用不及物运动动词的特殊屈折形态来加以标记（T. Payne 1990a）。其他语言在这种状况下可能会使用分裂构式、特殊语序或小词来标记。

顶峰（peak）是指叙述体话语中事件快速地连续呈现而没有背景材料来点缀的时刻。在某种意义上，它是故事中的“重要部分”。高潮和顶峰当然是相关的两种现象，但逻辑上二者是截然不同的。同高潮相关的现象一般地也同顶峰相关。与叙述体篇章的顶峰相关的另外的形态句法手段，包括异常短的句子、较长的段落、时 / 态标记的中立化，“强调”小词频率的增加。

12.1.4.2　强化（intensification）

反问句（rhetorical questions）具有提问的形态句法形式，但并不期待有字面回答。确切地说，反问句用来对一个断言加以“强调”（highlight）或强化。在劝说性及表现性（expressive）话语中反问句尤其普遍，其特点是通常使用特殊的语调类型。例如，一位企图为战争获得支持的政治家，他就可能通过说下面这类话来使其演讲达到高潮：

（5） Who will save our great nation from this dire threat?
“在这次极端的威胁中谁会来拯救我们伟大的国家？”

355 当然，这位政治家并非天真地向其听众询问一些他们具备而他本人没有的信息；相反，他在尝试引出“我们会！”之类的回答。如果他话语中的铺垫（build-up）部分成功实现，那么这个回答对有关各方都是显而易见的。似乎需要“是”或“否”来回答的反问句（参看 10.3.1.1 节），有时被用来断言某些命题应当是显而易见的。例如：

（6） Shall we continue to be humiliated by this foreign despot?
“难道我们还要遭受这个外国暴君的羞辱吗？”

假使该话语在此状况下有效的话，对于这个问题的显而易见的回答就是“No!”（“不！”）。

在其他情况下，反问句可能被用来传递说话人对某一命题的情绪化评论。例如在一次争辩中，如果在被对方所说的话触怒时，我就会说：

（7） How can you say that?!?!
“你怎么能那么说？！？！”

问号和感叹号的联合使用是一种生动的表达手段，有时用在英语书面语中，同反问句联合表达“怀疑”的语调。当然，在争论的语境中这个小句的功能根本不是要求获得信息；确切地说，那是以一种加强语气的方式说“对你刚才说的话，我很生气”。

有时甚至在叙述体话语中，反问句也会被用来表达强烈的断言。例如：

（8） Did he ever yell!（“他真的喊叫了！”）

这个小句具有疑问句的语法形式，但是带上合适的语调，那就成为一个加强语气的肯定句，表达“他真的喊叫了”的意思。

否定句有时也可以这样来使用：

（9） a. Did that bother you? “那个打扰你了吗？”
b. Oh no, nothing like that. “哦没，没有那样的事。”

如果用适当的具有讽刺意味的语调来念，（9b）能表达出加强语气的断言：“那当然真的打扰我了”。相对于英语来说，某些语言里这种用法在正常的话语中是更为不可或缺的部分。

最后，反问句经常在否定句中出现，比如在英语里： 356

（10） Didn't tell you to take out the trash?
"没告诉你把垃圾拿出去吗？"

另外，如果采用合适的语调，且在适当的语境中，这个小句就可能表达一种加强语气的断言："我叫你把垃圾拿出来！" 或者一种加强语气的命令："把垃圾拿出去！"

思考题

各种指称手段的话语功能是什么？也就是说，哪些手段编码高度连续的所指对象，哪些手段编码高度非连续的所指对象？

相关的问题：所指是如何被引入叙述体及/或对话体话语中的？

所指对象在后续篇章中的显著性是否决定了其引入方式的不同？（也就是说，语言是否能够清楚地区分"话语可操作性"所指的引入？）

是否有不同的编码手段用来引入具有某些敬称身份的所指？

话语中，时/态标记是如何有效使用的？（答案可能会因为语体不同而有异。）

在叙述体话语中，用什么形态句法手段来标记"事件"？用什么形态句法手段来标记"非事件"（即附属的描写材料）？

用什么手段来赋予部分篇章以特殊显著性？

你能否离析出该语言所敏感的显著度类型？

有没有专门的形态句法手段典型地用在叙述篇章的高潮或者顶峰部分？

在其他语体中，有没有可识别的顶峰？

反问句和/或否定句在话语中是否被用作"强调"手段？请举例。

12.2 语体

下面诸节构成了一个可能的语体清单，采用了英语传统中的著名例子，同时提供了一些为了引出（elicit）不同语体的语篇而可能要问到的问题。但是，要小心用这种方式引出的语篇。在自然的环境中记录篇章总是更好，例如，一位父亲事实上正在婚前劝告他的儿子，这就是一个自然的环境，而不是假设的语境。不过，这类机会是相当稀罕的。

12.2.1 会话体 357

会话体（conversation）可能是普遍默认的话语类型。但是，会话体并不容易具有作为“语体”的资格，因为它不具有任何一致的和显见的规定其结构的“组织参数”（organizational parameter）。相反，用来定义其他语体的任何或所有组织参数都被会话中的各种互动对象（interactant）协同或竞争地使用，只要每个人都觉得合适。事实上，绝大多数话语都将不同的组织原则结合起来使用。但是，会话体把这个老生常谈的原则利用到了极限。

会话体中最明显的结构特征是**话轮**（turn）（参看 Sacks, Schegloff 及 Jefferson 1974）。话轮是会话中的一个连续部分，在话轮中一个参与者在说话。连贯的会话包含了系列的话轮，这些话轮由不同的话语参与者来实现。社团（如果不是语言）通常使用多种形态句法手段及姿势手段来开始（initiate）、维护（nurture）、让渡（yield）和保持（hold）一个话轮。

话轮开始手段是一些信号，是指某一参与者有话要说，或者说，某一参与者“想要发言权”（wants the floor）（Sacks，Schegloff 及 Jefferson 1974）。在英语中，这类信号包括出声地吸气、竖起眉毛以及使用叹词，如 *but*...（“但”），*well*...（“好”），等等。

话轮维护手段被没有发言权的会话参与者用来鼓励那些具有发言权的会话参与者继续发言。在英语中，这些手段包括普遍存在的 *Uh huh*...（“嗯哼”/“是的”），以及不太程式化（less stylized）的表达，如 *Really?*（“真的吗？”），*Cool*（“好极了”），或者一些感兴趣的表情。在许多言语社团中，相对在欧洲言语社团而言，维护手段在各种话语中似乎显得更为重要。例如，在许多语言中，会话参与者通过重复对方整个或者部分发言来鼓励对方继续说话，这是非常普遍的。我们曾经在美洲及非洲进行研究，这种现象在这些语言中如此常见，以至我们很想称之为说书体（storytelling style）共性。例如：下面的会话是用帕纳雷语（Panare）记录的。A 和 B 代表交易的两个参与者：

（11） A: He was picking fruit. “他在挑水果。”
B: Ummmmmm “嗯”
A: Big fruit. “大水果。”
B: Big fruit. “大水果。”
358 A: Bigger than around here. “比旁边的大。”
B: Ummmmmm “嗯”
A: Like this big. “有这个大。”
B: Big. “大。”

帕纳雷语的咨询者（consultant）在描述故事时经常会有困难，除非有另一个帕纳雷语说话者，来给予鼓励并提出合适的问题以延续叙述体篇章话轮转换（turn-taking）节奏。

话轮让渡手段包括特殊的语调类型甚至语法小词。这些手段用来表明某个参与者结束了某个特定的发言，并将发言权留给别人。疑问语调经常被用来引出对话者的答复，即使小句不是真实的疑问句。

最后，话轮保持手段表明一个说话人没有结束发言。通常，说话人需要机会阐明他们的思想，但在他们思考的时候又不想放弃发言权，因而当他们正在考虑他们余下的发言内容时，他们便使用“填充项”（fillers）或者“支吾小词”（hesitation particles）来占据他们的话轮。在英语中，这些小词包括：*er*（“呃”），*um*（“嗯”），*well uh*（“嗯好”），*so*（“这样”），等等。

12.2.2　叙述体

叙述体（narrative）是一些故事。也就是说，它们是说话人描绘出真实世界或想象世界发生的一系列事件的话语部分。叙述体篇章中的这些事件通常（但并非必然）在时间上相互关联。也就是说，按时间顺序排列，时间在前的事件先于其他事件描述。下面章节介绍叙述体一些常见的次类。可能会有一些其他类型在这里未被列出。

12.2.2.1　个人经历类

个人经历类叙述体的例子有：

（a）我如何度过暑假。
（b）这次狩猎之旅发生了什么。

引出个人经历类叙述体篇章的方式有：

（a）“你曾有过差点儿死掉的经历吗？”
（b）“把你去……旅行的事儿说给我听听。”
（c）要利用言语社团中一些重要的事件，举例来说，“把维森特家房子失火的事儿说给我听听”， 359
或者“当灯光熄灭／地震发生／飓风来袭时，你在哪儿？”，“你为狂欢节做了什么？”，等等。力求做到尽可能的具体明确，并且关注对咨询人（consultant）来说特别重要的活动。例如“你杀了十一只猴子？太令人吃惊了。怎么发生了这样的事？”这句话要好于“把你昨天做的事说给我听听”。

12.2.2.2　历史类

历史类叙述体篇章的例子有：

（a）战争故事。在个人的一生中，世界上大多数地区曾经经历过重大而剧烈的冲突。这些都是个人经历类及历史类叙述体篇章特别丰富的资源。“流行的”故事可能已经变得精练和程式化。这些故事可为有准备言语（planned speech）特点的研究提供有价值的洞见，这些有准备的言语是书面传统的前身。但是，这些故事不可能反映日常叙述体风格。
（b）“殖民统治下的生活像什么？”这对非洲及亚洲岛国尤其相关。但是，结果可能具有政治敏感性，尤其是当有人说在殖民体系下的生活更好时。
（c）“这个社团是怎么形成的？”

12.2.2.3 民间故事类

严格地说，民间传说包括关于真实或想象的祖先的故事。民间故事可能包含一些超自然的元素，但本质上与解释自然现象无关。这些故事是对一个言语社团所做的阐释。在英语传统中，这样的民间故事有：亚瑟王（King Arthur）、罗宾汉（Robin Hood）、布恩（Daniel Boone）和克罗克特（Davy Crockett）。

要提的问题有：

（a）“你知道祖先的故事吗？”
（b）“是否曾有段时间动物能说话？”

12.2.2.4 神话类

这种语体可跟民间传说融合在一起。在某些言语社会中两者存在可识别的区别。在这类系统中，神话是由这类故事组成：特别依赖于超自然物并且通常对世界当前状
360 态做出解释。另一方面，民间传说所包括的故事并不那么依赖于超自然物，也未必试图对世界上任何事物进行解释。神话类叙述体篇章的一些例子是希腊神话，保罗·班扬，以及《创世记》的前八章。

要提的问题有：

（a）“是否曾有段时间动物能说话？”
（b）“X 的来源是什么？”（X 代表文化上有重要意义的植物、动物、身体部位、地理界标或者人群）
（c）“世界是怎么开始的？”
（d）“世界曾被水覆盖过吗？”

12.2.3 劝说体

劝说体（hortatory）话语是就说话人为使听话人做某事或以某一方式做某事而做的尝试。语言在如何运用劝说体话语方面存在差异。一些语言（尤其在西非）具有专门的“劝说体”构式；另一些语言则使用命令式；还有一些语言使用第一人称复数形式。例如，我们很可能听到北美的家长这样对孩子说话：“We don’t throw food at mommy”（“我们不要把食物扔给妈妈”）。有些劝说体话语的例子都是说教似的训诫，以及责备或家长似的教训。

要提的问题有：

（a）“你的女儿 / 儿子结婚前你会告诉他 / 她什么？”
（b）“我的孩子在学校表现很差。我该告诉他什么？”

12.2.4　程序体

程序体（procedual）话语是说明如何做某些事情的操作指南。它通常不是一个自然的语体。要小心所引出的程序体话语。引出程序体话语的这种尝试，可能会导致劝说体言语的出现。程序体话语像叙述体一样，通常是按时间来组织的。程序体篇章的前景部分是那些指称程序“步骤”的小句。

程序体话语的例子包括食谱以及如何装配秋千的操作指南。

要提的问题有：

（a）“你怎么制作喷枪？”

（b）“真好吃！你怎么做的？”

361

12.2.5　说明体

说明体（expository）话语是用来对某些事物进行解说的语体。这是另一种罕用的语体。尝试引出说明体篇章，尤其是围绕有关宇宙论的话题，很可能导致民间传说或神话的出现。如果主题内容是具体的，那么说明体话语可以依照方位来组织；如果主要事件是抽象或技术概念，那么说明体话语可以依照逻辑顺序来组织。说明体话语的例子包括解释性的说教，以及科技文章或教科书。

要提的问题有：

（a）“你为什么在月圆时打猎？”

（b）“你晚上捕猎什么动物？为什么？”

（c）“你的花园在哪儿？为什么？”

（d）“这是什么东西？它干什么用的？”（展示一些复杂的物体、思想或有机体）

12.2.6　描写体

人们有时候想要描写某事、某人或某抽象概念的特征。这是另一种少见的语体，而且你可能很难引出清晰的例子。描写体话语的例子有房子的分类广告，以及小说或短篇故事的设定场景（scene-setting）部分。

要提的问题有：

（a）“你在什么样的地方长大的？”（或者“社区 X 是什么样的？”）

（b）“你的房子是什么样的？”

（c）“你的父亲 / 兄弟是什么样的人？”（这里要注意：男性研究者尤其要小心，对于女性，不要出现追问的情况。）

12.2.7 仪式言语

仪式言语（ritual speech）是用于宗教仪式或其他仪式语境的规定性（prescribed）话语类型。这是非常普通的语体，但很难引出。仪式言语的例子有祈祷文及宗教祷告文，这些可以在婚礼、葬礼、成年礼、康复典礼及冲突消解仪式上听到。在菲律宾、印尼及世界其他地区，诗和歌一般被用作解决当地冲突的手段。

362 **思考题**

在这个语言中，哪些话语语体明显不同？举例并讨论每个语体的重要特征。

12.3 余论和结语

关于这种语言还有其他哪些特别有意思的地方？下面章节列出一些建议性的标题。但是，任何一个独特的语法概略，都不应该局限于这些标题。

12.3.1 惯用语 / 谚语

惯用语（idiomatic expressions）是其含义比人们所期待的表达式内部实际言辞所表达的意义更丰富的措辞。惯用语与谚语之间可能存在一条清晰的界限。某些语言（尤其在非洲）特别注重谚语，正因如此，谚语可以几乎起着和惯用语一样的作用。常见的英语惯用语有：*to get dolled up*“打扮”，*to fathom*（*I can't fathom that*）“领会（我不能领会那个）”，等等。

谚语（proverb）：*Look before you leap*“三思而后行”，*A stitch in time saves nine*“一针及时省九针 / 小洞不补，大洞吃苦”，*the calm before the storm*“暴风雨前的平静”，*The grass is always greener*“这山望着那山高”，*birds of a feather*“一丘之貉”，*Haste makes waste*“欲速则不达”，等等。

下面是苏皮雷语（西非马里境内的一种塞努福语）成千上万条谚语中的一些例子（引自 Carlson 1994）。Carlson 提供了这些谚语的直译，但几乎没有解释。这是因为大多数谚语的功能高度依赖于语境，也就是说，脱离特定的会话语境，谚语很少有一个客观的“意义”。不过下面的谚语，读者应该能够推断出可能的语境。

（12）	Sùpyà	lù-wùli-gé	puní	ɲyɛ	na	u	tà-à	mɛ́.
	person	water-bathe-DEF:CLS	all	NEG	PROG	CLS	get-IMPERF	NEG
	人	水－洗澡－有定：分类	所有的	否定	进行	分类	得到－未完整	否定

“All of a person's bath water doesn't get on him/her.”

“一个人的洗澡水并非都洗到他 / 她身上。”

（13）Nɔɔ-gɔ　jyí-fóó　u　kú　béré.
wound-CLS　wash-AGENT　CLS　CLS　cause:pain:in:wound
伤口－分类　洗－施事　分类　分类　导致：疼痛：在里面：伤口
“The one who washes a wound causes pain.”
“洗伤口的人会引起疼痛。”

（14）Ntasɛ̀nmii　naha-fóó　ɲyɛ　na　fyàà　mɛ́.
toad:CLS　herd-AGENT　NEG　PROG　hurry　NEG
癞蛤蟆：分类　兽群－施事　否定　进行　匆忙　否定
“A toad herd doesn’s hurry.”
“一群癞蛤蟆不匆忙。”

（15）Mu　ahá　kàkɔ̀ɔ̀　ɲyɛ　ú　u　kùlùshî-bire　jóólì,　u　363
you　COND　lizard　see　CLS:COMP　PROG　trousers-short:CLS　sew　CLS
你　条件　蜥蜴　看见　分类：标补　进行　裤子－短：分类　缝　分类
ɲyi-i　màha　mpyi　`nɛŋ-ké　tà-fworoŋ-ké　na.
eye-CLS　HAB　be　tail-DEF:CLS　LOC-go:out-DEF:CLS　on
眼睛－分类　惯常　是　尾巴－有定：分类　处所－去：出－有定：分类　在上面
“If you see a lizard sewing trousers, his eye is on the hole for his tail.”
“如果你看见一条蜥蜴在缝裤子，他的眼睛会盯着让他尾巴穿过的洞。”

12.3.2　语音象征

所有的语言都有这类词：它们听起来很像它所表达的内容。在英语中这类词包括 *splash*（“飞溅”）、*thud*（“砰击”）以及 *flutter*（“摆动”）。有时候表达语音象征性的词被描述为**拟声语**（onomatopoeic expression）或**象声语**（ideophones）。同欧洲语言相比，很多语言中这类词语在话语中尤其是在各种类型的叙述体话语中更为普遍。通常，这类词语具有不同寻常的音系学特征，甚至可能表现出简化的屈折形态形式。例如，亚瓜语（Yagua）具有大量语音象征性词语。而其中许多词语在话语中都有非常具体的功能。下面是一些例子：

（16）pųų　“砰然作响”（动物或人倒下）
pǫǫ　（矛或箭的声音）
tyę́ę́　（人用棍棒打击某物的声音）
juus　（人吹气的声音）
rǫ́ǫ́　“刮或擦”
siyǫ́ǫ́　“切”（肉）
kanekïï（人滚进某物的声音）
típye　“轰然作响”（一些坚固的有许多部分组成的东西倒塌的声音，比如说树或者房子）

下面一些词在语源上明显具有语音象征性，但现在不再具有能跟特定声音直接关联的意义了。在英语中可资比较的词语有可能是 *phew!*（“唷！”），表达对死里逃生的看法；或者 *tsk,tsk*（舌尖吸气音）表达厌恶之情：

（17） jiiiin　　“呀！”（表惊讶）
　　　jayo　　“哎唷！”
　　　va ñu　　“走吧 / 快点！”
　　　kíí　　“哼？”
　　　tiiy　　“不行”（未能满足期待的一种表达）

364 尽管这些词中的大多数都明显是语音象征，因为在亚瓜语中它们的音系迥异于普通的词（如 *jiiiin* 中的元音就比普通单词中可能出现的任何元音都长），但有些词只能据其形态句法行为被归为语音词。例如亚瓜语中 *vañu*“咱们走吧”显然不是一个普通的动词，因为它不带任何屈折或派生形式。而且这个词语以及许多其他词语经常被重复使用：

（18） vañu，vañu　　“来吧，咱们走吧！”

思考题

这种语言是否广泛而能产地使用语音象征？

常见的象声语有哪些？

这种语言的象声语及语音象征性的音位系统跟其他语言有什么不同？

形态上是如何不同的？句法上差异何在？

12.3.3　类型学的发现

尽管本指南的大部分内容致力于描述类型多样性的已知范围，但田野语言学家不应该忽略这样的事实：任何给定的语言都可能超出已知的多样性范围。正如本书“绪论”中所说，对于语言的普遍特征及变异范围我们目前已所知甚多。但是，这一令人印象深刻的知识体系（body of knowledge），不应被看作一件“紧身衣”（straitjacket），它并不能决定人们期待在某一已知语言中能发现什么。毕竟，只有当此前未知语言的语法描写被不断增加到语言学家对人类语言中共相和殊相的概念化之中，这种知识体系才可能获得。没有任何特别的理由认为这个过程已奇迹般地结束了。未来的描写肯定会扩大和否定许多当前关于语言的“已知”知识。每一种语言都表现出独特的类型学特征。一部高质量的语法描写应该以已知的类型作为参考点，突出被描写语言的独有特征和全部“特点”。

“特点”是一个无法客观定义的概念。它既跟一种语言的优势特征相关，也与人们在听或说这种语言时所具有的主观“感觉”相关。例如，亚瓜语是一个动词居首的语言，使用大量的动词派生后缀。在亚瓜语中，构建和理解句子很大程度上就是对动词 365
派生形式和形态句法进行准确的概念化。句子成分组构（constituency）的句法要求很少的加工努力（processing effort）。换句话说，句法规则很少而且简单，而派生形态却具有极大的功能复杂性。一个熟练的亚瓜语演讲者可以构造复杂的派生模式。其他语言可能需要付出大量的努力来习得和使用屈折的词形变化（paradigm），而派生系统则维持最低限度。一部成功的参考语法在各个方面的描写中应该包含富有洞见的定性观察（不是价值判断）。这些观察将会给这种语言及其使用者带来一种尊严感和敬意。

思考题

这种语言中特别有意思的特征是什么？

它在类型上具有什么样的惊人之处？

这项工作对我们理解“可能的人类语言”这一概念有什么帮助？你建议并/或计划自己进行的进一步研究的方向是什么？

你能不能定性地描述这种语言的“特点”？它的优势特征是什么？

这种语言的熟练的演讲者的特点是什么？

为了帮助读者了解这种语言是如何使用的，能否提供一些明确的例子？可以是笑话、祈祷文、隐喻表达或者其他文化上相关的话语实例。

366 # 附录 1 引得语料和语篇语料

语篇（text）语料和引得（elicited）[1]语料对好的描写语言学来说是必不可少的。它们有利有弊。为了最佳利用所有这些可得到的语料，语言研究者应该认识到这些利弊。就像筷子不便吃汤，汤匙难以吃面，引出的语料和语篇语料各有用武之地。语言研究者如果想用某种类型的语料来完成另一种类型的语料最适合完成的任务，那么他 / 她在将某个语言系统概念化时就会遇到障碍。

下面各段里，我将首先界定并展现语篇语料和引得语料的一些特征。然后我将列举每种类型的语料最适合的语言分析领域。最后，我将提出语言田野调查过程中处理语篇语料和引得语料的一些方式。这个讨论主要是针对那些非母语调查的田野工作者的，但所提到的很多原则对母语语言研究者来说也应该有用。

A1.1 定义

这里，我们将使用“语篇”这个词来指完成一个非假定的交际任务的任何语言样本。相对而言，“引得”（elicitation）或“引得语料”（elicited data）则指完成假定交际任务的那些语言样本。

引出的语言样本的社会任务是语言学家发出并完成一个元语言的请求，例如“你怎么说‘狗’？”回答实际上未必指任何概念，可能是有指的，也可能是无指的。交际不涉及任何特定的狗或整个狗类的特征。回答的任务将是为另一种语言中某个假定的话语提供一个合理的对等形式以适应问询者。因此，引出的话语跟所有有意图的人类行为一样，确实都是完成任务。他们所完成的只不过是上述意义上的“假定的”任务罢了。

367 “语篇”或许包含很短的话语，例如打招呼。同样，“引得”也可以包括多个句子的语言样本。话语的长度既不是引得也不是语篇的定义特征。我的经验是，较长的话语，即便是回答元语言的询问，常常也会演变为真正的语篇，因为大多数说话人对其言语所持的假定的视角难以维持较长的时间。绝大多数人需要用假定的知识来教着说

[1] 译文中 elicit 根据实际情况，有时译作“引出”，有时译作“引得”。——译者注

话。尤其当某个语言的受询者初入此行时，元语言的询问常被解释为非假定的。例如，我曾问一个受询者“你怎么说‘Yero 亲了 Dena’？”她回答说“他从不会那么做的！”Scribner（1979）对基于一般知识的言语和基于假定知识的言语之间的关系做了一次引人入胜的经验型研究。

A1.2　语篇语料和引出的语料的属性

好的语篇语料是没有控制的、不受限制的、动态的。一个语篇会包含一些从不出现于引得语料的形式。它也会包含一些出现于引得语料的形式，不过有时用法明显不同，有时用法略微有异。语篇中有很多特性。就是说，为了完成非常具体的交际任务，一些形式会以新奇的方式使用着。有时这些被称作“临时”（nonce）用法。例如，像 *He psycho-babbled away our two-hour appointment*（“我们两个小时的约谈被他给心理呓语了”）这样的一个句子可能会出现在某个特定的交际场合，即便动词 *to psycho-babble*（“心理呓语”）很可能并非绝大多数英语说话人的词汇化了的词汇中的一个部分。人们会纳闷这样一个句子怎么可能会被引出！篇章中的这种特异性（idiosyncrasy）比预期的更为常见，它常为说话人的思维方式及其经验的概念化方式提供重要的洞察力。

除了弄清某一语言的没有控制的、灵活的、特异的方面，田野工作者还要注意其规则的、系统的、可预测的那些方面。引出的语料是有控制的、受限制的、静态的。音系很可能是语言中最受规则控制的、最系统的领域，即便在音系中也有基于交际的特有变异。

着手处理语言中有控制的、系统的、受规则支配的部分时，最好的方式就是重视 368
引出的语料。这些部分包括：

1　音系（不包括语调）；
2　形态音位；
3　派生形态详单（哪些派生操作用于哪些词根等）；
4　屈折详单（确定人称、数的“一致关系”以及格标记的屈折变化的可能范围）；
5　代词详单（整套自由代词单独处理）；
6　词汇详单（获得大量表示文化上重要的事物和活动的词）。

注意，引得语料中很重视获得各种编码可能性的“详单”（inventories）。这是因为，在语篇中，语言通常只运用少数形式，尽管更多的形式也能运用。例如陈述句带上第二人称主语在语篇中是非常罕见的。这是因为，人们通常不会把他的说话对象告诉给涉及活动的其他人，例如 *You are baking bread*（“你在烤面包”）。疑问句在这种语境中更为自然。但是，如果语言描写中缺少第二人称陈述式形式，那它就是不完整的。

引得语料是完备的词性变化表所不可缺少的。通常，某个操作符的意义只有等能取而代之的整套操作符确定了才变得清楚。考察语篇很少能获得整个词性变化表。例如，某个特定的及物式是被动式还是作格式，至少部分取决于是否存在一个对应的“主动”式。同样，AVP 语序的确切功能要在得到 VAP 语序的最小对比对后才会清晰。语篇语料可以显示出 AVP 和 VAP 语序，但在语篇实例中，其他形式差异一般都非常之多，以至于语序对所考察的语义差异的确切价值都显得微不足道了。真正的最小对比对通常只有通过引得语料才能获得。

语言中涉及更多语用和语义因素的部分以及更细微的部分，最好要通过大量的语篇语料来分析，必要时以引得语料为辅。这部分包括：

369 1 语调；
2 成分语序；
3 屈折形态（决定着确切的功能，包括时 / 体 / 情态）；
4 语态（动词论元的语法关系和语义角色的配列）；
5 句子层面的小词（示证、确认以及语用突显小词）；
6 小句连接（包括关系化、补足语结构、状语小句和小句链）；
7 词汇语义学（决定着与各种词汇选择有关的细微差异，包括派生形态和代词）。

A1.3 语篇语料和引出语料的处理建议

在所有这些领域，引得语料和语篇语料之间都存在适当的“交替”（interchange）。引导田野面谈的一个好办法就是以一个转写较好的语篇为起点。有时只有在知悉了音位系统即做了几个月的田野调查之后，这样的语篇才能获得。然后，这个语篇就为引出的语言样本提供了语境。例如，在关于捕猴的语境中，打猎领域的动词将以适合的格框架而出现。语言学家就可以用这些动词和框架来组织引出的样本。这种做法减少了试图引出文化上无意义的句子（比如在某种文化中，如果亲吻被认为是令人厌恶的行为并且 Yero 和 Dena 都是受询者的熟人时，调查引出“Yero 亲了 Dena”这样的句子）。语言学家和受询者对语篇逐句仔细检查，同时受询者对每个句子的意思加以解说（这种场景假定受询者是双语者但未必有文化）。语言学家在打印的语篇文本空白处记下这些解说，并在该语篇中出现的句子旁边引出话语。例如，如果某个特定语素的意义不是很清楚，语言学家就要问，如果没有那个语素，这个句子能不能说。根据受询者的解释，如果去掉该语素，语义上的细微差别有何变化？是否能使用不同的语序？如果说话人说的是 ACB 而非 ABC，他 / 她会表达什么意思？

370 无论采用什么样的归档系统，以这种方式引出的话语都应清楚地标记为引得的。所提出的语义或语用的细微差别还应跟其他受询者仔细核对。对于某个句子在语法上可接受的变异形式，很多受询者的最初倾向是说“他们指的是同一个东西”。不用说，某个受询者对那些具有对比性的语义细微差别的最初尝试，语言学家不应视之为定论。对母语进行内省并在假定的交际场合配合调查时，有些受询者要比另一些更适合。此外，有些语言交替形式没有始终一致的语义效应。有时它们确实“指的是同一个东西”，有时它们的语义差别会因不同的语境、不同的说话人而发生变化，甚至同一个说话人在不同的时日也会发生变化。

有时我建议，对某一语言进行田野调查时，一开始要着重引得的语料（尽可能从语篇中获取，如前所括），随着田野工作者开始将该语言的系统属性内在化，调查应转向依赖更多的语篇。经验法则或许是，开始时用 90%的引得语料和 10%的语篇语料，然后第二年某个时候慢慢转为90%的语篇语料和10%的引得语料。与这一进程相一致，田野工作者开始应该研究语言有系统的那些方面，慢慢转向不太系统的、更有特性的那些方面（参看上文）。

无论采用什么样的编目系统，语篇语料和引得语料都应区分开来。这两种语料的功能悬殊，它们应尽可能以不同的形式来保存。在一个自动化的归档系统里，我们要么将每一份记录都标记为引得的或语篇的，要么将引得语料保存在与语篇语料完全不同的语料库里。两种办法我都用了。在我的语篇语料库里，我有很多“评注”记录，它们分散在构成语篇主体的那些记录中。每一个评注跟其所评注的记录都有相同的记录编号，另外还有字母和符号“cm N”，其中 N 是个编号。字母“cm”只是将该记录识别为引得的句子——并非该语篇的部分——而编号则允许对任何给定的语篇记录做出多个评注。例如，包含“FAO16.1 cm 1”的索引字段，表明该记录是属于 FAO16.1 这个记录的第一个评注记录。如果我只想看看或打印该语篇，我就可以将该索引字段中包含“cm”的所有记录都过滤出来。我还有一个为引得语料而建立的完整语料库。371
这些文件通过文件名与包含语篇语料的文件区分开来。Wimbish（1993）就如何组建一个语言学导向的语料库提出了一些很好的建议。

语篇语料和引得语料对一个面面俱到的田野调查项目来说都是必不可少的。它们各自适用于特定的目的。两类语料之间功能上的这种差异需要做出形式上的区别。

372 附录 2

参考语法取样

以下列举了一些参考语法，如何去组织某个语法描写，它们可以作为样本。由实际上已在研究中使用参考语法的专业的语言学家和学生语言学家所组成的一个非正式的专题讨论小组已经将这些参考语法鉴定为“成功的”。他们为本书主体部分所提供的方案提供了可选的组织方案。总体上，一个参考语法是否“成功”的标准是，根本不怎么熟悉该语言的读者们能否从中较快地搜集到可靠的信息。其他有益的特点包括对使用该语言的社会和文化背景的深刻描述、注解适当的例证、意义透明的术语以及包罗广泛的索引。

制定一个语法概要或参考语法的大纲时要记住，这本著作的包容性（inclusiveness）将跟作者对该语言的熟悉度以及田野工作所能得到的资源成正比。为地球上每一种语言都写出一本完备的参考语法当然是理想的，但田野工作的紧迫以及资金和时间的限制要求我们不时地对描写范围做出限制。对于完全没有文献记载的语言来说，十页简明扼要的大纲会极其有用；而对于早已研究得很充分且有大量人在说的语言来说，很可能需要一部更为详细的参考语法。对于一名田野工作者来说，重要的是精确地估计所要描写的参考语法相对于可用资源来说的详略程度。

非洲（Africa）

Carlson, Robert J. 1994. *A Grammar of Supyire: Kampwo Dialect*. Berlin: Mouton de Gruyter.

Dimmendaal, Gerrit Jan. 1983. *The Turkana Language*. Dordrecht, Holland, and Cinnaminson, N: Foris.

Kimenyi, Alexandre. 1980. *A Relational Grammar of Kinyarwanda*. Berkeley: University of California Press.

Noonan, Michael. 1992. *A Grammar of Lango*. Berlin and New York: Mouton de Gruyter.

亚洲（Asia）

Driem, George van. 1987. *A Grammar of Dumi*. Berlin and New York: Mouton de Gruyter.

1993. *A Grammar of Limbu*. Berlin and New York: Mouton de Gruyter.

Haspelmath, Martin. 1993. *A Grammar of Lezgian*. Berlin and New York: Mouton de Gruyter.

Hewitt, B. G. 1979. *Abkhaz*. London: Croom Helm.

Kuno, Susumu. 1973. *The Structure of the Japanese Language*. Cambridge, MA: MIT Press.

Lehmann, Thomas. 1989. *A Grammar of Modern Tamil*. Pondicherry India: Pondicherry Institute of Linguistics and Culture.

Li, Charles N. and Sandra A. Thompson. 1981. *Mandarin Chinese: a Functional Reference Grammar*. Berkeley and Los Angeles: University of California Press.

美洲印第安（Amerindian）

Cole, Peter. 1982. *Imbabura Quechua*. London and Dover, NH: Croom Helm.

Craig, Colette Grinevald. 1977. *The Structure of Jacaltec*. Austin: University of Texas Press.

Derbyshire, Desmond C. 1979. *Hixkaryana*. London: Croom Helm.

Gamble, Geoffrey. 1978. *Wikchamni Grammar.* Berkeley: University of California Press.

Gordon, Lynn. 1986. *Maricopa Morphology and Syntax*. Berkeley: University of California Press.

Kimball, Geoffrey D. 1991. *Koasati Grammar*. Lincoln: University of Nebraska Press.

Munro, Pamela .1976. *Mojave Syntax*. New York: Garland Press.

Payne, Doris L. and Thomas E. Payne. 1990. *Yagua*. In *Handbook of Amazonian Languages*, vol.ll, ed. by Desmond C.Derbyshire and Geoffrey Pullum.249-474. Berlin: Mouton.

Pitkin, Harvey. 1984. *Wintu Grammar*. Berkeley: University of California Press.

Press, Margaret L. 1978. *Chemehuevi: a Grammar and Lexicon*. Berkeley: University of California Press.

Rice, Keren. 1989. *A Grammar of Slave*. Berlin and New York: Mouton de Gruyter.

Rood, David. 1976. *Wichita Grammar*. New York: Garland Press.

Watkins, Laurel. 1984. *A Grammar of Kiowa*. Lincoln: University of Nebraska Press.

Weber, David J. 1989. A Grammar of Huallaga (Huanuco) Quechua. Berkeley: University of California Press.

Williams, Marianne (Mithun). 1976. *A Grammar of Tuscarora*. New York: Garland Press.

Zepeda, Ofelia. 1983. *A Papago Grammar*. Tucson: University of Arizona Press.

澳大利亚（Australia）

Austin, Peter. 1981. *A Grammar of Diyari, South Australia*. Cambridge Studies in Linguistics 32. Cambridge University Press.

Dixon, R. M. W. 1972. *The Dyirbal language of North Queensland*. Cambridge University Press.

Evans, Nicholas. 1995. *A Grammar of Kayardild: with Historical-Comparative Notes on Tangkic*. Berlin and New York: Mouton de Gruyter.

Heath, Jeffrey. 1978. *Ngandi grammar, Texts and Dictionary.* Canberra: Australian Institute of Aboriginal Studies.

Merlan, Francesca. 1982. *Mangarayi*. London: Croom Helm. 1994. *A Grammar of Wardaman: a Language of the Northern Territory of Australia.* Berlin and New York: Mouton de Gruyter.

南岛（Austronesia）

Antworth, Evan L. 1979. *Grammatical Sketch of Botolan Sambal*. Manila: Linguistic Society of the Philippines.

Dixon, R. M. W. 1988. *A Grammar of Bouman Fijian*. University of Chicago Press.

Dougherty, Janet. 1983. *West Futuna-Aniwa: an introduction to a Polynesian Outlier Language*. Berkeley: University of California Press.

Durie, Mark. 1985. *A Grammar of Acehnese on the Basis of a Dialect of North Aceh*. Dordrecht, Holland, and Cinnaminson, NJ: Foris.

Harrison, Sheldon P. 1976. *Mokilese Reference Grammar*. Honolulu: University Press of Hawaii.

Jensen, John Thayer. 1977. *Yapese Reference Grammar*. Honolulu: University Press of Hawall.

Lee, Kee-dong. 1975. *Kusaiean Reference Grammar*. Honolulu: University Press of Hawaii.

Lichtenberk, Frantisek. 1983. *A Grammar of Manam. Oceanic Linguistics Special Publication* 18. Honolulu: University of Hawaii Press.

Schachter, Paul and Fe T Otanes. 1972. *Tagalog Reference Grammar*. Berkeley: University of California Press.

Sohn, Ho-min. 1975. *Woleaian Reference Grammar*. Honolulu: University Press of Hawaii.

Topping, Donald and Bernadita Dugca. 1973. *Chamorro Reference Grammar*. Honolulu University Press of Hawaii.

其他杂类（Miscellaneous）

Berman, Ruth Aronson. 1978. *Modern Hebrew Structure*. Tel-Aviv: University Publication Projects.

Lewis, Geoffrey L. 1991. *Turkish Grammar*. Oxford and New York: Oxford University Press.

Press, Ian. 1986. *A Grammar of Modern Breton*. Berlin and New York: Mouton de Gruyter.

Saltarelli, Mario. 1988. *Basque*. London and New York: Routledge.

Underhill, Robert. 1993. *Turkish Grammar*. Cambridge, MA: MIT Press.

巴布亚语（Papuan languages）

Davies, John. 1981. *Kobon*. Amsterdam: North-Holland.

Foley, William. 1991. *The Yimas Language of New Guinea*. Stanford University Press.

Franklin, K. 1971. *A Grammar of Kewa*. New Guinea and Canberra: Linguistic Circle of Canberra.

Haiman, John. 1980. *Hua, a Papuan Language of the eastern Highlands of New Guinea*. Amsterdam: John Benjamins.

Reesink, Ger. 1987. *Structures and their Functions in Usan: a Papuan Language of Papua New Guinea*. Amsterdam and Philadelphia: John Benjamins.

注释

导言

① 本书只集中讨论形态句法描写。绝大多数语法著作或语法概要在描写缺乏文献记载的语言时，也常常有一章或者至少有一个主要小节讨论该语言的音系或语音系统。读者需要去查阅大量有关音系描写的文献，以便撰写音系这一章节。Spencer（1996）一书以及其中引用的参考文献都是很好的入门读物。

② 在这里，我希望对“其他事物”这个术语做尽可能宽泛的理解，也就是说，至于**所指之物**（signifié，被语言形式指示的或编码的物体）是否是一个真实世界里的物体，一个“信息世界”中的物体，一个“头脑中的概念”，一个涵义，或者一个指称，等等，对这样的问题我并没有做出任何断言。本书感兴趣的语言特点在于它是**表征性的**（representational），也就是说，它表征其他事物（即便这些其他事物碰巧就是语言本身）。至于语言所表征的事物的确切性质则不在本书讨论的范围之内。我个人的观点是，Lakoff（1987）提出的**认知模型**（cognitive model）概念，对于我们洞悉语言表达形式所表示的概念的性质和结构、了解内容决定形式的方式，都是极为有用的。然而，为了支持说话人用语言单位来表征事物这个观点，用不着抬出这一看法来。

③ 这个概念和术语会让人回想起 Hockett（1954）的语法描写中的“词项与过程”模式。与当代的语法描写方法一样，我们有意识地采用了词项与过程模式，并接受其蕴涵的目的论。我用“操作”这个术语来指称在特定语言中具有概念作用的特定的形态句法手段，同时保留“过程”这个术语作为对那些操作进行编码的宽泛的策略，例如，英语中复数形式的构成就是一种形态操作，其中，添加后缀是一种形态过程。我这样做是为了同许多语言学家在术语运用方面保持一致。尽管在这个领域中，术语的使用大相径庭，但我相信，这样的区分可能使有些人糊涂，不过对理论主张各异的语言学家们来说，总的来讲还是可以接受的。

当我们跳出形态，着手考察分析性的（句法）结构时，操作和过程之间的区别就更难维持了。这要归因于如下事实，即，与形态相比，句法更多地是由普遍的功能原则（比如象似性）来决定的。例如，左偏置（left-dislocation）就是对形态中前缀法的一种合适的句法类推。它完全由所涉及的结构变化来界定，因此，从本质上来讲，它不会依附于任何特定语言的任何特殊的概念内容。尽管如此，对左偏置而言，一个明显的普遍倾向是用它来编码一个被称为对比焦点（参见第十章）的特殊功能。这个倾向非常强大，以至于语言学家实际上将左偏置和“对比焦点”这个功能术语当成了同义词。许多形式手段（比如“被动”）被贴上了听起来像功能手段的标签，就是因为它们与特定的功能密切相关。由于上述这些原因，在句法分析中，我们实际上摒弃了操作 / 过程之间的区分。

第二章　形态类型

① 依据描写语言学的标注规范，用方括号“[ ]”表示语音单位，双斜线“//”表示音位单位。一般文献对于语音学与音系学的介绍都可以涵盖本节涉及的术语、概念和标注方法。可参看 Burquest 和

Payne（1994）。

第三章　语法范畴

① “第四人称”这个术语已经以各种方式出现在文献里。以前使用这个术语所描述的功能里，没有一个是本书所使用的术语尚未涵盖的。因此我们不想考察它的各种用法。

② 参看 8.1 节对语义、句法的论元结构之间差异的讨论。

③ 还有一种复杂情况，许多动词的论元结构不止一个，这将留待第七、八两章详细讨论。这是“动词有不同的‘意思’”的另一种说法。例如，动词 *grow* 至少有两个意思（意义）：体积增加、培育其他事物使其体积增加。在第一个意思上，论元结构只包含一个*受事*：“My ivy plant keeps growing”（“我的常春藤不断成长”），而在第二个意思上则有一个*施事*和一个*受事*：“He grows marijuana for a living”（“他种植大麻来谋生”）。

④ 参看 DeLancy（1990）对*施事*的另一个定义。我认为，DeLancy 将*施事*界定为“小句中的首要*致事*”本质上等同于 Fillmore 的定义加上“信息世界”的概念。就是说，在小句这个语言单位里，信息世界的场景被视点化了。“动作行为的发起者”等同于“首要*致事*”，信息世界的“场景”等同于“小句”，如此看来，这两个定义几乎是互相重述。

Foley 和 Van Valin（1984）描述了*施动者*和*经历者*这两大角色（two “micro-roles”）之间的功能连续统。在经典的格语法观点里，原型的*施动者*是*施事*，典型的*经历者*是*受事*。他们的这种方法一方面维持了客观主义者对*施事*和*受事*的界定，另一方面又解释了这些角色在语法编码上的变异性。

⑤ 用来表形态格的“作格”“通格”“话题”等术语将在第七章界定，这里重要的只是要注意，作格是一种不同的格形式。

⑥ 述实动词跟带述实补足语的动词不发生混淆。11.2 节将予讨论。

⑦ 字面义：“她们俩到她们心里想的所有地方去。”亚瓜语里，有小孩的妇女往往被当作双数。

第四章　成分语序类型

① 当然，包含“主语”和“谓语”的语法上的小句并非一个命题在语言上唯一可能的例示。尤其是在会话中，命题常常由短语、叹词、不完整的结构等较短的语言形式来表达。此外，命题也可以由非语言的手段来例示，或者根本就未加例示，即它们可以被推导出（参看 Sperber 和 Wilson 1986）。不过，就参考语法的目的而言，田野语言学家会将讨论的范围限制在命题的规约化的语言例示上。

② 关于语法关系的概念（包括主语和宾语）的详细历史和批评，参看第七章。

③ 尽管 *do* 有时被看成是“语义上虚空的”，但它确实能表达重要的语用信息，如对比焦点（参看 10.0.2 节）。

第五章　名词和名词短语的操作

① 这些例子使用标准他加禄语正字法。拼写为“mga”的形式发音为 [máŋa]。

② 这些都是亚瓜语中完全可接受的句子；不过，两个句子各自都不是表达这些想法的正常方式。尤其是义为“杀死”的动词 díy 通常都带上更为复杂的形态，用来表达“终有一死”这个概念，例如 *vųųvyų díiyasara*“我们终有一死的身体”，字面义是“我们注定要被杀死的东西”。亚瓜语中，“杀死”的概念常由一个指明杀死的方式的更为具体的动词来表达。动词 díy 也不是表达“看见”这个概念的正常方式。像（19b）这样的小句确实常出现在民间故事里，但所给的注解相当于“An alligator came into his sight"（"一条美洲鳄进入他的视野"）或"His vision rested on an alligator"（"他的视线停留在一条美洲鳄上"）。另外还有一个动词 *junúúy* 可以确切地注解英语的动词 *see*。

第六章　名词谓语及相关构式

① 位移小句指的是有人或有东西改变了位置，比如：*She fell into a vat of sausage dye*（"她跌进一个香肠色的大桶里"）。这不同于不明确表达出位置改变的小句，比如：*She fell*（"她倒下了"）。

② Clark 在语用情状的描写中遵循传统英语语法使用"有定性"这个术语，本书中使用"可识别性"。

第七章　语法关系

① 语言中形式与意义的关系参见"导言"0.2.1 节；描写语言学对于术语"论元"的定义参见 3.2 节。

② 类似的情况，美国的快餐店有一套高度自动化的流程来生产什锦汉堡。什锦汉堡是一项有用的类别，因为许多北美人都希望干酪汉堡里什么都有。然而一旦什锦汉堡变成自动的类别，更多的人就会"被迫"选择什锦汉堡，因为要求其他稍有不同的汉堡就会比较复杂，等候时间也长。所以某个范畴一旦语法化，就类似一种自我实现的预言。人们选择它，正是因为它是一个范畴，而未必是因为它是解决当下问题的最佳方案。范畴的建立本身就创造或加强了对该范畴的需求。

③ 旁格有时也被看作一种语法关系，但不是核心语法关系。我倾向于认为旁格成分是那些与动词没有语法关系的名词性小句成分。英语的旁格论元可以认为是前置词的宾语。它们是句子的非必要的附接语，近似于状语（参见 3.4 节和 11.3 节）。许多语言的间接宾语是值得怀疑的成分。通常，那些叫作间接宾语的小句成分在形式属性上要么和直接宾语一样，要么和旁格成分一样。

④"类似施事"的论元是指最接近理想的在命题描述的场景里具有发起动作和控制参与者的论元。我们指的不是 7.3.2 节"话题价值等级"中描写的动词论元的内在属性。比如下面的句子：

（i） The change in schedule made me late.
"计划的改变使我迟到了。"

因为短语 *the change in schedule*（"计划的改变"）表现为控制"迟到"这一事件的实体，所以它是 A，尽管第一人称的"me"（"我"）在内在施事性等级上的位置更高。内在施事性等级的概念指的是这样的事实：某些种类的实体内在地倾向于被编码为施事，但这绝不排除此类实体也可以以其他角色出现。

⑤ 主格（nominative）和宾格（accusative）两个概念来自经典语言的语法。在很大程度上，两者在经典语言的语法中的界定与此处一致。然而经典语言的主格和宾格严格地局限于形态格。这些格标记除标明 A、S 或 P 论元以外，还有许多其他用法。例如，拉丁语的宾格出现在某些前置词的宾语上。在这里我们采用主格和宾格这些术语来描述语义－句法角色的分类问题，不管这些角色在形态句法上的实际表现如何。因此，如果一个特定的名词短语是 S 或 A 论元，不管其上是否有主格标记，我们都称它为"主格"名词短语。更常见的是，不管该语言的格系统的组织是否以主格/宾格为基础，它的某些句法规则都可能指主格范畴（Anderson, 1976）。关于名词短语的章节也有类似的处理，据记载，即使某种语言在形态上不存在明确的属格标记，领有者还是常被称为"属格"。一些形态句法单位使用我们熟悉的语言的术语来注解，但不必总是指望它们与我们熟悉的语言里所具有的这些注解的

操作符完全对应。

⑥ Dixon（1994：203）描写了伊朗语族鲁善语（Iranian language Rushan）中系统 IV 的边缘性例子。然而他指出该系统“不稳定”，从他的论述可以看出，这种不稳定的系统即使在鲁善语里也属于非正常配置。

⑦ 以下论述以至全章内容，都受到了 R. M. W. Dixon（1972，1979，1994）和 Bernard Comrie（1978a）的极大启发。

⑧ 这一等级还有另外的复杂情况，特别是在一致关系和代词的部分。其产生原因主要有两点：其一，一致关系和代词的总体系统比较复杂，具体使用也经常表现出个体差异；其二，有些语言对于等级上的第一人称和第二人称不做区分，即第一人称和第二人称（一致关系或代词）被认为同样可能成为施事，但两者等级都高于第三人称。此类系统不构成以下概括的反例，即基于语用以区分 A 和 P 的系统里，靠近左端的成分比靠近右端的成分等级更高。只是当两个论元分别为第一人称和第二人称时，这种系统不再依靠语用来区分 A 和 P。如果一种语言中靠近右端的成分比靠近左端的成分更可能在语用上被视为施事，那才应该是真正的反例。

⑨ R. M. W. Dixon（私下交流）认为名词并入（例 45）对作格 / 通格的区分普遍敏感。我 90% 同意这种观点。然而，对于名词并入来说，由于系统常常十分复杂，我不敢十分确定地说作格 / 通格总是那个与之有关的句法配列。例如，*This medicine is doctor-recommended*（“这种药是‘医生建议’的”，A 论元并入）这种表达式在英语里是允许的。实际上，我发现许多语言的名词 – 动词并入不一定对语法关系敏感。经常是只要与动词存在某种联系的名词都可以被并入。这些名词成分经常是 S 或 O，但看不出存在什么直接关联。英语里也有少数例子，其中被并入的名词不是 S 或 O，例如 *You will be pay-deducted*（“你将被‘减薪’”），*I will spoon-feed him*（“我将‘勺喂’之”），*We baby-sat for four hours*（“我们‘婴坐’达四时”）。

第八章　语态和变价操作

① 严格地说，及物动词构成的升宾式并不增加配价数量。不过，由于它们的确将一个边缘性参与者带入“中央舞台”，所以将它们和其他增价手段一样看待。参看 8.1.2 节的详细讨论。

② 严格地说，逆向结构式并不减少配价数量。不过，由于它们的确淡化一个控制性论元的中心性，所以将它们和其他减价手段一样看待。参看 8.2.3 节的详细讨论。

③ 在克里语中，使用正向式还是逆向式的决断与使用被动式还是主动式的决断不相同；只不过是同一类型的决断，即，是说话人基于语用效果的选择。克里语还有一种语法上明确的被动结构，因此正向式与逆向式的变换完全独立于正向式与被动式的变换。

第九章　动词和动词短语的其他操作

① 语法化的外在表现包括：（1）形式简化和（2）语义虚化。英语起始体和完结体的“标记”是带补足语的动词 *begin* 和 *finish*。这两个词出现在起始或完结小句中时，既没有采用特殊的形式，也没有表达任何独特的非字面语义。譬如说，这与动词 *have* 正好形成对比，*have* 作为完成体标记或道义情态标记出现时，确实有特殊的语义和形式属性：

（i）　完成体：They*'ve* fallen.“他们已经降落了。”

（ii）　道义情态：They *hæftə* go now.“他们现在必须走了。”

在动词 *have* 的词汇性用法中，这些小句所例示的缩略形式非常罕见：

（iii） 词汇性用法：They have two dollars. “他们有两美元。”
??They've two dollars.
??They hæftə dollars./??They hæf two dollars.

语音缩略是语法化的形式表现。体和情态用法的 *have* 已发生语法化的语义表现，是（i）和（ii）的意义与 *have* 表示“领属”之类的意思的标准词汇性用法大不一样。

另一方面，finish 和 begin 作为带补足语的动词，它们所表达的概念，与它们的补足语不是小句时所表达的概念极为相似：

（iv） 词汇性用法：He finished the bookcase. “他完成了书柜。”
He began Mozart's sonata in G. “他开始了莫扎特的 G 大调奏鸣曲。”

当然，语法化是个过程而非事件。因此，任何给定的操作符都或多或少地语法化了。英语中语法化为体助动词的动词有 *have* 和 *go*。*will* 是个古代的词汇性动词（义为“想要”），现在绝大多数情况下用作将来时助动词。*ought* 与词汇性动词 *owe*（“欠”）有关，而 *can* 则与词汇性动词 *know*（“知道”）有关。但这些情态助动词与它们的源词所发生的分化如此之大，以至对母语使用者来说，想要分辨出其形式或功能上的联系，也是很困难的。有趣的是，在所有这些例子中，助动词反映的都是更保守和更古老的词形。

第十章　语用有标记的结构

① Foley 和 Van Valin（1984）将话题化这一术语用于（26b），将左偏置用于（26c）。在此我们出于两方面原因不采用这一术语体系：（1）为维持一般的视角，我们避免使用话题化这类功能术语去描述形态句法手段。这是因为跨语言之间相似的结构可能不具备相似的功能。（2）将（26c）认作左偏置衍推（entail）左向的名词短语在小句之外。从田野语言学家的观点来看没有关于这一衍推（entailment）的独立证据。事实上，这看起来似乎暗示着语法整合（grammatical integration）具有四个层级，其中有一个在英语中未经证实：

前置但在小句内部（在英语中未经证实）		
左偏置	Beans I like.	“大豆我喜欢。”
话题化	（As for）beans, I like.	“（至于）大豆，我喜欢。”
同位语	Beans. What a great lunch.	“大豆。多丰盛的午餐。”

对文献的调查显示，没有其他资料使用 Foley 和 Van Valin 的术语体系。

第十一章　小句连接

① “复杂性连续统”这个术语和概念源自 Sandra Thompson 1979 年的课堂讲授（class lectures）。补足语类型的类型学概念在很多文献中都有提及，包括著名的 Givón（1984）。

② Haiman（1987）用术语“中间动词”描述充当非终结小句核心的形态上不同的动词类型。但 Longacre（1985）不加区别地同时使用“中间小句”和“非终结小句”两个术语。

参考文献

Adams, Karen L. and Nancy Faires Conklin. 1973. Toward a theory of natural Classification. *Chicago Linguistic Studies* 9. 1-10.

Allen, Keith. 1977. Classifiers. *Language* 53.285-311.

Anderson, John. 1971. *The Grammar of Case: towards a Localist Theory*. Cambridge University Press.

1977. *On Case Grammar*. Cambridge University Press.

Anderson Stephen R. 1976. On the notion of subject in ergative languages. In *Subject and Topic*, ed. by Charles N. Li, 1-24. New York: Academic Press.

1977. On mechanisms by which languages become ergative. In *Mechanisms for Syntactic Change*, ed. by Charles N. Li, 317-32. Austin: University of Texas Press.

1982. Where's morphology? *Linguistic Inquiry* 13. 4.571-612.

1985a. Typological distinctions in word formation. In *Language Typology and Syntactic Description*, vol. Ⅲ: *Grammatical Categories and the Lexicon*, ed. By Timothy Shopen, 3-56. Cambridge University Press.

1985b. Inflectional morphology In Language Typology and Syntactic Description vol. Ⅲ: *Grammatical Categories and the Lexicon*, ed. by Timothy Shopen, 150-201. Cambridge University Press.

Anderson, T. 1988. Ergativity in Pari, a Nilotic OVS language. *Lingua* 75.289-324.

Andrews, Avery. 1985. The major functions of the noun phrase. In *Language Typology and Syntactic Description*, vol III: *Grammatical Categories and the Lexicon*, ed. By Timothy Shopen, 62-154. Cambridge University Press.

Austin, Peter. 1980. Switch reference in Australian languages. In *Studies of Switch Reference*, ed. by Pamela Munro. UCLA Papers in Syntax 8 1-54. Los Angeles University of Southern California.

1981. *A Grammar of Diyari, South Australia*. Cambridge Studies in Linguistics 32. Cambridge University Press.

Bamgbose, A. 1974. On serial verbs and verbal status. *Journal of West African Linguistics* 9.17-48.

Barnes, Janet. 1990. Classifiers in Tuyuca. in *Amazonian Linguistics: Studies in Lowland South American Languages*, ed. by Doris L. Payne, 273-92. Austin: University of Texas Press.

Barshi, Immanuel and Doris L. Payne. 1996. The interpretation of "possessor raising" in a Maasai dialect. In *Proceedings of the Sixth International Nilo-saharan Linguistics Conference*, ed. by M. Lionel Bender and Thomas hinnebusch Afrikanistische Arbeitspapiere 45. Cologne: Institut fur Afrikanistik, Universität zu Köln.

Baugh, John and Joel Sherzer. 1984. *Language in Use: Readings in Sociolinguistics.* Englewood Cliffs:

Prentice-Hall.

Bauman, Richard. 1977. *Verbal Art as Performance*. Prospect Heights: Waveland Press.

Bauman, Richard and Joel Sherzer (eds.). 1974. *Explorations in the ethnography of Speaking*. Cambridge University Press.

Besnier, Niko. 1986. Register as a sociolinguistic unit: defining formality. In *Social and Cognitive Perspectives on Language*, ed. by Christopher Hall and Mary McGinnis, 25-63. Southern California Occasional Papers in Linguistics, 11. Los Angeles: University of Southern California Press.

Bloomfield, Leonard. 1956. *Eastern Ojibwa: Grammatical Sketch, Texts and Word List*. Ann Arbor: University of Michigan Press.

Boas, Franz. 1911. *Handbook of American Indian Languages*. Smithsonian Institution Bureau of American Ethnology; Bulletin 40.

Borgman, D. M. 1990. Sanuma. In *Handbook of Amazonian Languages*, vol. Ⅱ, ed. by Desmond C. Derbyshire and Geoffrey Pullum, 15-248. Berlin: Mouton.

Brown, Gillian and George Yule. 1983. *Discourse Analysis*. Cambridge University Press.

Burling, Robbins. 1970. *Man's Many Voices*. New York: Holt, Rinehart, and Winston.

Burquest, Donald and David Payne. 1994. *Phonological Analysis: a Functional Approach*. Dallas Summer Institute of Linguistics.

Bybee, Joan. 1985. *Morphology: Typological Studies in Language*, vol IX. Amsterdam: John Benjamins.

Carlson, Robert. 1994. *A Grammar of Supyire, Kampwo Dialect*. Berlin: Mouton de Gruyter.

Carlson, Robert and Doris L. Payne. 1989. Genitive classifiers. In *Proceedings of the Fourth Pacific Linguistics Conference*, 87-119.

Casad, Eugene H. 1982, Cora locational and structured imagery. Unpublished doctoral Dissertation, University of Califomia, San Diego.

Chafe, Wallace L. 1970. *Meaning and the structure of language*. University of Chicago Press.

1976. Givenness, contrastiveness, definiteness, subjects, topics and point of view. In *Subject and Topic*, ed. by Charles N. Li, 25-55. New York: Academic Press.

(ed.) 1980. *The Pear Stories: Cognitive, Cultural and Linguistic Aspects of Narrative Production*. Norwood, NJ: Ablex.

1987. Cognitive constraints on information flow. *In Coherence and grounding in Discourse*, ed. by Russell C. Tomlin, 21-51 Amsterdam and Philadelphia: John Benjamins.

Chafe, Wallace L. and Johanna Nichols (eds.). 1986. *Evidentiality: the linguistic Coding of Epistemology*. Norwood, NJ: Ablex.

Chambers, J. K. and Peter Trudgill. 1980. *Dialectology*. Cambridge University Press.

Chapman, S. and Desmond C. Derbyshire, 1991. Paumarí. In *Handbook of Amazonian Languages*, vol. Ⅲ, ed. by Desmond C. Derbyshire and Geoffrey Pullum, 161-352, Berlin: Mouton.

Chomsky, Noam. 1982. *Some Concepts and Consequences of the Theory of government and Binding*. Linguistic Inquiry Monograph 6. Cambridge, MA: MIT Press.

Clark, Eve V. 1978. Locationals: existential, locative and possessive constructions. In *Universals of Human Language*: vol IV: *Syntax*, ed. by Joseph H. Greenber 85-126. Stanford University Press.

Clark, Eve V. and H. Clark. 1979. When nouns surface as verbs. *Language* 55.767-811.

Comrie, Bernard. 1974. Causatives and universal grammar. *Transactions of the Philological society* 1-32.

1978a. Ergativity. In *Syntactic Typology: Studies in the Phenomenology of language*, ed. by Winfred P. Lehmann, 329-94. Austin: University of Texas Press.

1978b. *Aspect* (2nd printing). Cambridge University Press.

1989. *Language Universals and Linguistic Typology (*2nd edition). University of Chicago Press.

Comrie, Bernard and Sandra A. Thompson. 1985. Lexical nominalization. In *Language Typology and Syntactic Description*, vol III: *Grammatical Categories and the Lexicon*, ed. by Timothy Shopen, 349-98. Cambridge University Press.

Corbett, Greville G. 1991. *Gender*. Cambridge University Press.

Craig, Colette Grinevald. 1977. *The Structure of Jacaltec*. Austin: University of Texas Press.

1986. *Noun Classes and Categorization*. Typological Studies in Language, 7. Amsterdam and Philadelphia: John Benjamins.

Croft, william. 1990. *Typology and Universals*. Cambridge University Press.

Dahlstrom, Amy. 1991. *Plains Cree Morphosyntax*. New York and London: Garland.

De Guzman, Vida. 1978. *Syntactic Derivation of Tagalog verbs*. Oceanic Linguistics Special Publications 16. Honolulu: University Press of Hawaii.

Delancey, Scott. 1982. Aspect, Transitivity and viewpoint In *Tense-aspect: between Semantics and Pragmatics*, ed. by Paul Hopper, 167-84 Amsterdam and Philadelphia: John Benjamins.

1990. Ergativity and the cognitive model of event structure in Lhasa Tibetan. *Cognitive Linguistics* 1.289-321.

1991. The origins of verb serialization in modern Tibetan. *Studies in Language* 15.1.1-23.

Dik, Simon. 1981. On the typology of focus phenomena. In *Perspectives on Functiona Grammar*, ed. by Teun Hoekstra, Harry Van der Hulst, and Michael Moortgat Dordrecht: Foris.

Dixon, R M. W. 1968. Noun classes. *Lingua* 21.104-25.

1972. *The Dyirbal Language of North Queensland*. Cambridge University Press.

1977. Where have all the adjectives gone? *Studies in Language* 1.19-80.

1979. Ergativity. *Language* 55.59-138.

1994. *Ergativity*. Cambridge Studies in Linguistics 69. Cambridge University Press.

Dorian, Nancy C. 1981. *Language Death: the Life Cycle of a Scottish Gaelic Dialect.* Philadelphia: University of Pennsylvania Press.

Dowty, David. 1987. Thematic proto-roles, subject selection and lexical semantic defaults. Paper presented at the 1987 LSA annual meeting.

Dryer, Matthew. 1988. Object-verb order and adjective-noun order: dispelling a myth. *Lingua* 74.185-217.

1991. SVO languages and the OV: VO typology. *Journal of Linguistics* 27. 2.443-82.

1994. The discourse function of the Kutenai inverse. In *Voice and Inversion*, ed. by T. Givon Typological Studies in Language 28.65-99. Amsterdam and Philadelphia: John Benjamins.

Du Bois, John W. 1980. Beyond definiteness: the trace of identity in discourse. In *The Pear Stories: Cognitive, Cultural and Linguistic Aspects of Narrative Production*, ed. by Wallace L. Chafe, 203-74. Norwood,

NJ: Ablex.

1985. Competing motivations. In *Iconicity in Syntax*, ed. by John Haiman, Typological Studies in Language 6.343-66. Amsterdam and Philadelphia: John Benjamins.

1987. The discourse basis of ergativity. *Language* 634.805-55.

Edmondson, B. 1988. A descriptive grammar of Huastec (Potosino dialect). Unpublished doctoral dissertation, Tulane University.

Elson, Benjamin F. (ed.) 1964 *Verb Studies in Five New Guinea Languages*. Norman: University of Oklahoma, Summer Institute of Linguistics.

England, Nora. 1988. *Introducción a la lingüística: idiomas mayas*. Antigua, Guatemala: Proyecto lingüístico Francisco Marroquín.

Fasold, Ralph W. 1992a. *The Sociolinguistics of Society: Introduction to Sociolinguistics*, vol I (5th edition). Oxford, UK and Cambridge, MA: Blackwell.

1992b. *The Sociolinguistics of Language: Introduction to Sociolinguistics*, vol. Ⅱ (5th edition). Oxford, UK and Cambridge, MA: Blackwell.

Fillmore, Charles J. 1968. The case for case. In *Universals in Linguistic Theory*, ed. by Emond Bach and Robert T. Harms, 1-88. New York: Holt. Rinehart, and Inston.

1976. Topics in lexical semantics. In *Current Issues in Linguistic Theory*, ed. by Peter Cole, 76-138. Bloomington: Indiana University Press.

1977. The case for case reopened. In *Syntax and Semantics*, vol. VIII: Grammatical Relations, ed. by P. Cole and J. M. Sadock, 59-81. New York: Academic Press.

Foley, William A. and Mike Olson. 1985. Clausehood and verb serialization. In *Grammar Inside and Outside the Clause: Some Approaches to Theory from the Field*, ed. by Johanna Nichols and Anthony C. Woodbury, 17-60. Cambridge University Press.

Foley, William and Robert Van Valin. 1984. *Functional Syntax and Universal Grammar*. Cambridge University Press.

1985. The packaging of information in the clause. In *Language Typology and Syntactic Description*, vol. I: *Clause Structure*, ed. by Timothy Shopen, 282-364. Cambridge University Press.

Frachtenberg, Leo J. 1913. *Coos Texts*. Columbia University Contributions to Anthropology 1. New York: Columbia University Press.

Franchetto, Bruna. 1990. Ergativity and nominativity in Kuikuro and other Cariban languages. In *Amazonian Linguistics: Studies in Lowland South American Languages*, ed. by Doris L. Payne, 407-27. Austin: University of Texas Press.

Gerdel, F. and M. Slocum 1976. Paez discourse, paragraph and sentence structure. In *Discourse Grammar: Studies in Languages of Colombia*, vol. I ed. by Robert E. Longacre and F woods, 259-443. Dallas: Summer Institute of Linguistics.

Gildea, Spike. 1992. Comparative Cariban morphosyntax: on the genesis of main clause morphosyntax. Doctoral dissertation, University of Oregon.

1994. Semantic and pragmatic inverse: "inverse alignment" and "inverse voice" in Carib of Surinam. In *Voice and Inversion*, ed. by T. Givón. Typological Studies in Language 28.65-99 Amsterdam and

Philadelphia: John Benjamins.

Givón, T. 1979. *On Understanding Grammar*. New York: Academic Press.

1980. The binding hierarchy and the typology of complements. *Studies in Language*, 4.3.333-77.

1982a. Logic vs. pragmatics, with human language as the referee. *Journal of Pragmatics* 6.81-133.

1982b. Transitivity, topicality, and the Ute impersonal passive. In *Syntax and Semantics*, vol. XV: *Studies in Transitivity*, ed. by Paul Hopper and Sandra Thompson, 143-60.New York: Academic Press.

1983a. Topic continuity in discourse: an introduction. In *Topic Continuity in Discourse: a Quantitative Cross-language Study*, ed. by T. Givón, Typological Studies in Language 3.1-41. Amsterdam and Philadelphia: John Benjamins.

1983b. Topic continuity and word-order pragmatics in Ute. In *Topic Continuity in Discourse: a Quantitative Cross-language Study*, ed. by T. Givon Typological Studies in Language 3. 141-214. Amsterdam and Philadelphia: John Benjamins

1983c. Topic continuity in discourse: the functional domain of switch reference. In *Switch Reference and Universal Grammar*, ed. by John Haiman and Pamela Munro. Typological Studies in Language 2.51-82. Amsterdam and Philadelphia: John Benjamin.

1984. *Syntax: a Typological Functional Introduction*, vol. I. Amsterdam and Philadelphia: John Benjamins.

1987. Serial verbs and the mental reality of "event" . Final NEH progress report, University of Oregon department of linguistics (ms.).

1990. *Syntax: a Functional-Typological Introduction*, vol. Ⅱ. Amsterdam and Philadelphia: John Benjamins.

(ed.).1994 *Voice and Inversion*. Typological Studies in Language 28. Amsterdam and Philadelphia: John Benjamins.

Green, Georgia. 1981. Some wherefores of English inversions. *Language* 56.582-601.

Greenberg, Joseph H. 1954. A quantitative approach to the morphological typology of language. *Interactional Journal of American Linguistics* 26.178-94.

1963. Some universals of grammar with particular reference to the order of meaningful elements In *Universals of Language*, ed. by Joseph H. Greenberg. Cambridge, MA: MIT Press.

1966. *Language Universals, with Special Reference to Feature Hierarchies*. Janua Linguarum Series minor, 59. The hague: Mouton.

Greenberg, Joseph H., Charles A. Ferguson, and Edith A. Moravcsik (eds.) 1978. *Universals of Human Language*, 4 vols. Stanford University Press.

Grice, H. Paul. 1975. Logic and conversation. In *Syntax and Semantics*, vol. Ⅲ : *Speech Acts*, ed. by Peter Cole and J. Morgan, 41-58. New York: Academic Press.

Grimes, Barbara (ed.).1992. *Ethnologue* (12th edition), Consulting editors: Richard S. Pittman and Joseph E. Grimes. Dallas: Summer Institute of Linguistics.

Grimes, Joseph. 1975. *The Thread of Discourse*. The Hague: Mouton.

Haiman, John. 1980. The iconicity of grammar. *Language* 56.515-40.

1983a. Iconic and economic motivations. *Language* 59.781-819.

1983b. On some origins of switch-reference marking. In *Switch Reference and Universal Grammar*, ed.

by John Haiman and Pamela Munro. Typological Studies in Language 2.105-28. Amsterdam and Philadelphia: John benjamins.

1987. On some origins of medial-verb morphology in Papuan languages. University of Manitoba, Winnipeg (ms.).

Haiman, John, and Pamela Munro (eds.). 1983. *Switch Reference and Universal Grammar.* Typological Studies in Language 2. Amsterdam and Philadelphia: John Benjoins.

Haiman, John and Sandra A. Thompson. 1984. "Subordination" in universal grammar. *Proceedings of the Berkeley Linguistics Society* 10.510-23.

Hale, Kenneth. 1983. Warlpiri and the grammar of non-configurational languages. *Natural Language and Linguistic Theory* 1. 1-43.

1992. Language endangerment and the human value of linguistic diversity. *Language* 68.1.35-42.

Halliday, M. A. K. 1967. Notes on transitivity and theme in English. *Journal of Linguistics* 3. Part I:37-81. Part II:199-244.

Harries-Delisle, Helga. 1978. Coordination reduction. In Universals of Human Language, vol. IV: *Syntax*, ed. by Joseph H. Greenberg, Charles A. Ferguson, and Edith A. Moravcsik, 515-84. Stanford University Press.

Harris, Alice C. 1990. Alignment typology and diachronic change. In *Language Typology 1987: Systematic Balance in Language*, ed. by Winfred P. Lehman, 67-90. Amsterdam and Philadelphia: John Benjamins.

Haspelmath, Martin. To appear. Les constructions à possesseurs externes dans les langues de l'Europe. In *Actance et valence dans les langues d'Europe*, ed. by Jack Feuillet. Berlin: Mouton de Gruyter.

Hawkins, John A. 1983. *Word Order Universals*. New York: Academic Press.

1994. *A Performance Theory of Order and Constituency*. Cambridge University Press.

Healey, Phyllis M. 1966. *Levels and Chaining in Telefol Sentences*. Pacific Linguistics Series B 5. Canberra: Australian National University.

Heath, Jeffrey. 1976. Antipassivization: a functional typology. *Proceedings of the Second Annual Meeting of the Berkeley Linguistics Society*.

1978. *Ngandi Grammar, Texts and Dictionary*. Canberra: Australian Institute of Aboriginal Studies.

Heine, Bernd and Mechthild Reh. 1984. *Grammaticalization and Reanalysis in African Languages*. Hamburg: Helmut Buske.

Heitzman, Allene, 1982. Some cohesive elements in Pajonal Campa narratives. Ms., Summer Institute of Linguistics, Peru.

Hetzron, R. 1969. *The Verbal System of Southern Agaw*. Berkeley: University of California.

1977. *The Gunnan-Gurage Languages*. Naples: Istituto Orientale di Napoli.

Hewitt, B. G. 1979. Aspects of verbal affixation in Abkhaz (Abzui dialect). *Transactions of the Philological Society* 211-38.

Hill, Jane and Kenneth Hill. 1980. Metaphorical switching in modern Nahuatl: change and contradiction. In *Papers from the Sixteenth Regional Meeting of the Chicago Linguistics Society*, 121-33. Chicago Linguistics Society.

Hinds, John, Senko K. Maynard, and Shoichi Iwasaki. 1987. *Perspectives on Topicalization: the Case of*

Japanese "wa." Amsterdam and Philadelphia: John Benjamins.

Hockett, Charles F. 1954. Two models of grammatical description. *Word* 10.210-31.

Hopper, Paul J. 1979. Aspect and foregrounding in discourse. *Syntax and Semantics*, vol. XII: *Discourse and Syntax*, ed. by T. Givón, 213-41. New York: Academic Press.

(ed.) 1982. *Tense-aspect: between Semantics and Pragmatics*. Amsterdam and Philadelphia: John Benjamins.

1991. On some principles of grammaticization. In *Approaches to grammaticalization*, vol I, ed. by Elizabeth Closs Traugott and Berndt Heine, 17-35. Amsterdam and Philadelphia: John Benjamins.

Hopper, Paul J. and S. A. Thompson. 1980. Transitivity in grammar and discourse. *Language* 56. 251-99.

1984. The discourse basis for lexical categories in universal grammar. *Language* 60.4.703-52.

Horn, Laurence R. 1978. Some aspects of negation. In *Universals of Human Language*, vol IV: *Syntax*, ed. by Joseph H. Greenberg, Charles A. Ferguson, and Edith Moravcsik. 127-210. Stanford University Press.

Howse, James. 1844. *A Grammar of the Cree Language, with which is Combined an Analysis of the Chippeway Dialect*. London: J. G. F. and J. Rivington.

Hyman, Lawrence. 1971. Consecutivization in Feʔ Feʔ. *Journal of African Languages* 10.29-43.

Jaggar, Phillip. 1984. Referential choice in Hausa narrative. Doctoral dissertation, University of California, Los Angeles.

Jelinek, Eloise. 1984. Empty categories, case and configurationality. *Natural Language and Linguistic Theory* 2.39-76.

1988. The case split and pronominal arguments in Choctaw. In *Configurationality: the Typology of Asymmetries*, ed. by Laszlo Maracz and Pieter Muysken, 117-41. Dordrecht: Foris.

Johnson-Laird, P. N. 1981. Comprehension as the construction of mental models. *Philosophical Transactions of the Royal Society of London* B295.353-74.

1983. The coherence of discourse. In *Mental Models*, ed. by P. Johnson Laird. 356-95. Cambridge University Press.

Jones, Linda Kay. 1977. *Theme in English Expository Discourse*. Edward Sapir Monograph Series in Language, Culture and Cognition 2. Lake Bluff, IL: Jupiter Press.

Jones, Wendell and Paula Jones. 1991. *Barasano Syntax*. Studies in the Languages of Colombia 2. Dallas: Summer Institute of Linguistics and University of Texas at Arlington.

Keenan, Edward L. 1985. Relative clauses In *Language Typology and Syntactic Description*, vol. Ⅱ: *Complex Constructions*, ed. by Timothy Shopen, 141-70. Cambridge University Press.

Keenan, Edward L. and Bernard Comrie. 1977. NP accessibility and universal grammar. *Linguistic Inquiry* 8.63-100.

Keenan, Edward L. and Elinor Ochs. 1979. Becoming a competent speaker of Malagasy. In *Languages and their Speakers*, ed. by Timothy Shopen, 113-60. Cambridge, MA Winthrop.

Kemmer, Suzanne. 1993. *The Middle voice*. Amsterdam and Philadelphia: John Benjamins.

Kimenyi, Alexander. 1980. *A Relational Grammar of Kinyarwanda*. Berkeley: University of California Press.

Klavans, Judith. 1985. The independence of syntax and phonology in cliticization. *Language* 61.95-120.

Krauss, Michael. 1992. The world's languages in crisis. *Language* 68.1.4-10.

Kühner, R. and C. Stegmann. 1955. *Ausfüirliche Grammatik der lateinischen Sprache: satzlehre*, vol, Ⅱ, Leverkusen: Gottschalk.

Kuno, Susumo. 1976. Subject, theme and the speaker's empathy -a reexamination of relativization phenomena. In *Subject and Topic*, ed. by Charles N. Li, 137-53. New York: Academic Press.

Labov, William and Joshua Waletzky. 1967. Narrative analysis: oral versions of personal experience. In *Essays on the Verbal and Visual Arts, Proceedings of the 1966 Annual Spring Meeting of the American Ethnological Society*, ed. by June Helm, 12-44. Seattle: University of Washington Press.

Lakoff, George. 1987. *Women, Fire and Dangerous Things: What Categories Reveal about the Mind.* University of Chicago Press.

Langacker, Ronald W. 1987. *Foundations of Cognitive Grammar*, vol I. Stanford University Press.

Lehman, Christian. 1991. Grammaticalization and related changes in contemporary German, In *Approaches to Grammaticalization*, vol. I. ed. by Elizabeth Closs Traugott and Berndt Heine, 493-535. Amsterdam and Philadelphia: John Benjamins.

Lehmann, Winfred P. 1973. A structural principle of language and its implications. *Language* 49.47-66.

Levinson, Stephen C. 1983. *Pragmatics*. Cambridge University Press.

Li, Charles N. (ed.).1976. *Subject and Topic*. New York: Academic Press.

Li, Charles N. and Sandra A. Thompson. 1976. Subject and topic: a new typology of language. In *Subject and Topic*, ed. by Charles N. Li, 457-90. New York: Academic Press.

1981. *Mandarin Chinese: a Functional Reference Grammar*. Berkeley and Los Angeles: University of California Press.

Linde, Charlotte and William Labov. 1975. Spatial networks as a site for the study of language and thought. *Language* 50.924-39.

Longacre, Robert. 1972. *Hierarchy and Universality of Discourse Constituents in New Guinea Languages: Discussion*. Washington DC: Georgetown University Press.

1976. *An Anatomy of Speech Notions*. Lisse: Peter de Ridder Press.

1985. Sentences as combinations of clauses. In *Language Typology and Syntactic Description*, vol. II: *Complex Constructions*, ed. by Timothy Shopen, 235-86. Cambridge University Press.

Longacre, Robert and Sandra A. Thompson. 1985. Adverbial clauses. In *Language Typology and Syntactic Description*, vol. Ⅱ: *Complex Constructions*, ed. by Timothy Shopen, 171-234. Cambridge University Press.

Lord, Carol. 1973. Serial verbs in transition. *Studies in African Linguistics* 4.269-96.

1976. Evidence for syntactic reanalysis: from verb to complementizer in Kwa. In *Papers from the Parasession on Diachronic Syntax*, ed. by Sanford B. Seever Carol A. Walker, Salikoko S. Mufwere, and Robert Peter Ebert, 179-91. Chicago Linguistics Society.

Mann, William C. and Sandra A. Thompson. 1985. *Rhetorical Structure Theory: Description and Construction of Text Structures.* Information Sciences Institute Reprint Series 86-174. Los Angeles: University of Southern California.

1987. *Rhetorical Structure Theory: a Framework for the Analysis of Texts.* Information Sciences Institute Reprint Series, 87-185. Los Angeles: University of Southern California.

Mathesius, V. 1939 [1947] O tak zvaném aktuálním len ení v etném [On the so-called Functional Sentence Perspective]. Reprinted in *Čestina a obecny jazykozpyt* [The Czech Language and General Linguistics], 234-42. Prague.

Matisoff, J. A. 1973. *The Grammar of Lahu*. Berkeley and Los angeles: University of California Press.

Matthews, P. H. 1991. *Morphology* (2nd edition). Cambridge University Press.

Maynard, Senko K. 1987. The matization as a staging device in the Japanese narrative. In *Perspectives on Topicalization: the Case of Japanese "wa"*, ed. by John Hinds Senko K. Maynard, and Shoichi Iwasaki, 57-82. Amsterdam and Philadelphia: John Benjamins.

McCarthy, J. 1965. Clause chaining in Kanite. *Anthropological Linguistics* 7. 59-70.

Merlan, Francesca. 1985. Split intransitivity: functional oppositions in intransitive inflection. In *Grammar Inside and Outside the Clause: Some Approaches to Theory from the Field*, ed. by Johanna Nichols and Anthony C. Woodbury, 324-62. Cambridge University Press.

Mervis, Carolyn and Eleanor Rosch. 1981. Categorization of natural objects. *Annual Review of Psychology* 32.89-115.

Minsky, Marvin. 1975. A framework for representing knowledge. In *Theoretical Issues in Natural Language Processing*, ed. by Bonnie Nash-Webber and Roger Schank, 118-30. Cambridge, MA: Yale University Press.

Mithun, Marianne. 1984. The evolution of noun incorporation. *Language* 60.847-93.

1986. Evidential diachrony in Northern Iroquois. In *Evidentiality: the Linguistic Coding of Epistemology*, ed. by Wallace Chafe and Johanna Nichols, 89-112 Norwood, NJ: Ablex.

1987. Is basic word order universal? In *Coherence and Grounding in Discourse*, ed. by Russell Tomlin. Typological Studies in Language 11.281-328. Amsterdam and Philadelphia: John benjamins.

1991. Active/agent case marking and its motivations. *Language* 67.3.510-46.

Mosel, Ulrike and Even Hovdhaugen. 1992. *Samoan Reference Grammar*. Oslo: Scandinavian University Press.

Mühlhäusler Peter and Rom Harré. 1990. *Pronouns and People: the Linguistic Construction of Social and Personal Identity*. Oxford, UK, and Cambridge, MA: Basil Blackwell.

Munro, Pamela. 1983. When "same" is not "not different" , In *Switch Reference and Universal Grammar*, ed. by John Haiman and Pamela Munro, 223-43. Amsterdam and Philadelphia: John Benjamins.

1984. The syntactic status of object possessor raising in Western Muskogean. *Proceedings of the Tenth Annual Meeting of the Berkeley Linguistics Society*, 634-49.

Nelson, Francis W. 1983. *Dialectology: an introduction*. New York: Longman.

Nichols, Johanna. 1986. Head-marking and dependent-marking grammar. *Language* 62.156-119.

Noonan, Michael. 1985. Complementation, In *Language Typology and Syntactic Description*, vol. Ⅱ: *Complex Constructions*, ed. by Timothy Shopen, 42-140. Cambridge University Press.

1992. *A Grammar of Lango*. Berlin and New York: Mouton de Gruyter.

Ochs, Elinor. 1988. *Culture and Language Development: Language Acquisition and Language Socialization in a Samoan Village*. Cambridge University Press.

Olson, M. L. 1973. *Barai Sentence Structure and Embedding*. Santa Ana, CA: Summer Institute of Linguistics.

Payne, Doris L. 1985a. Review of *Word Order Universals*, by John Hawkins. *Language* 61.462-66.

1985b. Inflection and derivation: is there a difference? In *Proceedings of the First Annual Pacific Linguistics Conference*, ed. by Scott DeLancey and Russel Tomlin, 247-78 Eugene: University of Oregon.

1986. Basic word order in Yagua clauses: implications for word order universals. In *Handbook of Amazonian Languages*, vol I, ed. by Desmond C. Derbyshire and Geoffrey Pullum, 440-65. Berlin: Mouton.

1990. *The Pragmatics of Word Order: Typological Dimensions of Verb-initial Languages*. Berlin and New York: Mouton.

1992a. Nonidentifiable information and pragmatic order rules in 'O' odham. In *Pragmatics of Word Order Flexibility*, ed. by Doris L. Payne. Amsterdam and Philadelphia: John Benjamins.

1992b. Towards a more adequate approach to "focus" phenomena. *Journal of African Languages and Linguistics* 13.2.205-17.

Payne, Doris L. and Thomas E. Payne. 1990. Yagua. In *Handbook of Amazonian Languages*, vol. II, ed. by Desmond C. Derbyshire and Geoffrey Pullum. Berlin: Mouton.

Payne, John R. 1985. Complex phrases and complex sentences. In *Language Typology and Syntactic Description*, vol. II: *Complex Constructions*, ed. by Timothy Shopen, 3-41. Cambridge University Press.

Payne, Judith and David Payne. 1991. The pragmatics of split intransitivity in Asheninca. Paper read at the Symposium on Arawakan Linguistics, 47th International Congress of Americanists, New Orleans.

Payne, Thomas E. 1982. Role and reference related subject properties and ergativity in Yup'ik Eskimo and Tagalog. *Studies in Language* 6. 1.75-106.

1984. Locational relations in Yagua narrative. *Work Papers of the Summer Institute of Linguistics*, University of North Dakota, 28. 157-92.

1987. Pronouns in Yagua discourse. *International Journal of American Linguistics* 53.1.1-21.

1990a. Estatividad y movimiento. Montalban: Revista de la Universidad Católica "Andrés Bello" , Caracas, Venezuela. 99-136.

1990b. Transitivity and ergativity in Panare. In *Amazonian Linguistics: Studies in Lowland South American Languages*, ed. by doris L. Payne, 429-53. Austin: University of Texas Press.

1991. Medial clauses and interpropositional relations in Panare. *Cognitive Linguistics* 2-3.247-81.

1992. *The Twins Stories: Participant Coding in Yagua Narrative*. Berkeley: University of California Press.

1994. The pragmatics of voice in a Philippine language: actor-focus and goal-focus in Cebuano narrative. In *Voice and Inversion*, ed. by T. Givón. Typological Studies in Language 28.317-64. Amsterdam and Philadelphia: John Benjamins.

Perlmutter, David. M. 1980. Relational grammar. In *Syntax and Semantics*, vol XⅢ : *Current Approaches to Syntax*, ed. by Edith A. Moravcsik and Jessica R. Wirth, 195-229. New York: Academic Press.

Pike, Kenneth Lee. 1947. *Phonemics: a Technique for Reducing Languages to Writing*. Ann Arbor: University of Michigan Press.

Plank, Frans (ed.). 1979. *Ergativity: Towards a Theory of Grammatical Relations*. London and New York:

Academic Press.

(ed.).1984. *Objects: Towards a Theory of Grammatical Relations*. London and Orlando, FL: Academic Press.

Powlison, Paul. 1987. *Yagua Mythology: Epic Tendencies in a New World Mythology*. Dallas: Summer Institute of Linguistics.

Prince, Ellen F. 1978. A comparison of WH-clefts and it-clefts in discourse. *Language* 54.883-907.

1981. Toward a taxonomy of given-new information. In *Radical Pragmatics*, ed. by Peter Cole. New York: Academic Pres.

Redden, J. A. 1966. Walapai II: morphology. *International Journal of American Linguistics* 32.141-63.

Reed, Irene, Osahito Miyaoka, Steven Jacobson, Paschal Afcan, and Michael Krauss. 1977. *Yup'ik Eskimo Grammar*. Fairbanks: Alaska Native Language Center and Yup'ik Language Workshop, University of Alaska.

Reinhart, Tanya. 1982. *Pragmatics and Linguistics: an Analysis of Sentence Topics*. Bloomington: Indiana University Linguistics Club.

Rosch, Eleanor. 1977. Classification of real-world objects: origins and representations in cognition. In *Thinking: Readings in Cognitive Science*, ed. by Philip Johnson Laird and P. C. Wason. Cambridge University Press.

Rosch, Eleanor and B. Lloyd (eds.). 1978. *Cognition and Categorization*. Hillsdale, NJ: Erlbaum Associates.

Rosen, Carol. 1983. The interface between semantic roles and initial grammatical relations. In *Studies in Relational Grammar*, vol. Ⅱ, ed. by David Perlmutter and Caro Rosen, 71-113. University of Chicago Press.

Rumelhart, D. 1975. Notes on a schema for stories. In *Representation and understanding: Studies in Cognitive Science*, ed. by D. Bobrow and A. Collins, 211-36. New York: Academic Press.

Sacks, H, Emanuel Schegloff, and G. Jefferson. 1974. A simplest systematics for the organization of turn-taking for conversation. *Language* 50.696-735.

Sadock, Jerrold M. 1986. Some notes on noun incorporation. *Language* 62 19-31.

Sankoff, Gillian, 1980. *The Social Life of Language*. Philadelphia: University of Pennsylvania Press.

Sapir, Edward. 1911. The problem of noun incorporation in American languages. *American Anthropologist* 13. 250-82.

Saussure, Ferdinand de. 1915. *A Course in General linguistics*, trans. by C. bally and A Ferdlinger. New York: Philosophical Library.

Schachter, Paul. 1974. A non-transformational account of serial verbs. *Studies in African Linguistics*, supplement 5.253-70.

1977. Reference-related and role-related properties of subjects. In *Syntax and Semantics*, vol. VIII: *Grammatical Relations*, ed. by Peter Cole and Jerrold M. Sadock, 279-306. New York: Academic Press.

1985. Parts-of-speech systems. In *Language Typology and Syntactic Description*, vol III: *Grammatical Categories and the Lexicon*, ed. by Timothy Shopen. 3-61. Cambridge University Press.

Schank, Roger. 1972. Conceptual dependency: a theory of natural language understanding. *Cognitive*

Psychology 3.552-631.

Schank, Roger, and R. Abelson. 1977. *Scripts, Plans, Goals, and Understanding*. Hillsdale, NJ: Lawrence Erlbaum.

Schiffrin, Deborah. 1994. *Approaches to Discourse*. Cambridge, MA, and Oxford, UK: Blackwell.

Scribner, Sylvia. 1979. Modes of thinking and ways of speaking: culture and logic reconsidered. In *New Directions in Discourse Processing*, ed. by Roy O. Freedle, 223-43. Norwood, NJ: Ablex.

Searle, John R. 1970, *Speech Acts: an Essay in the Philosophy of Language*. Cambridge University Press.

Seki, Luci. 1990. Kamaiurá (Tupí-Guaraní) as an active-stative language. In *Amazonian Linguistics: Studies in Lowland South American Languages*, ed. by Doris L. Payne, 367-92. Austin: University of Texas Press.

Sherzer, Joel. 1977. The ethnography of speaking: a critical appraisal. In *Georgetown University Round Table on Languages and Linguistics*, ed. by Muriel Saville-Troike, 43-58. Washington, DC: Georgetown University Press.

Shibatani, Masayoshi. 1985. Passives and related constructions: a prototype analysis. *Language* 61.4.821-48.

1991. Grammaticization of topic into subject. In *Approaches to grammaticalization*, vol. Ⅱ, ed, by Elizabeth Closs Traugott and Bernd Heine, 93-134. Amsterdam and Philadelphia: John Benjamins.

Shopen, Timothy. 1985. *Language Typology and Syntactic Description*, 3 vols. Cambridge University Press.

Silverstein, Michael. 1976. Hierarchy of features and ergativity. In *Grammatical Categories in Australian Languages*, ed. by R. M. W. Dixon. Linguistic Series 22.112-71. Canberra: Australian Institute of Aboriginal Studies.

Simons, Gary F. 1983. *Language Variation and Limits to Communication*. Dallas: Summer Institute of Linguistics.

Spencer, Andrew. 1996. *Phonology: Theory and Description*. Oxford, UK, and Cambridge, MA: Blackwell.

Sperber, Dan and Deirdre Wilson. 1986. *Relevance: Communication and Cognition*. Oxford: Blackwell.

Stahlke, H. 1970. Serial verbs. *Studies in African Linguistics* 1.60-99.

Steele, Susan. 1981. An Encyclopedia of AUX: a Study in Cross-linguistic Equivalence. *Linguistic Inquiry Monographs, 5*. Cambridge, MA: MIT Press.

Thompson, Chad. 1989. *Voice and obviation in Athabaskan and other languages*. Doctoral dissertation, University of Oregon.

Thompson, Sandra A. 1988. A discourse approach to the cross-linguistic category "adjective" . In *Explaining Language Universals*, ed. by John A. Hawkins, 167-85. Oxford and New York: Blackwell.

To appear. Discourse motivations for the core-oblique distinction as a language universal. In *Functionalism in Linguistics*, ed. by Akio Kamio. Berlin: Mouton de Grunter.

Thurman, Robin. 1975. Chuave medial verbs. *Anthropological Linguistics*. 17.342-52.

1986. *Basic Constituent Orders: Functional Principles*. London: Croom Helm.

1995. Focal attention, voice, and word order: an experimental, cross-linguistic study. In *Word Order in Discourse*, ed. by P. Downing and M. Noonan, 517-54. Amsterdam and Philadelphia: John Benjamins.

Traugott, Elizabeth Closs and Bernd Heine (eds.). 1991. *Approaches to Grammaticalization*, vol II.

Amsterdam and Philadelphia: John benjamins.

Trudgill, Peter. 1986. *Dialects in Contact*. New York: Blackwell.

Tucker, Archibald N. and John T. Ole Mpaayei. 1955. *A Maasai Grammar, with Vocabulary*. Publications of the African Institute, Leyden, 2. London and New York: Longmans and Green.

Ultan, Russell. 1978. Some general characteristics of interrogative systems. In *Universals of Human Language*, vol IV: *Syntax*, ed. by Joseph H. Greenberg, 211-48. Stanford University Press.

Vendler, Zeno. 1967. *Linguistics in Philosophy*. Ithaca, New York: Cornell University Press.

Vennemann, Theo. 1974. Topics, subjects and word order from SXV to SVX via TVX. In *Historical Linguistics*, ed. by John M. Anderson and Charles Jones. North Holland Linguistics Series 12.339-76. Amsterdam: North-Holland.

Voegelin, C. F. and F. M. Voegelin. 1977. *Classification and Index of the World's Languages*. New York: North-Holland.

Wallace, Stephen. 1982, Figure and ground the interrelationships of linguistic categories. In *Tense and Aspect*, ed. by Paul J. Hopper, 201-23. Amsterdam and Philadelphia: John Benjamins.

Watson, R. 1966. Clause to sentence gradations in Pacoh. *Lingua* 16: 166-88.

Watters, John. 1979. Focus in Aghem. In *Aghem Grammatical Structure*, ed. by Lawrence Hyman. University of Southern California Occasional Papers in Linguistics 7. Los Angeles: University of Southern California.

Weber, David J. 1986. Information perspective, profile and patterns in Quechua. In *Evidentiality: the Linguistic Encoding of epistemology*, ed. by Wallace Chafe and Joanna Nichols, 137-55. New York: Ablex.

1989. *A Grammar of Huallaga (Huanuco) Quechua*. Berkeley: University of California Press.

Weisemann, Ursula (ed.). 1986. *Pronominal Systems*. Tübingen: Gunter Narr.

Welmers, william E. 1973. *African Language Structures*. Berkeley: University of California Press.

Wimbish, John. 1993. *The Linguist's Shoebox*. Waxhaw, NC: Summer Institute of Linguistics.

Wise, Mary Ruth. 1971. *Identification of Participants in Discourse: a Study of Aspects of Form and Meaning in Nomatsiguenga*. Summer Institute of Linguistics Publications in Linguistics and Related Fields 28. Dallas: Summer Institute of Linguistics.

Wright, Suzanne and T. Givón. 1987. The pragmatics of indefinite reference: quantified text-based studies. *Studies in Language* 11. 1-33.

Zipf, Paul. 1949. *Human Behavior and the Principle of Least Effort: an Introduction to Human Ecology*. New York: Hafner.

Zwicky, Arnold. 1973. Linguistics as chemistry: the substance theory of semantic primes. In *A Festschrift for Morris Halle*, ed. by S. Anderson and P. Kiparsky. New York: Holt, Rinehart, and Winston.

语言、语系和语言区域索引

（说明：所有页码均为原书页码，即本书边码。）

主题索引

（说明：所有页码均为原书页码，即本书边码。）

译者后记

美国著名描写语言学家托马斯·佩恩的《描写形态句法》(*Describing Morphosyntax: A Guide for Field Linguists*)是一部重要的形态句法学专著，1997年由剑桥大学出版社出版后，受到语言学界特别是形态学和句法学界的普遍好评。*Linguistics* 和 *Word* 等世界著名语言学杂志评价此著“……无疑是从事田野调查的语言学家描写没有书面文献的语言以及濒危语言最为全面的指南”，“本书不但对田野语言学家而且对任何有志于语法研究的语言学家来说都是一本极好的指南”。

本书的编写宗旨，据作者称是为田野语言学家描写没有书面文献的语言（方言）或濒危语言（方言）的形态和句法提供重要的操作指南，但其实本书对一般意义上的语法研究也同样具有重要的参考价值。析言之，笔者认为此书具有以下特色：

（一）体系全面。本书从普通语言学角度介绍和讨论了人类语言中比较常见和重要的形态句法学的范畴和结构式。虽然不是每个语言都具备作者所讨论的那些范畴，但是世界语言中已知的形态句法学现象和范畴在本书中均有不同程度的涉及。从这个意义上说，本书讨论的形态学和句法学范畴可视为人类语言形态句法学现象的最大公约数。

（二）立场中庸。形态学和句法学研究历来有形式主义和功能主义两派。本书作者尽管在感情和理念上倾向功能主义，但本书在讨论形态学和句法学现象时并没有明显的倾向，而是从描写语言学角度分析和讨论人类语言中常见的形态句法现象。

（三）实用性强。本书最大的特点是通过具体的实例告诉读者，在调查一个语言或方言的语法现象时，应该着重描写什么以及怎样描写。换言之，本书不仅传递给读者人类语言的形态句法学知识，而且告诉读者描写一个陌生语言形态、句法的技术方法。

（四）通俗规范。本书语言平白，深入浅出，可读性强。不仅如此，书中每一小节之后都配有思考题，以便于读者理解该小节的重点和要点。

本书出版以来，被海外很多大学的语言学系选定为田野语言学的重点教材和形态句法学的重要参考书。

2007年10月，笔者在中国社科院语言所为语言学系研究生开设了一门“形态句法学基础”课程，所用教材之一就是这本《描写形态句法》。这门课程的授课方式基本上是讨论课（seminar）性质的：由部分选课同学主讲《描写形态句法》的特定章节，教师参与讨论并负责答疑解惑，课后主讲者根据课堂讨论内容对此前业已完成的译稿进行修改和完善。读者面前的这本中译本就是这门课程的成果之一。

本书的翻译由吴福祥和张定主持，译者均为当年选课的研究生和博士后，分工如下：

导言	陈敏哲
第一章　人口统计学和目录学的信息	陈敏哲
第二章　形态类型	冯赫
第三章　语法范畴	张定
第四章　语序类型	吴早生
第五章　名词和名词短语操作	完权
第六章　名词谓语及相关结构式	完权
第七章　语法关系	陈丹丹
第八章　语态和变价操作	朱冠明
第九章　动词和动词短语的其他操作	朱冠明
第十章　语用有标记的结构	王丽玲
第十一章　小句连接	余光武
第十二章　结语：使用中的语言	吴鹏

本书的翻译，从2007年初译到2015年定稿，历经八年，五易其稿。其间的过程大致如是："形态句法学基础"（2007年10月）课前，主讲者将所讲内容译成中文，然后在此基础上形成课件，是为一稿；主讲者根据课堂讨论内容对初稿进行全面修改，然后发给笔者，是为二稿；笔者对主讲者的译稿进行逐字校读和修改，是为三稿；译者根据笔者的修改内容和相关意见对译稿进行确认和修改，并将定稿发给笔者，是为四稿；最后笔者请张定在形式和内容上对全书译稿进行校读和修改，是为五稿。但尽管如此，由于我们的水平有限，译稿中疏漏和误讹仍在所难免，敬请读者、专家批评指正。

笔者要特别感谢张定副研究员为本书的翻译所付出的辛勤劳动。张定除了完成第三章的翻译之外，还承担了本书缩略表、附录、索引等部分的翻译以及译稿后期通读、统稿、体例统一等方面的工作。此外，李可胜、何彦诚两位为本书的翻译给予了不同形式的帮助，在此一并致谢。最后，笔者要感谢商务印书馆周洪波先生、叶军女士、何瑛女士、戴燃女士和文学春先生为本译稿的出版所给予的热情帮助和大力支持。

吴福祥

2018岁杪于京城齐贤斋

图书在版编目（CIP）数据

描写形态句法：田野语言学指南 /（美）托马斯·佩恩著；吴福祥等译．—北京：商务印书馆，2021（2021.12 重印）

ISBN 978-7-100-19680-2

Ⅰ．①描… Ⅱ．①托… ②吴… Ⅲ．①句法—研究 Ⅳ．① H043

中国版本图书馆 CIP 数据核字（2021）第 047125 号

描写形态句法

——田野语言学指南

〔美〕托马斯·佩恩 著

吴福祥 张定 等译

商 务 印 书 馆 出 版

（北京王府井大街 36 号 邮政编码 100710）

商 务 印 书 馆 发 行

北京艺辉伊航图文有限公司印刷

ISBN 978-7-100-19680-2

2021 年 4 月第 1 版　　开本 787 × 1092 1/16

2021 年 12 月北京第 2 次印刷　印张 26 3/4

定价：126.00 元